江西古建筑地图

中国古代建筑知识普及与传承系列丛书·中国古建筑地图

HISTORICAL ARCHITECTURAL MAP OF JIANGXI

[韩] 辛惠园 张剑文 孙蕾 杨安琪 傅娜 编著

清华大学出版社
北京

版权所有，侵权必究。举报：010-62782989，beiqinquan@tup.tsinghua.edu.cn。

图书在版编目（CIP）数据

江西古建筑地图 /（韩）辛惠园等编著 . — 北京：清华大学出版社，2021.1
（中国古代建筑知识普及与传承系列丛书·中国古建筑地图）
ISBN 978-7-302-57112-4

Ⅰ.①江… Ⅱ.①辛… Ⅲ.①古建筑—介绍—江西 Ⅳ.① K928.715.6

中国版本图书馆 CIP 数据核字 (2020) 第 253663 号

责任编辑：徐　颖
封面设计：谢晓翠
版式设计：彩奇风
责任校对：王荣静
责任印制：杨　艳

出版发行：清华大学出版社
网　　址：http://www.tup.com.cn，http://www.wqbook.com
地　　址：北京清华大学学研大厦 A 座　　邮　　编：100084
社 总 机：010-62770175　　邮　　购：010-62786544
投稿与读者服务：010-62776969，c-service@tup.tsinghua.edu.cn
质量反馈：010-62772015，zhiliang@tup.tsinghua.edu.cn

印 装 者：小森印刷（北京）有限公司
经　　销：全国新华书店
开　　本：180mm×260mm　　印　张：36.75　　字　数：1268 千字
版　　次：2021 年 1 月第 1 版　　印　次：2021 年 1 月第 1 次印刷
定　　价：199.00 元

产品编号：081870-01

献给关注中国古代建筑文化的人们

策　划：华润雪花啤酒（中国）有限公司
统　筹：清华大学建筑学院
　　　　王　群　朱文一
主　持：王贵祥　曾申平
执　行：清华大学建筑学院
资　助：华润雪花啤酒（中国）有限公司

参赞：
廖慧农　李　菁　马冬梅　张　弦
刘　敏　毕朝矫　张　巍　韩晓菲
刘　旭　张宜坤

总序一

2008年年初,我们总算和清华大学完成了谈判,召开了一个小小的新闻发布会。面对一脸茫然的记者和不着边际的提问,我心里想,和清华大学的这项合作,真是很有必要。

在"大国""崛起"甚嚣尘上的背后,中国人不乏智慧、不乏决心、不乏激情,甚至不乏财力。但关键的是,我们缺少一点"独立性",不论是我们的"产品",还是我们的"思想"。没有"独立性",就不会有"独特性";没有"独特性",连"识别"都无法建立。

我们最独特的东西,就是自己的文化了。学术界有一句话:"建筑是一个民族文化的结晶。"梁思成先生说得稍客气一些:"雄峙已数百年的古建筑,充沛艺术趣味的街市,为一民族文化之显著表现者。"当然我是在"断章取义",把逗号改成了句号。这句话的结尾是:"亦常在'改善'的旗帜之下完全牺牲。"

我们的初衷,是想为中国古建筑知识的普及做一点事情。通过专家给大众写书的方式,使中国古建筑知识得以普及和传承。当我们开始行动时,由我们自己的无知产生了两个惊奇:一是在这片天地里,有这么多的前辈和新秀在努力并富有成果地工作着;二是这个领域的研究经费是如此的窘迫,令我们瞠目结舌。

希望"中国古代建筑知识普及与传承系列丛书"的出版,能为中国古建筑知识的普及贡献一点力量;能让从事中国古建筑研究的前辈、新秀们的研究成果得到更多的宣扬;能为读者了解和认识中国古建筑提供一点工具;能为我们的"独立性"添砖加瓦。

王群
华润雪花啤酒(中国)有限公司总经理
2009年1月1日于北京

总序二

2008年的一天,王贵祥教授告知有一项大合作正在谈判之中。华润雪花啤酒(中国)有限公司准备资助清华大学开展中国建筑研究与普及。资助总经费达1000万元之巨!这对于像中国传统建筑研究这样的纯理论领域而言,无异于天文数字。身为院长的我不敢怠慢,随即跟着王教授奔赴雪花总部,在公司的大会议室见到了王群总经理。他留给我的印象是慈眉善目,始终面带微笑。

从知道这项合作那天起,我就一直在琢磨一个问题:中国传统建筑还能与源自西方的啤酒产生关联?王总的微笑似乎给出了答案:建筑与啤酒之间似乎并无关联,但在雪花与清华联手之后,情况将会发生改变,中国传统建筑研究领域将会带有雪花啤酒深深的印记。

其后不久,签约仪式在清华大学隆重举行,我有机会再次见到王总。有一个场景令我记忆至今,王总在象征合作的揭幕牌上按下印章后,发现印上的墨色较浅,当即遗憾地一声叹息。我刹那间感悟到王总的性格。这是一位做事一丝不苟、追求完美的人。

对自己有严格要求的人,代表的是一个锐意进取的企业。这样一个企业,必然对合作者有同样严格的要求。而他的合作者也是这样的一个集体。清华大学建筑学院建筑历史与文物保护研究所,这个不大的集体,其背后的积累却可以一直追溯到80年前,在爱国志士朱启钤先生资助下创办的"中国营造学社"。60年前,梁思成先生把这份事业带到清华,第一次系统地写出了中国人自己的建筑史。而今天,在王贵祥教授和他年长或年轻的同事们,以及整个建筑史界的同人们的辛勤耕耘下,中国传统建筑研究领域硕果累累。又一股强大的力量!强强联合一定能出精品!

王群总经理与王贵祥教授,企业家与建筑家十指紧扣,成就了一次企业与文化的成功联姻,一次企业与教育的无间合作。今天这次联手,一定能开创中国传统建筑研究与普及的新局面!

朱文一
清华大学建筑学院院长
2009年1月22日凌晨于清华园

总序三

　　清华大学建筑学院与华润雪花啤酒（中国）有限公司在中国古代建筑普及与传承方面的合作，已经进入了第二个阶段。在第一个阶段的合作中，在华润雪花啤酒（中国）有限公司的大力支持下，清华大学建筑学院建筑历史与文物保护研究所的教师与研究生，投入了极大的努力，先后完成了"北京古建筑五书"（2009 年）、"中国民居五书"（2010 年）、"中国古建筑装饰五书"（2011 年）、"中国古都五书"（2012 年）和"中国古典园林五书"（2013 年）等，共 5 个系列，25 部中国古代建筑普及性读物。这其实只是有关中国古代建筑知识普及与传承工作的开始，按照这样一种模式，很可能还会有"中国古代宫殿建筑五书""中国古代佛教建筑五书""中国古代军事防卫建筑五书"，如此等等，因为延续了 5000 年之久的中国古代建筑，是一个十分庞大复杂的体系。关于古代建筑的知识，类似普及性读物的写作与出版，还可以继续许多年。然而，这又是一个几乎难以完成的目标，因为，随着研究的深入，相关的知识，还会处在一个不断增加的过程之中。正是在这样一种成功与困惑的两难之中，清华大学建筑学院与华润雪花啤酒（中国）有限公司，开启了双方合作进行中国古代建筑普及与传承出版工作的第二阶段。

　　第二阶段的工作应该如何开展，究竟怎样才能既最有效，又最全面地向社会普及中国古代建筑的基本知识。华润雪花针对这个问题，做了大量的市场调查与分析，在充分的市场第一手数据的支持下，华润雪花的决策者们提出了一个全新的思路，即为全国范围，包括港、澳、台地区的古代建筑遗存，做一个全面而系统的梳理，完成一套以各省、自治区及港、澳、台为单位的中国古建筑地图集。把我们的老祖宗留给我们的那些古建筑家底，做一个系统的梳理，并以简单、明快、便捷的语言与图形模式，做出既具学术性，又通俗易懂的说明。这其实既是一套科普性读物，同时也是一套实用性的工具书。

　　这的确是一个有魄力的决定，同时也是一个庞大、复杂的系统工程。为了完成这样一套具有全面覆盖性的中国古建筑通俗性、工具性读物，不仅需要有能够覆盖全国尚存古代建筑的详细资料与相应建筑史知识体系，而且要对这些建筑所在的准确位置，保存状况，交通信息，联系信息等读者可能需要的资料，一一搜集、梳理，并以一种适当的方式在书中表达出来，以方便读者学习或前往参观、考察。

　　既然是一本古建筑地图集，就不仅要有翔实而准确的古代建筑知识，以及这些古代建筑遗存的相关信息，还要有直观、明了的地图表达模式。这同样是一个十分复杂的工程。我们地图集的作者们,不仅要仔细斟酌每一座古建筑的历史、艺术诸方面的价值,要认真整理、提炼与这座古建筑相关的种种信息,而且,还有搜集并提供与这些建筑直接相关的图片资料,此外,更重要的,是要将每一座古建筑的空间定位,准确地表达在一张清晰而简练的地图上。

这就需要我们这些参与写作的古建筑专家们,不仅要仔细而缜密地以一种恰当方式,来描绘每一个省、自治区、市、县的地图,而且,要在这些地图上,将这些古建筑准确地标识出来。这样一个烦琐而细密的工作,其中包含了多少具体而微的繁杂文字、图形与数据性工作,又有多少细致而准确的科学定位工作,是可以想见的。这对于那些本来主要是从事古代建筑历史研究与保护的古建筑学者们来说,是一个不小的挑战。

困难是现实的,工作内容是庞杂而繁细的,但既然社会有这样一个需求,既然华润雪花啤酒(中国)有限公司的领导们,从民族文化与大众需求的角度,向我们提出了这个要求,我们的老师和博士、硕士研究生们,就必须迎难而上,必须实实在在、一丝不苟地为读者们打造出一套合格的中国古代建筑地图集,这不仅是华润雪花啤酒(中国)有限公司对中国古代建筑研究与教学多方位支持的一个回报,更是向社会大众普及中华民族传统建筑文化的责任所在。

这是一个需要连续五年的漫长工作周期,每一年都需要完成5部,覆盖五个省、市、自治区或地区的重要古代建筑地图集。随着每年5本地图集的问世,一套简略、快速而概要地学习与了解中国古代建筑历史知识的丛书,就会展现在我们读者们的面前,希望我们的读者,无论是为了学习古代建筑知识,抑或是为了休闲旅游的实用功能,都能够喜欢这套丛书,很好地利用这套丛书,同时,在阅读与使用中,如果发现我们的丛书中,还有哪些不尽如人意之处,也希望有识方家与广大读者不吝赐教,及时给我们提出来,我们将认真对待每一位读者的意见和建议,不仅要在后续的地图集编写工作中,汲取大家的意见,而且还会在今后可能的再版中加以修正与完善。

王贵祥
于清华大学建筑学院

作者简介

辛惠园
Xin Huiyuan

2006 年毕业于韩国汉阳大学建筑学院，2007 年进入清华大学建筑学院攻读博士学位，师从王贵祥教授，主要从事古建筑历史研究。2014 年获得博士学位，博士论文《中国明清时期和韩国朝鲜时期的坛壝建筑比较研究》被评为清华大学优秀博士论文。2014 年至 2017 年清华大学建筑学院城市规划专业博士后。

张剑文
Zhang Jianwen

2019 年毕业于清华大学建筑学院，获工学博士学位，现为昆明理工大学建筑与城市规划学院讲师，研究方向为建筑历史与理论，在《建筑师》《南方建筑》等核心期刊发表论文 7 篇，为《中国传统民居类型全集》（中国建筑工业出版社，2015）云南部分主要作者，参编《云南古建筑》（中国建筑工业出版社，2016），曾获 2014 年"清润奖"论文竞赛二等奖。

孙蕾
Sun Lei

大连理工大学建筑学学士，华南理工大学建筑学硕士，清华大学建筑学院博士，现为大连理工大学建筑与艺术学院讲师，研究方向为文字与绘画史料中的古代建筑研究。著有《建构华夏：图解中国古建筑》（漓江出版社，2019，第一作者）。

杨安琪
Yang Anqi

清华大学建筑学院博士研究生,主攻建筑历史与理论方向,从事中国建筑史和中西建筑艺术交流史研究。曾在专业期刊发表论文4篇,参与古代建筑与园林相关的国家自然科学基金项目2项,出版译著《玻璃艺术简史》(中国友谊出版公司,2016),担任《中华遗产》等杂志特约作者,中国青年作家学会会员。

傅娜
Fu Na

长安大学建筑学院建筑学学士,清华大学建筑学院工学硕士,主要研究方向为建筑历史与理论。

前　言

天地国师亲——江西古建筑的五重维度

江西省，因 733 年唐玄宗设江南西道而得名，又因为境内河流赣江而得简称"赣"，以南昌为省会。地处中国东南部，东连浙江省、福建省，南接广东省，西毗湖南省，北邻湖北省、安徽省，是长江经济带的重要组成部分。

江西属于亚热带季风性气候，四季分明。地貌类型以山地、丘陵为主，盆地、谷地广布，有少量平原。主要山脉多分布于省境边陲，省境东、西、南三面环山地，中部丘陵和河谷平原交错分布，北部则为鄱阳湖平原。全省有赣江、抚河、信江、饶河、修河五大河系，构成以鄱阳湖为中心的向心水系。

江西的历史可以上溯到距今 1 万年以前。商朝时期，江西境内有干越国。直至汉高帝初年（前 202），江西作为明确的行政区域建制。此后历代，江西区域隶属豫章郡、扬州部、江州、江南西道、南唐南府、江南西路、江南东路。元代立江西行省，辖区还包括了今天广东省的大部分。明代保留了元代的省区建制，改为江西布政使司。清代改江西布政使司为江西省，行政区域基本承袭明代建制。民国时期，江西省共辖 81 县。第二次国内革命战争时期，中国共产党在江西建立了大片革命根据地。其中著名的有赣西井冈山革命根据地、湘赣革命根据地、赣东北革命根据地以及包括铜鼓、修水、万载、宜丰等县的湘鄂赣革命根据地，中华苏维埃共和国临时中央政府设在瑞金。

江西与徽、闽、粤、湘接壤，是众多地方文化的交汇之地，徽州文化、客家文化、湘楚文化在江西地区的传统建筑上都有体现。同时，江西也是著名的陶瓷之都、才子之乡、中国近代的红色革命圣地。在这种历史氛围下，江西留下了大量古遗址、古墓葬、古建筑，以及革命文物和地方文化文物，其中有国家级历史文化名城 4 座、国家级历史文化名镇名村（包括 2019 年被公布的 17 座）共 50 座、江西省级历史文化名镇名村 67 座、世界遗产 3 处、国家级文物保护单位约 131 处、省级文物保护单位约 304 处。此外，还有公布为文物保护单位的古遗址、古墓葬、古建筑、近现代重要历史遗迹、革命旧址、石刻、石窟等不可移动文物近万处。在这种庞大的数量上，江西古建筑自然呈现出了多重要素特征，笔者将其简单概括为"天地国师亲"。

一、天——建筑与自然的紧密结合，敬神文化影响甚巨

"天"的维度特征主要体现在江西传统宗教建筑中，包括道教建筑及其衍生的万寿宫、禅宗净土宗寺庙、本土信仰的傩庙等。

（1）道法自然

赣东北作为道教发源地之一，拥有两座世界自然遗产级别的道教名山——龙虎山与三清山。这两座名山历史悠久、风景秀丽，以自然风光为主体，散布以道教建筑为主体的古建筑群——以"三清宫"为中心的"三清山古建筑群"和以"天师府"为中心的"龙虎山古建筑群"。

这两个建筑群的最大特点都是主体建筑均为近年重建，历史遗存分散且体量较小，单独每一个历史遗存的可观赏性较差，但是结合自然风光构成整体时却可以取得"1+1>2"的效果，充分体现了自然环境对古建筑的加分作用。

在道教中有"洞天"的概念，江西有"三十六洞天"中的第八"庐山洞"（今庐山仙人洞）、第十二"西山洞"（南昌）、第十五"鬼谷洞"（贵溪）、第十七"笥山洞"（吉安）、第二十八"麻姑山洞"（抚州）。这几个"洞天"的共同特点也是自然环境清幽，拥有神秘缥缈的氛围，不失为一种奇妙独特的文化景观。

（2）禅净伽蓝

江西省除了道教文化昌盛外，佛教文化也是其文化的另外一个重要的组成部分，九江庐山地区为净土宗发源地，而宜春地区则是禅宗的重要分布区域之一，其中的洞山、黄檗山、仰山，均为禅宗重要祖师（洞山良价、黄檗希运、仰山慧寂）的修行地，现在还保留很多禅师的墓塔，萍乡杨岐山同样为禅宗临济宗支脉——杨岐宗的发源地，在佛教史上具有重要地位。

因此，江西佛教寺院在整个中国佛教建筑史中有重要地位，其中名气最大者莫过于净土宗祖庭——东林寺。它是净土宗始祖慧远大师住持的寺庙，拥有悠

久的历史，虽经后世屡次重修，但其威名不堕，现在既是省级重点文物保护单位，又是重要的佛教交流中心，仍然发挥着其宣扬佛法的作用。

宜春虽然为禅宗圣地，但遗留的古建筑数量并不多，大部分以墓塔为主，其中还有两个重要的构筑物——马祖塔亭与百丈清规石刻，分别代表了禅宗史上的两起划时代的事件——"马祖创丛林"与"百丈立清规"。马祖道一与百丈怀海奠定了禅宗基本的修行仪轨，因此与两位大师有关的建筑遗存的重要性不言而喻。而宜春的慈化寺为南宋时期创立的重要禅寺，明洪武十八年（1385）赐建龙亭，书"天下第一禅林"，世称"天下大慈化"，因此慈化寺也有一定的政治地位。禅宗以宜春为中心，在其周边地区仍有重要影响，也有遗存的建筑物，其中比较重要的是位于萍乡的杨岐宗祖庭——普通寺与位于九江永修县的曹洞宗祖庭——真如寺，另外在吉安有青原行思大师的道场——净居寺，但古建筑已毁，现存均为后世新建建筑。

（3）万寿无疆

"万寿宫"是江西非常独特的一类建筑，始建于东晋，至今已有1600余年的历史。万寿宫本是民间祀奉先贤许逊的祠庙。许逊出生于南昌，是晋代道教净明派祖师，又称许天师、许真君。他在江南地区留下了斩蛟龙治水的传说，受到历代朝廷嘉许和百姓爱戴，被誉为"神功妙济真君"。东晋时，江西境内已有十多座纪念许逊的祠庙，最具代表性的就是南昌的许仙祠和旌阳祠。

对许逊的信仰自唐朝开始兴起，宋代极得皇室尊崇，如今中国最大的道教圣地之一的玉隆万寿宫就在宋代大幅扩建，成为宏伟壮观的道场。在明代，随着城镇发展和城市商业的兴盛，江西地方官员和商人常于其所在县乡城镇建起许真君庙、旌阳祠、万寿宫。明清时期，江西经济发达，经营瓷器、茶叶、大米、木材和丝绸的赣籍商人行走全国，形成了中国早期著名商帮之一——江右商帮。作为商业文化中心的万寿宫渐渐演变成江西会馆、江西庙等，并成为江右商帮的标志。因此万寿宫不仅是祭祀圣贤的场所，也是江西人同乡聚会、洽谈生意、协商事务等的场所，成为代表江西的一种文化符号。

一般万寿宫的格局是：前厅供奉着许真君等神像，后厅有议事堂、宿舍、膳房等。规模较大的万寿宫，不仅有上述设施，围绕万寿宫还建有一条或几条江西街。那里的江西商店既出售瓷器、中药、纸张、布尺、茶叶等江西特产，又售卖食盐、绸缎、金银首饰、南北杂货，还经营钱庄典当、饭店旅栈，并印刷书籍。走南闯北的江西商人，初到一个地方，一定会先找到当地的万寿宫落脚。

据江西科技师范大学章文焕教授统计，目前江西省内共有万寿宫600多座。明清以前的万寿宫多属道观，分布的范围限于赣江下游和赣西、赣西北。到了明清时期，万寿宫数量迅速增多，江西万寿宫80%以上是在清代乾隆、嘉庆、道光、同治、光绪年间兴建的。南昌铁柱万寿宫和新建县西山万寿宫，是全省万寿宫的源头，也被誉为海内外万寿宫的中心。除了南昌，省内其他地区也曾有不少著名的万寿宫，如抚州市玉隆万寿宫、抚州市乐安县水南村万寿宫、吉安市永丰县万寿宫（君埠红一方面军总司令部旧址）、吉安市遂川县万寿宫（遂川县工农兵政府旧址）、吉安市青原区渼陂村万寿宫、赣州市兴国县兴莲乡官田村万寿宫（中央兵工厂工人俱乐部旧址）等。

（4）傩魂韵堂

江西古建筑中另外一支独特的分支是民间祭祀建筑，其中最有特色的当属傩庙。傩是中国一种古老的驱逐邪祟，祈福免灾的文化现象。傩文化是包括傩庙、傩神面具、傩舞、傩戏、傩符、傩服饰、傩兵器等组成的一个复杂整体，傩庙是此整体中体量最大的文化承载物。

江西的傩庙大都集中于萍乡，有"十里一傩庙"之说。因为萍乡上古时期是三苗部落聚居地，所以其民族习俗一直延续到现在。其中最重要的两个傩庙为小枧傩庙与石洞口傩庙，均为省级文物保护单位，其装饰与彩绘均有鲜明的地方特色。傩庙的存在也充分说明了江西地域文化的多元性。

二、地——墓葬、遗址遗存极为丰富

"地"的维度主要体现于江西的古遗址与古陵墓中，这些古迹植根于大地上，与大地结合在一起，诉说着其曾经的历史、彼时的辉煌。

（1）泥土之宝

"泥巴化宝是陶瓷"，江西的遗址中窑址是其重要组成部分，其中有两大片区——景德镇窑址群与洪州窑址。景德镇窑址以御窑厂为中心形成一个"三山，三河，二类，多级别"的复合遗址群。"三山"指的是涌山、月山、珠山；"三河"指昌江、南河、小南河；"二类"指官窑与民窑；"多级别"指国保、省保、市保、县保等不同等级的文物保护单位，由此可以看出景德镇窑址的丰富程度。而洪州窑是中国古代重要的青瓷窑场，属于唐代六大青瓷名窑之一。窑址分布在现江西省丰城市一带，从东汉晚期开始烧制陶瓷,历经三国、两晋、南北朝、隋、唐、五代,约有800年的历史。尤其是其对青瓷的烧制,比"瓷都"景德镇还要早1000余年。而赣州的七里镇窑遗址则是赣南最为重要的窑址之一,为研究唐宋龙窑技术提供了重要参考。

除了瓷器之外,江西尚有许多上古遗迹,最重要的是万年县"仙人洞、吊桶环"遗址,其中发现了旧石器时代的驯化稻与陶器,而位于鹰潭的角山板栗山遗址则是商代的重要窑址。由此可见,江西境内由"泥土"中诞生的遗址非常丰富。

(2) 皇亲之陵

江西古墓遗存数量十分庞大,其中主要为贵族陵墓,最有代表性的为汉废帝刘贺的"海昏侯墓",而以海昏侯墓为核心的"铁河古墓群"更是汉代贵族墓群的代表性遗存。同时遗存的汉墓还有鄱阳县的莲山汉墓群与樟树市吴平汉代古墓群。莲山汉墓群规模极为庞大,传说汉初大将英布就埋葬于此。吴平古墓群比较神秘,相关研究资料较少,尚待进一步探索。

三国时期,由于江西大部分地区为东吴属地,因此遗存为数不少的东吴贵族墓,其中有代表性的为南昌东吴墓群(以桂花大酒店旁东吴墓为代表)与吉安市吉水县的东吴古墓,虽然都于东吴时期建墓、但其形制不甚相同,反映了三国时造墓的一些基本规律。

同时,江西留存有重要的明代藩王墓葬,其中比较重要的有南昌市的宁王朱权墓与乐安王墓、抚州市的明益藩王墓(2处)。此4处墓葬都为全国重点文物保护单位,出土的大量文物大部分存于江西省博物馆。

(3) 文士之骨

江西自古文士众多,许多著名的哲学家、诗人、艺术家、名臣都魂归江西。哲学家有周敦颐(九江)、陆九渊(抚州金溪县)、罗钦顺(吉安泰和县),诗人有杨万里(吉安吉水县)、陶渊明(九江县)、辛弃疾(上饶铅山县),艺术家有阎立本(上饶玉山县)、黄庭坚(九江修水县),名臣有文天祥(吉安市青原区)、谭纶(抚州宜黄县)、朱轼(宜春高安市)、费宏(上饶铅山县)等。这些名士的陵墓虽然大多仅存一块墓碑、几株杂草,但其背后积淀的深厚文化内涵却不是这些简单元素可以概括的,整个陵墓形成了简约而又有历史沧桑感的文化景观。

三、国——国家意志在古建筑上有所体现

"国"的维度主要体现于江西的革命旧址上,江西的许多古迹都被赋予了国家事件的意义。而这种现代国家的烙印远远强于古代皇权在江西古建筑上的烙印(比如牌坊等),这也与江西整体给人的"红色之省"的印象相吻合。

(1) 红色遗存

江西作为新中国革命火种燎原的地方,其红色基因是根深蒂固的,而这种基因一直延续到了中华人民共和国成立之后。因此江西也有数量极为庞大的一批革命旧址,江西的近代红色建筑集中分布在几个片区,包括赣南瑞金片区、赣东南井冈山片区与赣中南昌片区。

这些红色旧址可以分为两种类型:第一类是革命事件赋予型旧址;第二类是革命事件主导型旧址。第一类的特点是革命旧址建筑物本身价值较高,即使没有革命事件的加持也有足够的竞争力跻身省级乃至国家级文保单位之列,这种类型的代表有瑶里程氏宗祠(新四军瑶里改编旧址)、江西大饭店("八一"南昌起义总指挥部旧址)、庐山大礼堂(庐山会议旧址)、瑞金市红色旧址群与兴国县中央兵工厂旧址群中的某些祠堂建筑等。第二类的特点是建筑物本身的可观赏性较差,如果没有革命事件的加持则无法成为文物保护建筑,其价值主要体现为革命事件的价值,这种类型的代表是上饶集中营旧址、横峰闽浙赣省委机关旧址、"八一"南昌起义叶挺指挥部旧址等。而第二类旧址之所以能成为文物保护单位,本身就反映了较为强烈的"国"的意志。

另外值得一提的是江西有以"文革"时期事件为标志的文物保护单位,其代表是全国重点文物保护单位——南昌"邓小平故居与劳动车间"与省级文物保护单位——"毛泽东思想胜利万岁馆旧址",可以说是时代的独特烙印,具有一定的历史价值。

(2) 御赐之物

在近代以前,国家往往是与皇帝联系在一起的,因此御赐的建筑或构筑物便有了极强的"国家"的烙印。在江西,此种类型建筑的代表是牌坊。

江西民间的牌坊,基本都是出于旌表人物、宣传家族荣誉的需求。"表闾"制度本身是朝廷对于民间"嘉德懿行"的一种表彰,因此民间负载着旌表功能的牌坊是对"表闾"制度的直接承继和延续。明清以后,牌坊在民间的表彰功能被普遍接受,牌坊的修建制度也逐步定型。明代以后,牌坊的修建由朝廷统一支配和管理。牌坊也与帝王的恩宠联系在一起,拥有一座牌坊,也就拥有了至高无上的荣光。

江西儒学氛围浓厚,名士众多,因此用于旌表的牌坊数量也不少,且分布在江西各个地方。从平面布局上看,江西牌坊有"一"字形(以理学名贤坊为代表)、

"口"字形（以济美石坊为代表）、双"八"字形（以钟陵节凛冰霜坊为代表）等。从材料上看，江西牌坊大多是石牌坊，石材有绿豆石与红砂岩石等。木牌坊有两座，分别是南昌进贤县理学名贤坊与赣州于都县步蟾坊，两者斗栱的构造都非常有特点，前者为精致而富有装饰意味的如意斗栱，后者直接在柱上插华栱和穿枋，给人以浑厚的印象，而无明清时的纤细之气。从功能上看，江西牌坊以独立的纪念性牌坊与门坊为主，标志性牌坊较少。标志牌坊主要为书院牌坊、宗祠牌坊、墓坊，江西典型的标志性牌坊有铅山鹅湖书院牌坊、白鹿洞书院棂星门、高安朱轼墓坊。从形制上看，江西牌坊最为典型的形制是"三间四柱五楼"（如鹅湖书院牌坊、进贤焦氏节孝坊），而且与邻近的徽州牌坊相比，甚少用高耸的"冲天柱"，大部分用屋顶覆盖，中间雕刻精美。

除了牌坊之外，江西另一个重要的"御赐建筑"是石钟山建筑群中的昭忠祠。1853年至1857年，太平军驻守石钟山，与曾国藩的湘军水师展开了大小无数次激战，湘军水师伤亡惨重。1857年，湘军攻下石钟山后，为表彰在湖口与太平军交战中死去的湘军水师将士，曾国藩奏请咸丰皇帝，请求在石钟山上建立湘军水师昭忠祠，咸丰准奏。至咸丰十年（1860），一个以昭忠祠为主体的古建筑群基本建成。因此昭忠祠虽然名为祠堂，但其反映的更多是国家的事件、国家的意志等"国"层面的要素，而非对先祖的崇敬的"亲"层面的要素。

四、师——教育类建筑遗存丰富

"师"的维度主要体现于书院与文庙建筑，体现的是江西的文化氛围。江西自古以来便具有很强的文化氛围，宋明的理学大家许多都与江西有关，比如朱熹祖籍婺源、陆九渊与罗钦顺为江西人、朱陆之辩发生在鹅湖书院等。因此在这种环境下，与尊师相联系的儒学在江西盛行也就顺理成章，众多书院与文庙也由此创立并遗存下来。

（1）山秀可藏书，泉清堪濯院

江西为人文之乡，在书院方面颇具盛名，历史上江西讲学式书院出现最早，唐代东佳书堂是我国最早的讲学式书院之一。在清代，江西书院极其鼎盛，仅《光绪江西通志·书院》所载就有526所，加上其他志书、文集的记载，应有千余所之多。除了数量多之外，江西书院名声较大，江西四大书院——鹅湖书院、白鹿洞书院、白鹭洲书院、豫章书院闻名全国，

朱熹的"学规"在南宋以后成为官学与书院的基本规矩。近代西学传入后，书院逐渐衰败。江西现存书院数量虽不少，但保存现状堪忧，可以分为三类：

第一类是保存比较完好的书院遗址，它们大都独立存在，自成体系。如白鹿洞书院（九江庐山）、鹅湖书院（上饶铅山）、信江书院（上饶）、龙江书院（井冈山宁冈）、叠山书院（上饶弋阳）、奎光书院（宜春铜鼓，即工农革命军第一军第一师第三团一营营部旧址）、仰山书院（抚州）等等。此类书院都依山傍水，风景秀丽，内部环境清幽，均为省级以上的文物保护单位。

第二类是留有部分遗迹于现代学校中（或附近）或与学校连为一体的书院遗址，如阳明书院（赣州一中）、昌黎书院（宜春四中）、龙河书院（万城中学）、龙冈书院（株潭中学）、正谊书院（株潭初中）、凤仪书院（高安师范）等，这类书院有的整体保存完好，有的只存几间斋堂，有的只剩断壁残垣。其中的代表是吉安的白鹭洲书院，位于白鹭洲中学内，是保存完好并与学校连为一体的著名书院。

第三类是坐落或散布在古村落中的书院。典型代表是乐安流坑村里保留的众多"文馆"，吉安溪陂村保留的"青源""明新""敬德""振幅"等书院，以及高安市贾家村的明月轩书院。总体来讲，这些散布于村落的书院大都比较破败荒芜，不容易被注意到。

（2）星照砚边文，月垂夫子庙

相比于丰富的书院遗存，江西的文庙（孔庙）遗存有些单薄，且均为学祭合一的"学庙"，无高等级的孔子家庙（孔子家族祭祀场所）与国庙（帝王祭祀孔子场所）。据孔祥林所著《世界孔子庙研究》（中央编译出版社，2011），江西省原有文庙93所，现在大约有10所文庙还有遗存。在对江西各地文庙遗址的调查中发现，江西文庙不仅存世少，而且保存的状况也不好。现在只有安福、萍乡和赣州的3座文庙保存基本完整，新余文庙保存有中心建筑一组，奉新、丰城、会昌、鄱阳4所文庙存有大成殿等建筑。其中安福文庙与赣州文庙在2013年晋升为第七批全国重点文物保护单位，萍乡文庙、新余文庙与鄱阳文庙大成殿为省级文物保护单位，奉新文庙与丰城文庙为县级文物保护单位。可见近些年江西文庙的保护工作也得到了越来越多的重视。

五、亲——宗族及其衍生文化对建筑有巨大影响

"亲"的维度是最接近日常生活的，体现于江西

的宗祠与宗祠衍生的戏台建筑上，此维度的建筑在数量上较多，但规模不大，大部分保护等级也不高。

（1）亲之威

宗祠反映的是亲族关系中"威"的一面，是亲族中规训力体现的场所。江西宗祠众多，在不同的文化地域下，宗祠的形态也略有不同。其中比较典型的三种类型宗祠分别为徽州宗祠、饶州宗祠、客家宗祠。

徽州宗祠的代表是婺源宗祠群，列为全国重点文物保护单位的有9座，大多位于婺源古村中，与古村的徽派建筑一同构成优美的文化景观。其规模不大，但入口门楼或门坊装饰精美，山墙高耸，整体呈灰瓦白墙的精致印象。

饶州宗祠的代表是景德镇宗祠、官溪胡氏宗祠、龙溪祝氏宗祠等。其体量比婺源宗祠大，如果说婺源宗祠是婉约派的话，饶州宗祠就是豪放派，尤其是上饶广丰的龙溪祝氏宗祠，空间之宽广、风格之气派，令人叹为观止。此外，饶州宗祠普遍带有戏台，而徽州宗祠没有。

客家宗祠分布于赣州，典型的如夏府村宗祠群、东龙古村宗祠群、密溪古村宗祠群等。这些宗祠有一定的客家建筑的风格，比如围合性强，但其细部做法仍与赣北饶州相似，可以看出其相互的传承关系。

（2）亲之乐

在亲族生活中，娱乐是重要的组成部分，反映在建筑上就是"戏台"。江西的传统戏台共有五种，分别为祠堂台、万年台、庙宇台、会馆台、家庭台。其中现有遗存基本为前两类，后三类中会馆戏台只存景德镇湖北会馆戏台与上饶铅山河口镇丰城会馆戏台，而且已经残破不堪，家庭台只存在上饶信州区相府路17号民宅中，庙宇台已经不存。万年台（广场戏台）也只存于景德镇乐平周边地区，典型的如横路万年台、坑口万年台、韩家万年台等。祠堂戏台的分布稍广，已经辐射到了上饶地区，比如阳春戏台、龙溪祝氏宗祠戏台、官溪胡氏宗祠戏台等。在宗祠戏台中，最为特别的为双面"晴雨台"，可以看作兼具宗祠戏台与万年台的功能，天晴时正面演戏给祠堂前广场上的人看（万年台功能），下雨时背面演戏给祠堂内的人看（祠堂戏台功能），婺源阳春戏台与乐平浒崦戏台便是其中杰出代表。

戏台最为集中的地方为景德镇乐平地区，乐平也拥有江西最大的制作戏台的工匠行帮，并一直延续到现在。依据地域分为涌山、塔前、双田、临港四大派别，每派中分工明确，主要有木匠、雕匠、砖匠、石匠、铁匠、漆匠六类。行帮的延续也保证了江西传统戏台的生存。

除了以上五重维度之外，江西古建筑还有不少重要要素，比如古塔、古桥、古民居等，而且名村、名镇众多。抚州市乐安县流坑村是我国第一批公布的历史文化名村；景德镇浮梁县瑶里镇被列入第二批中国历史文化名镇；鹰潭市龙虎山上清镇被列入第三批中国历史文化名镇；上饶市横峰县葛源镇为第四批中国历史文化名镇；吉安市青原区富田镇为第五批中国历史文化名镇；第六批中国历史文化名镇包括萍乡市安源区安源镇、上饶市铅山县河口镇、上饶市铅山县石塘镇、抚州市广昌县驿前镇、抚州市金溪县浒湾镇、吉安市吉安县永和镇。本册还收录了其他诸多历史文化名村古建筑群，如上饶市婺源县的徽州古村落古建筑群、代表江西地区传统文化的抚州市金溪县古村落古建筑群等。这些古村落古建筑群，体现了中国传统村落的选址、布局、风水等特征，并且与环境相结合，令人赏心悦目。

江西省文物建筑内容丰富，本册在编写过程中对代表性文物点进行精炼的文字说明，并配以图片，还在各市主体内容之后对其余部分文物点进行了列表整理，主要有古建筑、古遗址、古墓、石窟、石刻及部分近代建筑，以期对江西各地文物建筑情况形成一个较为完整的认识。在编写过程中难免有所疏漏，希望我们的工作对于江西省古建筑知识的普及能有所帮助。

目录 | Contents

凡例	XVIII
江西省分片索引	XIX

1 南昌市 　　001

豫章故郡，红色新府——南昌古建筑概述 　　004

西湖区 　　006
1 铁柱万寿宫遗址 2 黄秋园故居 3 绳金塔

东湖区 　　008
4 杏花楼

青云谱区 　　008
5 青云谱

南昌县 　　011
6 东吴墓 7 蜚英塔 8 令公庙

进贤县 　　013
9 万家焦氏节孝坊 10 三里雷家民居 11 珠子塔 12 陈氏两牌坊 13 钟陵节凛冰霜坊 14 艾溪陈家村古建筑群 15 豫章世家牌坊 16 李渡烧酒作坊遗址

新建区 　　024
17 紫金城遗址 18 铁河古墓群之海昏侯墓园 19 汪山土库 20 乐安王墓 21 朱权墓 22 梦山石室 23 西山万寿宫

安义县 　　032
24 罗田村古建筑群 25 京台村古建筑群 26 余庆堂民宅 27 孙虑城遗址

南昌市其他文物保护单位列表 　　038

2 景德镇市 　　041

陶风瓷语话晚茶——景德镇古建筑概述 　　044

浮梁县 　　046
1 严台村古建筑群 2 沧溪村古建筑群 3 瑶里镇古建筑群 4 高岭瓷工矿遗址 5 浮梁古县衙 6 浮梁红塔

珠山区 　　058
7 御窑厂遗址 8 祥集弄民宅 9 景德镇老城区建筑群 10 湖田窑遗址 11 杨梅亭窑遗址

昌江区 　　066
12 明闾 13 清园 14 镇窑

乐平市 　　072
15 涌山昭穆堂 16 涌山洞遗址 17 车溪敦本堂 18 横路万年台 19 浒崦名分堂戏台 20 坑口万年台 21 韩家万年台

景德镇市其他文物保护单位列表 　　079

3 上饶市 　　081

一江穿流沃徽饶——上饶古建筑概述 　　084

婺源县 　　086
1 理坑村古建筑群 2 篁村余庆堂 3 虹关村古建筑群 4 凤山查氏宗祠 5 凤山龙天塔 6 清华彩虹桥 7 黄村经义堂 8 洪村光裕堂 9 新源俞氏宗祠 10 西冲敦伦堂 11 思溪村古建筑群 12 延村古建筑群 13 晓起村古建筑群 14 江湾村古建筑群 15 篁岭村古建筑群 16 汪口村古建筑群 17 李坑村古建筑群 18 朱環墓 19 坑头村古建筑群 20 豸峰成义堂 21 阳春成氏宗祠

玉山县 　　117
22 三清山古建筑群 23 玉山鸿园 24 玉山考棚 25 玉山城墙 26 阎立本墓 27 官溪胡氏宗祠

广丰区 　　125
28 龙溪村古建筑群 29 社山头遗址 30 九仙山城堡

信州区 　　130
31 东岳庙 32 相府路 17 号民居 33 信江书院

上饶县 　　134
34 上饶集中营 35 龚氏宗祠

铅山县 　　137
36 鹅湖书院 37 辛弃疾墓 38 石塘镇古建筑群 39 河口镇

古建筑群 40 费宏墓 41 澄波桥

横峰县   148

42 闽浙赣省委机关旧址

弋阳县   149

43 叠山书院 44 南岩石窟

万年县   152

45 仙人洞、吊桶环遗址

德兴市   153

46 寿元桥

鄱阳县   153

47 鄱阳文庙大成殿 48 永福寺塔

上饶市其他文物保护单位列表   155

4 鹰潭市   157

天师道场龙虎跃——鹰潭古建筑概述   159

1 角山板栗山遗址 2 龙虎山古建筑群 3 仙水岩崖墓群

鹰潭市其他文物保护单位列表   165

5 九江市   167

三江之口、七省通衢——九江古建筑概述   170

庐山市   172

1 白鹿洞书院 2 观音桥 3 庐山别墅建筑群 4 庐山御碑亭 5 庐山会议旧址建筑群 6 庐山赐经亭 7 恭乾禅师塔 8 东林寺 9 西林寺塔 10 紫阳堤 11 南康府谯楼

浔阳区   188

12 大胜塔 13 锁江楼塔 14 烟水亭建筑群

濂溪区   194

15 周敦颐墓 16 九江姑塘海关旧址

柴桑区   196

17 陶靖节祠 18 陶渊明墓 19 岳飞母亲姚太夫人墓

彭泽县   198

20 黄岭大圣塔 21 茅湾碾米作坊遗址

湖口县   199

22 石钟山古建筑及石刻

永修县   202

23 吴城吉安会馆 24 真如寺塔林

德安县   205

25 罗汉桥

修水县   206

26 陈宝箴、陈三立故居 27 湾里桥 28 黄庭坚墓 29 黄龙寺观音井石亭 30 上衫宫选大屋（中共湘鄂赣省委、省苏维埃政府旧址）31 山背遗址 32 商会办公楼旧址（工农革命军第一军第一师师部旧址）

瑞昌市   210

33 铜岭铜矿遗址

都昌县   211

34 千眼桥

九江市其他文物保护单位列表   212

6 宜春市   215

江南佳丽之地，文物昌盛之邦——宜春古建筑概述   218

袁州区   220

1 袁州谯楼及袁州古天文遗址 2 难禅阁 3 慈化寺 4 仰山墓塔群

上高县   224

5 观澜阁塔 6 蒙山古银矿遗址

宜丰县   226

7 崇文塔 8 太子塔 9 洞山墓塔群 10 洞山逢渠桥 11 天宝村古建筑群 12 黄檗山墓塔群

高安市   234

13 贾家村民居（含贾氏宗祠、泰盛堂、赐楼）14 五

里谌村水口塔 15 朱轼墓 16 通真桥 17 七星堆古墓群
18 华林造纸作坊遗址

铜鼓县 242

19 萧家祠（湘赣边界秋收起义前敌委员会旧址）
20 奎光书院（中国工农革命军第一师三团团部、营部）
21 排埠邱家大屋 22 排埠万寿宫（工农革命军第一军第一师第三团回师铜鼓旧址）23 铜鼓吴家祠（毛泽东住地旧址）24 毛湾老屋及毛湾新屋（湘鄂赣省苏维埃政府旧址及军区司令部旧址）

万载县 246

25 万载仙源乡民居古建筑群（湘鄂赣革命根据地旧址，含中央军政五分校、红十六军军部遗址）26 万载城隍庙 27 万载南大路 98 号店铺

樟树市 249

28 筑卫城遗址 29 太平观碑 30 临江大观楼 31 吴城遗址
32 樊城堆遗址 33 鸣水桥 34 清标彤管坊

奉新县 253

35 济美石坊

靖安县 254

36 马祖塔亭 37 靖安花桥 38 李洲坳东周墓葬

丰城市 257

39 洪州窑遗址 40 丰城北屏禅林

宜春市其他文物保护单位列表 259

7 新余市 261

新余市古建筑概述 263

1 新余孔庙 2 昼锦堂 3 尚睦邓家围垅屋 4 介桥村 5 防里村

新余市其他文物保护单位列表 273

8 萍乡市 275

萍乡市古建筑概述 277

1 乘广禅师塔、甄叔禅师塔（及文廷式墓）2 小枧傩庙 3 石洞口傩庙 4 萍乡孔庙 5 仰山文塔 6 路口镇湖塘村 7 宾兴馆毛泽东旧居 8 贺录姑贞孝坊

萍乡市其他文物保护单位列表 291

9 抚州市 293

华夏梦都，临川才子之乡——抚州古建筑概述 296

临川区 298

1 万魁塔 2 玉隆万寿宫

东乡区 302

3 浯溪村 4 王氏宗祠

金溪县 307

5 东岗村 6 东源曾家村 7 黄坊村 8 浒湾镇 9 游垫村
10 全坊村 11 竹桥村 12 仰山书院

资溪县 327

13 高云塔

黎川县 328

14 洲湖大夫第 15 闽赣省苏维埃政府旧址

南城县 332

16 潮音洞石窟 17 万年桥和聚星塔 18 太平桥

广昌县 336

19 红一方面军总前委会旧址 20 驿前古镇 21 驿前石屋里民宅

乐安县 343

22 董裕墓 23 红一方面军大湖坪整编旧址 24 龙图学士和刺史传芳牌楼门 25 流坑村古建筑群 26 水南村

崇仁县 356

27 石经幢 28 相山石塔

宜黄县 358

29 谭纶墓 30 棠阴古镇 31 大司马牌坊

抚州市其他文物保护单位列表　　　　363

10 吉安市　　　　365

吉安市古建筑概述　　　　368

新干县　　　　370
1 城头文昌塔 2 惠政桥

峡江县　　　　371
3 湖洲村

永丰县　　　　373
4 恩江桥 5 报恩寺塔 6 泷冈阡表碑和西阳宫 7 君埠红一方面军总司令部旧址（万寿宫）

吉水县　　　　376
8 护吉大庙 9 杨万里墓 10 燕坊古村 11 解缙墓 12 三国东吴古墓

吉州区　　　　385
13 钓源古村 14 云章阁、风月楼 15 古南塔 16 卢氏宗祠

青原区　　　　395
17 净居寺 18 相公桥 19 渼陂村和永慕堂 20 陂下村 21 诚敬堂和富田镇 22 文天祥墓

吉安县　　　　410
23 永和镇和吉州窑 24 本觉寺塔和清都观

泰和县　　　　413
25 科甲第（明德堂） 26 杨士奇墓 27 白口城址 28 大江村 29 槎滩陂和周矩墓

万安县　　　　420
30 崇文塔 31 万安城墙 32 天龙山墓塔 33 万安东林寺塔 34 增文堂围屋

遂川县　　　　426
35 雩溪宝塔 36 遂川县工农兵政府旧址（万寿宫） 37 正亮堂 38 客家彭宅

井冈山市　　　　434
39 龙江书院

永新县　　　　436
40 龙源口桥（并七溪岭指挥所） 41 中共湘赣省委旧址、任弼时故居 42 南塔 43 红四军第三十一团团部旧址（并塘边毛泽东故居）

安福县　　　　441
44 塘边村 45 东山文塔 46 安福孔庙 47 武功山祭祀遗址

吉安市其他文物保护单位列表　　　　449

11 赣州市　　　　451

赣粤闽湘文化汇聚之地——赣州市古建筑概述　　　　454

章贡区　　　　456
1 赣州文庙 2 舍利塔 3 赣州城墙 4 广东会馆 5 玉虹塔 6 通天岩石窟

赣县区　　　　466
7 夏府村宗祠群 8 白鹭村古建筑群 9 大宝光塔

兴国县　　　　477
10 朱华塔 11 土地革命干部训练班 12 江西省第一次工农兵代表大会会址 13 江西军区旧址（含红军检阅台） 14 江西省苏维埃政府旧址 15 中国工农红军总医院旧址 16 中央兵工厂旧址群

于都县　　　　492
17 水头步蟾坊 18 赣南省苏维埃政府旧址

宁都县　　　　494
19 水口塔 20 中国共产党江西省委员会旧址 21 宁都江西省苏维埃政府旧址 22 江西省军区司令部旧址 23 中共苏区中央局旧址 24 宁都会议旧址 25 东龙古村

石城县　　　　503
26 杨村坊式亭 27 永宁桥 28 太平天国幼天王囚室 29 宝福院塔 30 宁都起义部队秋溪整编旧址

瑞金市   **508**

31 瑞金革命遗址   32 龙珠塔

会昌县   **514**

33 中共粤赣省委旧址   34 粤赣省军区总指挥部旧址
35 会寻安中心县委旧址   36 羊角水堡

寻乌县   **523**

37 周田村

安远县   **526**

38 东生围   39 无为寺塔   40 永清岩观音楼   41 永镇桥

龙南县   **534**

42 关西新围   43 太平桥   44 燕翼围

全南县   **541**

45 雅溪围屋

信丰县   **544**

46 玉带桥   47 大圣寺塔   48 油山游击队交通站——上乐塔

大余县   **549**

49 嘉祐寺塔

赣州市其他文物保护单位列表   **550**

参考文献   552
图片来源   555
后　记   565

凡例
How To Use This Book

- 编号 国家级文保单位
- 编号 省级文保单位
- 编号 其他建筑

政区名称
编号 ▶ 编号 页码 下级图指向标签

---

13 钟陵节凛冰霜坊 —— 古建筑编号及名称

"Jie Lin Bing Shuang" Memorial Archway in Zhongling Township —— 英译名

基本信息	省级/免费参观
年　代	明
地　址	进贤县钟陵乡钟陵街乡政府南侧
交通信息	由进贤县汽车北站乘坐去三里乡或二塘的班车，在钟陵乡下车后步行（约800米）

- 文物级别
- 对于多次重修或改建的古建筑，指现存部分的年代范围
- 地址
- 交通信息

钟陵节凛冰霜坊远景 —— 图名

- 古建筑图片

江西省分片索引
Map Index of Jiangxi

- ① 南昌市 / 001
- ② 景德镇市 / 041
- ③ 上饶市 / 081
- ④ 鹰潭市 / 157
- ⑤ 九江市 / 167
- ⑥ 宜春市 / 215
- ⑦ 新余市 / 261
- ⑧ 萍乡市 / 275
- ⑨ 抚州市 / 293
- ⑩ 吉安市 / 365
- ⑪ 赣州市 / 451

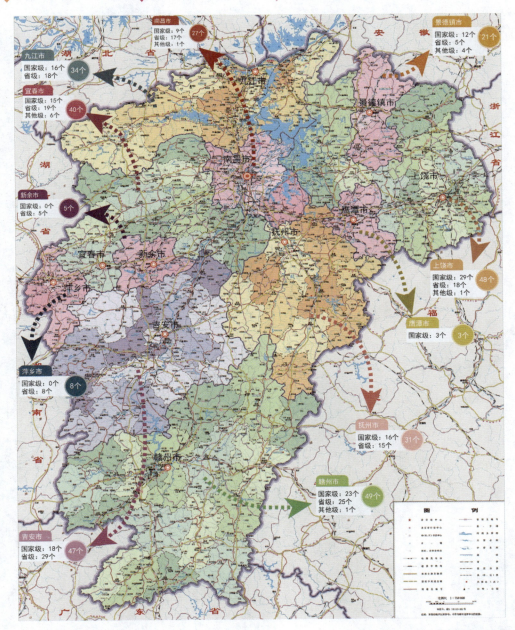

赣S（2019）052号

1
南昌市
NANCHANG

南昌市文物建筑分布图
Historical Architectural Map of Nanchang

1. 铁柱万寿宫遗址
2. 黄秋园故居
3. 绳金塔
4. 杏花楼
5. 青云谱
6. 东吴墓
7. 蜚英塔
8. 令公庙
9. 万家焦氏节孝坊
10. 三里雷家民居
11. 珠子塔
12. 陈氏两牌坊
13. 钟陵节凛冰霜坊
14. 艾溪陈家村古建筑群
15. 豫章世家牌坊
16. 李渡烧酒作坊遗址
17. 紫金城遗址
18. 铁河古墓群之海昏侯墓园
19. 汪山土库
20. 乐安王墓
21. 朱权墓
22. 梦山石室
23. 西山万寿宫
24. 罗田村古建筑群
25. 京台村古建筑群
26. 余庆堂民宅
27. 孙虑城遗址

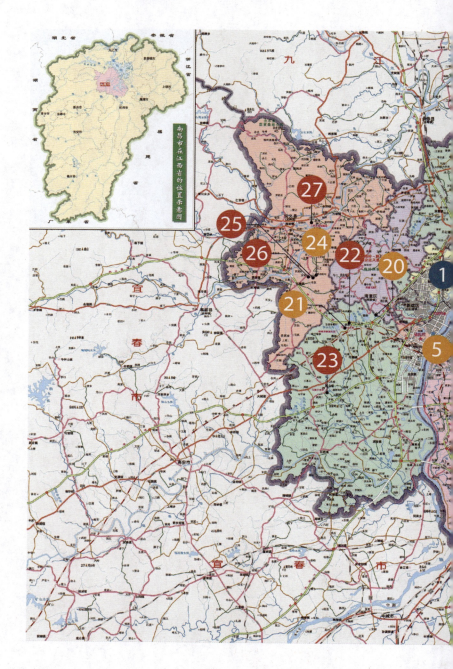

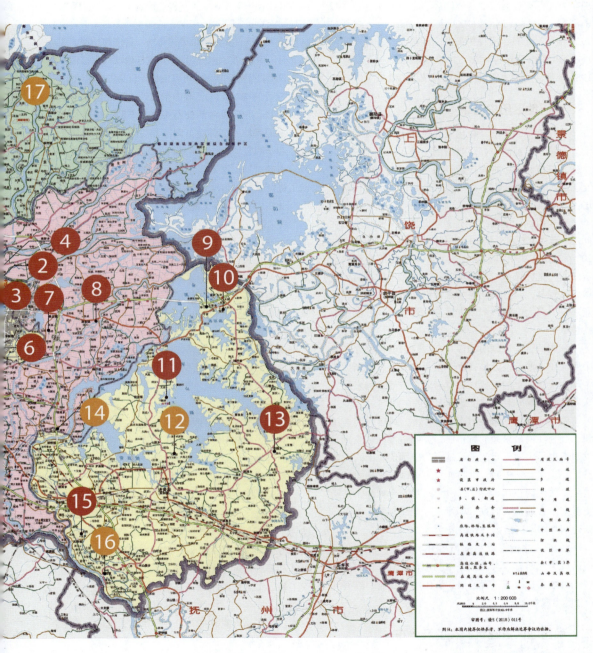

南昌市

赣S（2019）052号

豫章故郡，红色新府——南昌古建筑概述

南昌，简称"洪"或"昌"，古称豫章、洪都，现在为江西省省会。"初唐四杰"之一的王勃在《滕王阁序》中称其为"物华天宝、人杰地灵"之地。1927年8月1日，震惊中外的"南昌起义"爆发，南昌成为"军旗升起的地方"，因此又被誉为"英雄城"。1986年被评为国家级历史文化名城（第二批）。

一、南昌地区历史沿革

早在五千多年前，就已有先民在南昌地区生产生活。至三千年前的南昌，当时的土著居民有"三苗"之称，三苗为炎帝神农氏后裔。三苗时期的南昌北至艾溪湖，南至青云谱，这一弧形地带形成了古代南昌居民的聚集区。

东周时期，南昌地处吴、楚交界，吴楚相争多在此地。秦属九江郡。据《汉书》记载，汉高祖五年（前202）刘邦在垓下打败项羽之后，派大将灌婴率兵平定江南"吴、豫章、会稽郡"。灌婴平定豫章后，立即设官置县，首立南昌县为豫章郡之附郭，取吉祥之意——"昌大南疆""南方昌盛"为县名，开创了南昌建城史。

三国两晋及南朝时为豫章郡。这一时期，伴随着中原文化南渡，南昌城得到了很大的发展，逐渐成为中国古代版图上的重要城市。随着东晋经济的发展，在城的西北隅另筑新城（即今旧城区）。

隋开皇九年（589）罢郡置洪州。到唐代时，洪州已成为江南最繁荣的城市之一，制造业闻名全国。洪州窑也是中国青瓷的发源地，为中国历史上六大名窑之一。至北宋年间，洪州亦成为全国五大造船基地之一，城区面积达14平方公里，设16个城门，是历史上南昌古城最大时期。明洪武三年（1370）南昌、新建两县同城而治，直到清末。

1926年北伐军攻克南昌后开始设市。1949年，南昌成为江西省省会。如今南昌市辖3县6区，其中城区由东湖、西湖、青云谱、青山湖、新建、红谷滩6个区组成。

二、南昌地区古建筑的类型及分布

南昌地区古建筑的类型可以简单做如下概括：进贤牌坊、安义村落、新建古墓、南昌红色旧址。

（1）牌坊

南昌地区的牌坊大多集中在进贤县，其中有全国重点文物保护单位1处2座（昼锦坊、陈氏理学名贤坊），省级文物保护单位3座（三里焦氏节孝坊、钟陵节凛冰霜坊、豫章世家坊），市保、县保4处多座（下埠集乡龙坊饶家门牌、文港镇世德传芳坊、曾湾牌坊群、架桥镇艾溪陈家村义门世家牌坊）。这样的牌坊大多位于传统建筑比较集中的区域，可以说是进贤县古建筑的线索。

进贤的牌坊，除了雕工精美外，形式多样也是其一大特点，与常见的两面石头牌坊不同，进贤县还出现了多面牌坊（如钟陵节凛冰霜坊）与木质牌坊（如陈氏理学明贤坊）。而且牌坊的纪念对象也不尽相同，既有贞节牌坊，又有乡贤坊。多种多样的牌坊，也反映了进贤独特的地域文化。

（2）村落与乡土建筑

南昌地区的古村中最知名的是安义的古村群落——罗田村、京台村、水南村，其中罗田村是国家级历史文化名村，村落整体肌理保护较好，古街两边老宅较多，古味较浓。罗田世大夫第是其中民居的翘楚，规模宏大，反映了村落中世家大族的居住情况。京台村整体肌理的保护不如罗田村，但其中有几栋价值较高的古建筑——刘氏宗祠、京台戏台和曦庐民居，其中京台戏台是南昌村落中唯一的高级别文保戏台，弥足珍贵。水南村的整体肌理保存状况又比京台村差一些，新建建筑太多，严重破坏了古村肌理。水南村的代表民居是余庆堂。

进贤陈家村为省级历史文化名村，拥有两个国家级文物保护建筑——羽琤山馆和云亭别墅，也有几座精致的民居，但是无论整体肌理还是国保建筑，都破坏严重，已经无法跟罗田村相比了。

（3）古陵墓

南昌地区的古墓大多集中在新建区，可以简单归纳为"一帝二王好多侯"："一帝"指海昏侯墓，虽然海昏侯刘贺名义上是侯，但因为其曾经为皇帝，所以其墓形制接近于皇帝；"二王"指宁王朱权墓与乐安王墓，二墓相距较近，形制也相近，均出土了许多文物；"好多侯"指铁河古墓群中除去海昏侯墓的其他墓，这些墓有贵族墓，也有平民墓，笔者在这里统一以"好多侯"代替。

（4）红色旧址

红色旧址是南昌市区古建筑的重要组成部分，主要包括"一点五处"的"八一"起义旧址和新四军军部旧址，也是南昌旅游的主要名片。其他的红色旧址

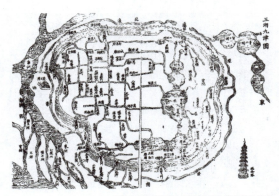

南昌地图（陈纪麟《南昌县志》清同治九年）

南昌地图（陈兰森《南昌府志》清乾隆五十四年）

还包括位于"八一"广场的毛泽东思想胜利万岁馆、邓小平旧居与劳动车间，都为"文革"时期的旧建筑，反映了那段历史时期的一些风貌。

（5）宗教类古建筑

南昌地区的宗教类古建筑以道教建筑为主，主要代表是西山万寿宫与青云谱，均与许真君有千丝万缕的联系。而从南昌市区中心处正在建设的南昌市万寿宫商业街区，以及相邻抚州的玉隆万寿宫中，均可看出赣中地区的"万寿宫"文化的渊远流长。相对于万寿宫跳跃的色彩，青云谱作为道院就显得小巧而雅致，与万寿宫形成了一静一动的强烈对比。

南昌地区的宗教类古建筑除了道教建筑外，还有松柏巷天主教堂和与民间信仰相关的梦山石室等，与道教建筑遗存一起构成了有机的整体。

（6）园林

南昌传统园林的遗存以道观园林为主，代表是西山万寿宫，但西山万寿宫整体格局损毁较为严重，园林景观环绕主殿严整布局，几何感较强。

青云谱是道观园林与私家园林的结合体，整体格局保存较为完好，内部庭院布局严整，但外部庭院结合水系又比较自由，庭院外面又有水系景观，层层嵌套，与西山万寿宫形成了鲜明对比。

架桥镇羽琌山馆是江西私家园林的代表，可以看出平面布局比较规整，水池也采用长方形，与青云谱内庭院异曲同工。

（7）"豫章十景"文化景观

"豫章十景"反映了一种题名文化，将景观赋予文化含义，如耳熟能详的"西湖十景"。南昌的"豫章十景"分别为：西山积翠、洪崖丹井、铁柱仙踪、南浦飞云、滕阁秋风、章江晓渡、龙沙夕照、徐庭烟柳、东湖夜月、苏圃春蔬。其中与"洪崖丹井"相关的洪崖石刻、与"铁柱仙踪"相关的西山万寿宫均为省级文物保护单位，与"滕阁秋风"相关的滕王阁已经是近世的新建仿古建筑了，虽然从建筑本身来讲已经没有什么历史价值了，但作为城市题名文化的组成部分，有其独特的文化价值。与"徐庭烟柳"相关的徐孺子亭也是与滕王阁同样的情况。

三、南昌地区古建筑的特点

（1）红色旧址所占比重大

这里说的比重大首先体现在数量上。南昌地区红色旧址中国家级的有2点6处，省级的有2点3处，而且都在市区，这个数量已经很多，密度也已经非常高。其次体现在影响力、政府与民间两方的重视程度上。南昌市政府长期将红色旧址作为旅游名片宣传，导致旅游资源向红色旧址倾斜严重。以笔者调研的实际情况看，南昌地区游客最多的是南昌八一起义纪念馆，而很多传统古建筑的资源并没有得到很好地宣传与利用。

（2）传统建筑类型整体上多元，局部上特点明显

从整体上看，南昌古建筑遗存并没有太明显地偏向某一类型的倾向，但从局部来看，还是有一定规律。比如"安义古村、进贤牌坊、新建古墓、市区红色旧址"，可以说大致概括了南昌地区局部的古建筑类型分布特点，但这也不是绝对的，比如进贤也有古村（艾溪陈家村），市区也有古墓（东吴墓）。

（3）道教建筑占有重要地位

虽然南昌地区道教建筑数量不多，只有两处，但地位都非常重要。西山万寿宫既是重要的历史遗存，又是现今重要的香火道观，加之是净明宗的祖坛，因此有很高的文化价值。青云谱更不必说，除了有道馆的传统外，还是八大山人的旧居，在艺术史上都有一定地位。还有正在修复建设的铁柱万寿宫历史街区，就位于南昌市区中心。可以说南昌除了红色文化外，道教文化也比较昌隆。

西湖区

1 铁柱万寿宫遗址
Site of Iron-pillar Wanshou Taoist Temple

基本信息	其他级 / 正在施工
年　　代	民国
地　　址	南昌市西湖区中山路南
交通信息	南昌地铁万寿宫站（1号线）

南昌铁柱万寿宫始建于晋代，明清均有重建，1915年，万寿宫前后殿因火灾被毁，经地方官员与各界人士努力而重建落成。"文革"时期，所有建筑均被拆毁，并在原址上兴建南昌市21中学。

万寿宫原主体建筑由戏楼、大门、二门、正殿、玉皇阁组成，与两侧配殿组成四进院落。1915年重建时将玉皇阁改为凌霄宝殿，规模也达到顶峰，占地面积接近现在考古勘测的基址规模。

经过考古发掘清理工作后，南昌铁柱万寿宫的大量遗迹得以重见天日，其中具有代表性有正殿、后殿、焚香炉、八角锁蛟井，以及二门、庑房、配殿、生活用水井、墙基、排水设施、钟鼓楼等建筑基址。目前，依托该遗迹的"万寿宫历史街区"复原项目正在如火如荼地进行。该项目由清华大学建筑学院王贵祥教授团队负责规划设计，目前已经进入施工阶段，相信完工后可以最大程度地再现万寿宫及其周边地区的历史风貌。

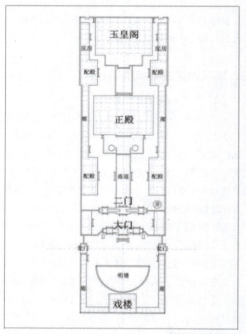

铁柱万寿宫平面图

万寿宫遗址实景平面图

2 黄秋园故居
Former Residence of Huang Qiuyuan

基本信息	省级 / 免费参观 / 现为黄秋园纪念馆
年　　代	民国
地　　址	南昌市西湖区小桃花巷21号
交通信息	南昌公交黄秋园纪念馆站（230路）

黄秋园（1913—1979），名明琦，号半个僧、清风老人，南昌县人。毕生业余从事绘画，长于山水、工笔，其画造诣很高，能诗善书，不求闻达。逝世5年后，他的作品公之于世，震撼中国画坛。

该民居系清末民初江西民居风格，建筑面积420平方米，青砖白墙黑瓦。原有的主入口在旁边的小巷子里，内部建筑为"L"形，三层高。笔者怀疑现有沿街开放的三层高建筑（纪念馆与售卖空间）为后来加建，因为开窗的方式过于现代，并且比较粗糙，与小巷子里的立面完全不同。

建筑内部装修得比较新，已经不大能看出原有面貌，不过通过此建筑也可依稀看出南昌近代城市民居的一些风貌。

黄秋园居室主入口

3 绳金塔

Shengjin Pagoda

基本信息	省级 / 免费参观
年　　代	清
地　　址	南昌市西湖区绳金塔街
交通信息	南昌公交绳金塔站（5路、18路内、18路外、32路、169路、221路、225路、230路、233路、242路、310路）

绳金塔位于原古城进贤门外，始建于唐天祐年间（904—907），现塔身为清康熙五十二年（1713）所建。清光绪二十二年（1886）遭雷击起火，部分木质结构被焚，后又经20世纪60年代劫难，整座塔仅存砖砌塔身及葫芦形塔刹。1985年开始修复，1989年竣工。最近一次大修是在2000年。

相传最早建塔时，在塔基处掘得铁函一只，内有金绳四匝、古剑三把（分别刻有"驱风""镇火""降蛟"字样），还有舍利子300粒，绳金塔因之而得名。

绳金塔为典型的江南砖木结构楼阁式塔。塔高50.86米，塔身七层八面（明七暗八层），青砖砌筑，平面为内四方、外八边形。塔身每层均设有四面真门

绳金塔正面

洞、四面假门洞，且各层真假门洞上下相互错开，各层门洞的形式也不尽相同。第一层为月亮门，第二层、第三层为如意门，第四至第七层为火焰门，三种拱门形式集于一塔。顶部为铜制葫芦，金光透亮。

此塔的木构架均为 1949 年之后所建，塔内设木楼梯，外设平座木栏，每层有瓦檐，底层设大回廊。每层均有平座与斗栱。

绳金塔下檐

东湖区

4 杏花楼
Tower of Apricot Blossoms

基本信息	省级 / 免费参观
年　代	清
地　址	南昌市东湖区南湖路
交通信息	南昌市公交墩子塘站（5路）

始建于唐代。明万历年间一度为相国张位别墅，称杏花楼。清乾隆五十三年（1788）重修时改称观音亭，1919 年再次重修。1927 年"八一"起义时为起义军歼灭敌军的战斗地点之一。

杏花楼面阔六间，进深三间，高两层。与一般古建筑不同的是，杏花楼面阔为偶数，两侧不对称，这点非常奇怪，不知是原构如此还是后世重修时出错，目前笔者没有找到资料。两侧山墙为徽派马头墙，东侧有庭院，西侧有一碑亭，上立一通元代古碑。

杏花楼正面

杏花楼东侧庭院

青云谱区

5 青云谱
Qingyun Garden

基本信息	国家级 / 免费参观 / 现为八大山人纪念馆
年　代	清
地　址	南昌市青云谱路 259 号
交通信息	南昌公交八大山人广场站（212路）

青云谱原为道院，据史料记载，东晋蜀郡旌阳县令许逊（即许真君）离任回乡，治水于此，开辟道院，取名太极观。唐太和五年（831），刺史周逊奏建此观，易名为太乙观。北宋至和二年（1055）敕建天宁观。清顺治十八年（1661）明王朝宗室朱耷（即八大山人）弃家隐居于此，重新修建原有的道院，并取名为青云圃。清嘉庆二十年（1815）将"圃"改为"谱"，以示"青云"传谱。

青云谱古建筑及其园林占地面积约 11 400 平方米，建筑面积约 2500 平方米，包含四进院落。第一进院落为前院，入口为外八字影壁，位置与第二进院落入口稍有偏差。第二进院落正中为关帝殿，现为八大山人纪念馆的序厅，面阔五间，前廊内四界后双步，抬梁混合穿斗式木构架，两侧为附属用房。

穿过关帝殿为第三进院落，正中为吕祖殿，面阔三间，构架同关帝殿一样为前廊内四界后双步，抬梁混合穿斗式。吕祖殿东侧厢房"黍居"曾是八大山人栖息之所。吕祖殿后墙镶嵌有"青云浦题壁"等几通古碑。

吕祖殿之后为第四进院落，正中为许祖殿，为二层阁楼，内部放置一口古钟，面阔三间。东西两侧分别是斗姥阁、三官殿、圆桥及三座带水池的、相对独立的小院，其中斗姥阁、三官殿都已经改造为展厅。

第三进和第四进院落有回廊环绕，形成前后四合院布局，并利用天井地势形成高低错落之态，在主轴线的东西各设置三重小院，用围墙隔开但用廊子相连，

青云谱鸟瞰

形成移步换景的园林感。

青云谱外部同样是一座精致的园林，从 20 世纪 50 年代的图片来看，外部园林格局基本没有被改变过，古树较多，植被茂密，环境清幽。在园林西南部，保留着清代画家牛石慧与八大山人的墓。

青云谱是江西省境内唯一保存完好的道教净明忠

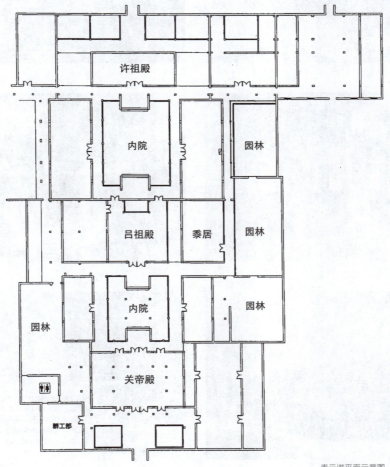

青云谱平面示意图

孝派古建筑群，又与明末清初中国画大师——八大山人的部分生活及创作经历有着密切的联系，二者的结合，使得青云谱具有更为丰富的文化内涵和艺术价值。同时青云谱又是江西省境内保存比较好的古典园林，兼有道观园林与私家园林的特点，而且园林嵌套，廊庑相连，也非常有特点。

不过比较可惜的是，在变为纪念馆后，青云谱所有建筑物的原名称已经变更，牌匾也被撤换，使得其道馆的味道全无，只剩一个"私宅"的感觉。这无疑是非常可惜的，建筑的题名文化也是建筑的灵魂之一，失去了题名，建筑也就失去了自有的一些特质，希望青云谱能够重拾自己"道馆"的一面。

青云谱主入口

关帝殿

吕祖殿

黍居

许祖殿

青云谱外部园林

八大山人墓

南昌县

6 东吴墓
Tombs of Eastern Wu State

基本信息	省级 / 免费参观
年　　代	三国
地　　址	南昌县小兰工业园区桂花村大酒店宴会厅边
交通信息	南昌公交豪泰小蓝工业园站（151路、179路、218路、235路、519路）

1978年年底，小兰乡农民开山造田时因推土机推开墓顶而发现此墓。该墓早年曾经被盗，清理时在东西耳室发现多块青瓷残片，后在完全封闭的小耳室内清理出青瓷四系罐、青瓷盘口壶等23件完整的文物，据分析此墓应是三国时的一位高级军事将领的墓葬，但具体人物无从考证。

东吴墓占地面积177.8平方米，墓室面积55.43平方米。墓为砖石藻井、攒尖顶式，平面呈"十"字形，有东西耳室，西耳室后另有一全封闭小耳室，铺地砖为"人"字形排列。整座墓葬保存基本完好。

东吴墓外观

东吴墓内部

7 蜚英塔
Feiying Pagoda

基本信息	省级 / 不对外开放
年　　代	明
地　　址	南昌县麻丘镇宝塔村陈毅纪念小学南侧路边
交通信息	南昌公交电台站（公交130路），后沿x026向北步行3.5公里

蜚英塔建于明天启元年（1621），为典型的江南传统楼阁式砖石建筑，坐北朝南，平面呈六角形，底层实测每边长3.2米，塔身高七层，含塔刹通高35米。

塔基用长方形红砂石砌筑。塔身为青石板岩。塔门面向西南方向，塔门两侧有内凹神龛。现在已经不能进入。塔身每层设对通的两门，其余四面为假门。砖檐为五层平铺叠涩出檐。整体较为修长。

斐英塔近景

8 令公庙

Temple of Zhang Xun

基本信息	省级/免费参观/现为"令公庙日军大屠杀纪念馆"
年 代	清—近代
地 址	南昌县塘南镇柘林街东端
交通信息	南昌市公交塔南综合市场站（578路、579路），下车后步行200米

令公庙占地面积815平方米，建筑面积470平方米，坐东朝西，始建于宋代，为祀唐睢阳令张巡而建。现院内庙堂和古戏台为清末建筑。

令公庙内的庙堂为三开间穿斗式木构建筑，内部装饰极为简单，正中为令公张巡像。庙堂正面为石牌坊，两侧各有石狮一尊。

古戏台平面呈"凸"字形，歇山屋顶，台前主柱上端饰雕花撑栱和垂柱，戏台正中上方为内凹式九级藻井，台面高1.2米，台面底部用裸柱支撑。

1942年农历七月十八日，侵华日军和驻地伪军出动百余人入侵柘林街，进行惨无人道的"三光"大扫荡，共杀害无辜群众867人，烧毁房屋723栋。该建筑现为"令公庙日军大屠杀纪念馆"。

令公庙入口

进贤县

9 万家焦氏节孝坊

Memorial Archway to Mdm. Jiao in Wanjia Village

基本信息	省级/免费参观
年 代	清
地 址	进贤县三里乡科第万家村
交通信息	由南昌市青山客运站乘坐去梅庄的班车（或在进贤县汽车北站乘坐去三里乡的班车），在三里乡科第万家岔路口下，后往西北方向步行至科第万家村（约1.5公里）

清代雍正年间，曹门科第万家村万员外娶一焦氏女为妻。不久主人万某不幸去世，焦氏女时值19岁，守寡不再嫁，悉心照顾亡夫父母。清廷感其节孝，颁发圣旨于清乾隆十四年（1749）建造节孝坊。

节孝坊坐北朝南。柱、础、梁、匾、檐、顶为青石，斗栱部分为红石。四柱三间，整体呈"山"字形，四梁三匾式。正面（南）中间横长方形匾额横刻"节孝坊"三字，上方竖长匾额竖刻"圣旨"二字。背面（北）中部横刻"质并松筠"，上书"旌表"，左竖刻"乾隆十四年立"。坊前后横梁及匾额两侧，皆满刻浮雕人物花卉。

此牌坊整体雕刻比较精美，可惜周围围满了新建建筑，南面为一水田，水田周边也未好好打理，导致没有一个好的观景点去观赏牌坊，加之周围环境卫生差，因此极大地削弱了牌坊的观赏价值。

焦氏节孝坊正面

焦氏节孝坊细部

10 三里雷家民居
Venacular Dwellings in Leijia Village, Sanli Township

基本信息	省级 / 不对外开放
年　代	清
地　址	进贤县三里乡雷家村
交通信息	由南昌市青山客运站乘坐去梅庄的班车（或在进贤县汽车北站乘坐去三里乡的班车），在三里乡中心小学下车

雷家民居共有两栋，前后紧邻。南曰"翠萼鸿章"宅，北曰"高挹余晖"宅。

（1）"翠萼鸿章"宅

清代乾隆年间，雷家村村民雷西仁有一定文化且善经商，成为附近有名的乡绅。后邀雷氏在外研究工程建筑艺术的能工巧匠为其盖私宅，并请邑人乾隆进士雷跃龙题写"翠萼鸿章"匾额，按照宫廷"样式雷"的设计法则设计建筑结构与石雕、木雕图案。此宅通面阔 12.7 米，通进深 22.9 米，占地面积 291 平方米。

此宅共两进院落，入口匾额周边有石雕图案，内容有"二十四孝""薛仁贵征东"等。第一进院落整体为三合院带一个照壁。两侧厅高两层，但第二层层高较低，仅能开窗，外侧栏杆应为装饰用。正厅面阔三间，穿斗式木构架，内四界后双步格局。出头的穿插枋上有弯曲度极大的剳牵，下有做成龙头形状的斜撑构件。正厅背面出头的穿插枋下可见插销的痕迹，与柱子上插销相对应，据介绍原来有精美木质斜撑构件，上面圆形木雕甚至可以随风转动，可惜后来被盗。

第二进院落的侧厅高两层，中间开窗户并配有外八字窗龛，并装饰有月梁。下侧额枋上有精美木雕。其正厅同样是面阔三间，内四界带前廊，穿斗式木构架。其后建筑笔者推测为后世加建。

（2）"高挹余晖"宅

为雷西仁儿子雷符山宅。雷符山不满意父亲雷西仁"翠萼鸿章"屋的建筑艺术和雕刻水平，很快筹划建造新屋以振门庭。邀请本族"样式雷"建筑艺术工匠，用 3 年时间在江南调研，因此在雕刻上运用许多饶州景致。此宅于清乾隆丙午年（1786）又花 3 年方建成，比"翠萼鸿章"宅晚 26 年。

此宅同样有两进院落，入口正上方为金溪王谟题书"高挹余晖"，位于屋外墙正面上方。通面阔 12.7 米，与"翠萼鸿章"宅相同。通进深 27.7 米，占地

雷家民居鸟瞰 1

面积343平方米。正门有五级石阶。平面前部超出"翠萼鸿章"宅。

第一进院落为四合院,这点与"翠萼鸿章"宅不同,入口呈一门厅,中间横档一中门,前厅上部梁枋有木雕。两侧厅上部窗棂,一边雕刻南昌滕王阁与绳金塔,一边雕刻饶州府风情景致,窗棂四周几何纹饰多用金粉装饰。两进天井四周的斜撑、雀替、挑枋及门饰,皆雕龙、凤、人物故事、花卉等图案。

第二进院落中堂靠墙为祖宗神龛,两侧斜撑雕刻为龙样。屋内正厅堂前后两进木柱穿枋皆扇形状,木柱下有雕花石础。整体形制构架与"翠萼鸿章"宅相似。

两宅南北并行,中间以一条窄巷分隔,整体格局比较完好,作为"样式雷"宫廷建筑法则在民间的运用,具有重要的历史价值。

雷家民居鸟瞰2

"翠萼鸿章"宅正厅梁架

"翠萼鸿章"宅入口细部

"翠萼鸿章"宅后寝梁架

"翠萼鸿章"宅一进侧厅

"高挹余晖"宅入口门厅后侧

"高挹余晖"宅入口

"高挹余晖"宅一进正厅

"高挹余晖"宅木雕细部

11 珠子塔

Zhuzi Pagoda

基本信息	省级 / 免费参观
年　代	元
地　址	赵埠乡藕塘塔下村南约 50 米处的稻田边
交通信息	由进贤县汽车北站乘坐去三阳集（或塔下）的班车（或在南昌坛子口立交桥下乘坐去前坊的班车），在藕塘村岔路口下车步行前往塔下村（约 2.5 公里）

石塔全景

  该塔建于元泰定二年（1325）六月。塔高 1.73 米，六面体，由 7 块大小不同的红石砌成。塔体除佛像、文字因风化腐蚀而模糊外，其余保存完好。现在周围砌筑石制护栏。此塔建在村落水口处，因此笔者推测其主要作用是出于风水考虑，用来镇水口。

12 陈氏两牌坊

Family Chen's Memorial Archways

基本信息	国家级 / 免费参观
年　　代	明
地　　址	进贤县七里乡罗源村
交通信息	由进贤县汽车北站乘坐去前坊的班车，在罗源村岔路口下车后向东步行至罗源村（约1公里）

明永乐初年（1403），进贤县七里乡罗源陈家村人陈谟因勤奋好学被推为拔贡，并于二十余岁参与编修《永乐大典》，任四川右参政，在当地有好口碑，由地方官员于明永乐八年（1410）为其立昼锦坊纪念。

时隔二百余年，由于陈谟后裔陈良言、陈应元、陈良训三人争相上进，为朝廷建功立业，朝廷高官为了再次表彰陈氏家族，于明崇祯十年（1637）立理学名贤坊纪念。

（1）昼锦坊

共四柱三间，麻石青灰砖混合结构。坊高5.12米，面阔8.08米，正中两柱间宽3.7米，门高2.8米，面阔1.7米。坊门楣上方两横梁间横刻正楷"昼锦"两个大字，两中柱上方为菊瓣纹图案。两次间面阔1.62米。次间下横梁浮雕动物、花卉图案，上横梁及两柱上方刻几何图案，四柱下方素面无纹饰。

（2）理学名贤坊

理学名贤坊位于昼锦坊南，一面临河，与昼锦坊

昼锦坊正面

昼锦坊细部

理学名贤坊正面

刻有太极图的石狮子

前后排列于一中轴线上。坊为四柱三间木结构，立于长方形浮雕石座上。坊四柱各有石狮一对，背靠木柱，稳固牌坊。8 只石狮大小相同，均身高 2.16 米、宽 0.6 米。值得一提的是，狮子的额头上雕刻有太极图，与北宋理学家周敦颐提出的太极图颇为类似。牌坊上方用木料拼成宽 1.75 米的穿枋将四柱横串，形成三格木匾。牌坊屋顶为五脊，类似庑殿顶。檐下密布 7 层"米"字形斗栱，交叉叠放。

昼锦坊与理学名贤坊建造年代明确，建坊缘由流传有序，坊主人及立坊人姓名、字号、生卒年月、科举考试名次、任事地点及官职清楚。尤其是理学名贤坊作为江西现存数量极少的木质牌坊之一，具有很高的价值。

理学名贤坊细部雕刻

13 钟陵节凛冰霜坊

"Jie Lin Bing Shuang" Memorial Archway in Zhongling Township

基本信息	省级／免费参观
年　代	明
地　址	进贤县钟陵乡钟陵街乡政府南侧
交通信息	由进贤县汽车北站乘坐去三里乡或二塘的班车，在钟陵乡下车后步行（约800米）

节凛冰霜坊地处进贤县钟陵乡钟陵桥西侧，坐南面北，坊通高 6.5 米，正面宽 7.2 米，侧宽 3.7 米，为二层楼阁式青石建筑，为旌表儒士胡仰廷之妻杨氏而建。具体建坊年不详，只能推断该坊建于清乾隆六十年（1795）之前。

节凛冰霜坊正面上方匾额阳刻"节凛冰霜"四字，背面上方匾额刻有与立牌坊相关的清代乾隆时期职官名单，破坏严重，已经几乎无法分辨。

节凛冰霜坊最大的特点是两侧面呈三角形，使得观赏牌坊的角度由前后两面扩展为前后左右四面。整座牌坊石雕非常精美，有龙、鳌、鹤、鹿图案和戏文故事等，柱上刻六棱形装饰图案，脊吻为鳌。坊基用青绿砂岩铺砌。牌坊上部坊顶原构已经不存，现存为近些年重修。据住在牌坊边的居民介绍，在坊顶尚未重修时，当地人经常爬到上面摆上八仙桌打牌，想想也真是幅奇特的画面。

钟陵节凛冰霜坊侧面细部

钟陵节凛冰霜坊远景

钟陵节凛冰霜坊正面细部

14 艾溪陈家村古建筑群
Ancient Architectural Complex in Aixi Chenjia Village

基本信息	国家级 / 不对外开放
年　　代	明
地　　址	进贤架桥镇艾溪陈家村
交通信息	南昌市公交李家站（134路），下车后步行4公里

艾溪陈家村是始建于明英宗天顺年间（1457）的村庄，目前保存有明清时期官吏大庄园2座（羽琌山馆与云亭别墅），各类官吏和商贾的住宅12幢、民居34幢（代表为"结岁寒庐"宅）。

（1）羽琌山馆

羽琌山馆在村内被称为"西庄园"，始建于清光绪元年（1875），造主系本村人士陈兴喆。陈兴喆为进士出身，民国初年曾出任首任江西省通志局局长。

羽琌山馆占地面积约4360平方米，由诒经室、宝俭庐、还读楼、涵春池、恋春阁、磨砚山房六部分组成，其建筑功能集起居、读书、会客、议事、休闲娱乐为一体。整体坐北朝南，原有木匾，为清末民初文人徐世昌所书，21世纪初被盗。

最东侧房屋为诒经室，原为藏书楼，两进院落，由门厅、正厅、前后厢房组成。门厅入口朴素，无复杂雕饰。侧厅高二层，上层有垂花。正厅面阔三间，穿斗式木构架，前轩内四界后双步。天井内有一口水缸，形式古朴。第二进天井极小，正对正厅为后门，上有一披檐。

宝俭庐为主人起居之所，与诒经室平面布局相同，内部结构做法也类似，现在作为住屋使用。

还读楼紧贴宝俭庐而建，面阔一间，进深七间，为屋主读书之地，也为羽琌山馆非常有特点的地方之一。屋内狭长，从小窗外可以看见涵春池的景色，但又不完全打开，保持读书处的安静气氛，减少外界干扰。天窗呈上下大的梯形，使得光线更柔和，更适合读书。可是现在被改造为厨房，后侧又沿水池加建，不但严重破坏了还读楼的格局，而且加建部分对整个涵春池景观的完整性造成了毁灭性的破坏。

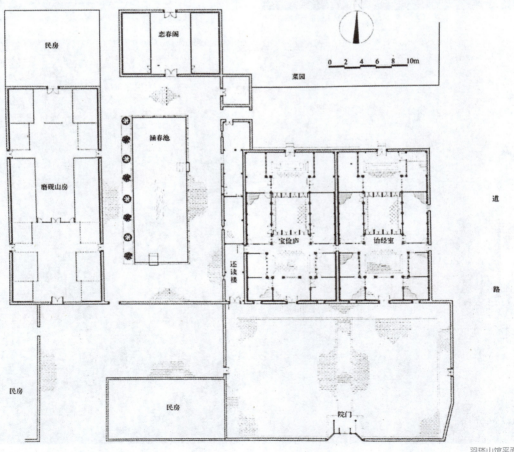

羽琌山馆平面图

涵春池原为鱼池，北边为高2米的砖墙，紧贴恋春阁前部空间，其余三侧为石栏杆。池东侧的长条空地曾密植桂花树，现在有柏树一株、松树两株、冬青一株。这里也与还读楼形成了相互的对景。

涵春池以北的恋春阁，面阔三间，进深三间，前侧空地紧贴涵春池，与池东西形成高差，增加了空间的丰富程度。

涵春池以西为磨砚山房，传为陈兴喆的书斋，面阔三间，共两进院落，由门厅、正厅、后厅组成。门厅朝南，西侧被加建，失去了左右对称的格局。第一进院落两侧厢房损毁严重，正厅形制与诒经室相似，为前轩内四界、后双步，共二层，穿斗式木构架。后一进院落保存较第一进院落要好，雕刻尚比较完整，后厅形制与正厅相似。

羽琌山馆是全国重点文物保护单位，同时也是江西传统私家园林的代表，但其保存状态实在令人担忧。不当的使用和加建不但破坏了园林的整体氛围，也给其价值带来了巨大的损失。加之周围新建筑的挤压

诒经室与宝俭庐外观

诒经室正厅

羽琌山馆鸟瞰

还读楼内部

涵春池与恋春阁

磨砚山房

和周边水系被破坏，羽琴山馆已经变得有些失色了。

（2）云亭别墅

云亭别墅在村内被称为"东庄园"，整个院落建筑建于1863年。据史料记载，它的主人是清咸丰年间举人陈奎彩与光绪年间进士陈应辰父子。整个建筑现存一进院落带前后院，原有园林格局已经无法分辨。

最南侧大门牌楼为外八字墙壁，建于清同治二年（1863）。牌楼高5.4米，宽5.9米，由6根红石立柱及4根横梁搭起门楼构架，上砌斗砖成屋檐式，中间檐下青石门匾上则书有"中宪第"三个楷体大字。

进入大门牌楼后，右手边有一月亮门，现已封闭。月亮门外面原来应为一个小园林，但现已不存。正对为别墅门厅，门罩雕刻精美，正中书写"云亭别墅"四个颜体大字。门罩被分成七层，镂雕浮雕相结合。匾额左右雕刻的是文臣武将，上四层下三层共雕有72个人物、36座楼台亭阁，此外还有山水花卉、飞禽走兽等题材。

入口前厅面阔三间，内侧有弓形轩，但损毁严重。额枋上依稀能看到木雕。侧面厢房同样损毁严重。

正中为云亭别墅的正厅，穿斗式木构架，两层通高，前廊内四界后双步。其中精华之处是其明间两侧墙壁上的线描画。线描画题材各不相同，除了比较常见的装饰题材雀、鹿之外，还有许多城市建筑风景的描绘，这点同三里雷家民居的木雕题材有相似之处。

云亭别墅正厅

云亭别墅正厅梁架及线描画

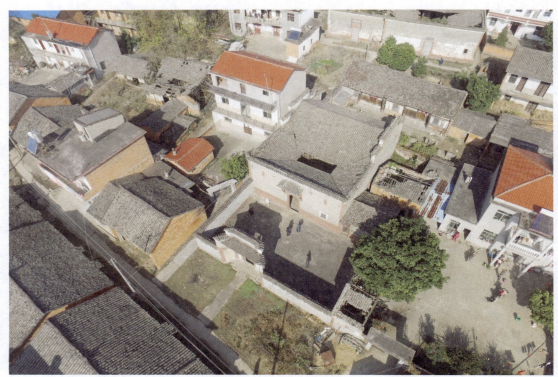

云亭别墅鸟瞰

夹在线描画之间的木雕也同样非常精美，而且整体保存比较完整，实属难得。

（3）"结岁寒庐"民宅

位于云亭别墅西侧，坐北朝南，原为一商贾民宅。据传该商贾在行商一生后，自感未对国家民族做出贡献，因此心灰意懒退隐故乡，从"结岁寒庐"四个字中可以感受到屋主人对其一生的淡淡忧伤之感。

该民居只有一进天井，侧面厢房窗户木雕十分精美，可惜部分被盗，正厅次间窗户同样有精美雕刻，可惜损毁严重。正厅为穿斗式木构架，高两层，穿插枋上亦有线描画。

"结岁寒庐"民宅的精美木雕

"结岁寒庐"民宅

15 豫章世家牌坊
"Yu Zhang Shi Jia" Memorial Archway

基本信息	省级 / 免费参观
年　　代	明
地　　址	进贤县文港镇张罗村前
交通信息	由南昌市徐坊客运站（或进贤汽车站）乘坐去文港的班车，在文港镇下车后步行前往

豫章世家坊位于江西省进贤县文港镇张罗村前，坐北朝南，四柱三间两重檐，麻石青砖结构，始建于南宋，明代后裔重修，清代光绪年间朝廷官员再次重修。牌坊四柱上部及两侧下部横梁雕刻成六方几何纹饰。坊匾书"豫章世家"为行楷书，匾额两侧图案为南宋兵部尚书罗点进谏宋光宗上朝的故事。坊的所有石雕部分都涂成红、绿、黄、蓝、紫各色，据传均长期未变色，非后世涂抹。

豫章世家坊全景

16 李渡烧酒作坊遗址
Site of Liquor Distillery in Lidu Town

基本信息	国家级 / 购票参观 / 现为"千年酒窖"景区
年　　代	清—近代
地　　址	进贤县李渡镇李渡大道
交通信息	由南昌市徐坊客运站（或进贤汽车站）乘坐去李渡的班车，在李渡镇下车后步行（约1公里）

李渡，俗称"李家渡"，于两宋之际商业已经很发达，形成四大传统物产：烧酒、毛笔、陶器、夏布。李渡井泉，水质清亮，味美甘洌，为酿酒佳品，因此李渡白酒也获得了"闻香下马，知味拢船"的美誉。

李渡烧酒作坊遗址在原李渡酒厂老厂区生产车间内。2002年江西省文物考古研究所对李渡酒作坊遗址进行了发掘，共布探方6个，考古勘探面积约1600平方米，考古发掘面积为260平方米。从揭露的文化堆积看，主要是元、明、清时期的遗迹和遗物。李渡

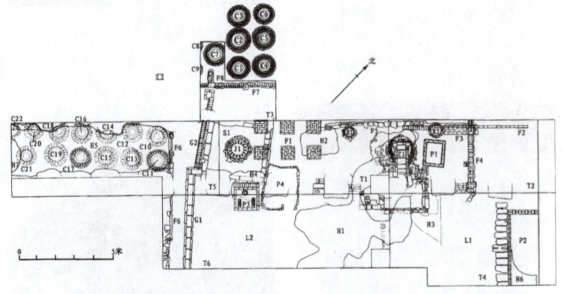

J1.明代水井　Z1.明代炉灶　L1.清代晾堂　L2.明代晾堂　C1~C9.明代酒窖　C10~C22.元代酒窖　R1.清代蒸馏设施　R2.明代蒸馏设施
F1.近代砖柱　F2.近代墙基　F3、F5、F7.清代墙基　F4、F6、F8.明代墙基　G1、G2.明代水沟　H1、H3、H4、H7.清代灰坑
H2、H5、H6.明代灰坑　P1~P3.近代砖池　P4.清代砖池　S1.明代散水

遗址平面图

遗址全景

烧酒作坊遗址揭露的遗迹现象有水井、炉灶、晾堂、酒窖、蒸馏设施、墙基、砖柱、水沟、路面、灰坑等。它们分别在元、明、清至近代不同层位下显现出来。此外，还发现砖砌口沿圆形酒窖22个，其中元代酒窖13个，直径为0.65～0.95米，明代酒窖9个，直径为0.9～1.1米，深1.52米。此外还发现了与饮酒有关的陶瓷器皿及酒醋等酿造残留物。

此外，李渡万寿宫附近亦挖出的900余个民国以前的酒窖，因此可以推测李渡后街一带是李渡最早的作坊集群地带，这是对现有李渡遗址的重要补充。

明代墙基与酒窖遗址

新建区

17 紫金城遗址
Site of Zijin City

基本信息	国家级 / 免费参观 / 尚未进行考古发掘
年　　代	汉
地　　址	新建区铁河乡陶家村
交通信息	由南昌市公交铁河站（137路）往北步行到铁河中学旁边的岔路口，往东北方向步行至陶家村，村北土丘便是遗址

紫金城为海昏侯刘贺的封城，现存黄土堆积的城墙遗址，南北长300米，东西长250米，高3米，底宽5米，城墙横剖面呈梯形。城墙遗址内部是一片高低不等的农田及少数近代墓地。目前尚未进行大规模考古发掘，只采集到了夹砂印纹陶片、灰质陶片等标本。纹饰有方格纹、盆纹、网结纹、米字纹等。

紫金城遗址城墙

海昏侯墓园与紫金城遗址关系图（翻拍自江西省博物馆展板）

18 铁河古墓群之海昏侯墓园
Graveyard of Marquis of Haihun in Ancient Tombs in Tiehe Township

基本信息	国家级 / 需要许可（南昌市文物局介绍信）
年　　代	汉
地　　址	新建区铁河乡观西村
交通信息	由南昌市公交观星嘴站（137路）下车后步行（约300米）

古墓群位于新建区铁河垦殖场部西南方的小土山上。山高30米，南北向长300米，东西向长200米。山上有明显可见的大小古墓近百处，绝大部分是汉墓。其中的代表是海昏侯刘贺墓，由于刘贺曾经短暂做过皇帝，因此其墓地反映了汉代帝制墓葬的格局，加之没有被盗，因此出土文物极为丰富，具有极高的价值。现在该墓地已经全部被封闭，除非持有南昌市文物局介绍信，否则不得进入。海昏侯墓地的出土文物目前收藏在江西省博物馆。

海昏侯墓园外观

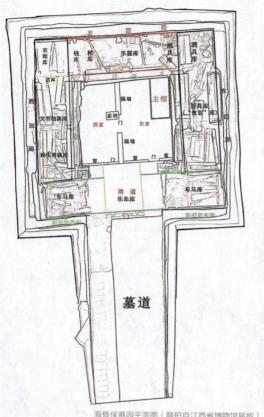

海昏侯墓园平面图（翻拍自江西省博物馆展板）

海昏侯墓园航拍图（翻拍自江西省博物馆展板）

海昏侯墓园出土文物（江西省博物馆藏）

19 汪山土库

Large Brick-built Residence in Wangshan

基本信息	省级 / 购票参观 / 现为中国府第文化博物馆
年代	清
地址	新建区大塘乡汪山岗
交通信息	南昌市公交长胜站（137路）

汪山土库又名"程家大屋"，始建于清道光年间（1821—1850），至清同治年间（1862—1874）建成，历时约半个世纪。业主为晚清时期江西最大的官宦家族——程家。代表人物为当时曾担任湖广总督的程矞采、曾任安徽巡抚的程楙采、曾任江苏布政使的程焕采堂兄弟三人。

程家大屋共分11路，并不对称，由25组相对独立的天井式建筑组成，祖堂以西除最西侧一小院落外均为近几年新建。前有庭院，将各路的对外主入口包围在其中。庭院在南、东两面各开一门，南侧封闭。

整体建筑中间设置横巷"尺八巷"贯穿于整个建筑，"尺八"意为其净宽度为八尺，约合2.4米。以尺八巷为界，前部建筑形制相似，布局较为严整，为一层。后部建筑形制变化多样，布局灵活，大多为两层。

中路为祖堂，共五进，为祭祖之所，同时也是家族的公共活动场所。两侧设夹道，与其他住宅分开。尺八巷后有一座两带后天井的宅院，称"祖堂后栋"，为族人居处。

东一路为大房，规模最大，组织最为复杂。南面为一座四进三路大宅，中路为主宅，五间四进。东面设跨院，为用人房及厨房等辅助用房，较简易。西路为三开间四进，规模逊于主宅，其他标准则基本相同，连明间的尺寸都非常接近。尺八巷后是一座五开间四进大宅，东西均设跨院，内部设防火墙将其分为南北两部，各两进，南部称"谷裕堂"，北部称"保仁堂"。

东二路、东三路、东四路为二房、六房、十房，形制类似,均为五开间五进带东跨院的大宅,各路间均设夹道分隔。其中从六房开始被布置成为了汪山村村史馆,六房的第一进院落为第一馆(建筑概况),第二进院落为第二馆(农耕馆),第三进院落为第三馆,第四进院落为第四馆,十房的第四进院落为第五馆。

从第五馆过尺八巷,为稻花香馆,也是村史馆第

汪山土库实景平面图

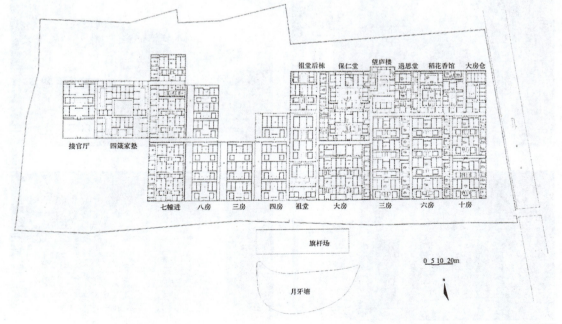

汪山土库平面图

六馆，三进两路住宅，西路为五间三进。

退思堂在六房最北，是带东跨院的两进院落住宅，目前作为村史馆第七馆。

退思堂西边为望庐楼，在二房最北，形制十分复杂，由三组建筑组成：南面为前后均有天井的三开间房屋；东北面为一座"L"形建筑，围合一个庭院，正房和厢房均为三开间；西北面为依托两个天井形成的跨院。

西六路为"接官厅"，前有大庭院，后为一座两进天井建筑，是接待宾客的场所。

建筑以穿斗结构为主，仅各路大厅设抬梁式屋架。住宅大部分均设楼房。外部墙体均为青砖墙，红石基础，眠砌勒脚，窗台以上则均为一眠一斗的空斗墙。

汪山土库鸟瞰

稻花香馆

汪山土库外观

退思堂

六房第一进院落

保仁堂

十房四进院落

古裕堂

20 乐安王墓

Tomb of Prince Le'an

基本信息	国家级 / 免费参观
年 代	明
地 址	南昌市新建区望城镇莲花村
交通信息	南昌市公交颐澜湾站（508路）或黄洋界站（146路），下车后步行至莲花村（约1.2公里）

乐安王墓远景

　　乐安昭定王朱奠垒，系宁王朱权（明太祖朱元璋第十六子）之孙。生于明宣德元年（1426），景泰三年（1452）被封为乐安昭定王，弘治元年（1488）因疾薨，享年62岁，葬于新建区望城镇刘坑村花坑山。

　　墓室用素面青砖砌成无梁券拱式地宫，由甬道、前室、后室构成，前后室中间有两道青石双扇枢轴式大门，墓室左、右、后墙设有壁龛，自金刚墙下甬道。墓室全长19.83米，总面积70余平方米。

　　该墓于1987年2月被盗，后经抢救性挖掘，墓中出土了金饰品、铜器、玉器、瓷器、锡器及彩绘陶俑等大量珍贵文物。

乐安王墓墓道

21 朱权墓

Zhu Quan's Tomb

基本信息	国家级 / 免费参观
年 代	明
地 址	南昌市新建区石埠乡潢源村
交通信息	南昌市公交杨坞张村站（105"长班"路）

　　朱权（1378—1448）是明太祖朱元璋第十六子，明洪武二十七年（1394）被封为宁王，封地在大宁（今锦州、承德一带）。明永乐元年（1403）改封南昌。据明国史总裁胡俨《敕封南极长生宫碑》记载，原墓区地面建有长生殿、南极殿、泰元殿、冲霄殿、璇玑殿等。后皆毁于日军战火。该墓用青砖砌成，仰顶为券拱式，墓室全长31.7米，宽21.45米，高4.3米，由大小6间组成，平面呈"十"字形，墓门为插板式，二、三门为双扉枢轴式，后室壁龛用白玉和红石雕刻而成。1958年进行发掘，出土随葬器物由江西省博物馆收藏。墓前存有一对刻满符箓和志文的石华表。

朱权墓近景

朱权墓华表

22 梦山石室
Mengshan Stone Chamber

基本信息	省级 / 购票参观 / 现为"梦山"景区一部分
年　代	明
地　址	石埠林场东北梦山山顶
交通信息	南昌市公交梦山站（105路、105"长班"路）

梦山石室现位于梦山山顶罕王庙后，建于明代，为歇山顶，屋面用青石板铺垫。石室面阔三间，进深三间，长5.7米，宽5.69米，高3.9米。屋内有石柱16根，中央放置砖台供奉梦山奶奶。内部梁、柱均为仿木结构，比较有特点的是梁上的坐斗与麻叶云。屋顶为歇山顶，但由于石室前空间顶部被盖住，已经很难看出屋顶的面貌。相传唐代进士施肩吾曾在此隐居，故石室又称"施先生石室"。

梦山石室外观

23 西山万寿宫
Wanshou Taoist Temple in Xishan Town

基本信息	省级 / 购票参观
年　代	清
地　址	南昌市西山镇西山街
交通信息	南昌公交西山万寿宫站（119路）

西山万寿宫始建于东晋宁康二年（374），为奉祀东晋著名道教大师许逊而建，为"净明道"的宗坛，初名"许仙祠"，北宋政和六年（1116），宋徽宗下诏书将其改名为"玉隆万寿宫"，清代以后改称"西山万寿宫"。

现存的万寿宫大致为清同治六年（1867）修建。抗战时期，遭日军浩劫。1949年后，只有大小五殿（高明殿、关帝殿、三清殿、三官殿和谌母殿）幸存，后

西山万寿宫航拍平面图

西山万寿宫入口门楼

高明殿

又新修三殿（财神殿、夫人殿、玉皇阁）。除上述殿宇外，宫内尚有3株植于晋代的古柏，其中正殿前右侧一株相传为许逊亲手所植。宫前晋代八角古井保存完好，内有8根铁索，相传是许逊"锁蛟"之物，而此故事也构成"豫章十景"之一——"铁柱仙踪"。

该建筑平面布局比较奇特，不似传统的一进一进的院落布局，而是前后分两排、一排四座建筑的"排排坐"式布局。共形成四条轴线，其中三条轴线各有一个次入口，所有轴线共享一个主入口。

主入口为五凤楼形式的牌坊，上檐下铺七踩斗栱，下檐下铺三踩斗栱，共有3个入口大门，上书"净明宗坛"四个大字。进入主入口后为一个前院，前院有3个小门，从西到东分别对应高明殿—夫人殿、关帝殿—三清殿、三官殿—谌母殿这三条轴线。3个小入口牌楼均为五凤楼格局，形式为正门入口牌楼的缩小版。

高明殿梁架

最西侧入口牌楼正对高明殿，高明殿是西山万寿宫的主殿，供奉净明道祖许逊，玉皇大帝封许逊为高明大使，高明殿因此得名。建筑主体面阔五间，进深四间，副阶周匝，前廊明间出抱厦，为三凤楼式，檐口下满铺四层"米"字栱。建筑屋顶为重檐歇山，上檐下为七踩斗栱，下檐下为九踩斗栱。殿内主像为许逊。

高明殿西侧为财神殿，为后世所盖，东侧为关帝殿，面阔三间，进深四间，副阶周匝，重檐歇山屋顶，无斗栱。关帝殿西侧为三宫殿，供奉三官天神（紫微大帝、清虚大帝、洞阴大帝），形制与关帝殿较像。

关帝殿

三官殿西侧有一个牌坊，后侧为谌母殿，供奉谌母元君（许真君的老师）。面阔五间，进深三间，副阶周匝，重檐歇山屋顶，上檐布七踩斗栱，下檐布五踩斗栱，内部有藻井。谌母殿西侧为三清殿，供奉三清尊神，形制与谌母殿相似，只是上檐斗栱形制为五踩。在三清殿后侧墙龛中，立有一尊姿势非常"销魂"的天王像，应是近年新造。三清殿西侧为夫人殿，再往西为玉皇阁，均为近世修建。

三宫殿

谌母殿

西山万寿宫规模较大，作为净明宗的祖庭在道教史上具有一定地位，加之身为"豫章十景"的题名文化组成部分，因此具有重要的文化价值。但是由于其目前是作为一个香火场所而非文物保护建筑去运营，导致"涂脂抹粉"过于浓烈，里面那五颜六色、明度很高的色彩无时无刻不在强烈刺激参观者的感官，导致整个古建筑已经失去了古建筑应有的古朴感觉。

三清殿

三清殿后的天王像

安义县

24 罗田村古建筑群
Ancient Architectural Complex in Luotian Village

基本信息	国家级 / 购票参观 / 现为"安义古村"景区一部分
年 代	清
地 址	南昌市安义县石鼻镇罗田村
交通信息	在南昌长途汽车站（火车站旁边）乘坐南昌—安义古村的班车，至景区入口（罗田村口）后步行前往

罗田村是国家级历史文化名村，其中世大夫第和古街保存比较完好。

（1）罗田世大夫第

该民居由富商黄秀文建于清乾隆年间（1789）。原为四列三进，坐东朝西，占地面积5500平方米。现存3300平方米，最南侧一路已毁，改建为现代建筑。

现存民居最南侧一路为其主屋起居空间，沿进深方向依次设前堂、过堂、正堂和后堂，总进深约36米。一主屋建成后，又先后在左边和右边并列建偏屋和附房，规模最大时共有厢房36对、起居室108处。

前堂入口伴外八字墙壁，明三暗五布局，有木质披檐，过堂较小，进明间后变开敞，可供穿越，其余均封闭，正堂名为"启绪堂"，为家人议事筹划、

罗田世大夫第航拍鸟瞰图

罗田世大夫第入口门楼

罗田世大夫第实景平面图

举办家庭活动的地方,也作为接待客人之用,梁架为抬梁穿斗混合式,内四界带前廊,装饰较为朴素。正堂到后堂之间有一个狭窄过堂。后堂单独组成一个四合院,名为"绥福堂",为供奉先祖之处,起着一部分家庭祠堂的作用。院落建筑两层高,天井正中摆放一水缸,以低矮墙体围合,整体风格朴素,门窗有大量木雕。

中间一路的正堂名为"宣化堂",为娱乐空间,屋主在这里咏诗、抚琴,穿斗式木构架,后接一个狭长天井与最后一进院落相连。

最北侧一路正堂名为"叙彝堂",穿斗式木构架,面阔五间,内四界带前廊,装饰极为简单,只有侧面

南路过堂

南路正堂

南路后寝

中路正堂

中路前堂

北路正堂

通廊处窗户有少许雕花。

其中中间一路和北边一路西侧均没有直接对外的出入口，以影壁封住。在北边一路建筑的最后一进院落有小门通向室外。该出入口正对一棵古樟树，相传为罗田村建村时所栽种，对本村人有特殊的意义。

（2）罗田村古街道

在罗田村的南侧，尚存一条古街，两侧建筑风貌较好，古色古香，而且没有被严重商业化，尚能看见当地民众一些原始的街巷生活状态，难能可贵。

罗田村古街道

25 京台村古建筑群

Ancient Architectural Complex in Jingtai Village

基本信息	省级 / 购票参观 / 现为"安义古村"景区一部分
年　代	清
地　址	南昌市安义县石鼻镇京台村
交通信息	在南昌长途汽车站（火车站旁边）乘坐南昌—安义古村的班车，至景区入口（罗田村口）后步行前往

京台村中保存着为数不少的清代古建筑，其中以刘氏宗祠、京台戏台、曦庐民居最具代表性。

（1）刘氏宗祠

祠堂是京台村刘氏族人祭祀祖先、训诫子孙、集会议事的场所。据刘氏家谱载，京台刘氏在唐初即在此建祠，以后多次拓建，现存遗构主体为清康熙五十一年（1712）重修，占地650平方米。

祠堂共两进院落，入口两侧墙壁为"外八字"，明三间暗五间格局。柱头斜撑构件雕刻有兽形，笔者推测为狻猊。入口有一对门当与四个户对，反映出了这个宗祠的级别相对较高。

入口门楼上方有方形藻井，旁边做"卍"字装饰，硬山屋顶。后为第一进院落，两边有廊，墙上分别写着"忠义""节孝"。正对为享堂，面阔三间，进深为"前

刘氏宗祠鸟瞰

刘氏宗祠入口门楼

刘氏宗祠后寝连廊

刘氏宗祠享堂

轩内六界"，抬梁混合穿斗式，前轩夹底雕刻有装饰，柱子上斜撑构件亦做雕花装饰。从享堂正中穿过，是第二进院落，建筑呈"工"字形，两边有小天井，正中为寝堂，穿斗式木构架，供奉有祖先像。两侧有配殿。

（2）京台戏台

京台戏台位于石鼻镇京台村中央，建于清乾隆十年（1745）秋，民国六年（1917）曾被大规模修缮。戏台坐南朝北偏西，建筑面积约90平方米。砖木结构，封火山墙，小青瓦屋面。

戏台平面形状呈"凸"字形，台基高1.7米。通面阔三间9.58米，明间为4.98米，左、右次间为1.96米。通进深五间9.325米。明、次间后檐柱、后金柱均向内收。

明间第一、二界为前台（演出区），正对广场，正上方有方形藻井，周围装饰有三层小型斗栱，斗栱上下做鹅颈形轩篷处理，所用材料较新，可能为近些年新补，四角设垂莲柱。第三界为走廊（布置区）。

次间第一界为附台（器乐、候演区），其余为后台（化装、道具区），梁架均为穿斗式梁架。明间前五步后三步用六柱的穿斗式梁架，挑枋下设圆雕狮形斜撑。次间为前双步后三步用四柱的穿斗式梁架。两侧挑枋下分别设圆雕凤形、鹿形斜撑。戏台共用22根杉木圆柱，明间前檐柱、前金柱柱径较大。柱础材质为花岗石，有圆鼓形、方形两种。

京台戏台现为江西省重点文物保护单位。作为南昌地区为数不多的高文保等级"万年台"，京台戏台为研究晚清戏曲与晚清南昌周边戏台匠作体系，提供了重要的实物参考。

（3）曦庐民居

该居民为官商兄弟刘华松、刘华杰宅邸，始建于清雍正十三年（1735），完工于清乾隆三十一年（1766）。因兄弟二人姓名中均有"木"字，取《易经》"东方甲乙木"之说，"木"对应东方日出，故将此宅命名为"曦庐"。

该民居原占地面积6700多平方米，坐北朝南，是远近闻名的富商豪宅，共由30幢分工明确、布局合理、错落有致的房屋组合而成，是清代江南乡村建筑的荟萃。太平天国时期有一部分被烧毁，现保留有3000余平方米，28个天井。

其中比较典型的是曦庐民居文物保护碑后的两进民房，入口前坊为一个两进大型庭院，民房第一进院落为二层楼，后一进为一座三合院民宅，整体感觉比较雅致，门窗有精美木雕。

京台戏台远景

曦庐民居鸟瞰

京台戏台细部

京台戏台上部藻井

曦庐民居内部天井

26 余庆堂民宅

"Yu Qing Tang" Vernacular Dwelling

基本信息	省级 / 购票参观 / 现为"安义古村"景区一部分
年　　代	清
地　　址	南昌市安义县石鼻镇水南村
交通信息	在南昌长途汽车站（火车站旁边）乘坐南昌—安义古村的班车，至景区入口（罗田村口）后步行前往

水南村整体风貌不及京台村与罗田村，但其中也有一些清代古建筑，其中最具有代表性的是余庆堂。

余庆堂修建于 1840 年，为村中富商黄怡齐所建，占地面积 1940 平方米，坐北朝南，砖木、硬山顶穿斗式结构，面阔 12.9 米，进深 25.44 米，共有前后两进院落。第一进院落为起居空间，入口以木质门板作为照壁之用。正堂面阔三间，"前廊内四界后双步"，穿斗式木构架。后面通过一个狭长天井与后一进院落相连。

后一进院落为黄怡齐女儿的闺房，因此又被称作"小姐楼"或"闺秀楼"，二层为三面开敞跑马转角楼，供其活动用。后一进院落的中堂面阔三间，"前卷棚内四界"，二层封闭。两偏室窗均有精美雕花。据传这位黄家小姐曾经在这里抛球选婿，因此闺秀楼也被布置成了喜庆的模样，算是对当时场景的一种戏剧性还原。

余庆堂正堂

正堂梁架

水南余庆堂鸟瞰

余庆堂主入口

余庆堂闺秀楼

27 孙虑城遗址
Site of Sun Lv City

基本信息	省级 / 免费参观
年　代	三国
地　址	南昌市安义县上徐村北
交通信息	在南昌市公交安义枢纽站（136路），或在南昌长途汽车站（火车站旁边）乘坐南昌—安义县的班车，下车后沿昌九公路向西走至孙虑城西路向南即是

吴黄龙二年（230），孙权封其三子孙虑为镇国大将军。于是孙虑开府治半州（今九江以西大部地区），孙虑城为孙虑建立的重要军事据点。

史载孙虑城面积 50 亩，城高两丈，宽一丈余，为土筑而成，置东西南北四门，其东门有大石阁，西门有白马殿，南门有石井，冬夏不涸，后用红石砌成八角形，曰"八角红石井"。北门有池塘，外有一土墩，曰"木鱼墩"，作放哨之用。1937 年修筑公路时，当地群众在木鱼墩和八角井中挖出许多古代兵器。

今孙虑城古址犹存，依稀可以看见其城墙遗址，不过笔者均未找到木鱼墩和八角红石井的踪迹，不免遗憾。

孙虑城城墙遗址

孙虑城遗址轮廓（谷歌卫星影像图截图）

南昌市其他文物保护单位列表

区县	名称	年代	级别	地址	简介
东湖区	南昌"八一"起义指挥部旧址	近代	国家级	南昌市中山路 256 号等五处	包括 5 处革命旧址：总指挥部旧址、贺龙指挥部旧址、叶挺指挥部旧址、朱德军官教育团旧址和朱德旧居
东湖区	南昌新四军军部旧址	近代	国家级	南昌市友竹路 7 号	南昌新四军军部旧址由捷报社大楼、军部旧址主楼及其他辅助建筑构成。内有军部旧址主楼（7 号楼）、8 号楼两栋两层砖瓦楼房和一栋平房，属中西合璧的建筑
东湖区	松柏巷天主堂	清	省级	南昌市罗家塘 82 号	为清末所建天主教堂，包括男堂与女堂，曾经为南昌"八一"起义战斗地点之一

续表

区 县	名 称	年 代	级 别	地 址	简 介
安义县	圣水塘	明	省级	安义县新民乡杏村东北1500米的山巅上	内有寺庙、天池、碑亭,四周砌以围墙
新建区	常里湖遗址	汉—清	省级	南昌市新建区生米胜利村村镇龙岗自然村北,东临赣江	遗址内发现文化堆积层三处,还有大量自汉代到清代随处散落的陶片和瓷片

2
景德镇市
JINGDEZHEN

景德镇市文物建筑分布图
Historical Architectural Map of Jingdezhen

1. 严台村古建筑群
2. 沧溪村古建筑群
3. 瑶里镇古建筑群
4. 高岭瓷工矿遗址
5. 浮梁古县衙
6. 浮梁红塔
10. 湖田窑遗址
11. 杨梅亭窑遗址
15. 涌山昭穆堂
16. 涌山洞遗址
17. 车溪敦本堂
18. 横路万年台
19. 浒崦名分堂戏台
20. 坑口万年台
21. 韩家万年台

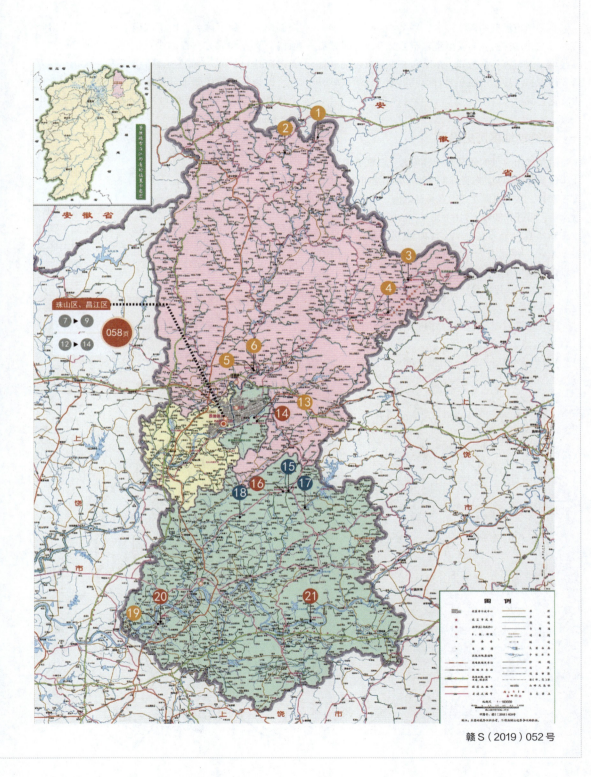

陶风瓷语话晚茶——景德镇古建筑概述

景德镇市以盛产陶瓷闻名,别名"瓷都",位于江西省东北部,西北与安徽省东至县交界,西同鄱阳县接壤,南与万年县为邻,东南和婺源县毗连,东北倚安徽省祁门县。1982年被评为我国第一批国家级历史文化名城。

一、景德镇地区历史沿革

景德镇市春秋时属楚东境,秦为九江郡番县地,汉属豫章郡鄱阳县,东晋称新平镇。唐武德四年(621)置新平县,新平镇属之,因在昌江之南,又称昌南镇。后撤县,唐开元四年(716)复置,治所在新昌江口,故称新昌县。唐天宝元年(742)改名浮梁。镇先后隶于新昌、浮梁县。宋真宗景德元年(1004)因镇产青白瓷质地优良,遂以皇帝年号为名置景德镇,沿用至今。元代,浮梁县一度升为州,明代州改称为县,此后景德镇在行政上一直属县辖区。

早在东汉时期,古人在昌南(景德镇)建造窑坊,烧制陶瓷。到了唐朝,由于昌南土质好,先人们吸收南方青瓷和北方白瓷的优点创制出一种青白瓷。青白瓷晶莹滋润,有"假玉器"的美称,大量出口欧洲。因为昌南镇瓷器十分受欧洲人喜爱,所以欧洲人就以"昌南"作为瓷器(china)和生产瓷器的"中国(China)"的代称。

清乾隆之后,景德镇瓷业开始走向下坡路,产量、器质、品种、造型等呈萎缩状态。鸦片战争之后,景瓷生产受到严重摧残,延续500多年之久的御器厂寿终正寝。

民国五年(1916),浮梁县治从旧城(今浮梁县)迁至景德镇。1953年6月,景德镇市被确立为江西省辖市。现景德镇市辖乐平市、浮梁县、珠山区与昌江区。

二、景德镇地区古建筑的地域分布

景德镇的古建筑分布可以简单概括为"一线三

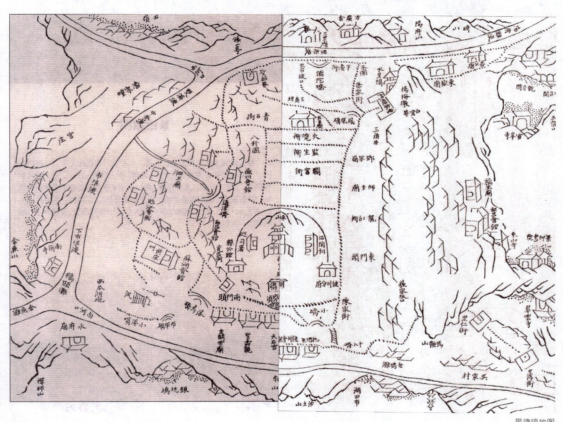

景德镇地图

片"："一线"为古窑址，古窑址遍布在景德镇各个地方，无论市区还是浮梁、乐平，均有古窑址的身影；"三片"为景德镇东北的浮梁古村镇群、西南的乐平戏台群及中心的景德镇老城区。

（1）古窑（矿）址及古文化遗址

古窑（矿）址是景德镇古建筑的主脉，贯穿在整个景德镇地区，数量之多、级别之令人咋舌，其中有国家级文物保护单位5处（御窑厂遗址、湖田窑遗址、丽阳窑遗址、高岭瓷土矿遗址、南窑遗址），省级文物保护单位1处（杨梅亭窑址），县、市级文物保护单位6处（黄泥头窑址、南市街窑址、丰源窑址、窑上窑址、洪家坞窑址、月山下窑址），这些窑址共同构成了景德镇"瓷都"的重要文脉。

（2）古村落

古村落主要集中于景德镇东北，其中有3个国家级历史文化名村（严台村、沧溪村、瑶里古镇），因该地区与古徽州接壤，也可以看作是徽州古村落的余韵，与婺源、皖南构成统一整体。

其中值得一提的是瑶里古镇，虽然宏毅祠、敬义堂、程氏宗祠是以"瑶里改编旧址"之名申报的全国重点文物保护单位，但与一般红色旧址注重历史纪念性不同，这3座古建筑的观赏性也比较强，在古建筑中也都是极其出色的，可以说是兼顾了观赏性与纪念性。

（3）乐平古戏台群

古戏台主要集中于景德镇西南的乐平地区。乐平是赣剧的发源地和流布中心，也是有名的戏剧之乡，同时又是江西省宗族血缘传统积淀比较深厚的区域之一。因此，作为戏剧演出场所和延续宗族血缘关系的文化空间，乐平戏台建筑遗存十分可观。据2002年乐平农村传统戏台普查，乐平市共有戏台412座，其中有明代戏台2座、清代戏台77座、民国时期戏台59座。其中有全国重点文物保护单位1座（浒崦名分堂戏台），省级文物保护单位2座（坑口戏台、韩家戏台），市、县级文物保护单位3座（车溪敦本堂戏台、南岸戏台、项家庄戏台）。而且"乐平古戏台建筑技艺"入选"江西省省级非物质文化遗产名录"。因此，乐平古戏台群不但遗存丰富，而且技艺传承较好，是建筑人类学非常好的研究素材。

但相对于乐平古戏台的重要价值，其保护现状并不尽如人意。乐平建国之前的戏台有近140座，但进入文保单位名录的仅有6座。在这6座之外，也有很多非常精美而有价值的戏台，比如横路万年台、界首戏台等。这些未进入文保单位名录的戏台完全得不到保护，甚至出现了许多戏台被倒卖的现象，让人担忧。在各种媒体娱乐方式普及的今天，传统戏台如何发挥其价值，而不仅仅作为摆设，也是文物保护工作者需要思考的问题。

（4）景德镇古城及古民居

景德镇古城以御窑厂为中心，形成了窑址—窑房—民宅—商店—会馆多元一体的建筑群，向外发散与里村古街区连接，并与三闾庙街区隔江相对，构成了一个面积大、内部复杂的古建筑群。其民居的代表就是祥集弄民宅，反映了景德镇古城民居的一般面貌。

另外值得一提的是景德镇陶瓷历史文化博览区的"明间""清园"，里面的民居均为从周边村落迁建而来。此种模式并不受学界认可，因为根据《奈良真实性文件》（国际公约）的规定，古建筑的保护应包括其周围环境。因此将民居与其所在村落割裂的做法严重削弱了古建筑的价值。但是从观赏的角度讲，"明间""清园"无疑是成功的。

三、景德镇地区古建筑的特点

（1）窑址遗存极为丰富，但保护展示工作不尽如人意

景德镇窑址遍布，但保护工作相对滞后。目前在景德镇大遗址的保护规划中，只有湖田窑和御窑厂被列入，换句话说，就是其他的窑址处于"被放弃"的状态。而就算是御窑厂与湖田窑，现在的保护展示工作也不尽如人意，都面临着开放区域少、可观赏性差、周围环境杂乱等共同问题。

（2）古建筑遗存大多与陶瓷主题相关

因为景德镇古来就是"瓷都"，因此其古建筑有浓浓的陶瓷主题也就不奇怪了，尤其是市区的古建筑，几乎无一不与陶瓷相关，就连"明间""清园"所处的地方，都叫"景德镇陶瓷历史文化博览区"。乐平戏台的兴盛，除了其文化基因外，经济基因也十分重要，而这种经济基因就来自景德镇地区因陶瓷带来的商业繁荣。因此在经济基因与文化基因的共同作用下，才铸就了蔚为壮观的乐平戏台群。

浮梁县

1 严台村古建筑群
Ancient Architectural Complex in Yantai Village

基本信息	国家级 / 免费参观
年 代	明、清
地 址	景德镇市浮梁县江村乡严台村
交通信息	在景德镇汽车西站乘坐景德镇—江村的班车（每天10:00和15:00共两班），到终点站严台村下

严台村航拍平面图

严台村起源于东汉光武年间，至今有1900多年历史。相传东汉名士庄光为远离政治，也为避光武帝讳，便改名为严子陵隐居于此，与家人一起过着平静的世外桃源生活，严溪因此而得名。为仰慕严子陵的高风亮节，后江氏祖先迁来此地，把严溪改称为"严台"。

严台村的总平面犹如一片树叶，聚落自西南向东北面展开，其东北有山，临村落方向有五道山脊，形若五指，称"五云山"。此山是本村的龙脉，村落建筑均背靠此山，坐西北而朝东南。聚落东南方向较低矮的山丘被当地人称作"富春山"，此"富春山"因其形似笔架，因此又称"笔架山"。村落东北面山岭名为黄巡源岭，这样形成三面环山的格局。五云山和富春山向西南方向延伸，在村西南村落入口处形成交汇之势，留下约50米宽的开口，便是严台村的水口。水口西南方向有一块较开阔的盆地，一条大路延伸过来，这是古代通往安徽祁门的大路。

富春桥远景

严台村中古建筑群保存较为完好，其中重要的公共建筑有富春桥、寨门、世隆堂遗址、大新油作坊。重要的民居建筑有江有余宅、江平天宅、江静安宅、韦大友宅、江德文宅等。

（1）富春桥

位于村口西南，为廊桥形制，桥头"富春桥记"石碑注明了该桥始建于"明弘治十五年"（1502）。桥下为拱券叠涩而成，上设廊柱，承托梁架。整个古桥外观古朴，为严台村的交通要冲。

（2）寨门

寨门是严台村的入口，旁边有古树，寨门上书"严溪锁钥"，背面类似骑楼，面阔三间，有一间跨在旁边的山坡上，整体风格朴素，配色、用瓦有徽派民居的感觉，形制偏向近代。为浮梁县重点文物保护单位。

严台村入口

（3）世隆堂遗址

世隆堂为原来村中的江姓宗祠，现仅存遗址，包括台基、柱础及后侧寝堂前的水池，整体规模非常宏

村落远景

大，可以一窥祠堂的原始风貌。

（4）江有余宅

此宅为严台村民居的代表，整体建筑包括一个前院、正厅三间、中间天井一处及两侧厢房。厢房为寝室，楼上为堆放杂物的地方。木雕装饰较为精美。江平天宅、江静安宅、韦大友宅、江德文宅等形制都与此宅较为相似。

（5）大新油作坊

严台村在明末清初经济发展到鼎盛时，先后建造了5座油坊，现仅存一座大新油坊，也是目前江西省内发现的唯一一座保存较完整的传统油坊。现为景德镇市重点文物保护单位。

油坊位于严台村外西侧，由两座建筑组成，西侧为作坊，东侧为铺面。外观古朴，四坡顶，内部都为一个大空间。作坊占地面积410平方米，为生产空间，进深十间，面阔两间（后两进进深为三间），内有一套清末民初时期的纯手工榨油设备。铺面占地面积320平方米，为销售空间。一层为店面、成品库房和伙计房；二层为原料库房。进深七间，面阔三间，与作坊以一个小院相连。

此外，值得一提的是严台村的古树，数量多，品种珍贵，成为严台村一道亮丽的风景。

世隆堂入口

江有余宅

世隆堂遗址

大新油作坊

2 沧溪村古建筑群

Ancient Architectural Complex in Cangxi Village

基本信息	国家级 / 免费参观
年　　代	明、清
地　　址	景德镇市浮梁县勒功乡沧溪村
交通信息	由景德镇汽车西站乘坐景德镇—九龙的班车，在终点站下车后打车

沧溪村始建于东汉末年，至今已有1700余年的历史。村落依山傍水，因村前有向西流淌的小河绕村而过，得名"沧溪"。沧溪村历史上世代受程朱理学影响，具有深厚的文化底蕴。村落形状呈一叶竹排，其意为两河交汇，"筏"不被淹没状。

沧溪村街道布局清晰，建于南宋时期的十字街是沧溪村最主要的街道，从村口蜚英坊起自西向东像一轮弯月般穿村而过，长约600余米。道正中铺设约1米宽的青石板，两侧用鹅卵石砌筑出"招、禄、寿"字及铜钱纹等各式图案。街道两旁建有可骑在马上购物的整排店面百余家，小巷弯弯曲曲，若隐若现，满铺砌石块和卵石，村落仍保持明清风貌。

该村明清建筑众多，其中比较重要的有蜚英坊、装水门楼、朱氏祠堂遗址、耕字公书屋、进士第、朱韶墓等。

（1）蜚英坊

蜚英坊是景德镇市重点文物保护单位，为表彰沧溪村朱氏宗族宋代先祖朱宏而建造，因背面坊额刻有"蜚英"二字而得名。

坊的主体建筑为四柱三间五楼的建筑形式，采用全砖结构，坐北朝南。坊体面阔3.75米，最大厚度0.66米。前檐两侧向前延伸外八字影壁，两影壁之间宽5.65米，中间分三段铺设平台式青石踏，结合主体建筑的外观形式，俗语称"三步金阶五步楼"。后檐两侧，向后延伸山墙，形成过道。牌坊正反两面多采用砖雕装饰，砖雕题材有龙、凤、狮、麒麟、如意别扣、卷草别扣、云纹、寿安纹、团菊及砖瓦合制而成的鳌尖造型等，富有明代中期的砖雕特征。

（2）装水门楼

村前河水为"一江春水向西流"，村民为取装纳

沧溪村航拍平面图

沧溪村鸟瞰

蜚英坊

装水门楼

苍溪村内部局部

朱家宗祠享堂废墟与寝堂

风水聚财之意，将本应朝向南方的院门全部转向东南迎水方向，让水迎面而来。沿街望去，门楼层层排开，甚有韵律，构成了沧溪村独特的风景。

（3）朱氏祠堂遗址

始建于宋代，砖木混合结构，由入口门楼、享堂、寝堂组成。现入口门楼、享堂已毁，只剩外墙、台基、柱础等。寝堂还保存比较完好，面阔五间，进深三间，高两层，额枋上有木雕。

整体建筑非常有特点，将倒未倒中有一种废墟的美感。在近代西方美学中有一种"废墟崇拜"，也称"如画风格"，此建筑与其有异曲同工之妙。

正对祠堂有一座戏台，应是近世所建，与祠堂遗址一起构成了宗祠戏台的格局。

（4）耕字公书屋

建于清代，为清代乡贤朱镇高中进士时回乡创办的私塾，是一座三间五架结构的建筑，两层高，立面比较通透，木窗雕刻冰裂形图案，整体感觉素雅。

耕字公书屋

（5）蛰公进士第、及公进士第

二者同为进士第，是沧溪村民居的代表，都为浮梁县重点文物保护单位。蛰公进士第建于明代，坐北朝南，三间五架徽派建筑，建筑面积约160平方米，木雕为深浮雕，雕工精美。及公进士第整体形制与蛰公进士第相似，只是装饰较为朴素。

蛰公进士第

蛰公进士第

及公进士第

（6）朱韶墓

该墓建于明代，位于沧溪村后山，坐北朝南，整个墓雕刻精细，墓前碑刻上记载了朱韶的生平事迹及品德，墓前有20平方米的祭拜地。另外值得一提的是，朱韶墓连接的后山小路旁有许多名贵古树，其中不乏国家一级古树，值得一观。

朱韶墓

沧溪村后山古树群

3 瑶里镇古建筑群
Ancient Architectural Complex in Yaoli Town

基本信息	国家级 / 免费参观
年　　代	明、清
地　　址	景德镇市浮梁县瑶里古镇
交通信息	在景德镇汽车东站（火车站对面）乘坐景德镇—瑶里古镇的班车（每天7:30和14:30共两班）

瑶里镇距离景德镇市区55公里，整个聚落沿着瑶河蜿蜒，呈线性布局，整体环境优美，保存古建筑较多，为国家级历史文化名镇，现存重要的古建筑有：适可屋、敬义堂、明代商店、程氏宗祠、方美老宅、宏毅祠、进士第、大夫第、狮冈胜览等。

（1）适可屋

为解决族内纠纷的长老议事堂，门额上书"适可"二字，意为"凡事适可而止"，整体坐南朝北，现为民宅。

瑶里实景平面图

瑶里鸟瞰

(2) 敬义堂

为清代嘉靖年间登仕郎吴容光书斋，建筑分为东西两路。东路建筑坐西南朝东北，为一个一进院落的合院建筑。西路建筑坐西北朝东南，与东路建筑垂直相交，为一个三合院建筑。整体建筑装饰较为朴素，保存完好。抗日战争爆发后，陈毅同志曾在此居住办公，在2013年作为"瑶里改编旧址"的组成部分被列入全国重点文物保护单位。

适可楼　　　　　　　　　　　　　　　敬义堂（陈毅故居）

（3）明代商店

位于瑶里镇明清商业街上，是一栋中间为大门、两侧为店铺（一侧店铺已经被水泥封死）、内为住宅的复合型建筑。与明代万历年间绘制的《南都繁会图》中商店有相似之处，因此对于考察明清徽州、饶州地区的商店形制有一定借鉴意义。现为景德镇市重点文物保护单位。

（4）程氏宗祠

瑶里程氏宗祠，又名"惇睦堂"，位于浮梁县瑶里镇，背依狮山，面临瑶河，正对瑶岭。始建于明代，现存建筑为清道光年间（1821—1850）重建。

建筑群坐东朝西，平面呈折线形布局，占地面积约750平方米，总建筑面积约400平方米，通面阔约12.8米，通进深约57.26米。建筑依地势而建，寝堂地面与前院地面高差达2.5米。为砖木结构，共三进院落。每一进院落中轴线约有20度的折角，这其中有风水的考虑。

正面倚墙饰四柱三间五楼牌坊式门楼，三层砖作斗栱出挑，青石倚柱，柱础有精美雕刻，上、下匾额

明代商店

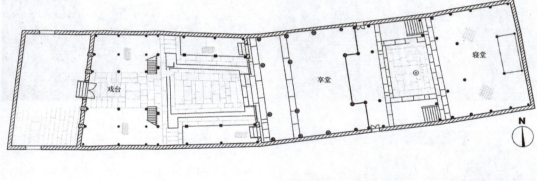

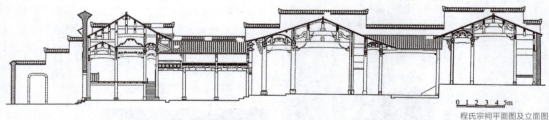

程氏宗祠平面图及立面图

程氏宗祠鸟瞰

程氏宗祠外观

嵌石作"惇睦"及"程氏宗祠"匾。整个门楼镶嵌着众多砖雕、石雕。从侧门进入第一进为前院，为程氏宗祠两路建筑共用。

从一个小门进入，就到了第二进院落。第二进院落由戏台、前天井、走马廊与享堂组成，其中戏台面对享堂的做法是受到了乐平地区的影响，为典型的"祠堂戏台"做法。古时此戏台可以拆卸，拆卸后可把戏台后的大门打开，以便举行一些盛大隆重的仪式。戏台为三开间，其中明间为演出空间，两尽间是上下舞台的交通空间。戏台上有藻井，额枋与上部面板装饰有精美木雕，斗栱有四朵，均为七踩出斜栱，并装饰有云纹。

正对戏台的是享堂，面阔三间，进深五架，柱子、额枋均十分硕大，装饰比较朴素，木雕较少，只在蜀柱下端与托脚处有少量雕刻，有明代建筑的遗风。

享堂后为第三进院落，为祭祀神灵的空间，名为"祈福堂"，该建筑从规模与用材上都不及享堂，同时大量运用了月梁。梁与雀替上都有精美的雕刻，无斗栱，只以丁头栱承托出檐。柱子比较纤细，由于年久已无法有效支撑整个建筑，因此新做两根柱子辅助出檐。

从第三进院落侧门穿过两侧厢房可进入第二路建筑，其应为宗祠的附属建筑。

程氏宗祠也是革命旧址之一。1938年中国共产党南方游击队改编为新四军，陈毅到达瑶里后曾在这里召开抗日誓师大会。程氏宗祠也在2013年作为"瑶里改编旧址"的组成部分被列入全国重点文物保护单位。

（5）方美老宅

为程方美的私宅，建于清代末期，坐东朝西，整体形制与大夫第和狮冈胜览相似，内部雕刻较为精美。

（6）宏毅祠

宏毅祠是吴家祠堂的分祠（总祠位于宏毅祠南侧，

程氏宗祠戏台

程氏宗祠享堂

程氏宗祠享堂梁架

方美老宅

宏毅祠

宏毅祠享堂

进士第

大夫第

为近年重建），始建于清代，共两进院落，由入口门楼、享堂、后寝组成。入口门楼面阔三间，进深两间，硬山屋顶。享堂面阔三间，进深三间，上布五踩斗栱。后寝面阔三间，高两层，整体风格朴素，少有装饰。

在抗日战争初期"瑶里改编"时，参加改编的红军游击队曾在此进行教育，因此宏毅祠在2013年作为"瑶里改编旧址"的组成部分被列入全国重点文物保护单位。

（7）进士第

清康熙三十九年（1700）进士吴从至所建，房屋入口门头华丽，为五凤楼形式，上雕刻斗栱，中书"进士第"。正堂宽敞，梁枋硕大。

（8）大夫第

屋主名为吴朝栋，清初时，吴朝栋有贤名，故被朝廷赐封"直奉大夫"，特准修建"大夫第"。大夫第为一个一进院落的四合院，带一个宽大的前院。正厅面阔三间，两层高，额枋上有精美雕刻，现稍显破败。

（9）狮冈胜览

原为瓷茶商人吴佣舟的私宅，整体形制与大夫第类似。入口正立面是其一大特色，为中式徽派民居与

狮冈胜览

巴洛克风格的结合体，屋主应为侨民归乡，所以带来了西洋文化。内部雕刻精美，多取材于四大名著，保护较好。现为浮梁县重点文物保护单位。

4 高岭瓷工矿遗址
Mining Site in Gaoling Hill

基本信息	国家级／购票参观／现为高岭国家矿山公园
年　代	元
地　址	景德镇市浮梁县瑶里景区高岭国家矿山公园
交通信息	在景德镇汽车东站（火车站对面）乘坐景德镇—瑶里古镇的班车（每天7:30和14:30共两班），在终点站下车后打车前往；或在景德镇汽车东站乘坐景德镇—鹅湖的班车（车次较多），在终点站下车后打车前往

高岭土是制瓷的重要原料，自元代开发并应用于陶瓷工艺之后，人们采用瓷石加高岭土的二元配方法配制瓷胎原料，大大提高了瓷胎的耐火度，减少了制品的变形，极大提高了瓷器的质量，给陶瓷制造业带来了一场大的变革。

古矿址遗迹分布于高岭山、水口亭、东埠街三处：高岭山有大量古矿洞和陶洗坑遗迹及尾砂堆积物；水口亭上书有"云岭玉峰"四字，亭内保存有明万历、清雍正石碑数块；亭外为深山古道；东埠街仍存高岭水土运码头和清代官方碑碣，村内清代市街依旧。现存遗迹遗物，系考察研究黏土学、高岭土采掘史和瓷业发展史的重要资料。

东埠码头

矿山入口

东埠古街

5 浮梁古县衙

Ancient Government Mansion of Fuliang

基本信息	国家级 / 购票参观 / 现为浮梁古县衙景区
年　代	清
地　址	景德镇市浮梁县县衙路浮梁古县衙景区
交通信息	景德镇市公交浮梁古县衙站（39路）

浮梁县在唐天宝元年（742）即定为上邑，由于其茶瓷的重要地位，知县为五品衔，以后又屡次被越级定为五品县衙，是少见的高品级县治。

现存的浮梁古县衙建于清末，占地约6.5公顷。整体建筑格局呈南北走向的五进院落，其中第一进、第二进院落较大，后两进院正中均有连廊连接前后堂，呈一个变形的"田"字形，最后一进为后花园，中轴线上的头门、仪门、大堂、二堂及三堂为历史遗存，基本保持了县衙主体风貌。东西两路及后花园为新建。

头门主体为三开间马头墙硬山顶建筑，两旁设八字砖照壁，照壁之后设门房。主体前后设通廊，以砖墙分隔。明间中央开一门，设宽大青石门仪。

头门后为仪门，位于前院端部中央，面阔三间，进深两间，中间用一排柱子将前后均匀分隔，同时设置板壁，马头墙硬山顶建筑。装饰简朴，用材也较小。

仪门后为县衙大堂，面阔五开间，进深五开间带前后廊，整体为马头墙硬山顶建筑，中央三开间打通为厅堂，其余两开间分别作师爷房和刑房，前廊带有轩式卷棚式天花，大厅彻上明造，明间有匾，称"亲民堂"。

结构体系为抬梁穿斗混合木结构，与赣东北地区一般大祠堂做法颇为近似，斗栱均为丁头栱或撑栱，结构上毫无官式建筑特征，但其梁架硕大，上有装饰花纹，斜栱也被雕刻做纹饰，也可以从侧面看出县衙的威严。

县衙大堂之后为二堂，系一座明三暗五开间建筑，中央三开间亦打通为厅堂，亦有匾，称"琴治堂"，为知县处理一般民事案件的地方。两尽间为暗间，构成东西厢房，为知县的书房茶室。进深四间，带前后廊，抬梁式，做法有点类似于八架椽屋前后劄牵分心用五柱。只做丁头栱，装饰也不若大堂精美，可见其等级低于大堂。

二堂后为一更为狭长的天井，尽头称三堂，实际为知县居住部分，面阔五开间，有前廊，无后廊，明间为穿廊，两边稍间与尽间都为厢房居住部分。此建筑有天花，无装饰，整体风格非常朴素，与一般民居无异。

从三堂后穿出便是后花园，为新建，已不复见历史面貌，其中大堂、二堂、三堂两侧均有小的园林，三个堂的前廊两端均有小门可进出。

浮梁古县衙为高品级县衙的典型遗存，保存状况较好，但是近些年进行了大规模新建，对古县衙原有的格局有所影响，1987年被公布为江西省文物保护单位。2019年被公布为第八批全国重点文物保护单位。

浮梁古县衙仪门

浮梁古县衙大门

仪门梁架

浮梁古县衙大堂

大堂内部

大堂梁架

二堂外观

后花园入口

二堂与三堂间的天井

三堂梁架

6 浮梁红塔

Red Pagoda of Fuliang

基本信息	国家级 / 购票参观 / 现为浮梁古县衙景区一部分
年　代	北宋、明
地　址	景德镇市浮梁县县衙路浮梁古县衙景区
交通信息	景德镇市公交浮梁古县衙站（39路）

红塔位于浮梁县浮梁镇旧城内，现为浮梁古县衙景区的一部分，位于古县衙东南方向。始建于北宋建隆二年（961），又名"西塔"，后因受雨水侵蚀致使塔身通体被外渗的红壤浆液染红，故俗称"红塔"。1957年被列为江西省文物保护单位，2019年被列为全国重点文物保护单位。

塔为砖砌体结构，七级六面。由须弥座、七层塔身和塔刹三部分组成，在塔身各层均设暗层，塔内累计十四层。采用内体空筒式穿壁绕平坐结构，二层以上各面檐下均置有转角铺作及两朵补间铺作，均为五踩，用以支托檐口外跳及上层外平坐。

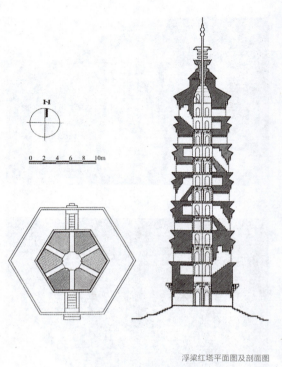

浮梁红塔平面图及剖面图　　　　　　　　　　　　　　　　浮梁红塔全景照片

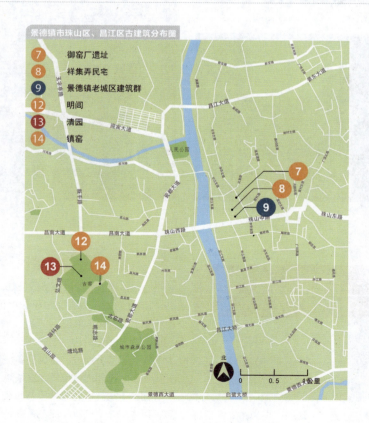

珠山区

7 御窑厂遗址

Site of the Imperial Kilns

基本信息	国家级 / 购票参观 / 现为御窑厂国家考古遗址公园
年　代	明、清
地　址	景德镇市珠山区珠山中路 185 号
交通信息	景德镇市公交南门头站（12/18/20/28/108 路）/ 御窑长廊站（27/k26 路）

御窑厂遗址位于景德镇古城区中心位置。周长约为 1145 米，面积约 54 300 余平方米。明洪武二年（1369）在此设御器厂，专门烧造皇家用瓷。清代改称御窑厂。清咸丰五年（1855）太平军进入景德镇，烧毁御窑厂。清同治五年（1866）李鸿章筹资重建堂舍 72 间，近代后逐渐废弃。在进行考古发掘前为景德镇市政府所在地，但由于政府大楼下面堆积有大量御窑瓷片，导致疯狂盗挖，进而使地基下陷，政府大楼变成危房，2004 年前后政府搬迁，遗址进行抢救性发掘，之后建为国家考古遗址公园。

公园从南到北依次为南门、古井、御窑厂考古发掘 A 区遗址、佑陶灵祠、御窑工艺博物馆、御诗亭、龙珠阁、御窑厂考古发掘 B 区遗址，其中所有建筑均为近些年新建，最有价值的是两处遗址。除此之外，复原后的龙珠阁陈列厅里展陈有御窑厂复原模型及一些出土瓷器，最上一层展陈有从丰城会馆上拆下来的藻井，十分壮观。

《景德镇陶录》中的御窑厂图

A 区遗址

复建后的龙珠阁及外部环境

龙珠阁陈列的藻井

B 区遗址

8 祥集弄民宅

Vernacular Dwellings in Xiangjinong Alley

基本信息	国家级 / 需要许可 / 现为景德镇陶瓷考古研究所
年　　代	明
地　　址	景德镇市珠山区祥集弄 3 号 /11 号
交通信息	景德镇市公交南门头站（12/18/20/28/108 路）

祥集弄民宅为景德镇较有代表性的古民居遗存，其中最有代表性的是祥集弄11号与3号两座民宅，其为明代富商府邸，建于明成化年间（1456—1487）。

祥集弄11号现为景德镇考古研究所办公地点，毗邻中山北路商业街南入口，与一排临街的现代住宅相邻。东西长约20米，南北宽约15米，建筑面积约455.31平方米，坐东朝西，现在从侧面小门经过一通廊后从厢房侧进入。建筑的木构架和地面柱础等基本为明代遗存，门窗更换过。该民宅分为两进院。第一进院比较大，中间为小天井，北边为倒座，两层通高，敞开；南边为正厅，同样两层通高，原来为一个祭祀和起居的空间；两边厢房为上下两层，二层无楼梯，需要搭梯子上下，这点令人疑惑。

结构为穿斗式木构架，南北砌筑封火山墙，穿架用月梁，有些梁柱昔兒之间使用了编苇灰泥墙，也称"编竹造"，此做法在徽州民居中也广泛使用。整体木结构用料粗硕，其中正厅额枋直径达到50厘米，柱径也达到45厘米，这也在一定程度上反映出房屋主人的经济实力。

祥集弄11号在装饰方面比较考究，正厅雀替华丽，雕有植物纹样，为明代遗构，木雕图案上镶铜贴金，整体效果华贵。柱础也是明代遗构，上下共三层，都刻有植物纹样：第一层为圆形，纹样为双勾如意；第二层为八边形，纹样为缠枝灵芝；第三层为四边形。第二进院落中建筑的雀替较小，但仍然雕刻有花纹。

地面铺地亦为明代遗留，有些地方刻有纹样。这些都体现了民宅主人的富商身份。

祥集弄3号位于祥集弄11号的东侧，现在被当作景德镇陶瓷考古研究所的仓库。入口十分低调，整体格局、结构、装饰等都是祥集弄11号的"套娃"。因为

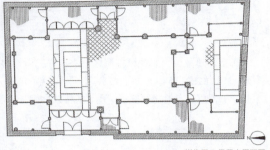

祥集弄3号民宅平面图

祥集弄3号民宅剖面图

祥集弄3号民宅入口

祥集弄民宅航拍平面图

祥集弄3号民宅正厅

两栋民宅建成年代相近,因此疑为同一工匠团体设计建造。整体体量比祥集弄11号民宅略小,东西长约19米,南北宽约10米,占地面积219.58米,建筑面积396.59米。用材及构件尺寸也比祥集弄11号民宅稍小。

祥集弄民宅可以说是景德镇老城民居的代表性精品,为江南城镇富商府第的主要类型之一,反映了瓷都景德镇城市历史文化的发展水平,保存现状较好,具有较高的历史价值与观赏价值。

祥集弄3号民宅的雀替装饰

祥集弄3号民宅内部天井

祥集弄11号民宅入口

祥集弄11号民宅正厅

祥集弄11号民宅内部梁架

9 景德镇老城区建筑群

Architectural Complex in Old Town of Jingdezhen

基本信息	其他级／免费参观
年　　代	明—民国
地　　址	景德镇市珠山区
交通信息	景德镇市公交南门头站（12/18/20/28/108路）

景德镇老城区范围北起观音阁,南至小港嘴,东起马鞍山,西至昌江两岸,另外还有里村。

贯穿老城区的是两条南北走向的主干道。其一为中山路,北起观音阁,南至太白园,全长5100米,1936年为纪念孙中山而命名。另外一条主干道是中华路,北起童关栅门,南至曙光路,全长2980米。在两条主干道之间的是东西走向的众多弄巷,在南北长、东西窄的狭长镇区内,作坊、窑房、民居、会馆、寺庙、

湖北会馆正厅

湖北会馆戏台

商铺等一应俱全。

景德镇老城区规模较大，内部遗留古建筑、古遗址众多，其中有国家级重点文物保护单位两处——御窑厂遗址与祥集弄民宅（详见上文），这里介绍其余几个比较重要的古建筑与古遗址。

（1）湖北会馆

湖北会馆位于景德镇城区彭家下弄13号，为景德镇市重点文物保护单位。平面呈"目"字形，三进三开间，前、后堂均已拆毁改建，中心天井建筑部分保存较好。前殿为戏台，是难得一见的会馆戏台，应有乐平戏台的文脉。两厢做成开敞栏杆式楼台，屋顶做成飞檐式。柱为方形青石，上端撑以木柱抬梁，楼台驼梁雕刻精美。

（2）丰城会馆

原为江西旅居景德镇从业人员聚会、议事场所。位于景德镇城区东司岭与程家上巷交界处，建于民国初年，平面呈"T"字形，体量较大，横梁刻花精美。其中的藻井现在已经被搬入御窑厂龙珠阁做展示。

（3）徐家窑作坊群

位于御窑厂东边的"葡萄架"历史街区内建国瓷

丰城会馆

徐家窑全景

徐家窑作坊

厂后边。徐家窑古作坊群复原了民国时期的镇窑与窑棚，形制上与陶瓷历史文化博览区清代镇窑相差无几，规模上略小，原遗存镇窑一座与作坊数座，后与清代镇窑一样，邀请了景德镇非物质文化遗产的传承人利用传统工艺修复镇窑并修建窑棚，同时对其周围作坊进行修缮。完工后整体格局呈现较好，是清代镇窑之外另一处值得一看的镇窑。

（4）三闾庙明清古街

位于景德镇市西北郊的昌江竟成镇三闾庙村，为明清时村中最大的商业街。临街建筑为明清时期店铺，主要类型有副食品店铺、药店、瓷店等。店铺均为两层结构，底层店面空间较大，二层低矮。街道东街口有砖石拱门，上书"三闾古栅"，东街口外为青石渡码头。街道整体古朴，风貌保持较好，为景德镇市重点文物保护单位。

除此之外，景德镇老城区内还有大量保存完好的瓷行、民居，值得去游览参观，但景德镇老城区整体风貌不佳，不能不说是一个遗憾。

徐家窑镇窑内部

三闾庙街道

三闾庙东街门

三闾庙商店近景

景德镇老城区卫星影像图

10 湖田窑遗址
Site of Hutian Kiln

基本信息	国家级 / 免费参观（部分封闭）/ 现为景德镇民窑博物馆
年　代	五代—明
地　址	景德镇市珠山区新厂湖田航空路 18 号
交通信息	景德镇市公交三宝站（15 路支线）

湖田窑兴烧于五代，在延烧造长达 700 余年后，于明代隆庆、万历之际停烧，是瓷都景德镇古瓷窑址中规模最大、烧瓷历史最长、揭示文化内涵最丰富的一处综合性窑址，也是我国宋代六大窑系之一的青白瓷窑系的代表性窑场，在我国古代制瓷史上具有非常重要的地位。湖田窑遗址一共包含 13 处重点窑址点，现在比较方便参观的是民窑博物馆窑址点、葫芦窑窑址和板栗园制瓷作坊窑址。

民窑博物馆窑址为宋元时期遗构，遗址总面积达 8500 平方米，原有一座窑包堆积，但建馆时被破坏，现仅存陈列馆东墙外一小块堆积，不得不说是一件非常遗憾的事情。

葫芦窑窑址在民窑博物馆斜对面，搭有简易保护棚，为明代中期民间烧制青花瓷的窑炉，形体不大，长 8.4 米。东窑壁已坍塌，西窑壁包括前后两室，前宽后窄，前短后长。坡度 4～10 度，为传统龙窑的一种演变形式。窑炉遗址内出土有青花小碗、高足杯等。

板栗园宋元明制瓷作坊窑址紧邻葫芦窑窑址，较为完整，可以比较清晰地分辨出练泥池、储泥池、水井、匣钵院墙、鹅卵石路面、坯车等遗迹。由此可以一睹明代制瓷作坊的一些风貌。

以上三个已开放展览的窑址片区，虽然价值较高，但展陈方式陈旧、周围环境复杂，严重影响了遗址的观赏性。亟须用现代遗址陈列展示的新理念进行重新设计。

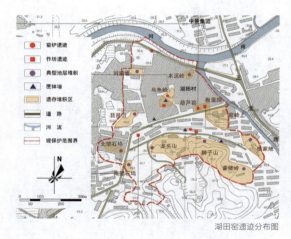
湖田窑遗迹分布图

元代作坊遗址全景

天井沟遗址

水井与沙池遗址

练泥池遗址

陈腐池遗址

11 杨梅亭窑遗址
Site of Yangmeiting Kiln

基本信息	省级 / 不对外开放
年　　代	五代
地　　址	景德镇市三宝路湖田书院背后
交通信息	景景德镇市公交三宝站（15路支线）

窑址遗物堆积层集中于湖田书院斜后方的山坡断面，主要为五代烧装器物和残瓷片。保护现状不尽如人意，周围新建建筑已经侵占了古窑址的土地，从空间与视觉感受上都对其构成了严重破坏。

另外值得一提的是紧靠杨梅亭古窑址的湖田书院，由两栋清末民国时期的老房子改建，内部原有结构基本不变，在此基础上进行了加建与再设计，目前作为品茶、阅读及展示之用，为三宝村内最为成功的旧建筑改造案例之一。

杨梅亭窑航拍图

湖田书院

杨梅亭窑远景

昌江区

12 明闾
Minglv Complex

基本信息	国家级 / 购票参观 / 现为景德镇陶瓷历史文化博览区一部分
年　　代	明
地　　址	景德镇市昌江区古窑路
交通信息	景德镇市公交枫树山站（1路区间/2路外环/k106）

明闾鸟瞰

明闾为 20 世纪 80 年代移建的明代建筑群，由 8 座不同类型的建筑组成，分别为明代闾门、明代村镇商店、五股宗祠、汪柏故居、汪柏弟宅、桃墅汪宅、苦菜公大宅、金达故居。

（1）**明代闾门**

是非常罕见的历史遗构，建于明代嘉靖年间（1522—1566），原址在浮梁县兴田乡夏田村村口。由于原址保护困难，于 1982 年作为景德镇市民俗古建筑的典型遗存实例，由市文物部门搬迁至明闾入口处。该闾门建筑的前后檐下敞开，两侧配置"单山"式马头墙，内部架设单间五架穿斗式前后两坡屋顶形制的木质构架，面阔 5.9 米，进深 6.6 米。

明闾闾门

（2）**明代村镇商店**

原址在浮梁县瑶里镇，为前店后宅的两进建筑，三开间。前进明间为店堂，两次间设柜台。店堂后墙为封火墙，开中门，为店堂与内宅的分界线。中门内为天井，迎面为正厅，两侧设厢房。除正厅为彻上露明造外，其余空间均设楼房。建筑简朴实用。

（3）**五股宗祠**

原址在浮梁县西湖乡桃墅村，历史上为明代浮梁县桃墅村第五"股"分祠，亦是汪氏家族聚会祭祀之场所，因此又被称为"汪氏五股宗祠"。该祠堂享堂

明代村镇商店

五股宗祠外观

五股宗祠内部

后侧门留有匾额，上书"嘉靖甲申年建德县岁贡汪楷立"字样，间接证明了此建筑的始建时间。祠堂占地面积480平方米，五间五架穿斗抬梁混合式结构形式，平面由门厅、享堂、后寝三大部分组成。整栋建筑用材硕大，享堂部分的金柱、檐柱均保留梭柱做法的遗迹。梁架承托部件均采用各类木雕手法进行加工处理。

（4）汪柏故居

汪柏，字廷节，江西浮梁县人。明朝政治人物，进士出身。明嘉靖十年（1531）辛卯科乡试中举。明嘉靖十七年（1538）戊戌科进士及第。授大理评事、广东副道使、浙江副政使等职。著有《青峰集》。

原址在浮梁县兴田乡夏田村，建造时间约在明嘉靖末年至明隆庆年间（1566—1572）。此宅由横向并列的两路三间两进住宅组合而成。左侧为书房，其前部有小院，由内八字门楼直通建筑外部，并在门楼左侧设有专用马厩。主构架为三间五架穿斗式形制。

（5）桃墅汪宅

原址亦在桃墅村，建于明崇祯年间（1628—1644）。前部有院落，主体建筑内宅房居中，只有一个天井院落，正厅后有通向二层的楼梯。陪屋夹抟两侧，有小天井，内有通向二层的楼梯，其间及外侧为封火式马头墙，前后封以硬山式封檐墙。宅房构架采用三间五架两层穿斗式结构形式。建筑木雕、石雕等各式装饰，从手法上开始由简转繁。

（6）苦菜公大宅

原址亦在桃墅村。据当地传说，苦菜公姓汪，正名不详，少年时期贫寒，以苦菜充饥过活，后成为明末桃墅镇首富，被后人尊称为"苦菜公"。其宅约建于明崇祯年间，原为坐北朝南，迁建时改为坐西朝东。入口在正面正中，入内为一半天井。天井后为大厅，

汪柏故居

桃墅汪宅后进天井

桃墅汪宅一进门厅

苦菜公大宅

带设轩顶的前廊，有楼梯在前廊端部小间内。其后为中心天井，后进明间为后堂，亦有楼，板壁后设楼梯。大厅、后堂的左右次间和厢房均设夹层，使整个建筑成为一座三层楼房。结构全为穿斗式木构架。这是景德镇目前发现的唯一一栋明代三层构造民居建筑遗存实例。其他两座住宅的形制大体类似，都是围绕一个中心天井布置上下堂、上下正房、东西厢房等。

（7）金达故居

金达（1506—1577），字德孚，号星桥，江西浮梁人。明世宗嘉靖三十五年（1566）丙辰科诸大绶榜进士第三人。明嘉靖四十三年（1564）六月，升为南京国子监司业。穆宗登基，赐文绮。

为明代浮梁县化鹏乡芙溪村金达的住宅建筑，1982年迁建于此，该建筑据推测建于明嘉靖年间，占地面积107.5平方米，集堂面、住宅及陪屋于一体，为典型的平民小宅。

金达故居

13 清园

Qing Garden

基本信息	省级／购票参观／现为景德镇陶瓷历史文化博览区一部分
年　　代	清
地　　址	景德镇市昌江区古窑路
交通信息	景德镇市公交枫树山站（1路区间/2路外环/k106）

与明闾一样，清园为20世纪80年代移建的清代建筑群，由4座不同类型的建筑组成，分别为玉华堂、沧溪民居、华七公大宅、大夫第。

（1）玉华堂

史称"通议大夫祠"，俗称"延村祠堂"，1979年迁建到清园后，更名为"玉华堂"。整个建筑共有三进，第一进入口门楼面阔三间，进深两间，整体风格较为朴素。第一进中间为一个庭院，无左右厢房，穿过第一进院落就进入了门厅，门厅面阔三间，进深两间，现在只留中间一间以供穿行，左右两间已辟作展厅，阑额硕大，并且有卷曲，上有精美木雕，柱子为石制柱子。第二进院落为该祠堂的主要祭祀空间，正对门厅的是享堂，两侧有边廊，正对天井的额枋均非常硕大，额枋上的泥道板也都雕有精美木雕，可以一窥清代工匠的建造技艺。享堂后还有一进院落，为"后寝"，天井比第二进小很多，现在处于不开放状态。

清园航拍平面图

清园航拍鸟瞰图

清园入口

玉华堂入口

玉华堂享堂

玉华堂后寝

（2）沧溪民居

为清代浮梁县沧溪村的一般平民住宅，1982年迁建于此，定名为"沧溪民居"，该住宅建筑始建于清代咸丰年间，占地面积111.2平方米，是四面封闭的一进式四合院，穿斗式双层结构。楼层有较大的净高，超出了通常的贮存物品的使用范围，适合用于日常起居。平面布局为"回"字形，在入口两侧厢房之后又辟两个小天井，进一步改善了整个民居的通风、采光。

（3）华七公大宅

建于清道光年间，原址在浮梁县蛟潭镇礼芳村，俗称"大屋里"，业主李华七，是当时景德镇著名的木材商人。该大宅是典型的天井式住宅，总占地面积约530平方米，共有四进，但目前只开放前两进。入口门楼相对封闭，进入后就是门厅前的一个小花园。门厅后为第二进院落，从现有布局上看，是供原屋主日常起居会客的，天井较小，有东西厢房。整体装饰较为朴素，阑额上的金边装饰应为移建后重加，现做陶瓷展览之用。礼芳村在2019年1月被列入第七批中国历史文化名村。

（4）大夫第

历史上为清代浮梁县庄湾佑村人黄中理的传世

苍溪民居

华七公大宅门厅入口

故居，由于黄氏家庭的黄爵曾受封清代"奉直大夫"头衔，故宅前配备"大夫第"牌匾的"单间单楼"牌科牌楼。该建筑始建于清道光年间，占地面积706.8平方米。由两栋全封闭式建筑体左右并列组合而成。呈三进两路的形制，东路为主宅，为三进天井式住宅，分门厅、前堂和后堂三个部分，其中前堂照壁上至今仍完好地保存着6幅宅院主人当年晋官升级的捷报，具有较高的史学研究价值。建筑整体装饰比较简朴，前堂阑额下有精美的花纹装饰，风格比较古拙。西路为书房，仅两进，厅前设水池天井，两旁是隔扇厢廊，门外有花园对景，形成一个精巧玲珑、闲静幽雅的小天地。

华七公大宅内部

大夫第入口

大夫第入口天井

大夫第后侧天井

14 镇窑
Jingdezhen Kiln

基本信息	国家级 / 购票参观 / 现为景德镇陶瓷历史文化博览区一部分
年　　代	清
地　　址	景德镇市昌江区古窑路
交通信息	景德镇市公交枫树山站（1路区间/2路外环/k106）

镇窑为我国传统窑炉中独具风格的瓷窑，此清代镇窑是景德镇镇窑中的典型代表，原址在御窑厂西南方向的南门头附近，20世纪80年代迁建于此。该处古建筑分为两部分，即窑房与窑炉。

窑房为景德镇工匠依照传统做法复原而成，为穿斗式木构架建筑，两层结构。底层为石制封闭外墙，开窗，功能为装匣、开窑之用。二层为柴楼，四面开敞，外侧堆积有匣钵做装饰，主要用来储藏松柴。二层同时连接窑炉顶端通风孔与观察孔，并设置有滑道，

镇窑外观

镇窑窑口

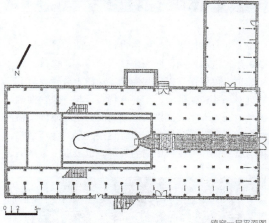
镇窑一层平面图

镇窑窑棚下层构架

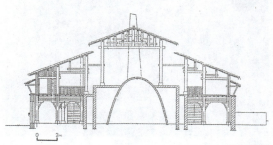
镇窑剖面图

可以将松木从二层直接滑到一层窑口,从而减少人工搬运的距离。窑棚整体结构非常简单,可以看作是古代的"工业厂房",柱子与梁均保持着原始的形态,没有装饰,整个窑棚有一种古朴的工业美感。窑炉约占窑房四分之一的面积,两层高。整座窑炉顶棚与无梁殿内顶部相似,属于砖砌筑成的拱形结构顶棚,高大的烟囱用单砖砌成。烧制陶瓷的窑室呈一头大一头小的长椭圆形,近窑门处宽而高,靠近烟囱则逐渐矮小,因此有"鸭蛋形窑"之称。全长20米,容积为260.03立方米,最高处高6米,为吉尼斯认定的世界上最大的柴烧窑炉。

镇窑内部

乐平市

15 涌山昭穆堂
Zhaomutang Ancestral Hall in Yongshan Village

基本信息	其他级 / 免费参观 / 现为村民活动中心
年 代	明
地 址	乐平市涌山镇涌山村
交通信息	在黄泥头（景德镇1路公交车站）乘坐往前沿沟的班车，在沿沟煤矿下车后转乘前往乐平的班车，在涌山村路口下车

昭穆堂入口

昭穆堂为王氏宗祠，始建于明崇祯年间，位于涌山老街中段，坐北朝南，共两进院落，由门楼、戏台、前天井、边廊、享堂、后天井、寝堂等组成。通面阔16.5米，通进深29米，占地面积478平方米。

入口门楼为三凤式，屋檐起翘较为明显，中间屋檐的正脊上有宝顶装饰，正中入口为月亮门，两侧入口做宝瓶状，这是昭穆堂入口的独有特色，从这三个入口穿过昭穆堂戏台下部，就进入了前一进院落。

前一进院落为戏台，与享堂相对而立，两边辅有边廊。戏台整体小巧、风格古朴。三间四柱一楼式，歇山顶，进深两间，以一排柱子作分心，檐口下无斗栱装饰，仅仅覆盖以轩式卷棚。额枋十分硕大，上面雕刻有一些建筑形象，十分有特点，与一般宗祠雕刻的植物云纹有很大区别，雕刻的内容也与昭穆堂宗祠戏台的主题息息相关。两边廊直接连接戏台与享堂，檐下有六铺作斗栱，山墙为弧形，也吸取了徽派民居

昭穆堂戏台

享堂梁架

昭穆堂享堂

昭穆堂的斗栱

的一些做法。

享堂面阔三间，进深四间，原木构已经被大量替换，最南第一进为前廊，檐下同样用了卷棚式轩顶，斗栱有四朵，均为七踩，栌斗的部位以六角形吊篮的形式替换，是一个非常有趣的地方做法。廊上通三间的额枋十分壮观，上面未施雕刻，而是用了彩绘装饰。

后一进院落天井较小，主要建筑为享堂，面阔三间，进深三间，上施四朵九踩斗栱，但没有栌斗，斗栱下侧也没有坐在阑额上，可以说已经变成了类似于雀替的装饰，其下侧的阑额雕刻有精美的云纹，且正中间雕刻有戏曲题材的木雕，跟戏台的额枋雕刻遥相呼应。阑额下同样有吊篮装饰，整体坐在下侧额枋上，加上最上方檐口的飞檐翘角，使得寝堂的整体立面显得十分丰富。

该建筑虽然是乐平古戏台群中少有的明代建筑，但其保护现状并不尽如人意。尤其是戏台，其台阶踏步已经腐朽，内部大木构架也有很多被现代建筑材料替换，这可能就是其虽年代较早但知名度不及浒崦分名堂戏台、车溪敦本堂戏台和横路万年戏台的原因吧。

昭穆堂的后寝

16 涌山洞遗址

Cave Sites in Yongshan Hill

基本信息	省级 / 需要许可 / 现为古人类博物馆组成部分
年　　代	旧石器时代
地　　址	乐平市涌山镇西南涌山山腰
交通信息	在黄泥头（景德镇1路公交车站）乘坐前往沿沟的班车，在沿沟煤矿下车后转乘前往乐平的班车，在古人类博物馆下车，穿过古人类博物馆爬山40分钟可以到达涌山洞主洞

涌山洞博物馆

遗址所在山为东西向连绵的喀斯特地貌，南北长约1110米，东西宽约865米。在山腰分布有大小56个石灰岩洞穴，仙岩洞是其中最大、也是最重要的洞穴。

1962年11月，中国科学院古脊椎动物与古人类研究所首次对仙岩洞做了重点考察，将洞口的堆积物分为四层，在第三层中出土多种动物化石和石英质石制品，其中几件上的人工打制痕迹清楚，化石属于华南各地常见的"大猫熊—剑齿象动物群"。该遗址为寻找华南地区原始人类及其文化遗物，提供了重要线索。

仙岩洞位于涌山半山腰，内部在遗址之上已经架起栈道直通洞穴最深处，其中入口处的栈道左右两侧依稀可以看出古人类活动的格局，而洞穴最深处有小小水潭，周围岩石层叠形成了一个小小的类似于"议

涌山洞外景

事厅"的空间,当然古人类是否真的在这里议事就不得而知了。

涌山的东侧为冲积盆地,在其中采集到新石器时代至商周的陶片。

涌山洞与其山下盆地的出土物反映了一个跨越50万年前至2600年前的聚落生活图景,而这时的原始人已经在使用陶制品,成为景德镇陶瓷文脉的滥觞。

涌山洞内部

17 车溪敦本堂
Dunbentang Ancestral Hall in Chexi Village

基本信息	市级 / 需要许可 / 现正在修缮
年　　代	清
地　　址	乐平市涌山镇车溪村
交通信息	在黄泥头(景德镇1路公交车站)乘坐前往沿沟的班车,在沿沟煤矿下车后转乘前往涌山的班车,在终点站下车搭乘三轮或的士前往

敦本堂,世为朱氏宗祠,坐落在车溪村西北,坐南朝北,始建于清乾隆年间,总占地面积为2000平方米,通面阔30米,通进深65米。整个建筑共有三进院落、五个明堂,主要由门楼、戏台、边廊、享堂、客墅、寝堂组成,整体规模宏伟。

祠堂前置一口聚星风水池,现水体污染严重,周围环境也比较糟糕。第一进增添一座门面及小院,两侧附属建筑只存一侧,另一侧已经被改建为现代建筑,中间是五扇牌楼式大门,正面看是其貌不扬的"马头墙",但背面是精美的砖石木三材合建形式,翼角起翘明显,木构雕刻也比较精美。

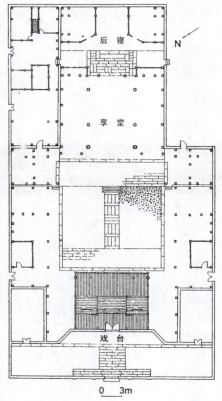

车溪敦本堂平面图

敦本堂主入口

敦本堂鸟瞰

敦本堂次入口（戏台背面）

正对牌楼的是戏台的入口，由此可以爬上戏台的后台，戏台两侧有侧门可以进入第二进院落。第二进院落由戏台、享堂和两侧边廊组成。戏台是三间四柱三楼式，歇山顶，翘角短钝，正脊中央置宝顶，檐下斗栱比较有特点，为两层五铺作斗栱错落设置。明间斗栱下侧阑额出头两端头浅刻蝙蝠翅纹，下层额枋镂雕双凤牡丹，上层额枋深雕龙纹，再下层是硕大的素枋。次间额楼层次不如明间丰富，但沿用了明间的斗栱布局。戏台两侧边廊均有二层，增加了观众看戏的面积。

享堂面阔三间，进深五间，山墙木构架为穿斗式，其余为抬梁式，两侧与边廊交角处翼角起翘较为明显，下侧有雕刻精美的丁头栱斜撑，阑额也绘有戏曲人物。内部梁架大量用吊篮与雀替装饰，山墙处为月梁，上面亦有雕刻，平梁出蜀柱形成云饰，这也是此享堂梁架一个非常有意思的地方。斗栱与戏台不一样，为七铺作斜栱。

穿过享堂为最后一进院落，比前一进院落小得多，只能称为"天井"，由享堂后廊面对寝堂组成。享堂后廊为轩式卷棚顶，有布满雕刻的斜撑栱。相对于戏

敦本堂戏台远景

戏台局部

戏台背面的梁架

敦本堂后寝侧面

台和享堂精美的装饰，寝堂就显得非常朴素，面阔三间，两层，额枋不施雕刻，仅仅有小雀替，二层檐下布七铺作斗栱和波浪状泥道板。

由于笔者调研时车溪敦本堂正在修缮，因此显得比较凌乱，但其气势与精美，尤其是那种朴素的美感却是凌乱掩盖不住的。相对来说，作为国家级文保单位的浒崦戏台就过于匠气了，希望敦本堂修缮完成之后仍然能保有这种感觉。

敦本堂享堂

享堂梁架

18 横路万年台
Wannian Stage in Henglu Village

基本信息	其他级 / 免费参观
年　　代	清
地　　址	乐平市双田镇横路村
交通信息	在黄泥头（景德镇1路公交车站）乘坐前往沿沟的班车，在沿沟煤矿下车后转乘沿沟—乐平的班车，在横路村下车后步行

横路万年台始建于明万历五年（1577），此后经数次重修，至清道光年间形成今日面貌。1957年、2008年又进行过两次维修。戏台坐南朝北，三间四柱五楼式，重檐三翘歇山顶。台高1.2米，通面阔11.2米，通进深8.5米，台口净高3.3米，演出区4.4米×3.3米。

平面格局为三进三开间，中间两排柱子及出将入相屏风将戏台分为前后台，前台中间两柱向后移动，呈三面开口的伸出式戏台，这在乐平古戏台中很少见，其作用是可以使观众从三个方向观看演出，使演出的可视范围更大，演出效果更好。值得一提的是梁架上清晰可见的镇台符尺，这也是乐平戏台富有特色的做法。

横路万年台外观

横路万年台近景

横路万年台内部梁架与镇台符尺

19 浒崦名分堂戏台

Stage in Mingfentang Ancestral Hall in Huyan Village

基本信息	国家级 / 不对外开放
年　　代	清
地　　址	乐平市镇桥镇浒崦村
交通信息	在乐平老汽车站乘坐乐平—镇桥的班车，在浒崦村下车后步行300米

浒崦名分堂鸟瞰

　　浒崦戏台，又称名分堂戏台，为浒崦村程氏宗祠的一部分。程氏宗祠"名分堂"，始建于清嘉庆二十三年（1818），历时3年方成。祠堂前有一空旷场地，再前有一泓清潭。整个建筑有一进院落，由戏台、边门、廊楼、天井、耳门、享堂、神位、陪房等构成。

　　祠堂建成14年后，即道光十二年（1833）戏台开始筹建，历时3年竣工。戏台有两个台面，又称晴雨台，这是浒崦戏台最突出的一个特点。

　　正对祠堂前面的空旷地为晴台，晴台坐北朝南，背向祠堂主殿，四柱三开间，台面上部为三楼式牌楼，并与戏台歇山顶正脊相接，形似五牌楼。晴台明间表演区5.4米×5.4米，中为出将入相屏风，次间前端为乐队区，后端左右各置厢房一间，并开二度门，以增大演出场地。顶棚有三口藻井，中间一口为覆钵式，两侧的藻井为轿顶式。檐下如意斗栱承托，除四立柱外，通施雕刻，彩绘描金，富丽堂皇，戏台与祠堂外墙之间留有侧门，供人出入。

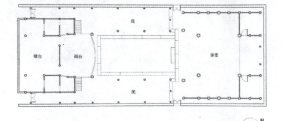

浒崦名分堂平面图

浒崦名分堂剖面图

从两旁进入第一进院落，便可以看见戏台的雨台。雨台坐南朝北，面向祠堂主殿，台面两柱一开间。屋顶悬山出山墙，檐下满铺偷心斗栱，与其他戏台（敦本堂、晴台等）相比，檐角发戗非常不明显，额枋尺寸较晴台小，雕刻的整体气势与繁华程度均要逊色于晴台许多。不过从正堂望去，雨台倒显出几分典雅、秀美与别致。

台前为天井，两边廊有两层，形成了看楼，楼上为女性观戏台，单坡屋顶，五檩用二柱穿斗式梁架，设置有美人靠。

正对雨台的是名分堂宗祠，相对于复杂的晴雨台，宗祠本身的构架与装饰都比较简单。宗祠四进三开间，面阔 14.9 米，进深 31 米，总建筑面积 460 平方米。穿斗与抬梁混合结构，封火山墙，硬山顶，阴阳瓦屋面。第一进为前廊，为卷棚式轩顶；第二进较大，为宗祠主体空间，后两进构成一个寝堂。这里比较独特的一点是享堂和寝堂没有围合成一个天井，这是与赣东北宗祠的一般布局大不一样的一点。梁架结构同样很简单，梁、额都很少装饰，有些梁柱之间有雀替，但也小得可怜，因此可以看出，相对于戏台，宗祠处在了一个相对次要的位置。

此戏台最精彩的部分在于晴台极为精美的装饰和晴雨台分立的布局，有点像宗祠台与万年台的综合，装饰极为华丽，观赏性强。

浒崦名分堂戏台（晴台）远景

戏台（雨台）近景

戏台（雨台）局部装饰

戏台（雨台）远景

享堂外观

20 坑口万年台

Wannian Stage in Kengkou Township

基本信息	省级 / 免费参观
年　　代	清
地　　址	乐平市镇桥镇坑口村
交通信息	在乐平老汽车站乘坐乐平—镇桥的班车，在坑口村下车后步行

坑口戏台外观

坑口万年台距离浒崦名分堂戏台仅有1公里，原为宗祠戏台，与浒崦名分堂戏台为同一个师傅建造，形制装饰都比较相似。但因1952年失火损毁，修复后被改成了现在的万年台面貌。现存戏台体量与浒崦名分堂戏台晴台类似，装饰豪华，可以与浒崦名分堂戏台晴台一较高下。

坑口戏台内部

21 韩家万年台
Wannian Stage in Hanjia Village

基本信息	省级 / 免费参观
年代	清
地址	乐平市鸬鹚乡韩家村
交通信息	在乐平新汽车站乘坐乐平—众埠的班车，至终点站下车后打车前往

韩家万年台始建于清光绪三年（1877），民国八年（1919）镏金竣工。戏台坐西朝东，三间四柱硬山式屋顶原有翘角，现为两面坡，比较简单，而装饰却豪华无比，戏台遍体镏金，并镶嵌珸瑁。游梁上30余幅戏曲人物与龙凤题材镂雕图及藻井以五层斗栱向上层叠。通面阔11.5米，通进深9米，台口净高3.2米，演出区4米×4米。

韩家戏台外观

韩家戏台藻井

景德镇市其他文物保护单位列表

区县	名称	年代	级别	地址	简介
昌江区	丽阳窑址	元—明	国家级	丽阳乡彭家村	揭示了景德镇地区元代晚期到明代早期的窑炉由龙窑到葫芦窑的变化过程
乐平市	南窑遗址	唐	国家级	接渡镇南窑村	揭示了唐代景德镇的制窑风貌
浮梁县	双峰塔	宋	国家级	勒功乡勒功村	比较少见的孤身塔

3
上饶市
SHANGRAO

上饶市文物建筑分布图
Historical Architectural Map of Shangrao

- 22 三清山古建筑群
- 23 玉山鸿园
- 24 玉山考棚
- 25 玉山城墙
- 26 阎立本墓
- 27 官溪胡氏宗祠
- 28 龙溪村古建筑群
- 29 社山头遗址
- 30 九仙山城堡
- 31 东岳庙
- 32 相府路17号民居
- 33 信江书院
- 34 上饶集中营
- 35 龚氏宗祠
- 36 鹅湖书院
- 37 辛弃疾墓
- 38 石塘镇古建筑群
- 39 河口镇古建筑群
- 40 费宏墓
- 41 澄波桥
- 42 闽浙赣省委机关旧址
- 43 叠山书院
- 44 南岩石窟
- 45 仙人洞、吊桶环遗址
- 46 寿元桥
- 47 鄱阳文庙大成殿
- 48 永福寺塔

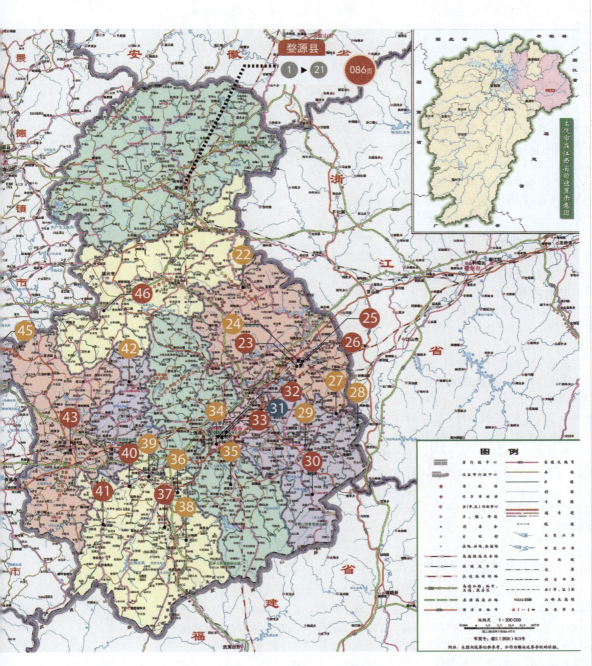

一江穿流沃徽饶——上饶古建筑概述

上饶，古称饶州、信州，为江西省下辖地级行政区（市），位于江西省东北部，东连浙江、南邻福建、北接安徽，中间有信江东西穿流，名取"上乘富饶"之意。

一、上饶地区历史沿革

上饶辖境可考的历史中，古属扬州，最早为周国之番邑，属楚国东境，东周时先后属吴、越，秦设郡县时主属九江郡，汉属豫章郡，三国吴至隋主属鄱阳郡。

隋初改金华郡为婺州，并定阳县入信安县。隋开皇九年（589），改鄱阳郡为饶州，改新安郡为歙州。唐乾元元年（758）始设信州，其时市境主属饶、信二州。

北宋开宝八年（975）废永平郡，仍为饶州。区境分属饶、信、歙三州，均隶江南东路。元成宗元贞元年（1295）后，区境分属信州路、饶州路、徽州路和铅山州，均隶江浙行中书省。元至正十七年（1357），改徽州路为兴安府；至正二十年（1360），改信州路为广信府，仍隶江浙行省；元至正二十一年（1361），改饶州路为鄱阳府。

明初区境分属广信、饶州、徽州三府，其中明洪武二年（1369），复改鄱阳府为饶州府。明洪武四年（1371），以广信府改隶江西行省。明洪武九年（1376），改行中书省为承宣布政使司，广信、饶州两府均隶江西承宣布政使司。清代与明代相同。

民国元年（1912）废府，各县直属于省。1952年9月，并上饶、浮梁两专区称上饶专区，专署驻上饶市。现今上饶市包括：信州区、广丰区、上饶县、玉山县、铅山县、横峰县、弋阳县、余干县、鄱阳县、万年县、婺源县、德兴市。

二、上饶地区古建筑的类型及分布

（1）古村落

上饶地区精彩的古村落大多集中于婺源，因婺源古时属于徽州，所以婺源的村落民居也属于徽派，与皖南古村落相近。婺源的古村落群中共有国家级历史文化名村5个（理坑村、虹关村、汪口村、思溪村、延村），省级历史文化名村8个（篁岭村、凤山村、考水村、游山村、西冲村、李坑村、晓起村、江湾村），省级重点文物保护单位2处（豸峰村古建筑群、坑头村古建筑群），数量与质量都为上饶乃至江西之冠，可以说古村落是婺源的第一张名片。

婺源古村落最大的特点是与环境的结合，而周边环境最特别之处，就是婺源的第二张名片——油菜花了。可以说，徽州民居与油菜花非常般配，两者结合，能形成一幅非常美丽动人的画卷。但油菜花虽然是婺源的名片，却不是婺源的全部，秋天的红叶，冬天的雪景，一样可以与婺源古村落相映成趣。而且值得一提的是，虽然婺源的商业开发程度高，但整体民风还比较淳朴，这也是让笔者感到欣慰的一点。

（2）祠堂

在上饶地区古建筑中，祠堂是其中非常重要的类型，遗存多且形式多样。祠堂比较集中的同样是婺源地区，几乎每个古村都有祠堂，其中共有国家级文物保护单位9处。在婺源地区的9处重要祠堂中，按布局可以大致分为三类：第一类是带客馆宗祠，有3座，分别为豸峰成义堂、西冲敦伦堂、凤山查氏宗祠，均有两路建筑，查氏宗祠客馆与宗祠分体，可以看作是第一类与第三类经典类型宗祠的结合；第二类为宗祠戏台，有1座，为阳春成氏宗祠，这也是婺源地区唯一一座不在古村的重要祠堂，虽然与婺源宗祠打包为"国保"，但从形制上应该属于乐平宗祠戏台一脉；其余5座为第三类，也是最典型的徽派宗祠，多为两进院落，布局规整。

婺源宗祠的典型特点是比较小巧，建筑体量小巧，天井也小巧，一般不带戏台。

饶州地区的宗祠与徽州婺源的宗祠有较大区别。这些地区的重要宗祠有玉山官溪乡的胡氏宗祠和广丰龙溪村的祝氏宗祠，这两个宗祠的显著特点是体量大，四周都以两层高的跑马楼围合，而且第一进院落有戏台，给人以非常开阔的感觉。而上饶县龚氏宗祠中的叙千祠同样有开阔的前院，但特别的是其戏台在侧面。叙千祠旁边玳公祠的整体体量与婺源宗祠相似，但两侧同样用跑马楼围合（已毁）。由此可见，徽州宗祠与饶州宗祠在形制做法上还是有一些差别的。

（3）书院与书院园林

上饶地区的重要书院共有3座，其中国家级重点文物保护单位1座（铅山鹅湖书院）、省级文物保护单位2座（上饶信江书院、弋阳叠山书院），其中鹅湖书院是古时江西四大书院（另外三座是庐山白鹿洞书院、吉安白鹭洲书院、南昌豫章书院）之一。

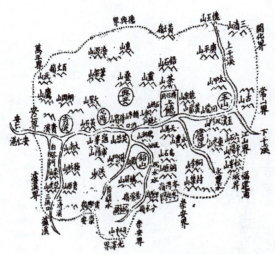

《广信府志》中的上饶地图

这三座书院共同的特点是规模大,庭院宽阔,古树古木较多,已经构成园林的感觉。其中鹅湖书院建于平地上,整体建筑布局较为规整,围合感与进深层次感较强。而信江书院与叠山书院都位于信江旁边的小山坡上,因此均沿着等高线布局,整体比较自由,建筑也比较分散,围合感就没有那么鹅湖书院那么强。其中叠山书院相对于信江书院布局更自由,更接近于书院园林。

（4）宗教类古建筑

上饶遗存的宗教类古建筑比较少,其中佛教建筑的代表是南岩石窟与永福寺塔,道教建筑的代表是三清山古建筑群,儒教建筑的代表是鄱阳文庙大成殿。其中三清山古建筑群坐落在世界自然遗产地三清山,自然风光十分优美,为建筑加分不少。南岩石窟是南方石窟的杰出代表,但无论从规模上还是精美程度上,都无法与北方大型石窟（敦煌石窟、云冈石窟、克孜尔石窟、龙门石窟等）相比。鄱阳文庙是赣东北仅存的几座文庙建筑之一,也是其中保护等级最高者。

（5）红色旧址

上饶地区的红色旧址有两个重要片区：一是横峰县葛源镇的闽浙赣省委机关旧址群；二是上饶县的上饶集中营旧址群。这两个片区虽说都是红色旧址,但侧重点又有不同,闽浙赣省委机关旧址群感觉是阳光的,而上饶集中营旧址群感觉是悲伤的,从这点来说,上饶集中营产生的纪念感要强于闽浙赣省委机关旧址。但是上饶集中营的开发建设程度远不如闽浙赣省委机关旧址群,除了需要购买门票,许多地方都没有开放。

另外值得一提的是,闽浙赣省委机关旧址群中的列宁公园是极为少见的红色园林遗迹,应该在江西园林史上占据一定的地位。

（6）遗址与陵墓

上饶地区遗址众多,但观赏性强的不多,其中万年仙人洞遗址比较重要,可以看作江西文明的源泉,其出土的文物藏于江西省博物馆。此外,观赏性较强的遗址是广丰的九仙山城堡,遗留的古寨墙结合远处连绵的群山,可以想象古时农民起义军"占山为王"时的场景。

陵墓中名气最大的应属稼轩公辛弃疾的墓,虽然陵墓简陋且处边远之地,但稼轩公的气节仍值得后世之人凭吊。

三、上饶地区古建筑的特点总结

（1）古建筑与环境结合较好

上饶古建筑中很大一部分都坐落在环境非常优美的地方,换句话说,大部分的古建筑都不会因周围环境的不佳而削弱其景观,有些反而因为周围优美的环境使得古建筑的魅力得到了加强。婺源古村落群无须赘述,还有三清山古建筑群、九仙山城堡、南岩石窟、信江书院、叠山书院等,就连玉山城墙这样保护得非常差的古建筑也因为靠河而产生了不错的景观效果。

（2）匠作技术兼具徽州与饶州的特点

因为上饶兼备古徽州与古饶州的部分,所以古建筑也兼具两边的特点。婺源地区的古建筑反映了古徽州匠人的做法特点,而婺源以西则是古饶州匠人的做法,这两种做法也在其结合部产生了一些融合,使得上饶东西部建筑呈现出了一些不同的特点。

婺源县

① 理坑村古建筑群
② 篁村余庆堂
③ 虹关村古建筑群
④ 凤山查氏宗祠
⑤ 凤山龙天塔
⑥ 清华彩虹桥
⑦ 黄村经义堂
⑧ 洪村光裕堂
⑨ 新源俞氏宗祠
⑩ 西冲敦伦堂
⑪ 思溪村古建筑群
⑫ 延村古建筑群
⑬ 晓起村古建筑群
⑭ 江湾村古建筑群
⑮ 篁岭村古建筑群
⑯ 汪口村古建筑群
⑰ 李坑村古建筑群
⑱ 朱瑰墓
⑲ 坑头村古建筑群
⑳ 虿峰成义堂
㉑ 阳春成氏宗祠

1 理坑村古建筑群

Ancient Architectural Complex in Likeng Village

基本信息	国家级 / 购票参观 / 现为"理坑村"景区
年　　代	明、清
地　　址	婺源县沱川乡理坑村
交通信息	在公交"短途换乘中心"站（婺源1、2、3路）乘坐去往理坑的班车

　　理坑村始建于北宋末期，村民以余姓为主。该村自古文风鼎盛，人才辈出，村内的明清建筑达到200余处，其中保存较好、代表性较强的有司马第、余自怡官厅、天官上卿第、福寿堂、云溪别墅等。

　　（1）司马第

　　为明代吏部尚书余懋衡之孙余维枢的府第。余维枢于清初先后任直隶永年知县、兵部主事，攻书能文。司马第建于明末，建筑保存完好，坐西朝东，三间二进，三天井，面阔19.7米，进深21.6米，占地面积315.5平方米，为三层楼建筑，高8米。整个建筑的木构件

理坑村实景平面图

理坑村鸟瞰

理坑村民居外观

司马第外观

司马第前天井

天官上卿第外观

均有雕刻，但手法简练，且不施油漆，保持原有的建筑风貌。

（2）余自怡官厅

又名友松祠，为余自怡府第，其去世后改为祠堂。余自怡，字士可，明崇祯元年（1628）进士，曾任广州知府。府第建于明末，建筑保存完好。坐西朝东，分为小院、正厅、余屋三部分，两路三天井。面阔23.2米，进深18.42米，占地面积427.36平方米。小院院门为石库门，青砖五凤门楼，最高处披檐下有四朵五铺作斗栱，其余四凤檐口下均为两朵斗栱，靠中间一朵均斜出偷心。

原有"圣旨"二字已毁，门簪不存，门楼内向为四个木栱支撑，上盖青瓦，梁下有深雕单栱。整个建筑共有方柱50根，结构不施雕刻，不施油漆，整体较为朴素。

（3）天官上卿第

为明代吏部尚书余懋衡的府第。余懋衡，字持国，

余自怡官厅外观

号少源，明万历二十年（1592）进士，曾任南京吏部尚书。此宅因大门上方"天官上卿"匾额而得名，整栋建筑保存较好。府第坐西朝东，面阔9.8米，进深9.85米，占地面积156平方米，外墙与道路走向平行，因此有弧度，也使整个建筑形制看起来比较自由灵活。

该建筑的主入口位于道路路口处，大门两侧呈"八"字墙，形成牌楼式门楼，上有4只龙形吻兽，两侧砖墙上有"卍"字纹，内部木结构为穿斗式。主体建筑为三间两厢式，包括天井、两厢、两正房、厅堂。前一进雀替深雕，土面方柱，素础，梁枋素净，为一个类似三合院的形制，有另外一个入口直通街上，内院墙壁与沿街墙壁围合成了一个杂物房，可以说是因地制宜。

（4）福寿堂

福寿堂的主人为茶商，建于清中期，整幢建筑至今保存完好。该建筑为砖石木结构，大门坐东朝西，而内部布局却为坐西朝东。正厅面阔10米，进深15米，占地面积150平方米。粉白的马头山墙与屋顶组成封闭式的建筑空间，木结构为穿斗式。由厅堂、厢房、正房组成，并以中间天井为中心，形成二层四合院式格局。该堂以建造独特和木雕精美见长，在村里别具一格。

福寿堂外观

（5）云溪别墅

云溪别墅为官宦余启官的府第。余启官，学名启烈，字任卿，号云溪，小名补发，原为茶商，但他立志为官，为此在理坑村村头修建了云溪别墅，用于潜心读书，终于步入仕途。

云溪别墅建于清代中期，坐西朝东，面阔16米，进深18米，只有一进院落，整个建筑为砖木石结构，大门朝北。与理坑村其余徽派宅院最大的区别在于，它是一个园林式庭院，而不是天井式住宅。北侧为主入口大门，外侧为单披檐，下方两侧出五铺作斗栱，内侧为"三凤楼"形式，中间一间布四朵六铺作斗栱，下侧阑额雕刻有精美的冰裂纹、方胜纹和动植物形象。两次间只有在两端有两朵"半斗栱"，并设置有美人靠，可以坐在上面欣赏院落景致。

云溪别墅外观

除了以上5个国家级文物保护单位之外，理坑村还有许多明清古建筑，比如尚书第（余懋学府第）、大夫第（现在为理坑村的祠堂）、崇德堂等。村落整体风貌保护较好，但作为一个售票景点，游线设计与标识系统设计极为粗糙，卫生清理非常不到位，电线也比较凌乱，尤其是村落入口处的沿河一面风貌不佳。

云溪别墅正厅

2 篁村余庆堂

Yuqingtang Ancestral Hall in Huangcun Village

基本信息	国家级 / 不对外开放
年　代	清
地　址	婺源县浙源乡凤山村
交通信息	在公交"短途换乘中心"站（婺源1、2、3路）乘坐去往理坑的班车，在篁村路口下车后步行约1公里

篁村余庆堂建于明永乐年间，是婺源余姓的总宗祠。南北长33.6米、东西宽13米，共有5个门供出入。整体分前后两进院落，由入口门楼、享堂、后寝构成。

入口门楼为"五凤楼"形制，正面有"始基甲第"四个浮雕大字，并雕有麒麟、鳌鱼、凤、鹤和其他花纹图案。门楼面阔三间，进深两间，双层屋顶，外层为硬山，内层做弓形轩。分心一排柱做门板，每一间设一门，中为主门，设置可拆卸的高门槛，抱鼓"石"为木质。

享堂为抬梁穿斗混合式梁架，面阔三间，前轩内四界后双步形制，最外侧额枋为近世新换，下有题记："辛酉年冬月，篁村中队修。"整体较为朴素，无过多雕刻、斗栱等装饰。

后寝面阔三间，高两层。一层两次间为储藏之用，左侧尽间有楼梯通向二楼，二楼摆放祖先灵牌，整体梁架也十分简单。

篁村余庆堂规模较大，少有诸如汪口俞氏宗祠、新源俞氏宗祠那样精美的雕刻与复杂的斗栱，整体风格比较古朴、简约。宗祠无论是梁架还是门窗等都能看出很重的近年修葺的痕迹，不过尚能保持整体风貌的协调统一。

另外值得一提的是，离宗祠不远的篁村村口处，有一棵千年罗汉松，为国家一级古树，传说该树倒栽而活，十分难得。

余庆堂航拍鸟瞰图

余庆堂入口门楼

余庆堂享堂

享堂梁架

余庆堂后寝

3 虹关村古建筑群

Ancient Architectural Complex in Hongguan Village

基本信息	国家级 / 免费参观
年　　代	清
地　　址	婺源县浙源乡虹关村
交通信息	在公交"短途换乘中心"站（婺源1、2、3路）乘坐去虹关村的班车，在虹关村下车

虹关村被称为"墨乡"，据《鸿溪詹氏宗谱》记载，虹关古为方氏之村。方姓徙居他地之后，南宋绍兴年间（1131—1162），詹姓从附近宋村迁入定居。因村落位于婺源北乡至徽州府的驿道上，詹姓建居时"仰虹瑞紫气聚于阙里"，故取村名"虹关"，又名"虹瑞关"。现有村民230多户，1100余人。

村落由虹关正街、虹关中路、虹关里路3条南北向街道和风华路、添灯路、守俭路等24条东西向小巷所分割成的若干"小方块"组成，一个"小方块"就是一组古民居。村落中现有明清古民居60多幢，其中比较重要的有玉映堂、继志堂、虑得堂、愿汝堂、继承堂、棣芳堂、务本堂、六顺堂等。

（1）玉映堂

建于清乾隆年间，为四合院结构。一层大门门楼呈牌坊式，嵌于门口两侧的砖墙内青石门枋上装饰有一根砖雕大梁，梁上披挂着砖雕绸缎，门楼顶端花瓦飞檐。三层楼房，屋内底层有正房4间，厢房2间，中间为天井。二层为跑马转角楼，三层设房3间，有晒台。

（2）继志堂

建于清末，为一个沿街民宅，前后两进院落：第一进为三合院带一照壁，从侧面进入，二层互相连通，为正东建筑的起居空间；第二进院落为比较私密的生活空间。

虹关整体风貌较好，新建建筑比较少，街巷都还有传统的韵味，而且自然风光比较优美。值得一提的是村落入口附近的大樟树，足有千年历史，是婺源境内最老的古树之一，观赏价值很高。

虹关村远景1

虹关村远景2

虹关村古樟树

虹关村街巷

虹关村民居内部

4 凤山查氏宗祠

Family Zha's Ancestral Hall in Fengshan Village

基本信息	国家级 / 不对外开放
年　　代	清
地　　址	婺源县浙源乡乡政府旁边
交通信息	在公交"短途换乘中心"站（婺源1、2、3路）乘坐去虹关村的班车，在浙源乡政府下车

凤山村查氏宗祠是婺源县仅存的一座查氏宗祠。该祠建于清康熙三年（1664），当时徽州知府题名"孝义祠"，故又名孝义祠。

查氏宗祠坐西朝东，砖木结构，地面全铺大青石，进深33.9米，面阔22.2米，现存享堂、后天井、寝堂等三部分。享堂前面包括入口门楼的第一进院落在"文革"中被拆毁改造为凤山中心小学教学楼。

享堂面阔五间，进深四间，硬山屋顶，木构架依然是该地区常见山墙穿斗式、中间抬梁式的做法。额枋粗大，上面直接放七踩斗栱，而坐斗几乎消失不可见，这种做法在婺源比较少见。其木柱粗壮，直径均达40多厘米，柱础有鼓形、方形、仰莲形等。但建筑整体显得敦笨，不若其他宗祠般轻盈。其梁枋雕有

查氏宗祠享堂

享堂梁架

查氏宗祠鸟瞰

查氏宗祠寝堂

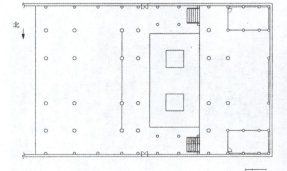
查氏宗祠平面图

后寝斗栱

莲花堆砌、百鸟朝凤、孝子义行、如意器物等图案。

后寝院落较大，而且只有一层，与其他婺源宗祠的敞开型后寝不同，凤山查氏宗祠的寝堂是封闭的。这里的斗栱可以明显地看出坐斗的样式，这点与享堂不同，两边廊柱头施五踩斗栱，补间用一个垫块直接承托枋，也是一个比较有特点的做法。

在宗祠旁边乡政府大院内有一客馆，为宗祠附属建筑。其中有一水榭，坐西南朝东北，三开间，临水处设置美人靠，隔扇隔心有彩色刻花玻璃装饰，整体有小园林的风情。

总体来说，相对于婺源其他宗祠，从凤山查氏宗祠现存的建筑遗构来看，其风格更近似于民居，客馆园林的设置是其一大特色。

查氏宗祠客馆

5 凤山龙天塔
Longtian Pagoda in Fengshan Village

基本信息	省级 / 免费参观
年　代	清
地　址	婺源县浙源乡凤山村村北公路旁边
交通信息	在公交"短途换乘中心"站（婺源1、2、3路）乘坐去虹关村/浙源的班车，在浙源乡政府下车

凤山龙天塔始建于宋代，后毁，明万历年间重建。取"天龙镇回禄"意名之。

该塔比例细长，为仿楼阁式砖木结构，六面七层，高37米，塔基石筑，塔身砖砌。每个檐口下都用砖做了叠涩出挑，是一种斗栱形象的抽象表达。铁刹形顶，层层飞檐翘角，均悬挂铁铃，风起叮当作响，清脆悦耳，别有情趣。

凤山龙天塔局部

凤山龙天塔

6 清华彩虹桥

Rainbow Bridge in Qinghua Town

基本信息	国家级 / 购票参观
年　　代	宋
地　　址	婺源县清华镇上街西端
交通信息	在公交"短途换乘中心"站（婺源1、2、3路）乘坐去虹关村/浙源/清华的班车，在清华镇下车后步行15分钟

彩虹桥远景

最早，古代徽州府至饶州府的驿道需要过浮溪，一开始只有一条石头砌筑的蹬步桥来过河。由于蹬步桥不能砌筑得太高，因此在丰水期往往被河水淹没。而且过蹬步桥时也比较危险，稍不注意就会落入水中。

南宋时，出身于清华镇的两位贤人——僧人胡济祥与匠人胡永班感叹世人过河之不易，因此决定在浮溪上搭一座桥。胡济祥云游四海，为建桥化缘，用了5年多时间筹措了建桥资金；胡永班则外出学艺，5年后学成归来，负责桥梁的设计、施工与建造。又历经5年时间，彩虹桥竣工，代替危险的蹬步桥供往来行人过浮溪之用。传说在桥梁竣工时，上天有感于二胡之善功，便以彩虹示现，因此该桥便被命名为"彩虹桥"。该桥的修建极大地方便了驿道的交通，对于促进当地经济发展起到了一定的作用。后来历经多次维修，最后一次维修是在1985年。

彩虹桥全长140米，宽3.1米。由两头引桥、四墩五间桥架与六亭五廊构成，为长廊式人行桥，故称廊桥或廊亭桥。桥的四墩构成的桥洞跨度不等，最长的达12.67米，最短的为9.8米。上面横架四根大梁，梁上铺3.3米长的杉木板，构成桥面。桥上廊亭高度不同，亭略高于廊，为4.1米。桥墩上木构建筑已经不是南宋遗构，而为近世修建。廊桥的桥墩上设置桥亭，上方盖有青瓦，整齐完好，如今已成黛色，最完好的桥亭中供奉有胡济祥、胡永班与大禹的塑像，这足以看出当地人对二胡的感激之情。每个亭廊均是独立的，一旦某处损坏，不至于影响全桥。

水中四个桥墩为条状青石砌成，前锐后丰，呈流线形，如船体模样。墩长14.37米、宽7.15米、高8.1米。桥墩的形状有效减少了水流的冲击，体现了古代匠人的智慧。

桥的下游建有一座石堰。石堰使桥所在处的水位增高，流速减弱，有利于减少汛期洪水对桥墩的冲击。石堰边上为了旅游复建了蹬步桥，其旁边的水车是拍摄彩虹桥的最佳角度。

彩虹桥梁架

桥中央供奉塑像

7 黄村经义堂

Jingyitang Ancestral Hall in Huangcun Village

基本信息	国家级 / 购票参观 / 现为"百柱宗祠"景区
年　　代	清
地　　址	婺源县城西北黄村
交通信息	由公交"短途换乘中心"站（婺源1、2、3路）乘坐去灵岩洞景区的班车，在黄村下车后步行5分钟

经义堂享堂

建于清康熙年间，为村中黄氏的家族祠堂。整体有四进院落，由前照壁、门楼、正堂、后堂、后寝组成，面积1200平方米，又名"百柱宗祠"。

入口门楼前有一个小院，照壁直接延伸到河边，类似于景德镇瑶里镇的程氏宗祠。门楼为三凤式，门前有两个石鼓，面阔外三内五，类分心槽式柱网布局。内外均有轩式卷棚顶，不施斗栱，只用吊篮式托脚承托，梁枋上有精美木雕。

享堂面阔五间，进深三间，硬山式屋顶，中央悬挂清朝文华殿大学士张玉书所题"经义堂"匾额，大梁上有鳌鱼吐云、龙凤呈祥等图案，与入口牌楼一样

经义堂后寝入口

经义堂鸟瞰

后寝梁架

经义堂入口门楼

不施斗栱，阑额上只有吊篮式托脚承托枋，可以说是斗栱的极端简化。

享堂到寝堂之间用一个门楼隔开，这是黄村经义堂与婺源其他宗祠最大的不同之处。进入门楼后，便是寝堂，这也是婺源宗祠中为数不多的真正作为"寝堂"的寝堂，因为上面摆满了祖先牌位，而不像其他宗祠的寝堂那样空空荡荡的。

该宗祠整体风格极为朴素，规模不大。"百柱宗祠"是黄村经义堂1982年参加法国巴黎蓬皮杜国家艺术文化中心举办的"中国民俗展览"时使用的名称，确实比"黄村经义堂"这个名称更有特点，更能引起参观者的兴趣。

8 洪村光裕堂
Guangyutang Ancestral Hall in Hongcun Village

基本信息	国家级 / 购票参观 / 现为"长寿古里"景区一部分
年　　代	清
地　　址	婺源县清华镇洪村
交通信息	在婺源客运站（婺源1路）乘坐去严田村的班车，在洪村岔路口下车后步行2公里；或在清华镇乘坐去景德镇/赋春方向的班车，在洪村岔路口下车后步行2公里

光裕堂建于清代康熙年间（1662—1722），1935年至今进行过三次维修。共三进院落，由前院、入口门楼、享堂、寝堂等组成。祠堂整体规模不大，占地面积449平方米。其形制上一个比较特别的地方是后寝不在中轴线上，而是偏在一边。根据笔者的分析，后寝应当是后世加建，因为旁边的建筑已经建成，所以迫不得已只能偏于一隅，而且体量过小，与前一进院落完全不协调。

前院从侧门进入，由于南边是另一组建筑，因此前院被挤压得非常小。入口门楼外侧为硬山式屋顶，面阔五间，进深三间，类分心槽式布局，入口门楼两边有石鼓，门楼有6根方形石柱，其余为木柱。外侧檐口下九踩米字栱满铺。一进入口，头顶上方处有一个简易的方形藻井，由七踩斗栱层层承托而成，算是婺源宗祠中的一个特例，内侧檐口下同样是七踩斗栱。檐下木雕雕刻较为精美。

入口门楼边的两侧边廊，内侧一间，山墙三间，大小额枋上也均有精美装饰，上布五朵七踩斗栱。

正中为享堂，面阔三间，进深三间，其中最前一排柱子做了移柱，与侧边廊直接共用角柱，乳栿直接搭在额枋上，上面斗栱同样是七踩，坐斗做成花篮形，比边廊斗栱的坐斗要大出来许多。内部五架梁应该为后世替换，与其上的平梁颜色不一样，而且比较新，梁下端做了雕刻，应该是延续古制。后寝天井极小，与寝堂不是直接相连，两边楼很短，中间部分与一般婺源民居无异。

光裕堂鸟瞰

光裕堂入口门楼

光裕堂入口门楼后侧

光裕堂享堂

后寝天井与斗拱

9 新源俞氏宗祠
Family Yu's Ancestral Hall in Xinyuan Village

基本信息	国家级／不对外开放
年　　代	清
地　　址	婺源县思口镇新源村
交通信息	在公交"短途换乘中心"站（婺源1、2、3路）乘坐去思溪延村景区的班车，在思口镇下车后搭乘三轮车的士前往

宗祠始建于1565年，现存建筑建于清乾隆年间，为砖木结构，占地面积483平方米。院落共两进，由门楼、享堂、寝堂三部分组成。

出入口共五个，除正门外，每一进院落左右两侧均有出入口，这在婺源宗祠群中比较特别。

入口门楼外侧较为封闭，上有精美石雕刻，左侧下部砖雕精美，为八仙过海题材。入口左右原有两尊石狮子，后失窃。内檐口不露于外，这与汪口俞氏宗祠形成了鲜明对比，门楼内侧柱网为一种类似于分心槽的设计，装饰较为华丽，其中明间上方的冰裂纹装饰是其特色。冰裂纹上侧有双龙戏珠的雕刻，再上方作四层米字形斜拱。相对于汪口余氏宗祠，这里的斗拱又有了变化，华拱为隔跳布置，不像汪口俞氏宗祠那样是逐跳布置，而且相邻两朵华拱出挑的部位又有变化，使斗拱整体形成了一种韵律。左右两次间均出一侧斜拱，这与汪口俞氏宗祠相似。

第一进两侧回廊均为三间，檐口下方布置轩式卷棚，斗拱部位简化为了一个布满雕刻的斜撑构件。

享堂柱网布局有点类似《营造法式》中的"金箱斗底槽"，但有移柱与减柱，明间中间一进用了五架梁及平梁的两层梁架，这里的气势就不如汪口俞氏宗祠的七架梁、五架梁、平梁三层梁架来得震撼。其明

间大额枋为依照原样替换，雕刻均为手工，尽量保持原有额枋的原汁原味。

最后的寝堂部分面阔五间，进深三间，其中明间第一排减柱两根，斗拱出两跳五踩，形制较为朴素。

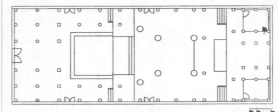

新源俞氏宗祠平面图

俞氏宗祠入口门楼

俞氏宗祠入口门楼背面

门楼斗栱及木雕

俞氏宗祠享堂

享堂斗栱

享堂梁架

俞氏宗祠后寝

10 西冲敦伦堂
Dunluntang Ancestral Hall in Xichong Village

基本信息	国家级 / 不对外开放
年　代	清
地　址	婺源县思口镇西冲村村口
交通信息	在公交"短途换乘中心"站（婺源1、2、3路）乘坐去思溪延村景区的班车，在思口镇下车后搭乘三轮车的士前往

　　西冲敦伦堂建于清嘉庆六年（1801），坐北朝南，建筑面积为2000多平方米，是二十四世祖德宗公祠。共两进院落，同样由入口门楼、享堂与寝堂构成。敦伦堂的侧面，附有同样为两进的附院，其功能兼有客馆和审议空间（水牢），这是其一大特色。

　　其入口门楼相对于不远处的新源俞氏宗祠，显得格外朴素，上部砖雕甚少，下部没有石雕。内侧门楼内侧明间上部斗栱没有满铺。只在两端转角处做了转角七踩斗栱，震撼程度稍差。整体为五凤式，入口大门两侧有两个小天井，这也是该宗祠独特的设计。

敦伦堂鸟瞰

敦伦堂入口门楼

入口门楼背面

享堂面阔三间，进深四间，与大多数享堂一样，将最中间的两根柱子减去，以扩大活动空间。结构以抬梁式为主，为七架梁、五架梁、平梁的三层布置，斗栱为九踩计心出斜栱。第一进院落的檐廊同样布置有斗栱。

最后为寝堂，两层通高，两侧廊施七踩斗栱，斗栱形制较为简单，出斜栱且在栱端抹斜。内部梁架为两山穿斗其余抬梁式，望板下侧栖居大量蝙蝠，甚是恐怖。蝙蝠也对该古建筑的保护构成了一定的威胁。

东侧一路第一进现在为村史展览馆，天井下为一个水牢，当族人犯了族规，就会被关入水牢以示惩戒，这在笔者调研的婺源其他宗祠中不曾见到。后一进为客馆，共两层，当宗祠举行一些庆典活动的时候，二层可以供来客居住。

2019年1月，西冲村被列为中国历史文化名村。

敦伦堂享堂

东路一侧天井

敦伦堂后寝

11 思溪村古建筑群

Ancient Architectural Complex in Sixi Village

基本信息	国家级 / 购票参观 / 现为"思溪村—延村"景区的一部分
年　　代	明、清
地　　址	婺源县思口镇思溪村
交通信息	在公交"短途换乘中心"站（婺源1、2、3路）乘坐去思溪—延村景区的班车，在延村停车场下车

思溪建村始建于南宋庆元五年（1199），现存约80栋明清古建筑，其中比较重要的有通济桥、振源堂、承志堂、继志堂、敬序堂等。

（1）通济桥

现存桥体重建于清嘉庆九年（1804），长约22米，宽3.8米，桥廊亭为八开间，建筑体结构和构造十分简洁，方棱方角，没有过多的雕饰，只是梁架稍稍作一点柔化的处理。东侧墩尾建有"河神祠"，内供奉禹王牌位。由于桥亭木椽青瓦结顶，廊内两侧设有桥栏靠凳，这里便成为全村的公共聚会场所。

（2）振源堂

振源堂是通奉大夫俞士英的祖居，建于清嘉庆年间。入口前有一个前院，穿过小院就到了正厅，正厅为徽派民居典型的"四水归堂"形式，二层栏板下的额枋装饰非常精美。此外，该建筑的门窗木雕、砖雕与石雕同样精美，现在是作为一处售卖空间。

（3）承志堂

建于清代中期，正厅为百福厅，边厅为百寿花厅。精美的木雕图案和字形各异的"福""寿"字木雕是其特点，其中百福厅的代表是"福"字雕，百寿花厅的代表是"寿"字木雕。百福厅前端为院落形式，而非天井形制，保护现状不甚理想，二楼直接暴露在外面，显得比较粗糙。百寿花厅原为承志堂的迎宾客馆，

思溪村鸟瞰

思溪村实景平面图

思溪村远眺

通济桥近景

振源堂

承志堂

承志堂边厅的木雕

建于清嘉庆年间,为"四水归堂"形式,100多个各式各样的"寿"字雕,反映出了房主朴素的愿望。

(4) 继志堂

又称"孝友兼隆厅",建于清乾隆中叶,正厅月梁平卧,气势恢宏壮丽,代表性的木雕有中央额枋的"鲤鱼跳龙门"主题、两厢腰板所刻"十二名花"主题。整体风格较为朴素。

(5) 敬序堂

建于清雍正年间,由庭院、正厅、后堂、花厅,花园等组成,占地1亩有余。厅堂仿官厅建筑形制,可以明显看出相对于上述的承志堂与继志堂,敬序堂的装饰要精美得多,中间额枋与两厢房平坐均有精美木雕,可惜在"文革"时期遭到了一定的破坏。侧面为花厅,为人们品茶对弈、吟诗作画之地。该民居曾经为电视剧《聊斋》的拍摄地点。

继志堂

敬序堂外观

敬序堂内部

12 延村古建筑群

Ancient Architectural Complex in Yancun Village

基本信息	国家级 / 购票参观 / 现为"思溪村—延村"景区一部分
年　代	明、清
地　址	婺源县思口镇延村
交通信息	在公交"短途换乘中心"站（婺源1、2、3路）乘坐去思溪—延村景区的班车，在延村停车场下车

延村位于思溪村的东侧，两村间相隔约1公里。延村始建于北宋，聚落面临川流不息的清溪，村人期盼后世子孙绵延百世，故名"延川"，后俗称为"延村"。现存明清民居约60幢，主要代表性建筑为聪听堂、明训书院、将军府、留香阁楼等。

（1）聪听堂

建于清代康熙年间，原主人为木商，其最有特点的地方是其屋内的木雕非常精美，内部花卉较多，构成了一个迷你的私家园林。

（2）明训书院

建于清代中叶，为旧时众秀才秀文著书之所，经此穿堂入户，书生们雨天衣衫不湿，体现了昔日延村"整体一屋"的布局。明训书院为三开间带跨院的宅居，进门即为天井，正房明间为课堂，两侧次间为私塾先生的休息室，学童卧室在楼上。穿过左侧耳门就是跨院，跨院的楼下三间右厢房便是会馆。书院整体装饰较为朴素，曾长期作为村中的私塾。

聪听堂

延村实景平面图

延村鸟瞰

明训书院外观

（3）将军府（福绥堂）

建于清乾隆末期，一开始为商人兴建，因传说曾有两位将军入住，因此命名为"将军府"。

（4）留香阁楼

相传为清代才女、通议大夫金芳之女金环秀读书处，阁楼中包含会馆、卧室、早读楼、花坛等。

将军府

留香阁楼内部

13 晓起村古建筑群
Ancient Architectural Complex in Xiaoqi Village

基本信息	省级 / 购票参观 / 现为"晓起村"景区
年　代	明、清
地　址	婺源县江湾镇晓起村
交通信息	在公交"短途换乘中心"站（婺源1、2、3路）乘坐去晓起村的班车，在晓起村景区停车场下车

晓起村始建于787年，始居人为汪万武。据晓川《汪氏宗谱》载，唐乾符年间（877—879）歙县篁墩汪万武逃乱至此，天刚破晓，只见青山环绕，绿水潺潺，地沃草肥，花香四野，便搭草棚、起炊烟，将此地取名为"晓起"。现在晓起村分为上晓起村与下晓起村，两个村子相距大概2公里，由一条古驿道相连。

从村落入口停车场首先进入的是下晓起村。下晓起村为斑块形态，村口有小河流过，村内有千年红豆杉等名贵古树，现存振德堂、礼耕堂等重要古建筑。

（1）振德堂

建于清代乾隆年间，正屋三进三开间三楼，左右设有围屋，迂回曲折，共有六个天井，五厅二十房。该建筑还是近代名医汪莲石的故居。该民居入口有一个套院，为三楼形式，装饰也较为朴素。

（2）礼耕堂

为茶商汪允璋所建，三进房屋围成两个四合院。前一进院落为正厅，内部的改造很不考究。二楼破损的窗户就随便拿红色的现代样式窗户代替，看着非常不协调，落水管也随便乱搭。后一进院好一些，没有太多破坏风貌的元素，二层为跑马转角楼。礼耕堂最有特点的是其砖雕。在入口门坊上，砖雕悬柱紧贴墙壁，内部上下枋作三段布局，下枋正中一块玉位置，雕众多人物，内部石柱础刻鹤、鹿，石地板刻蜜蜂与猴子，寓意"封侯"。后院梁眉、雀替上有雕刻。

上晓起村是整个晓起村景区的精华部分。与下晓起村的斑块状布局不同，上晓起村是沿着中间穿村而过的河流线性展开，自然景色十分优美，与传统的徽

振德堂外观

下晓起街巷

礼耕堂内部

徽饶古道一段

上晓起民居

派民居搭配也相得益彰。上晓起村也是茶文化名村，其特产为"晓起皇菊"。现在村中存有江家老屋、大夫第、江氏宗祠等重要古建筑。

（3）江家老屋

建于明末清初，建造者为当时的名医江春霖，三进两天井，每进三间两厢房，内部现在仍然作为居住空间使用，装饰非常朴素，被改建的地方比较多，稍显杂乱。

（4）大夫第

建于清末，主人江人铎为清代光绪年间的光禄大夫。民居有一个前院，已经被改造得面目全非，变成了一个小卖部。内部入口门坊装饰朴素，有少量石雕。正厅门

江家老屋外观

江家老屋内部

大夫第内部天井

窗装饰精美，尤其是二层平坐下端有非常精细的木雕。

（5）江氏宗祠

该建筑始建于清代，为光绪年间内阁中书令江人镜所建，共有三进建筑（两进院落）。第一进为祠堂大门，三进三间，类似分心槽，中门为祭祖时男丁行走之用，女眷从左右侧门进入。木雕装饰华丽，斗栱形制简单，为丁头栱。第二进建筑为享堂，面阔三间，进深三进，上布五踩斗栱，堂中匾额传为林则徐题写。最后一进建筑为后寝，面阔三间，两层楼阁式，正中有先祖画像。

另外，在江氏宗祠旁边有一个小祠堂，名为"江家祠堂"，应该是比宗祠略低一等的家祠，这种两座祠堂并立的模式在婺源西南部的豸峰村中也有出现。

江氏宗祠入口门楼

江氏宗祠享堂

14 江湾村古建筑群
Ancient Architectural Complex in Jiangwan Village

基本信息	省级／购票参观／现为"江湾村"景区
年　代	明、清
地　址	婺源县江湾镇江湾村
交通信息	在公交"短途换乘中心"站（婺源1、2、3路）乘坐去江湾的班车

江湾村距县城紫阳镇28公里。村中现有2700余人，主要分为3个历史区域：从后龙山脚至南关亭，是江湾最早的原始住宅区；从南关亭至老街南侧的外边溪，是江湾在婺源建县后形成通衢、渐渐发展起来的商业区和住宅区；外边溪至梨园河之间的复兴路，则是近年建设的新区。其中最有特色的是村南部的老街，尽管由于新街的兴起，老街旧店铺大多改成了住宅，但老街当年集市繁华的情景仍依稀可感。

江湾村入口牌坊

江湾村新商业街

（1）培心堂

为一幢典型的前进店面、中进住宅、后进厨房的清代徽商住宅。临街面占有四间房的位置，西边三间用于营业，东边一间单独用作家人出入，之间看似用封火墙分隔，其实"店"与"宅"分而不离。

进入大门，是一个正方形的小院子，院内西侧开着一道小门，是西边店堂进入生活区的通道。小院子的南墙，又开有一座端庄雅秀的石库门，门头上枋"九世同居"、下枋边的渔、樵、耕、读、鹊、鹿、蝠、"寿"字等砖雕图案，工艺十分精湛，后面为厅堂。

江湾老街

厅堂前为天井，两侧是厢房，楼上绕天井一圈装设有美人靠。住宅后进是厨房（已毁），厨房后原有一个花园，园内有鱼池一口，现在也只剩残垣断壁。

（2）江永纪念馆

江永纪念馆为一幢民居加私塾性质的徽派民居，建于清末，分为东西两间，其中南侧为父母辈居住的上房，北侧为子辈居住，女眷住在二楼。前后共有三进，第一进为入口花园，第二进为正厅起居之用，内有天井，第三进为卧室，正厅后方有楼梯直通楼上。该建筑外观错落有致，入口内侧有门头装饰，实属难得，整体装饰较为朴素，保存现状较好。

培心堂

培心堂内部

江永纪念馆

（3）江湾人家

该建筑建于清乾隆年间，原来为一商人所有，坐西朝东，正厅起居空间又称"由礼堂"，东侧还有一个小天井，"由礼堂"北侧为作坊农耕区，西侧为读书区，可以说平面布局充分体现了生活—耕作—读书的三位一体，这是其一个重要特色。整体风格装饰朴素，木雕甚少，也反映了原来屋主的旨趣。

（4）江氏祖屋遗址

据说为某位前国家领导人的祖宅，仅剩遗址，以"一府六院"冠名，遗址占地面积约有1.5亩，依稀可以见到当年风采。

此外，江湾村还留有牌楼、敦崇堂、三省堂等明清遗构和萧江宗祠、鼓吹堂等新建仿古建筑，整体风貌保存较好，旅游线路设计也较为清晰，可以说是一个成熟的古村景区。

江永纪念馆内部

三省堂内部

江湾人家外观

江家祖屋遗址

15 篁岭村古建筑群
Ancient Architectural Complex in Huangling Village

基本信息	国家级 / 购票参观 / 现为"篁岭古村"景区
年　代	清
地　址	婺源县江湾镇篁岭村
交通信息	在公交"短途换乘中心"站（婺源1、2、3路）乘坐去往篁岭的班车

篁岭村位于婺源县东北，为国家级历史文化名村，为现在婺源县知名度最高、最热门的景点之一。整个村落位于山坡之上，沿山坡层层叠落，整个村子的坡面面向一片种满油菜花的花海，风景秀丽，加之村落独特的"晒秋"文化景观，使其变成了非常适合进行摄影活动的地方。

村中新建筑较多，但整体风貌比较协调，没有过于突兀的建筑，现存比较重要的传统建筑有慎德堂、五桂堂、怡心楼、树和堂、竹虚厅、竹山书院等。

（1）慎德堂

建于晚清，为当时乡贤曹孜学的宅第。建筑由正房与客馆两部分构成，共用一个前院，正房为三合院形制，面阔三间，一间被改造为厨房，二层被改造为

篁岭村实景平面图

慎德堂客馆

客房。客馆外侧雕刻精美，内侧朴素。

（2）五桂堂

建于清乾隆年间，是篁岭人的祖宅。原主人是明代万历至崇祯年间的篁岭人曹永护与曹希例父子，后以该父子为宗繁衍出子孙三百多人，形成篁岭曹氏五大房，一直延续至今。凡出嫁、建房、出殡等活动，文帖、器物上常常要郑重地写上"篁里五桂堂"这五个字。

五桂堂分前堂、后堂两部分。前堂是典型的对朝堂结构，四披水檐天井。后堂与厨房连在一起。二层为女眷闺楼。窗与额枋有比较精美的装饰，整体梁架较为朴素。

篁岭村远景

篁岭村近景

五桂堂（上）慎德堂（下）外观

（3）怡心楼

建于清光绪三十四年（1908），为当时富商许畅芝（又名许云薪）的客馆，正厅为前、后堂格局，两堂都可以与外侧相通，前堂正上方有藻井，这种做法在住宅中很少见。后堂为四合院形制，有一个四水归堂的小天井。

建筑装饰较为华丽，二楼布置成婚房供人参观，整体感觉比较"喜庆"，不似一般徽州民居那样的"宁静"之感，不过也不失为一种独特的体验。

（4）树和堂

树和堂建于清嘉庆年间，为当时官吏曹鸣远的官厅，为其会宾客的地方。正厅面阔三间，前廊带弓形轩，可见该建筑等级较高，门窗雀替装饰华丽，整体规模较大。

（5）竹虚厅

竹虚厅为一晚清客馆建筑，最大的特点是木雕极为华丽，门窗、望板、勾栏、斜撑、雀替无一没有雕刻。主题有"寿""禄""福""九代同堂""文王访贤"等。

（6）竹山书院

原由清代曹文植创立，是族人子弟读书的地方，清末倒毁，民国时期重建。整体为三进三天井两层结构，占地300平方米，由门厅、内院、前厅、后厅、厢房组成。整体风格朴素，已经有民国的风格，其后厅的开窗形式已经很接近于近现代，可以看出该建筑受到了清末民初一些西方思潮的影响。

树和堂外观

树和堂正厅

竹虚厅

怡心楼外观

竹山书院正面

16 汪口村古建筑群

Ancient Architectural Complex in Wangkou Village

基本信息	国家级/购票参观/现为"汪口村"景区
年代	明、清
地址	婺源县江湾镇汪口村
交通信息	在公交"短途换乘中心"站（婺源1、2、3路）乘坐去江湾的班车，在汪口村头停车场下

汪口村位于婺源县东北部，距离县城23公里，占地约11公顷，一面临河呈线状展开，东南方向的江湾水域在村落东侧汇入段莘水库，经村落南侧由东南方向流过，形成了长达600米的汪口古街。此村落的主要游览路线也是以这条古街为中心，呈"丰"字形展开。该村有明清建筑200余栋，其中最重要的为俞氏宗祠，此外还有一经堂、懋德堂、大夫第和养源书屋等重要民居，以及重要的古代水利设施——平度堰。

（1）俞氏宗祠

建于清乾隆元年（1736），为国家级重点文物保护单位。主体建筑共分三进，其间均由天井连接，其中第一进天井较大，后两进较小，天井边有两廊。总面阔15.55米，进深44.4米，占地面积为690.42平方米。

汪口俞氏宗祠以保留了精湛的古代徽州木雕而著称，代表了当时宗祠雕刻工艺的最高水平。入口门楼面阔正面三间，背面五间，进深两进，柱网排布类似分心槽，内部有轩形卷棚，整个形制为外侧为"五凤式"，内侧为"三凤式"。乳栿劄牵均布有精美雕刻，外侧出外斜墙，檐口呈中间高两边低的"品"字形，中间一间斗栱密布，外侧共出五跳，其中二、三、四、五跳两侧均出斜栱，构成"米"字形，内侧斗栱减掉一跳，两明间只出单侧斜栱，共五跳。大额枋十分粗壮，雕刻有祥云与各种题材的深浮雕，雀替较小，但亦有精美装饰。大额枋与小额枋之间也雕刻有祥云与凤凰的图案。门楼内侧两尽间连接两侧廊，亦布有七铺作"米"字形斗栱与精美雕刻，值得一提的是，侧廊尽端有雕刻精美的兽雕与吊篮，可惜兽首已经被损坏。享堂又称仁本堂，面阔三间，进深三间，抬梁式，其中第一进有移柱，同样有轩形卷棚，额枋与门楼形制与大小均差不多。享堂后为后寝空间，进深四进，有移柱与减柱，最外侧额枋硕大，外侧及下部雕刻十分精美。

汪口村实景平面图

汪口村鸟瞰

俞氏宗祠鸟瞰

俞氏宗祠入口门楼外观

俞氏宗祠入口门楼内部

俞氏宗祠享堂

俞氏宗祠后寝

一经堂内部

养源书屋

平渡堰全景

（2）一经堂

清乾隆二年（1737），由任职州同知（五品衔）的俞念曾所建。名字取自"人遗子，金满籯，吾教子，唯一经"的古训。房屋占地150平方米，三间两厢结构。石库门坊装饰简单，室内梁、门、槛均精雕细琢，装饰考究，古色古香。

（3）养源书屋

清光绪五年（1879），由驰封奉直大夫俞光鋆出资兴建，是昔日专供孩童启蒙教育之所，书屋由前院、课堂、塾师室、厨房等组成，占地120平方米。

除了以上重要民居，汪口村还有许多明清老民居，亦为典型的徽派建筑，整体风貌保持得较好，旅游开发力度不大，也保留了一定的原汁原味。

（4）平度堰

坐落于江湾镇汪口村西侧大河中，建于清雍正年间，设计者是清代著名学者江永。该堰形似曲尺，故又名曲尺堰，堰体长130米，宽15米，建造中就地取材，以青石与卵石砌就。是婺源境内现存规模最大且保存完整的堰体。

17 李坑村古建筑群
Ancient Architectural Complex in Likeng Village

基本信息	省级 / 购票参观 / 现为"李坑村"景区
年　代	明、清
地　址	婺源县秋口镇李坑村
交通信息	在公交"短途换乘中心"站（婺源1、2、3路）乘坐去往李坑的班车

李坑原名"理田"。据清光绪《李氏家谱》（手抄本）记载，始迁祖洞公，字文翰，名祁徽，于北宋大中祥符四年（1011）迁于理源双峰下。李姓远祖在帝尧为部落首领时任大理（掌刑法之官），故以职官为姓称"理氏"，后衍变为"木子"李。到了近代，人们渐渐以李姓居住于小溪（当地"溪"亦称"坑"）两岸，故称为"李坑"。

李坑村因为离婺源县城最近，成为最知名的景点之一，为省级历史文化名村，村中有许多明清遗留下来的古建筑，其中比较重要的有李瑞才故居、大夫第、申明亭、通济桥、李知诚故居、李书麟故居、古戏台、铜绿坊等，沿村中溪水两岸分散分布。村中新建建筑虽然也仿照徽州民居模样，但造型比较单调、粗糙，而且最大的问题是过高，有些达到了4层，破坏了古村落亲近怡人的空间感觉，也使远眺李坑村的景观显

李坑村沿河景观

李坑村鸟瞰

李坑村街巷

李瑞材故居外观

大夫第外观

得比较凌乱。入村的沿河主要街道商业化味道过浓，沿河被大量商业店铺占据，极大地削弱了传统村落那种"小桥流水人家"的感觉。

村中的明清遗存民居保存现状较好，有些还作为原功能使用，比如铜绿坊依旧作为售卖中药的场所，都为三合院或四合院。其中大夫第规模较大、形制比较有特点，其上部有一个观景平台（当地人又称"小姐楼"）是婺源古民居中比较少见的。

村落入口北部为一片田园风光，亦有小溪，但新建的高铁高架桥严重破坏了景观，同时也破坏了整个村落眺望的感觉，不能不说是一件憾事。

李坑村中戏台

18 朱瓌墓
Zhu Huan's Tomb

基本信息	省级 / 不对外开放
年代	唐
地址	婺源县博物馆后面
交通信息	从公交"游客服务中心"站（婺源2路）向北走，紧邻博物馆北侧墙有一条小路（有一个大铁门，一般不开），翻过铁门、沿着路过河，再走100米左右就可看到

朱瓌，又名古僚，字舜臣。原居歙之黄墩，为歙州衙内指挥。唐天祐三年（906），朱瓌奉刺史陶雅之命，领兵三千戍于婺源，后定居。

朱瓌墓

朱瓌为南宋理学家朱熹的一世祖，宋淳熙三年（1176）朱熹归婺源时，发现先祖的坟很难寻找，便率族人将先祖墓地重新修葺。朱瓌墓由封土、墓碑、祭台组成，墓碑分散分布，有模仿建筑门楼的痕迹，旁边有介绍该墓的石碑。

19 坑头村古建筑群
Ancient Architectural Complex in Kengtou Village

基本信息	省级 / 免费参观
年代	清
地址	婺源县龙山乡坑头村
交通信息	在公交"短途换乘中心"站（婺源1、2、3路）乘坐去孔村/坑头的班车（车极少），在终点站下车

相传唐末名士潘逢辰值广明之乱（880）时，迁婺源，择桃溪而居，取村名为"桃溪"。后来，乡民以村落处在山谷溪流的尽头，且溪在当地称"坑朴"，故将该村称为"坑头"。

坑头村民居1

坑头村民居 2

坑头村民居 3

村落中原存明清官邸、民宅数十幢，整体沿溪水线性展开。但近年遭到了很大的破坏，据当地村民介绍，在近年某一个外姓入赘的村支书当政时期，由于其受"文革"思想影响较深，因此对传统建筑非常仇视，在其主政下，不少非常珍贵的古建筑遭到破坏。比如明弘治年间的"潘潢书屋"在笔者所查阅的 20 世纪 90 年代的文献中还有描述，但现在只剩下一块匾额镶嵌在一个非常难看的门楼上。不过该村落民居整体风貌较好，破坏风貌的新建建筑不是很多，但是缺少比较重要的传统建筑（比如名人故居、祠堂）等，这不得不说是一件非常遗憾的事情。

另外，坑头村还有一个非常有意思的现象，就是"捐桥"。相传当出身该村的人在外面发达后，就会在村中出资修建一座石拱桥。该村共有石拱桥 36 座，命名也非常有特点：比如"留荫桥"，桥畔是一片郁郁葱葱的大樟树；"松雪桥"因桥头有 2 棵枝如霜雪般的罗汉松而得名；"五桂桥"以桥旁原植有 5 棵桂花树而得名。这些桥整体构成了一组非常有特点的文化景观。

潘潢书屋牌匾

坑头村中的"捐桥"

坑头村民居全景

20 豸峰成义堂

Chengyitang Ancestral Hall in Zhifeng Village

基本信息	国家级 / 不对外开放
年 代	清
地 址	婺源龙山乡豸峰村
交通信息	在公交"短途换乘中心"站（婺源1、2、3路）乘坐去孔村/坑头的班车（车极少），在豸峰村下车

成义堂位于豸峰村村北，建于清嘉庆年间（1796—1820），坐东朝西，为豸峰村祠堂群中的支祠，该建筑分南北两路，沿河错落布置。成义堂相对于婺源其他的"国保级"宗祠，特点有三：一是整体布局比较自由，沿河错落，体现了一种与环境的融合；二是有祠堂园林，虽然面积不大，却是笔者所调研婺源宗祠中的唯一一处祠堂园林；三是享堂中的藻井非常精美。

南边一路为学堂，三合院式，主体建筑两层高，前面有一处泮池，与周围植物一起构成了独有的园林景观。院落三面有廊子，廊子中设置美人靠，供人观赏景观用。主体建筑出轩式卷棚，一层无斗栱，二层及两侧廊子出五踩斗栱。阑额有木雕，装饰比较精美。里面有大量蝙蝠栖居。

穿过一个小门便到了北边一路，这是成义堂的主体部分。前一进院依然有园林景观的感觉，不过植物较少。入口只有一个披檐，檐口下面布满米字栱，柱间设置美人靠。

入口正面比较朴素，在石墙上做出五凤式的披檐口。相比之下，背面华丽许多，三凤檐口之下满铺米字栱与斜栱，木雕装饰也较多。两侧廊子装饰同样华丽，出五踩斗栱，阑额上有故事性木雕装饰，泥道板做云纹。

成义堂学堂

学堂前泮池

成义堂鸟瞰

成义堂宗祠入口

享堂与后寝合二为一，一层为享堂，二层为寝堂，享堂正中有精美的螺旋式藻井，额枋上做七踩斗栱，二层梁架较为简单，正中为摆放祖先牌位的神台，不过现在空空如也。另外值得一提的是，享堂的部分柱子有比较明显的题记，从中可以很明显地看出工匠建造建筑时使用的话语。

　　成义堂旁边还保留有一个大型祠堂，名为资深堂，其址原为支祠棣辉堂，太平天国时期被毁后，清同治年间（1862—1874），潘氏在原祠位置新建。民国《婺源县志·宫室》记载："资深堂，豸下祀潘友同，其裔孙鸣铎独输八千余金建。"

　　资深堂为三进三开间，前宽后窄，略呈梯形平面。门楼类似"五凤楼"形式，有三门，立面为牌楼式门楼。第一进院落两侧为三开间走廊再加一间高起的廊庑与享堂边接，其柱头下一对木狮雕刻尤为精美，雄狮居左，母狮处右，母狮怀中还有一小狮翘首嬉戏。用作拜祭、宗族议事和执行宗法的享堂雍容大方。

成义堂享堂

享堂藻井

资深堂享堂

资深堂斗栱

21 阳春成氏宗祠
Family Cheng's Ancestral Hall in Yangchun Village

基本信息	国家级 / 免费参观
年　　代	清
地　　址	婺源县镇头镇阳春村
交通信息	在婺源长途客运站（婺源1路）乘坐去镇头镇的班车，在终点站下车后步行前往

　　阳春成氏宗祠为典型的宗祠加戏台格局，由于其位于乐平市与婺源的交界位置，所以也是乐平古戏台群中的一个代表实例。祠堂始建于明嘉靖四十一年

成氏宗祠鸟瞰

成氏宗祠戏台

戏台斗栱

戏台中的藻井

成氏宗祠享堂

成氏宗祠后寝

（1562），现存建筑为清代特征。

宗祠入口门楼为双面祠堂戏台，砖木结构，宽10米，深7米，高8米，占地面积86.8平方米。台面高1.7米，由8根方柱、26根圆柱支撑，前后台面积合计约50平方米。与乐平著名的双面戏台浒崦戏台相比，朝外一侧较狭窄，虽然也作演戏之用，但更多的时候是作为候场区。朝内一侧是常用的舞台，三开间，每间都是一个表演区，各有太师壁和"出将入相"门，但彼此之间完全连通，无任何遮挡，既可作为一个通长的大舞台演出，也可供三个戏班同时演出、大大丰富了戏剧表演形式。后台则在两侧。

戏台屋顶为重檐歇山顶，五凤式，斜栱满铺。内部为斗八藻井（可以对比豸峰成义堂的螺旋式藻井）。台口用移柱造，以扩大明间台口开间，以便使表演场地更加开敞。雕工精细，戏台中间明枋，雕刻有"双狮戏珠"图案，阑额上亦有精美木雕。同瑶里程氏宗祠一样，戏台的正中台板可以拆卸，遇有重大仪典需打开宗祠大门通行时，便拆卸台板，人们可以从戏台中间进出。戏台后台的粉墙壁上，留有清乾隆十五年（1750）七月"詹关班"和"祥麟班"等到此演出徽剧的字迹。

正对戏台便是享堂，两边侧廊已不存，享堂硬山屋顶，面阔三间，进深四间，最外侧一排移柱，阑额上布五踩斗栱，整体装饰甚是朴素。第一进是卷棚式轩顶，第二排柱子正中的月梁弧度非常夸张，感觉不像原构，柱础为八边形仰莲式。享堂后侧斗栱同样为五踩，但是与前侧斗栱有很大的区别，没有出斜栱，更接近北方官式的做法。

后寝为穿斗式，面阔五间，进深六间，两边侧廊面阔三间，阑额上布置五踩斗栱，后寝阑额同样为五踩斗栱，尺度比两边廊略大，装饰非常朴素，用料也都不太考究，怀疑为近年改建的部分比较多。

相对于其他婺源宗祠，成氏宗祠的戏台是其最大特色，虽然戏台外的部分保存现状并不甚好，气势上与精细程度上均有不足，但是也不失为婺源古建筑中的精品。

玉山县

22 三清山古建筑群
Ancient Architectural Complex in Mount Sanqing

基本信息	国家级 / 购票参观 / 现为三清山"三清福地"景区
年　代	明、清
地　址	玉山县三清山
交通信息	在玉山县新客运站乘坐到三清山的班车

三清山开发于宋代，兴盛于明代，历史悠久，名胜古迹很多。如今保存较好的有道观、小庙、古墓、牌坊、台塔、古石桥以及壁雕石刻数十处。这些人文景观均在北山。古建筑全系花岗岩结构，多就山势而建，有的气宇轩昂，有的小巧玲珑，风格独特，造型粗犷，古朴大方，对研究明代古建筑和考证三清山的历史有一定的价值。

（1）三清宫

三清宫位于玉京峰北面、东海岸景区与西海岸景区中间的位置，居九龙山龟背石上，海拔 1532.8 米，是三清山的主要古建筑。

三清宫始建于宋乾道六年（1170），原名"三清观"，明清均重修过，改名"三清宫"，因供奉道教三清尊神而得名。地势高爽，背南朝北，总建筑面积 518 平方米，周围占地 2300 平方米。其特点是石木混合结构，下部结构基本为石制，上部结构为木制。

清末失火后，主殿上部木梁架焚毁，只剩石作墙体及石制柱、梁、枋。近些年根据文献对其进行了复原。现正殿为前后殿形制，就山势而建，前低后高，均为歇山屋顶。

正殿前面有一座石牌坊，即三清宫的大门坊。牌坊为单开间花岗岩结构，横跨于入口大路之上。额枋上坐着 4 组一斗三升大斗栱，上架横梁和椽子。顶盖由两块整石构成悬山形式，凿着象征性的瓦垄，无勾头滴水。牌坊前下方左右两边各有小庙一座，名称分

三清宫石牌坊

魁星阁

灵官殿

别为"灵官殿"和"魁星阁",内供灵官、魁神石像,造型威武。穿过牌坊是一天然龟状巨石,石上有2个花岗岩结构的方形香亭,亭高3米有余,由4根石柱支撑,上盖庑殿石顶,古朴粗犷。巨石左右两边各有一排弯转而上的石阶,登上石阶就是殿前平院。

（2）演教殿

沿三清宫右手边小路拾级而上,就是演教殿。殿面宽约2.7米,檐高约3.5米,进深约1.5米,整体石构,是一座仿木斗栱结构的微缩建筑。该建筑面阔三间,顶部中间高,为悬山式,左右两间低,为半边歇山式,全部采用花岗岩结构。内有石雕神像18尊,正中坊上镌有"演教殿"三字。

（3）龙虎殿

该殿高踞海拔1568米的龙首山之巅,建筑面积46平方米,采用庭院式布局,廊型结构,歇山式屋顶,全由花岗岩砌造而就。龙虎殿前临绝壁,后倚长空,地形险峻,建筑规模虽然不大,却有吐纳日月之势。殿的两侧龙盘虎踞,都是就着天然山石略加斧凿而成,似是非是,神态动人。站在殿旁岩石上,远可纵览山川云海,近能饱赏奇峰怪石,气势壮观,风景如画,是三清山最佳景点之一。

（4）王祜墓

王祜墓在天门东南侧的方壕上,背倚灵龟峰,面对清华池,脚下是通往三清宫和主峰的要道,环境优美。墓有3层,全由花岗岩凿砌而成。墓前是个月形平台,原有雕花栏板,现已无存。平台正中有一排石阶通上二层。二层为墓堂,正面入口有一座石牌坊,牌坊两侧装有石雕花栏板。三层为拜堂,上方有一座歇山顶石构神龛,神龛内奉有王祜三兄弟石雕神像。

（5）风雷塔

风雷塔建在灵龟峰和龙首山之间的山口悬岩上。塔为五层,密檐六角,全身由一整石雕凿而成。塔虽

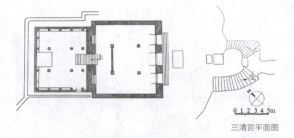

三清宫

三清宫平面图

龙虎殿

王祜墓

风雷塔

不高，但因其坐落在凸起的岩石之上，居下仰视却有气势轩昂之感。风雷塔离王祐墓不远，原为王祐墓的附属建筑，当时从堪舆观点出发为避山口之风而建，故名"风雷塔"。

三清山其他重要的古建筑还有纠察府、潘公庙、詹碧云墓、九天应元府、玉灵观、西华塔、龙泉桥等。

詹碧云墓

九天应元府

23 玉山鸿园
Hongyuan Garden in Yushan

基本信息	省级 / 免费参观 / 现为玉山一中一部分
年　　代	清
地　　址	玉山县三清大道 176 号玉山一中
交通信息	玉山县公交玉山一中站（2 路、3 路）

玉山鸿园，又称张家花园，由清末玉山巨贾张子鸿所建，故名鸿园。

清光绪十六年（1890）张子鸿斥资白银十万两在玉山县城外冰溪河畔起造鸿园。占地面积约有 2 公顷，有房屋百余间，楼台亭榭、池沼石舫、回廊假山错落园中。园中建有藏书楼，曾经存有《古今图书集成》《殿本二十四史》《大藏经》等巨著千余册。

民国五年（1917）张子鸿去世后，鸿园日益衰败，1944 年被当时的玉山县立初级中学（今玉山一中）完全占据，现存鸿园占地面积 451 平方米，建筑面积 144.8 平方米，仅为原有建筑的极小部分，由石舫、花厅和新元阁围绕池沼组合而成。

池沼平面呈"L"形。东西长 40.3 米，南北宽 19.81 米，池深 2～2.5 米，红砂石池壁，池四周青石栏杆环绕，池沼西南以青石板与学校道路相接，东侧连接花厅，桥下池水与学校水塘相连。

池沼西侧为鸿园入口，建有仿古亭子和长廊，

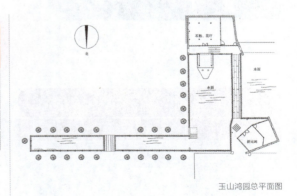
玉山鸿园总平面图

再往内走可以看到石舫和花厅。石舫面阔一间，小青瓦屋，石舫后与花厅相连，船型基座以当地青石雕刻砌筑而成，其上建牌楼式亭，类似三凤楼形式，最上一层檐为歇山，翼角嫩戗发戗。花厅面阔四间，通长11.2米，进深四间8米，穿斗式木结构、硬山顶。

池沼西北角为新元阁，平面不规则，依池沼形状建构，面阔三间，通面阔10.5米，进深二间，通进深7米，穿斗式木结构，中间隆起部分为歇山顶，翼角嫩戗发戗，两侧硬山墙。在池沼最东边有最近新建的乐三亭，也成为学生一个重要的休憩空间。整个园林植物繁茂、郁郁葱葱，不过遗憾的是亲水性不佳，缺少自然通向水面的缓坡。

现在鸿园已经成为玉山一中的一个重要组成部分，在课余时间，有许多学生在里面读书，构成了学校非常独特的文化景观。

鸿园入口亭子

鸿园的水体

石舫和花厅

新元阁与石舫

24 玉山考棚
Venue for the Imperial Examinations of Yushan

基本信息	国家级 / 免费参观
年　代	清
地　址	玉虹大桥东侧小巷中，南门封闭，从北侧入口进入
交通信息	玉山县公交玉虹房地产或普宁寺站（6路）

县考棚旧称"试院"，清代为训导衙。清乾隆五十七年（1792）建，后塌。清道光十八年（1838）知县张蘘由发动全县捐款，在旧址重建。清咸丰年间（1851—1861）受兵灾焚毁。清同治六年（1867），由善后工程局修葺如故。中华人民共和国成立后，房屋基本完整，唯内部门窗残缺。后作为县轴承厂职工

玉山考棚鸟瞰

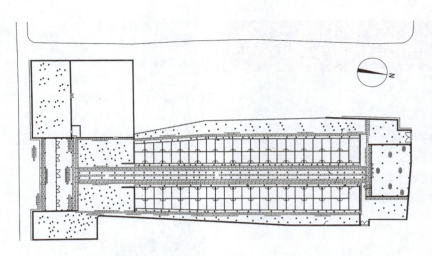

玉山考棚平面图

宿舍，现已清理，门窗皆已补上，并做保护修缮。

现在基本修缮完的考棚共由4幢建筑组成，分别为训导衙、正厅、两排号舍。

训导衙为考棚主入口，面阔五间，进深三间，类似分心槽形式，屋顶双层嵌套，从外面看是一个硬山屋顶，在此屋顶之下还有一个勾连搭做法的屋顶。

北端为正厅，各为五开间，相对而立。内部梁架类似于十架椽，屋前后三椽栿用四柱，装饰十分简单。

两厅之间东西相向有两排号舍，各有25个前后间，共计50个考间，均为穿斗式木构架。两排号舍之间有一条长75米、宽3米，用青石条、卵石铺就的通道。号舍整体环境清幽，总占地面积为2807平方米，建筑面积1597平方米。

训导衙

训导衙梁架

号舍

北端正厅

25 玉山城墙
City Wall of Yushan

基本信息	省级 / 免费参观
年　代	明
地　址	玉山县玉虹大桥到津门路十字街区委会附近，长1.2公里
交通信息	玉山县公交玉虹房地产或普宁寺站（6路）

玉山城墙位于玉山县东南，始建于明嘉靖年间。据康熙年间《玉山县志》的记载，明嘉靖以前玉山县无城墙，"止东、西二关，垒石为门，出入无禁"。明嘉靖四十年（1561），巡抚胡松指令推官姚睦以冰溪水为池，傍河筑城。城墙长7里，高2仞（1仞相当于7～8尺），厚1丈1尺，女墙高4尺。东门名为"润泽"，西门名为"廉警"，南门名为"垂教"，北门名为"采粟"。明隆庆年间（1567—1572）加辟二门，东南门名为"儒林"，西南门名为"奔花"。明万历四年（1576），知县周日甲改南门名为"文光"。明万历十四年（1586）以铁皮包饰城门。以后，城墙时塌时修。历经抗日战争的战火后，现仅存东、南面约1.2公里长的城墙及小东门。

古城墙由红色石块砌成，有些背阴的地方长满了青苔，还有很粗的树从墙体缝隙里长出，有古朴的味道。但城墙保护现状比较糟糕，上面布满了电线，还被种满了菜。一个城市能有一段古城墙实属不易，但目前却保护不力。玉山城墙有潜力成为一个有传统味道的、有趣味性的市民活动场所，亟须科学的保护规划与修缮设计。

玉山城墙外侧

玉山城墙内侧

城墙东门

登城墙的步道

城墙上的景观

26 阎立本墓
Yan Liben's Tomb

基本信息	省级 / 免费参观
年　　代	清
地　　址	玉山县南端普宁寺内
交通信息	玉山县公交普宁寺站（6路）

阎立本墓现位于普宁寺内东南角，坐西南朝东北。墓址原为阎立本被贬玉山后建的别墅书斋，后来住宅被改建为普宁寺，现墓地尚存清乾隆年间重立的墓碑1通，高2米、宽1.02米、厚0.11米。

阎立本（约601—673）系唐代万年（今属西安市）人，官至中书令（即丞相）。他也是著名画家，代表作是《步辇图》，同时相传是大明宫的设计者。

阎立本墓入口

阎立本墓墓碑

27 官溪胡氏宗祠
Family Hu's Ancestral Hall in Guanxi Community

基本信息	国家级 / 免费参观
年　　代	明、清
地　　址	玉山县官溪乡内村
交通信息	在玉虹桥北侧小客运站乘坐去仙岩镇官溪乡的班车，下车后向南步行（约1公里）

胡氏宗祠始建于明万历四十二年（1614），清光绪十年（1884）重建。

该宗祠的布局比较有特点，与一般宗祠的一进一进院落不同（如婺源的宗祠），该宗祠是一种"大院套小院"的平面布局方式，而且整体占地面积比婺源宗祠大很多。根据笔者的走访情况，上饶地区（古饶州）的宗祠体量普遍比婺源地区（古徽州）的体量大出许多（后面将要介绍的广丰龙溪村祝氏宗祠也是如此），布局也不像婺源宗祠那样紧凑，而是比较广敞。可以说官溪胡氏宗祠与龙溪祝氏宗祠一起反映了古饶州宗祠的一些独特布局特点。

祠堂外东西两边各有小井一口，左边一口已填塞。大门前原来有小溪流过，现在已经不存，只剩一个半圆形的"月沼"。

入口正面是三开间五凤楼，翘起非常明显，檐下满布七踩偷心斗栱，五凤楼两侧各有五开间前廊，补间各有两朵一斗三升的斗栱，但柱头没有斗栱，这点非常奇怪。入口两层门楼与两侧二层楼房相连，构成

胡氏宗祠鸟瞰

胡氏宗祠入口门楼

入口门楼细部雕刻

胡氏宗祠戏台

一个连通的"U"形合院,把享堂、寝堂及后侧厢房套住,明间入口上方有藻井,藻井下方有五踩带斜栱的斗栱。穿过五凤楼后,参观者从戏台底下穿过再从两边进入第一进大院落。

戏台面阔三间,两次间各有一个六边形藻井,装饰极为朴素,明间为八边形藻井,藻井内部环绕有五踩斗栱,正面檐下无斗栱,以雕刻精美的斜撑构件代替。额枋硕大。

享堂面阔五间,进深三间,牌匾刻着"清华一脉"字样。据祠堂中乡民介绍,官绩乡的居民普遍从婺源清华镇迁移而来。建筑为硬山屋顶,体量比较大。明

胡氏宗祠享堂

戏台装饰

享堂梁架

胡氏宗祠后寝

间五跳斗栱，次间为三踩斗栱，柱子有被换过的痕迹。

享堂后面为寝堂，面阔五间，斗栱为最简单的三踩斗栱，内部梁架十分简单，为穿斗抬梁混合式，上布一斗三升斗栱。享堂与两侧耳房之间的空隙处有小走廊通向西边一个侧院，侧院较小，为一个四合院式建筑。

该建筑物保存状况较好，之前一度被当作小学，现在恢复了部分祠堂的功能。笔者去调研时，这里正在举行丧葬仪式，可见这个古老的祠堂仍然是该乡的文化中心之一。

后寝梁架

胡氏宗祠侧院

广丰区

28 龙溪村古建筑群
Ancient Architectural Complex in Longxi Village

基本信息	国家级 / 免费参观
年　　代	明、清
地　　址	广丰区东阳乡龙溪村
交通信息	在白鹤畈车站乘坐去管村的班车，到龙溪村岔路口下车，然后步行3公里可达

（1）龙溪祝氏宗祠

龙溪村古建筑中最为典型的是祝氏宗祠，始建于明成化年间（1465—1487），清康熙、乾隆两朝历经三次较大规模的扩建。坐北朝南，占地3.78亩。

祝氏宗祠共有两进院落，主体仍然是标准的入口—享堂—寝堂的布局，但这个宗祠布局也有其特殊的地方，除了两个大院落外，还有四个小天井，分别位于中间享堂两边的耳房和第二进院落的两个配殿（左称"崇德厅"，右称"报功厅"）之中。

入口门楼与两侧配屋成为类似"U"形三面围合

龙溪村古建筑群鸟瞰

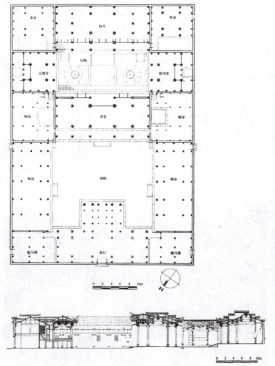

祝氏宗祠入口门楼

祝氏宗祠跑马楼上层梁架

祝氏宗祠平面图、剖面图

祝氏宗祠戏台

祝氏宗祠享堂

跑马楼，通面阔十一间，进深五步架，入口装饰极为朴素，这点与大部分宗祠重视入口设计的传统不同。宗祠两层高，第二层正中与戏台相连，这种形制与广丰县的官绩胡氏宗祠非常相似。值得注意的是，两侧厅一层为开敞空间，其作用应该也是供人观戏休息用。

跑马楼凸出部分为戏台，是祠堂内重要的公共建筑。戏台采用牌楼式结构，三间四柱二楼式，戏台前为供族人观戏的宽敞的院场（第一进院落），占地面积达600余平方米，并且占据村庄的轴心位置。戏台建筑及其院场，以及在两侧修筑起的供观赏者用的观戏厢楼，也就构成了祠堂和村庄的中心，以及重要的识别空间。

享堂面阔五间，进深三间，整体形象与三凤楼有些类似，抬梁结构，内部有比较精美的装饰，前廊正中有六边形藻井，平梁外出眉川，向下弯卷成凤羽形。后廊正中有三个"抽象藻井"，乳栿两端有卷曲纹样，下侧有夹底加强受力。通过享堂前廊左右小门，即可进入左右两个小院——"崇德厅"与"报功厅"。

享堂后为第二进院落，左右有两配殿，左为功德堂，通面阔五间，进深三间，为三合院带一个照壁围合一个小天井的形制，形制较为简单，明间屋顶单独起翘，做法与享堂类似。对面的配殿形制与功德堂一

祝氏宗祠寝堂

寝堂梁架

致，只是还没有挂匾额，因此用途不明。

第二进院落正中为寝堂，面阔五间，进深五步架，带一个前廊，屋顶做法同功德堂有些类似，稍间内侧档椽有精美的雕饰。内部眉川、踏头、雀替均有凤羽雕饰，整体显得比较古朴，稍间五架梁下有顺栿串，颜色木质均与五架梁不同，应不属一个时代。

值得一提的是，"龙溪祝氏宗祠建造技艺"同时是江西省非物质文化遗产，也就是说其修缮技艺应该对于传统有比较好的传承，这一点十分难得。

整体来看，龙溪祝氏宗祠规模宏大，空间布局比较丰富，装饰也很精美，可以说观赏性比较强。加之其修缮技艺延续古法，可以说是江西古建筑中的杰出作品之一。

（2）文昌阁

龙溪文昌阁（又名"龙江书院"），建于清同治七年（1868），民国早期曾设过私立学堂，占地面积475平方米，高12.3米，为前带庭院的楼阁式建筑，庭院有前厅、两廊、天井，楼阁为三层三重檐歇山顶，附两耳房。相对于祝氏宗祠，显得比较朴素，梁枋少有装饰。

前厅通面阔五间17.18米，进深三间6.2米，中间减柱，为抬梁穿斗混合式，平梁弯曲，两侧做卷曲如祝氏宗祠，踏头有少许装饰。两廊进深9.19米，穿斗式，其中一侧外廊外还有一个小院，带一个长方形小天井。

楼阁为正方形平面，面阔、进深均为三间8.81米，阁之两耳房面阔4.21米，进深同楼阁，整座建筑均以木柱承重，柱为杉木，断面为圆形，柱础为花岗岩圆鼓形。最中间是4根粗大的冲天柱，配以金柱、檐柱、柱网支撑梁枋格局。这种具有一定柔性的整体框架结构，具有抗震作用。内部梁架做法与前厅相似。二层比较低矮，梁枋上围绕一圈三升单栱，三层空间较为开敞，上部四面通透，只有梁上有三升单栱装饰。冲

文昌阁远景

文昌阁平面图

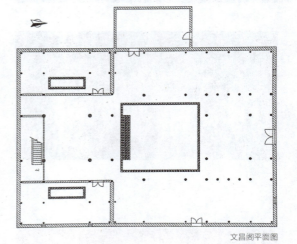
文昌阁剖面图

文昌阁阁楼

观音阁

天柱外侧的空间逐层减小。二、三层正面及两侧面辟花格窗。正面斜撑构件做龙形。

（3）观音阁

观音阁建于清乾隆年间，坐落于村口水口处龙溪河西岸，占地面积226平方米，为歇山顶二重檐楼阁式建筑，阁分上下两层，供有观音菩萨神座。阁中心依然有4根冲天柱保持整体结构的稳定，装饰极为朴素，梁也不太直。桥口为次入口，主入口在观音阁南，为一个毫不起眼的小牌楼，与一般民居入口无异。

（4）江浙社

江浙社紧靠祝氏宗祠西南角，是龙溪祝氏由浙江江郎峰旧宅徙居龙溪开族的纪念性建筑。平面类似一个"工"字，前入口平平无奇，前厅面阔三间，进深四间，中间抬梁装饰丰富，托脚弯曲作云状。

江浙社外观

后面过厅两侧同样有装饰精美的梁架，梁上童柱较为高大，反倒衬着梁很纤细，梁下有顺栿串，后厅推测为祭祀所用，用三升单栱装饰。

单就这4座古建筑而言，观赏性较强，尤其是祝氏宗祠，但比较遗憾的是龙溪村整体风貌较新，已经不能算是传统村落。这4座古建筑孤零零地矗立在满是现代建筑的村落中，观赏氛围大打折扣。

江浙社前厅

29 社山头遗址
Sheshantou Site

基本信息	国家级 / 免费参观 / 现已回填
年　　代	新石器时代—商周
地　　址	广丰区五都镇前山村罗家自然村
交通信息	在东门客运站乘坐去杉溪的班车，在罗家村下车，遗址就在村北侧一座桥的旁边

社山头遗址是新石器时代晚期至商周时期的古代文化遗址，共出土文物2000多件，包含原始瓷罐及大量原始农具和石器，其房基遗迹成为江西省内夏代考古标准器物。这些遗迹和包含物对于研究江南远古、上古文明历史都有着重要的历史科学价值。

该遗址现在已经回填，只能看出其台地特征，上面被种满了庄稼。已经不复建筑遗存的原貌了。

社山头遗址全景

社山头遗址近景

30 九仙山城堡
Fortress in Mount Jiuxian

基本信息	省级/免费参观
年　代	清
地　址	广丰区铜拔山镇九仙山底村东北九仙山上
交通信息	在东门客运站乘坐去岭底的班车，在九仙湖下车，然后沿着隧道北路东的一条小路到外高阳村（大概步行20分钟），再沿马路走到九仙山底村（大概步行20分钟），沿村东北一房子前的上山步道走到头就可到达九仙山城堡（大概爬山30分钟）

　　九仙山城堡，是明末清初杨文广农民起义军驻军山寨，现为江西省文物保护单位。城堡在广丰九仙山的半山腰处。原有东门、南门、北门，西门未建。笔者去考察时，只找到了南门及南城墙，可能因为其在20世纪80年代修缮过，因此比较好找。南城墙为青石垒筑，城门处使用了拱券，城墙内部地平面比外部地平面高一些，更有利于防御。在城墙上，远眺远处群山，别有一番感觉。

　　城堡东侧的悬崖可以明显地看出栈道的痕迹，上面有山洞，据传为起义军粮饷库。进入城墙后，最北面有水池，但已经长满了杂草，笔者分析为起义军的水源。

九仙山城堡全景

城堡城墙上部

城堡城墙局部

该遗址依稀反映了农民起义军所建山寨的一些风貌，反映了"占山为王"群体对据点的一些选址考虑与规划布局的想法，可以说趣味性还比较强，加之周围风景优美，算是一个值得一去的古建筑遗址，只是交通不便是其一大遗憾之处。

城堡上方的山洞

杨文广墓

信州区

31 东岳庙
Temple of Mount Tai

基本信息	市级 / 免费参观
年　　代	明
地　　址	东郊琅琊山云碧峰森林公园
交通信息	自上饶市公交市老年大学站（10路）步行3公里

上饶东岳庙始建于南宋绍兴年间，现存建筑大多为新建，为上饶市区重要的宗教活动地点，1983年被列为上饶市级文物保护单位。大殿形制为七间重檐，殿前为明代文物九龙丹墀石雕。

庙内最重要的文物为鸡应寺铜钟，又名天宁寺铜钟，位于西边钟楼内。钟呈圆桶形，高283厘米，直径170厘米，厚12厘米，重4.12吨。顶部有双龙装饰挂首，下部外撇，底沿为倒莲花瓣状，最初由五代信州刺史周本所铸，初重1200千克。今为南宋建炎元年（1127）由会首刘能等重铸，增至5000余千克。现在仍在使用。

东岳庙大殿

钟楼

鸡应寺铜钟

32 相府路17号民居

Vernacular Dwelling at No.17 Xiangfu Road

基本信息	省级 / 免费参观 / 现为信州区博物馆
年　　代	民国
地　　址	上饶市相府路 17 号
交通信息	上饶市公交市中心广场站（1、2、4、7路等）

相府路 17 号民宅鸟瞰

该民宅是上饶花厅人、纸商杨益泰的旧居，修建于 1922 至 1933 年，后毁于火灾，由其子续建。中华人民共和国成立后，该民宅由政府接管，后来曾分给普通人家居住，又做过政府部门的办公场所，1999 年以后交给信州区博物馆管理，现在为信州区博物馆。

该民居原坐南朝北，现在主入口开在北面，主轴线有两进院落，为博物馆展览部分，西边有侧院，为办公部分。内存几通古碑，一通落款为清乾隆五十五年（1790），一通落款为明隆庆三年（1570），还有一块看不太清楚，但这几块碑明显与本建筑关系不大。

入口上方做木质披檐，呈三凤楼的形状，上无斗栱，有垂花。从入口走进后进入前厅（原为后厅）。前厅为穿斗式木构架，后面为第一进院落，与正厅相对，左右有两个耳房。

正厅面阔五间，正面（其实是背面）写着《紫阳遗墨》，进深四间，抬梁结合穿斗式，中间减柱，梁柱雕刻十分繁复，尤其是后面外侧柱子的斜撑构件，内侧的平梁、五架梁、托脚、蜀柱亦有很多装饰雕刻，有些地方还用了金饰，整体显得比较豪华。正厅前侧有通廊通向办公区域。

第二进院落中，正对正厅的是戏台，戏台后侧是原来的正门。此戏台比较特殊，不像一般的宗祠戏台、万年台、会馆台那样被架高，而是落在地上。应该是与其家庭戏台的定位有关，不需要那么多人来看戏。值得一提的是，现在江西私宅戏台已经几乎没有遗存，就连戏台遗存丰富的乐平地区也是如此，相府路 17 号民居的私人戏台可以说算是"硕果仅存"了。

相府路 17 号民宅主入口

相府路 17 号民宅前厅

相府路 17 号民宅后厅戏台

相府路 17 号民宅侧院

33 信江书院

Xinjiang Academy

基本信息	省级 / 免费参观
年　代	清
地　址	江西省上饶市书院路 48 号
交通信息	上饶市公交劳动路口站（4路）

信江书院始建于清康熙三十三年（1694）。清康熙五十一年（1712），知府周镐元扩建书院，并改名为钟灵讲院。清乾隆八年（1743），知府陈世增复大修钟灵讲院，改名为紫阳书院。清乾隆四十六年（1781），知府康基渊再一次对书院进行大规模的扩建，复改名为信江书院，沿袭至今，已有 320 余年的历史。

书院范围以丘陵台地道观山为中心，东以崭岭头路东段为界，西以钟灵台至十八排一线西侧 30 米外的水南街路为界，北以书院路沿河书院路为界，南以崭领头路为界，东西宽为 300 余米，南北纵深长 80 余米，占地面积约 25 000 平方米。

现存建筑由大门、钟灵台、近思堂、乐育堂、又

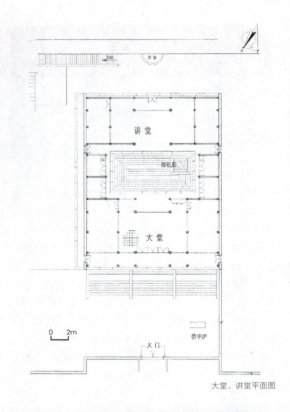

大堂、讲堂平面图

信江书院实景平面图

信江书院鸟瞰

信江书院大堂

信江书院讲堂

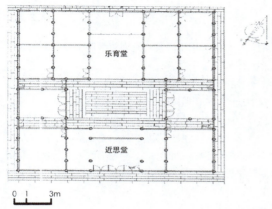

近思堂、乐育堂平面图

新书屋、课春草堂、十八排、夕秀亭、春风亭、一榻轩、泮池、雨化泉等组成。现存建筑经过修缮，大部分保存完好。损毁建筑有大堂、讲堂、中道亭、日新书屋等。

大堂与讲堂构成一组合院建筑。大堂面阔五间，进深四间，含两侧室及一屏风式墙，第二排柱子中间减去两根，南侧有副阶。斗栱简化为一跳丁头栱，做云纹处理。山墙为穿斗式，中间为抬梁式，副阶用方梁，内部用六椽栿（七架梁），彻上明造。门窗为方胜纹，柱础朴素，梁枋阑额均无雕刻。

讲堂面阔五间，进深三间，含两侧室及一屏风式墙。第二排柱子减去两根，整体与大堂相似，只是缺少南侧副阶的一排柱子。斗栱被完全简化为一个只有一层向四个方向延伸"雀替"的承托构件，山墙为穿斗式，中间为抬梁式，脊榑上有叉手。外廊出装饰性方梁，下用云龙纹装饰的承托构建承托。柱础朴素无图案装饰，门窗为方格装饰。大堂与讲堂之间有耳房。

近思堂与乐育堂构成一组建筑，整体形制与大堂和讲堂相同。自乐育堂后拾级而上就到了钟灵台，其始建于清朝，为信江书院祭祀建筑。钟灵台旁边是一榻轩，为清乾隆年间广信知府康基渊所建，空间甚小，只能容"一榻"，是书院山长平时所居之处。

近思堂

乐育堂梁架

一榻轩

钟灵台

上饶县

34 上饶集中营
Shangrao Concentration Camp

基本信息	国家级 / 购票参观 / 现为上饶集中营景区
年代	近代
地址	茅家岭街道上饶集中营景区
交通信息	上饶市公交上饶集中营站（11路）

上饶集中营位于上饶市城区南部，是"皖南事变"的历史产物。用于囚禁"皖南事变"中被扣的新四军各级干部。

集中营由五部分组成：革命烈士陵园区、茅家岭监狱旧址区、周田监狱旧址区、李村监狱旧址区、七峰岩监狱旧址区。目前开放革命烈士陵园与茅家岭监狱旧址。

茅家岭监狱旧址原是当地的葛仙庙，形制简单，为四合院形制，三面开敞，主殿面阔五间，次间和稍间均被改成了囚室，梁架为抬梁穿斗混合式，有少许装饰，整体非常朴素。

上饶集中营茅家岭监狱旧址入口

主殿梁架

35 龚氏宗祠
Family Gong's Ancestral Hall

基本信息	国家级 / 不对外开放
年代	清
地址	上饶县应家乡安坑村
交通信息	在上饶三江客运站公交站牌处搭乘到应家乡的班车，在安坑村路口下，再沿马路步行2.5公里可到

龚氏宗祠分为两祠，直线距离仅80米，分别名为玳公祠和叙千祠。玳公祠建筑面积约608平方米，叙千祠建筑面积约1018平方米，都建成于清乾隆年间，是中国南方典型而独特的大家族宗祠。虽分两祠，但功能非完全重复，先落成的玳公祠主要用于祭拜龚氏列祖，而叙千祠主要为娱乐教化场所。

这两座宗祠给人留下的最深刻的印象是其雕刻，尤其是两座入口牌楼及玳公祠内的《浣纱记》石雕。

（1）玳公祠

玳公祠建筑为砖、木、石混合结构，抬梁穿斗

玳公祠入口牌楼

玳公祠享堂

式混合式梁架，封火山墙，陶瓦屋面，总占地面积约608平方米。

平面形制为一进院落带一个后院，整体呈长方形，享堂与寝堂合一作为正厅，位于院落之北，南边是入口，中间是天井，东、西两侧为厢房。

玳公祠门石牌楼为四柱三间五楼柱出头牌楼，平面为"一"字形，明间宽3.9米，两次间均为1.74米宽，通面阔7.38米，高7.68米，石结构，青石材质，明间设宗祠正门，两次间石壁雕格扇门，有形无门。牌楼整体雕刻非常精美，明间顶部中央为火焰状篆体"寿"字，其下为石仿木三踩斗栱雕刻，内用"福""禄""寿"字组成三个圆形图案，再下为龙凤呈祥护卫弹冠相庆者，再下为豪门望族官吏出行浩浩荡荡的仪仗队，中央显现龚氏宗祠石匾，石匾下为双龙、双狮戏珠，两外部和底用几何形、花卉图案烘托，两次间上部、中部满雕人物花卉，并以窗隔形式出现，与明间形成一个整体。

进入院落后，可以发现石牌楼的背面十分粗糙，应该为后面加建，四面高耸的围墙用的是红砖，应该也是1949年后所建，因此现在玳公祠应与其原来的样子有较大变化。后墙上有一块玳公祠碑，落款为清乾隆十六年（1751）。

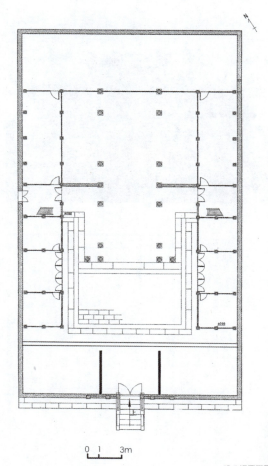

玳公祠平面图

玳公祠享堂梁架

《浣纱记》石雕

玳公祠藻井

北侧正厅向南伸出一块，笔者推测其功能为享堂，顶部为一个雕刻精美的藻井，配合旁边曲线形的椽子，有点类似于"轩"。其后为正厅主体部分，面阔五间，进深三间，笔者推测为"寝堂"，采用抬梁穿斗混合式梁架结构。南次间墙壁装饰有圆形月亮窗户，窗户下有两块《浣纱记》石雕。

左侧为"前《浣纱记》"石雕，右侧为"后《浣纱记》"石雕。两碑宽3.1米、高1.8米、厚0.2米。其以明代剧作家梁辰鱼《浣纱记》为蓝本而创作，具有完整的戏曲故事情节，分44通面，上有各种人物240个，刻工严谨，造型生动，呈现出戏曲舞台表演的特点，剧情有范蠡春游与西施初会场景、文种夜访伯嚭场景等。《问疾》一场中表现了越王勾践在吴王夫差面前如何忍辱负重。此外还有《课吴》《交战》《捧心》《投吴》《养母》《迎施》等场次画面，反映了昆剧《浣纱记》在清代中期时的演出风貌，对于历史名剧的考证有很高的价值。

（2）叙千祠

叙千祠是龚氏宗祠的另一个分祠，它距玳公祠约80米，位于安溪水畔，是目前村庄的主要民居分布处，保留下来的30余栋古民居也集中分布在这一片。其名来源于龚氏宗族的族谱记载。

叙千祠占地面积较玳公祠大，它是由牌楼、院墙、戏台、内广场和叙伦堂组成，总进深40.4米、宽22.2米，除戏台向左突出部分外，占地面积近880平方米，其中内广场面积就达374平方米。

叙千祠牌楼为青石雕，与玳公祠相似，为四柱三间五楼柱不出头牌楼。平面为"一"字形，明间宽3.96米，两次间均为1.8米宽，通面阔7.46米，高7.76米。两次间石壁雕格扇门，有形无门，门洞下部两侧为抱鼓石。三重檐顶，上覆青灰瓦，顶部中央为釉陶葫芦顶，中央明间石雕分上下两层，上层中央雕刻仕官和寿星老人，两侧为万字几何形漏窗，再次为引颈对称长寿

叙千祠牌楼细部

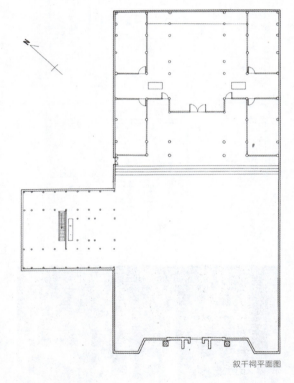

叙千祠平面图

叙千祠戏台及享堂

叙千祠享堂梁架

叙千祠寝堂

鹤,下层中央为"龚氏宗祠"门匾,门匾上方为人物骑马表演的剧情场景,中央有戏台,戏台下为拱桥,主角在戏台表演,两侧为天官赐福,次侧为鹿、羊瑞兽,下方为群狮戏珠,采用镂雕、高浮雕和透雕等表现手法。两次间雕刻上部为瑞草卷叶式漏窗,再往下为两支相对的骑马队伍,往下为植物花卉,最下部雕刻的格扇门形象逼真,每扇中央雕刻人物,其余空隙则满绘几何形花纹,底部抱鼓石保存完好。

叙千祠牌楼背面镶嵌当时建祠的两块捐助碑,落款分别为清乾隆十二年(1747)、清乾隆三十七年(1772)。

戏台位于门楼的左侧,长12.4米、宽11米,占地面积138平方米,较一般的祠堂戏台与享堂相对不同,叙千祠内的戏台单独构筑在一侧,增加了群众看戏的面积,也可以从一个侧面表现出此祠堂应该不是主要进行祭祀活动,而是以娱乐为主(戏不必演给先祖看)。

叙伦堂,面阔五间共22.2米,进深八间,前三进可以看作享堂,后四进可以看作寝堂,在第四进(享堂与寝堂的过渡空间)上方开有两个小天井。整体为穿斗式,无斗栱,柱前斜撑构件装饰十分精美。

龚氏宗祠的保护现状让人十分揪心,尤其是玳公祠。笔者比照其2013年的照片,发现在成功申请为"全国重点文物保护单位"后,该祠保护状况反而大幅度倒退。此现象应当引起足够的重视。

铅山县

36 鹅湖书院

Ehu Academy

基本信息	国家级 / 购票参观
年　　代	明
地　　址	铅山县鹅湖镇境内鹅湖山麓
交通信息	在上饶三江客运站乘坐去铅山的班车,在鹅湖书院岔路口下车后步行1公里

鹅湖书院是为纪念宋代理学家朱熹、陆九渊等人的"鹅湖之会"而建。最初为鹅湖寺,后人在鹅湖寺的西面立祠以祀四贤(朱熹、吕祖谦、陆九渊、陆九龄),又称"四贤祠",用以聚徒讲学,鹅湖书院由此形成。南宋淳祐十年(1250)江东提刑蔡抗视察信州,访"鹅湖之会"旧址,奏请朝廷赐额为"文宗书院"。宋末,毁于兵焚,又屡经修复。明正德年间以后基址无变,清康熙五十六年(1717)"辟旧址恢扩之",康熙帝

鹅湖书院航拍鸟瞰图

亲书"穷理居敬"匾,并赐联"岩月朗中天镜,石井波分太泉"。此后屡次重加修葺,现存建筑为明清遗构。

书院建筑群坐南朝北,分布在鹅湖山北麓的渐升台地上,占地面积约8000平方米,建筑面积约4800平方米。主要建筑沿中轴线布局,自北向南依次为照墙、头门、石牌坊、泮池、仪门、讲堂、御书

鹅湖书院主轴线上共有四进院落，其中从两侧门进入是第一进院落，为一个前院，入口门头为三岳式，上有披檐，书"鹅湖书院"四个字。正中为头门，面阔三间带两耳房，进深两间，悬山硬山混合屋顶，穿斗式木构架。头门两侧有面阔三间的边屋，现在作为展览用房。

第二进院落正中为石牌坊，五凤式，上布三踩斗栱，中书"斯文宗主"，并有螭吻、云纹等装饰。牌坊与仪门之间是半圆形泮池，被一座桥分成两部分。正中为仪门，形制与头门类似，上挂"道学之宗"牌匾。泮池左右为两个碑亭，里面存放有不少关于鹅湖书院的古碑。

仪门之后的建筑分成三路，其中中间一路为主体，

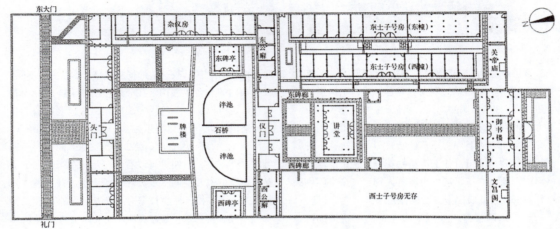

鹅湖书院平面图

鹅湖书院入口

鹅湖书院头门

鹅湖书院牌坊

鹅湖书院仪门

共两进院落，右边一路已经损毁，只在尽头存有"西士子号房"，左边一路被改造为鹅湖书院文化展示厅。

穿过仪门后进入第三进院落，正中为讲堂，面阔五间，前廊内四界形制，抬梁构架，歇山屋顶，梁架纤细，整体风格较为朴素。院落两侧有回廊，廊侧壁上有古碑，如明正德年间的《重修文宗书院记》碑等，院落中亦有清代枇杷树等名贵古树。

第四进院落较为开敞，正中为御书楼，两层高，为藏书之用，中间三间为主体部分，柱子为两层通高，承托二层，左右各有一个面阔三间的附属用房。院落两侧角落有小亭可供休憩。

鹅湖书院作为朱熹、陆九渊两位理学大家的辩论之所，整体文化气息较浓，保护现状也较好，展示工作做得也比较充分，古碑大多都重新抄写立在原碑旁方便人阅读，这一点值得赞赏。

仪门梁架

鹅湖书院讲堂

讲堂梁架

鹅湖书院御书楼

37 辛弃疾墓

Xin Qiji's Tomb

基本信息	省级 / 免费参观
年　　代	宋
地　　址	铅山县陈家寨乡南边山上
交通信息	在上饶三江客运站（或铅山客运站）乘坐去永平的班车，在永平汽车站下车后打车前往

辛弃疾墓最初立于南宋绍定年间（1228—1233），原碑毁墓残。1971年和1981年先后修整。墓系麻石砌就，分四层，顶堆黄土，两连围以坟柜。现已修好道路阶梯以供凭吊。

辛弃疾（1140—1207），字幼安，号稼轩，山东东路济南府历城县人。南宋豪放派词人、将领，有"词中之龙"之称。

辛弃疾墓远景

辛弃疾墓墓碑

38 石塘镇古建筑群
Ancient Architectural Complex in Shitang Town

基本信息	国家级 / 免费参观
年　　代	明、清
地　　址	铅山县石塘镇
交通信息	在铅山客运站乘坐去石塘的班车

　　铅山县石塘镇历史悠久，相传五代（907—960）时，镇北有方塘十口，故名"十塘"，后谐音为"石塘"。石塘镇在宋代为屯田镇。明代中叶，随着铅山成为江南造纸业的重要基地，石塘镇的造纸业随之开始发展，至明清时期达到顶峰，石塘镇逐渐成为繁华一方的造纸名邑。现为国家级历史文化名镇。

　　现老街区有中街、港沿、坑背3条街道。中街和港沿是古老的商业街道，中街最长、最繁华，街内建筑大多数为木构楼房，建筑用料讲究。另外在坑背街一侧有一条"人"字形官圳（即人工渠），成为石塘镇重要的文化景观。

　　石塘镇现存纸号、民宅、祠堂、会馆较多，比较重要的是天和号、胜春号、舒记行、祝家民宅上朝花门、下朝花门、祝氏祠堂、抚州会馆等。有些依旧在使用，可以依稀看出石塘镇往日的荣光。

　　（1）祝氏老宗祠

　　位于石塘镇下街，最早建于明嘉靖年间，后屡经改建，现存门楼与享堂，面阔五间，前轩内两界后双步格局，结构较朴素，梁柱多有替换，现为居民活动中心。

　　（2）松泰纸行

　　位于石塘镇中街，建于清道光年间，为前店面后住宅的格局，店面与住宅以一个花雕门楼分隔，后面住宅共有三进，整体为穿斗式木构架。现纸行被几户

石塘镇实景平面图

祝氏老宗祠

松泰纸行入口

大夫第

东祝宗祠

人家作为民宅共同居住使用,保护现状不佳。

（3）大夫第

位于松泰纸行对面巷子中,为石塘镇官厅的典型代表,入口门厅与正厅都为穿斗式木构架,前院较为宽敞,整体风格朴素。

（4）东祝宗祠

位于坑背街,为祝氏祖祠之一,由入口门楼、享堂、后寝及两侧厅构成,整体格局呈现一个倒"山"字形,前院开敞,现作为新四军纪念馆使用。

（5）祝家民宅上朝花门、下朝花门

两个朝花门均位于坑背街,建于清道光年间。上朝花门装饰朴素,为三凤楼形式,上有一斗三升变体的云饰图案。下朝花门装饰比上朝花门更为复杂,上有花草及人物雕刻。

祝家民宅上朝花门

祝氏民居下朝花门

（6）舒记纸行

位于坑背街，清道光年间创办，后由郑子鸿经营，为松泰行的支行。相对于松泰行典型的前店面、后住宅的格局，舒记纸行的格局更接近民居。正堂为二层，从二层遗存的弧形窗框中可以看出西方建筑风格的影响。

（7）抚州会馆

抚州会馆又称昭武会馆，位于石塘小学内。建造者为抚州、建昌两府（今抚州市）商人。因今抚州市域在五代杨吴统治时期称昭武军而得名。

抚州会馆始建于清乾隆十五年（1750），原建筑面积约2600平方米，原馆前有戏台，天井两侧有酒楼，二进是大会客厅，三进是议事堂，四进是祭祀殿，还有厢房、侧室多间。现仅存第四进，面阔20米，进深14米，占地面积280平方米，为抬梁穿斗混合式木构架，前廊设弓形轩，后侧有夹底。现作为造纸工艺展示馆使用。

舒记纸行外观

（8）胜春号别墅

位于坑背街，建于清光绪年间，整个建筑由前院、正堂、侧厅构成，正堂面阔五间，两层高，前廊设弓形轩。侧厅位于正堂以北，应为别墅的附属用房。

此地在皖南事变后也作为囚禁新四军将士之用，现为上饶集中营士兵大队旧址，是"上饶集中营"的组成部分，现墙壁上仍然保存着新四军书写的标语。

（9）天和号

位于中街，建于清康熙年间，由徽商与石塘纸商创办，目前只有入口门楼保存完好，入口为拱形，两边有精美的雕饰，可以看作是中西文化合璧的产物。

（10）胜春号

位于中街，始建于明代，现存建筑为清光绪年间重修。胜春号是石塘最早的纸行之一，建筑形制与舒记纸行相似，内部为两层，空间较为宽敞。

昭武会馆内部

胜春号别墅

天和号

胜春号

水圳

39 河口镇古建筑群
Ancient Architectural Complex in Hekou Town

基本信息	国家级/免费参观
年　代	清—民国
地　址	铅山县河口镇（县城中心区）
交通信息	由上饶中心客运站（或三江客运站）乘坐前往铅山的班车，在河口古镇路口下车

建昌会馆入口

河口镇位于铅山县境北部，因铅山河水在此汇入信江，故名河口。在宋代以前，河口还是荒无人烟的沼泽地带，后在信江河和铅山河之间出现一片沙洲，逐渐成为附近农民的集聚之地，又名"沙湾市"。到了明代，河口已成为南方诸省水运的重要通道，号称"八省码头"。清代之后，河口镇进入鼎盛时期，成为重要的商业集散地，有大小商店5000家，遍布9弄13街。清代末年，随着铁路、公路、海运等新交通方式的兴起，河口水运衰落，陆路不通，从此衰落。

河口现存古建筑较多，类型多样，有商店、住宅、会馆等，其中重要的代表建筑有建昌会馆、朱豫立钱号、吉生祥药号、清代河口邮政局、东海第等，还有重要的构筑物古码头群和惠济渠。

（1）建昌会馆

建昌会馆位于河口镇解放街，由建昌府（今江西省南城、资溪、黎川、南丰、广昌五县）商人于清乾隆十四年（1749）所建，是河口镇十八大会馆中能够保存至今的唯一较完整的会馆。

建昌会馆平面由两个矩形组成，前宽后窄，总体布局可分为四部分：戏台楼、走马廊、享堂、后殿，地势从前到后逐渐升高。

入口正立面处为一石牌楼嵌入正立面山墙，三开间四柱冲天式，开有三个大门供进出，由大门进入

建昌会馆戏台

河口镇实景平面图

后，从戏台下方穿过戏台到达戏台楼正面，戏台已经被损毁。

享堂由两个殿堂组成，两殿中间有两个天井，两殿之间两侧各有一廊，廊中开有门通向室外。享堂为三开间，面阔19米，总进深21.83米。享堂采用穿斗式结构，明间、次间上均设有藻井。

后殿为五开间，右侧开一通道通往建昌会馆外部，因此右稍间面阔远小于左稍间。后段坐落在1.4米高的石台上，明间前部突出，整体呈"凸"字形。

建昌会馆的保护现状十分糟糕，内部被分割成多个小块作为居民居住之用，已经看不清楚原来的梁架结构与格局，只能从精美的装饰中依稀看出其原来的风采。

（2）朱豫立钱号

第一任老板为清同治年间崇安县大茶商朱春荣，人称"朱百万"，钱庄为前铺后寝式，均为两层，其中后寝与前店铺转了90度角。前店铺中有四方形小天井，后寝为一半天井三合院，在一层一偏房中通向地下仓库的暗道，现在整个建筑作为民房使用，保护状况并不甚好。

（3）吉生祥药号

建于民国初年，为一个中西合璧式建筑，立面拱券雕刻都运用了西方的图案与形式，但同时又杂糅了木构，匾额上又运用了"福、禄、寿"形象，整体精美而有趣，反映了民国时商店建筑的一些审美情趣。

（4）清代河口邮政局

建于清光绪年间，两层高，面阔窄而进深长，外

建昌会馆享堂

朱豫立钱号

吉生祥药号

清代邮局

观朴素，立面与一般店铺无异，内部空间较为开敞，呈一个大厅的形式，适合于邮局的各种功能。

（5）东海第

为河口民宅的典型代表，入口外八字影壁沿河而开，进入口后依左右分为两部分，左边为一座天井四合院，加建改建较为严重，右边为一栋二层小楼。

（6）惠济渠

又名惠济河、福慧河，相传为明代宰相费宏个人出资开凿的人工河，建成于明嘉靖八年（1529）。全长约4700米，在古镇范围内长约2000米，既有供居民日常用水的功能，又起到消防作用。

（7）古码头群

河口古镇沿河有10余座码头，大多以与码头相通或相近的街巷命名，也有借用码头附近建筑物的名称的。码埠多以巨大的青石或麻石砌筑，有半圆形、长方形或梯形之别。官埠头是官船停靠的码头，始建于明代，其余则属于各商帮，运输各种行业物资。

此外，河口古镇还有金利和、朱怡丰绸布庄、恒孚煤油栈、老同升银楼等店铺遗存。老街风貌较好，可以看出河口古镇当年繁荣的风貌，可惜的是沿信江的街面和沿渠街面均风貌不佳。因此其在保护开发时不宜只顾老街，而应该三面同进，才能达到良好的效果。

东海第

河口古镇老街风貌

惠济渠

河口古镇古码头

40 费宏墓
Fei Hong's Tomb

基本信息	省级 / 免费参观
年　　代	明
地　　址	河口镇柴家埠村冠盖
交通信息	在铅山客运站乘坐前往湖坊的班车，在柴家村下车后步行

该墓葬位于一小院内，院外有石人、石马等石像生，墓碑镌刻"诰授光禄大夫柱国少师兼太子太师吏部尚书华盖殿大学士赐文宪公费宏墓"。最南侧有近年新修的牌坊，不远处有费宏纪念馆。

费宏（1468—1535），字子充，号健斋，又号鹅湖，晚年自号湖东野老，江西省铅山县福惠乡烈桥人，明朝状元，正德年间为文渊阁大学士。

费宏墓近景

费宏墓石像生

费宏墓神道

41 澄波桥
Chengbo Bridge

基本信息	省级 / 免费参观
年　　代	清
地　　址	铅山县湖坊镇陈坊河上
交通信息	在铅山客运站乘坐去湖坊的班车，在湖坊镇下车后步行

据同治年间的《铅山县志》记载，澄波桥始建于

澄波桥西入口

唐贞观四年（630），由一位名叫澄波的和尚募建，故名"澄波桥"。清同治五年（1866），群众募捐重建。该桥是铅山史料记载最早的桥梁之一。

桥全长55米，桥面宽度2.5米，4个麻石垒砌的船型桥墩构成四墩五跨的格局，桥墩上方呈"喜鹊窝"形结构，上枕粗大的长方条枕木，枕木上铺设桥板，桥板上排架为三间，中间供人行走，两侧设置座椅供人休憩。每个桥墩两边对称开设货店，全桥共设店铺12间，每间店铺内开一个小窗。

东、西两首建有火砖垒砌的拱门，东首拱门横额为"浪静风怡"，是取"波浪壮阔，平静安闲，神采风姿，怡然心旷"之意。西首横额为"河清海晏"，是取"河水清澈可鉴，海阔宾朋招之"之意。据传这两幅门匾为澄波法师所书。西首门边还镶嵌着2块碑，记载历代县令和地方乡绅首士募捐修桥的事迹。其中一块是清道光二十四年（1844）所立，年代比较久远。

另外值得一提的是，澄波桥两端的街区还保留有几座比较精美的老宅，但因为长期缺乏保护，整个街区的历史风貌已经被破坏殆尽，非常可惜。

澄波桥内部梁架

澄波桥东入口

澄波桥桥墩

澄波桥远景

横峰县

42 闽浙赣省委机关旧址
Former Site of the CPC Commission of Fujian, Zhejiang and Jiangxi Provinces

基本信息	国家级 / 免费参观
年　　代	近代
地　　址	横峰县葛源镇枫林村、葛源村
交通信息	在横峰客运站乘坐去葛源镇的班车，后步行

红军操场与司令台旧址

土地革命时期，方志敏等人在此创建了闽浙赣省革命根据地，鼎盛时期，苏区范围包括赣东北18县、闽北6县、浙南3县、皖南7县，共计34县，游击区地跨闽、浙、皖、赣4省边界52县，总人口达数百万人，葛源也一度成为著名的"红色省会"。葛源镇现为国家级历史文化名镇，有众多革命遗迹，已经成为红色旅游的著名景点。

闽浙赣省委机关旧址是土地革命时期的革命根据地建筑群，包括红军操场与司令台旧址、闽浙赣省军区司令部旧址、闽浙赣省委机关旧址、闽浙赣省苏维埃政府旧址、闽浙赣革命烈士纪念亭遗址、中国工农红军学校第五分校旧址、列宁公园等。其中前五处位于葛源镇枫林村。

省委机关旧址

省军区司令部旧址

省苏维埃政府旧址

弋阳县

43 叠山书院
Dieshan Academy

基本信息	省级 / 不对外开放
年　　代	清
地　　址	弋阳县弋阳镇望江路77号
交通信息	弋阳县公交城北桥头站（1路）

叠山书院是江南现存规模较大、建筑构架较完整的古书院之一。元皇庆二年（1313），虞舜臣为纪念其恩师——南宋爱国诗人、抗元志士谢枋得（字君直，号叠山）而建，始称谢文节公祠。元延祐四年（1317）经江浙行省奏请朝廷批准，更名为叠山书院。近700年间，风雨战乱不断，犹存当年气象，经几番扩建增修，成就今日规模，占地面积7200多平方米。1987年12月被列为省级重点文物保护单位。

书院占地面积7700平方米，平面呈长方形，长99米，宽78米，内部主要建筑有：文昌殿、藏经阁、明伦堂、山长室、桂花园、望江楼，分别散落在三条南北向的主轴线上。

在三路建筑中，最东侧以礼圣门为主要入口，此轴线包括礼圣门、文昌殿、明伦堂。

礼圣门面阔三间，进深两间，穿斗式木构架，为书院主入口。进入礼圣门后为文昌殿，文昌殿建于清康熙年间，平面呈长方形，长15米，宽10米，主体面阔三间，进深三间，副阶周匝，柱子为青石圆柱，这一点比较特别，怀疑为近世改造，穿斗式木构架。明伦堂位于文昌殿后，自成一个小院落，长50米，宽30米，建筑整体为"工"字形布局，始建于1313年，是书院最早的建筑之一，也是面积最大的建筑，通面阔三间，穿斗式木构架，现做谢叠山展厅之用。

位于文昌殿西侧，由藏经阁与其回廊连接的山长室构成第二条轴线。

藏经阁建于清乾隆年间，平面呈长方形，长20米，宽12米，原是书院收藏经书的地方，形制与文昌殿相似。阁南为一个小庭院，中间种植有竹子，在竹子周边南望信江，风景优美。藏经阁东边以廊道连接文昌殿，后边以廊子连接山长室，在后侧回廊中，展示有古碑。而以回廊为线索，构成一条书院园林的移步景观。后侧山长室始建于元朝，重建于清道光二十九年

叠山书院鸟瞰

叠山书院礼圣门

叠山书院文昌殿

叠山书院明伦堂

明伦堂后讲经堂

叠山书院藏经阁

叠山书院山长室

叠山书院游廊

叠山书院望江楼

叠山书院桂花园

（1849），为书院山长办公与居住之处，面积较小，长12米，宽8米，外围有4根木柱支撑，采用穿斗式木构架。

位于藏经阁西侧，由望江楼与桂花园构成第三条轴线。

望江楼建于明天启二年（1622），由弋阳知县孙森牵头筹款所建，两层高，当时是弋阳古城最高的建筑，现在为书院制高点，登高望江别有一番风味。面阔五间，进深五间，抬梁式木构架，重檐歇山屋顶。

由望江楼向后穿过一篮球场就进入了桂花园，桂花园建于清道光年间，由前、左、右三幢平房组成"凹"字形院落，院落正中有一株树龄百余年的四季丹桂。园平面呈长方形，长30米、宽25米。园东有一小廊与山长室连接。

叠山书院整体保存较好，内部空间较为丰富，尤其是桂花园、明伦堂等"园中园"的设计，以及回廊的布局，都体现了叠山书院书院园林的特质。可以说相对于建筑单体的平淡，书院园林还是很精彩的。

44 南岩石窟

Grottoes in Mount Nanyan

基本信息	国家级 / 购票参观 / 现为"佛陀山"景区一部分
年　　代	宋
地　　址	弋阳县城南郊佛陀山景区内
交通信息	弋阳县公交南岩寺站（1路）

南岩石窟位于江西省弋阳县城以南2公里的南岩山，洞穴宽60.6米，进深29.2米，高14.93米，面积1770平方米。内存宋代嘉定年间开凿的佛龛28座，龛内造像共计35尊。

据清同治《弋阳县志》记载，早在南朝宋昇明至齐永泰年间（477—498）就有佛教徒利用南岩山中这个天然红砂岩洞穴修建寺庙。南宋嘉定年间（1208—1224），邑人王元长在原址扩建殿门、堂庑、钟楼、桥亭，并沿洞穴后石壁开凿佛龛28座，龛内造像35尊（从龛内残像分析，原应有造像45尊）。造像以佛祖释迦牟尼为中心，两侧分布菩萨、罗汉、供养人等，并在主龛周围雕镂云气纹图案和佛传故事。

南岩石窟入口

主窟一佛二弟子二菩萨像

南岩石窟正视图

南岩石窟内部全景

万年县

45 仙人洞、吊桶环遗址
Xianrendong and Diaotonghuan Sites

基本信息	国家级／购票参观（吊桶环为免费参观）／现为仙人洞景区
年　　代	旧石器时代—新石器时代
地　　址	万年县大源乡
交通信息	在万年县水利局旁乘坐前往大源乡的班车，下车后步行

　　仙人洞、吊桶环遗址位于江西省万年县大源乡小荷山脚和吊桶环山顶，为全国重点文物保护单位。整个遗址南北长约1250米，总面积为62.5万平方米。

　　仙人洞属华南地区典型的洞穴遗址。发现有旧石器时代晚期至新石器时代早期完整清晰的底层堆积，出土文物丰富。其中最特别的属年代距今1万年以上的夹粗砂条纹陶和绳纹陶，为世界上发现年代最早的陶器标本之一。发现的距今1.2万年前的野生稻植硅石和1万年前栽培的移植稻硅石，是现今所知世界上年代最早的栽培稻遗存之一，对于中国稻作起源的研究具有重要的意义。洞穴内部较深，空间较大，曲折悠长，在尽头有通风口。

　　吊桶环遗址在仙人洞遗址西南约800米、西坡头村东南的一座小山上，为两个岩石交错形成的一个天然半封闭式的居屋。经过1993年和1995年的两次考古发掘，发现其文化堆积厚达2～4米、可分为上下两层。出土文物与仙人洞遗址相同，下层多为打制石器和燧石片，上层有大量磨制石器、骨器、穿孔蚌器和夹砂陶片，尤以兽骨为多。这里应是居住在仙人洞的原始居民从事狩猎活动的临时营地和屠宰猎物的场所。

仙人洞入口

仙人洞驯化稻谷发现地

仙人洞内部

吊桶环遗址

德兴市

46 寿元桥	
Shouyuan Bridge	
基本信息	省级 / 免费参观
年　　代	明
地　　址	德兴市张村乡界田村长乐河上
交通信息	在德兴汽车站乘坐到笪家庄或万村的班车，在寿元桥下

寿元桥始建于明万历二十二年（1594），为四墩五拱石桥，形制为非常少见的船型桥墩结合拱券的做法，长75.1米，宽6.8米，高6.6米。该桥旧时为通往横峰、弋阳等县的重要桥梁，今改为公路桥，整体外观古朴，周围尚存几栋老宅，与该桥相得益彰。

寿元桥细部

寿元桥全景

寿元桥桥墩

寿元桥旁老宅

鄱阳县

47 鄱阳文庙大成殿	
Hall of Great Accomplishment of Poyang Temple of Confucius	
基本信息	省级 / 免费参观
年　　代	清
地　　址	鄱阳县城文庙街
交通信息	鄱阳县公交文庙广场站（101、102、103路）

鄱阳文庙原名饶州府文庙，始建于清顺治七年（1650），为饶州知府翟凤翥在明淮靖王王府——永寿宫废址上所建。内建有明念经堂、大成殿、教谕署、崇圣祠等建筑。1937年日军内侵，文庙大部分建筑被炸毁，仅存大成殿。

大成殿为抬梁式殿堂结构，面宽五间，进深三间，副阶周匝。占地面积478平方米，高14米。屋顶重檐歇山形制，下檐口满布米字斗栱，上檐下布七踩斗栱并出斜栱，殿前有保留下来的明淮王府云龙纹辇道。殿内设如意斗栱藻井，内外额枋皆有精美雕刻。2006年，江西省人民政府将其列为省级文物保护单位。

大成殿外观

大成殿上檐斗拱

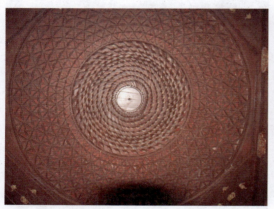
大成殿内部藻井

大成殿内部

48 永福寺塔
Pagoda of Yongfu Temple

基本信息	国家级 / 购票参观
年　代	宋
地　址	鄱阳县城土井巷中段
交通信息	鄱阳县公交紫金山步行街站（101、102、103路）

永福寺塔始建于宋代，宋天圣二年（1024）浙江天台山寿星寺巡礼僧来显明寺住持，在寺东造佛塔一座。元至正二十二年（1362），寺僧修塔时，在塔底挖得一个水晶净瓶，献给皇帝，皇帝大悦，赐"显明寺"为"永福寺"，塔为"永福寺塔"。

塔西因建有永福寺观音堂，故又称"观音堂塔"。该塔八面七层，基深10米，塔高42米，占地80平方米，为密檐楼阁式空心砖塔。塔下部有塔基，塔身八面设有拱门。每层均有檐口与平坐，其中檐口设置出一跳的四铺作斗拱（这点比较特别，一般古塔斗拱以一斗三升居多），平坐只用砖叠涩，无斗拱，整体造型敦实大气。

永福寺塔曾历经10多次地震而安然无恙。永福寺塔和妙果寺塔为古饶州"东湖十景"之一——"双塔铃音"。现为全国重点文物保护单位。

永福寺塔塔身斗拱

永福寺塔外观

永福寺塔内部

上饶市其他文物保护单位列表

区县	名称	年代	级别	地址	简介
铅山县	蒋士铨墓	清	省级	铅山县永平镇文家桥西董家坞村	蒋士铨是清代著名文学家,铅山县永平镇西关石盘渡人。清乾隆五十年(1785)病逝后葬于此
铅山县	谢叠山墓	宋	省级	铅山县弋阳县港口镇上坊村羊角亭山	谢叠山(1226—1289),名枋得,字君直,号叠山,江西省弋阳县周潭乡人,历史上和民族英雄文天祥并誉
万年县	斋山遗址	商	省级	万年县安河南岸的湖云乡斋山湖边	出土了大批商代生活用具,证明了商代此间已有了较为发达的农业、畜牧业、手工业
万年县	赣东北苏维埃旧址	近代	省级	万年县裴梅镇富林村西	现在该旧址内部陈列着方志敏、邵式平的生活用品和其他一些纪念物品
德兴市	红十军团军政委员会旧址	清	省级	德兴市绕二镇重溪村	为二进三间二偏房四天井的砖木结构城堡式两层楼房,清代建筑,占地面积525平方米
鄱阳县	莲山汉墓	汉	省级	鄱阳县莲山、桥头街、谢家滩三个乡镇交界处的丘陵地带	已出土文物有铁剑、铁鼎、陶仓盖、陶果盆、陶炉灶、陶斧。1991年修路时又出土1件青铜甑瓦,经专家鉴定为国家一级文物
广丰区	十都王家大屋	清	国家级	嵩峰乡十都村	又名"直贤大屋",规模巨大,有大小天井36个

4
鹰潭市
YINGTAN

鹰潭市文物建筑分布图
Historical Architectural Map of Yingtan

1. 角山板栗山遗址
2. 龙虎山古建筑群
3. 仙水岩崖墓群

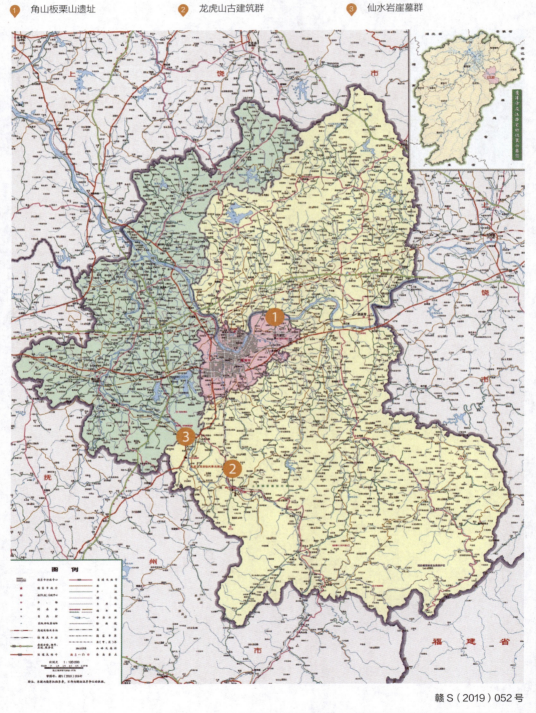

赣S（2019）052号

天师道场龙虎跃——鹰潭古建筑概述

一、鹰潭地区历史沿革

西周以前,鹰潭属扬州之域,春秋为百越之地,战国先属越后属楚。秦始皇二十六年(221),属九江郡。

汉高祖六年(201)境属余汗县域地。东汉献帝兴平元年(194),属庐陵郡;建安十五年(210)属鄱阳郡。

晋惠帝元康元年(291),余汗县晋兴乡划出,设晋兴县,辖今月湖区、贵溪市、余江县境地。

唐高祖武德四年(621),晋兴乡变为长城县,属饶州;永泰元年(765),划弋阳县西境及余干县东北境设贵溪县,隶属信州,辖鹰潭坊(今月湖区);懿宗咸通年间(860—874),晋兴乡更名为兴安镇。

宋开宝八年(975),兴安镇更名为安仁场。宋太宗端拱元年(988),安仁场升置安仁县,隶属江东路饶州。元至元元年(1264),安仁县隶属江浙行省饶州路总管府。

元至正二十一年(1361),安仁县隶属江南行省鄱阳府。

明太祖洪武二年(1369),安仁县隶属饶州府。

清顺治四年(1647),贵溪县鹰潭坊隶属江西省广信府。清同治三年(1864),鹰潭改设镇,为建镇之始。此后,为贵溪县所辖镇并沿至民国时期。

1983年鹰潭升为地级市,下辖月湖区、信江新区、余江县、贵溪市。

二、鹰潭地区古建筑的地域分布

鹰潭地区由于地域较小,古建筑数量不多,大部分集中在龙虎山景区内,包括上清镇及周边的龙虎山古建筑群、仙水岩及其周边崖墓群等。道教第十五洞天遗址位于龙虎山周边。而其余古建筑比较分散,不成规模。

三、鹰潭地区古建筑的特点总结

鹰潭地区的古建筑最显著的特点是受道教影响颇深,龙虎山为道教天师道祖庭,因此古建筑也都深深刻有道教的烙印。龙虎山地区在道教兴盛时,先后建有十大道宫、81座道观、50座道院、10个道庵,其繁荣景象可见一斑。然而自汉至今,桑海靡常,多数宫观早已废圮。现存龙虎山道教建筑多为新建,包括天师府主体建筑与上清宫,古代遗存不多。龙虎山周边的道教第十五洞天遗址(鬼谷洞),传说为鬼谷子修行地,也是鹰潭一处重要的道教遗存。

1 角山板栗山遗址

Sites in Mount Jiao and Mount Banli

基本信息	国家级 / 免费参观 / 现已回填
年　　代	商
地　　址	童家镇角山徐家村
交通信息	从鹰潭市公交老童家镇政府站（16路）步行2.5公里

角山板栗山遗址是商代（公元前17—前11世纪）中早期至晚期的窑址，距今约3500～3100年。面积超过7万平方米，内部陶瓷窑炉成群，在小范围发掘中已发现了烧成坑、马蹄形圆窑、龙窑近20座。出土文物十分丰富，已取得完整和可复原陶瓷器3000余件，陶瓷碎片几十万片，是迄今为止发现的夏商时期全国最大的窑场。

现已回填，望去就是一片菜地，已经看不出原窑址的风貌。

角山板栗山遗址全景

2 龙虎山古建筑群

Ancient Architectural Complex in Mount Longhu

基本信息	国家级 / 购票参观 / 现为龙虎山景区一部分
年　　代	南宋—清
地　　址	龙虎山上清镇嗣汉天师府及上清宫内
交通信息	在鹰潭火车站乘坐去龙虎山的班车

龙虎山古建筑群是历代张天师在龙虎山发展道教的遗迹，主要包括嗣汉天师府内的三省堂、私第门、宫保第、广缘斋、仁靖真人碑、大铜钟、灵泉井、上清宫内的东隐院及大上清宫遗址9处文物，其年代分属南宋、元、明、清四个历史时期，2013年被列入第七批全国重点文物保护单位。最著名的嗣汉天师府与上清宫的主要建筑物均属于近年重建。

（1）上清宫铜钟

位于一进入天师府大门右手边的小亭子里，此钟系正一教主嗣汉第40代天师张嗣德，于元朝至正十一年（1351）在杭州铸造，迄今已640余年。用铜4.5吨，钟高3米，直径1.5米，厚0.2米，据传加上龙头共重5吨。该钟原本挂在上清宫棂星门东边钟楼内，与鼓楼相对。是上清宫举行大型醮仪时鸣钟击鼓发号施令所用，是道教的重要法器，1981年移入天师府，现在虽然上清宫已经重建完成，却没有将此钟移回。

（2）仁靖真人碑

又称"玄教大宗师碑"，是元代的遗物，是元代道士大书法家赵孟頫所撰书，迄今已680余年，碑中

嗣汉天师府入口

上清宫铜钟

仁靖真人碑铭

详尽地记载了上卿玄教太宗师张留孙的家世以及从事道教活动和皇帝的敕赐等。字体潇洒流畅，秀丽端雅，具有很高的书法艺术价值，对于研究元朝的文化也具有很高的价值。

（3）灵泉井

位于玉皇殿殿前甬道中间，亦名"法水井"，据记载是南宋高道南五祖之一的白玉蟾大师与35代天师张可大共同开凿的，现辟为"灵泉圣水"，据传有

灵泉井

医病强身之功效。

（4）私第门

私第门屋，旧称私第门。也是前宫后府、前衙后宅的分界线，状极古朴，是清朝同治六年（1867）由61代天师张仁最修建。门首上书"相国仙府"4个大字。门边有对联"南国无双地，西江第一家"。悬山顶，内有一八卦照壁。

（5）三省堂

位于私第门内，原建于清光绪七年（1881），原为天师生活起居之所。前厅中祀祖天师张道陵像，王长、赵升立侍左右，右祀第30代天师张继先像，左祀第43代天师张宇初像。殿中央上悬明太祖洪武五年（1372）御赐第观代张正常大真人"永掌天下道教事"匾，右悬宋徽宗崇宁四年（1105）赠第30代天师张继先的"道行高洁"匾，左悬清高宗乾隆二十一年（1756）御赐第57代张存义大真人的"真灵福地"匾。有东西厅房，现为文物陈列室。后面开小天井，后连"道自清虚"小院。整个建筑为抬梁穿斗混合式，梁架漆成绿色，上雕饰花纹。

私第门

三省堂内部

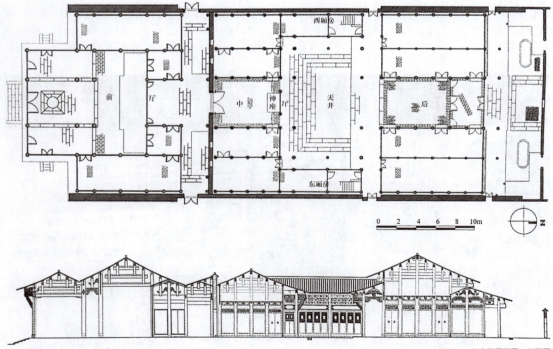

三省堂平面图、剖面图

(6) 广缘斋

广缘斋约建于明末清初，位于"仁靖真人碑"后侧，属古徽派建筑风格，平面格局为"四水归堂"，是历代天师及家人用膳之所，现在内部装修一新，改造为广缘斋酒店，已经完全没有原来古朴的风貌，只剩一个空外壳，作为一个文物保护建筑来说，基本被破坏殆尽。

(7) 宫保第

毗邻广缘斋，始建于明代，清代重修。"宫保"二字，为第 50 代天师张国祥于明万历年间诰封"太子少保"的统称。形制与广缘斋类似，建筑面阔 16 米，进深 18 米，占地面积约 290 平方米，分前厅和后厅，中间为天井，两侧为厢房，穿斗式木架构，正门朝西面开，有石雕"宫保第"三个大字和一副对联。

(8) 东隐院

位于上清宫的东侧，是上清宫内唯一保留下来的明清时期的建筑。东隐院始建于南宋时期，后因元世祖忽必烈对该院道士张留孙分外器重，对东隐院倍加修缮，因而名声大振。院墙四围呈长方形，东西面阔 15 米，南北进深约 30 米。两进院落，入口与一般徽派民居风格相近，背面简单，只有一个披檐，入口门厅后面为第一进院落，中有阑干摆设，正厅面阔三间，重檐悬山，后为第二进小院落。后厅面阔五间，二层高，配左右耳房各一。建筑风格古朴，院墙外有"善恶分界井"和"神树"等古迹名木。

广缘斋外景

宫保第入口

东隐院内院落

（9）大上清宫遗址

大上清宫始建于北宋，原有建筑群规模宏大，代表建筑有三清殿、玉皇殿、紫微殿、天皇殿、后土殿、斗母宫等，具有明显的中轴线，于1930年失火被焚毁。

另外值得一提的是，龙虎山古建筑群所在地上清镇，为国家级历史文化名镇，除了龙虎山古建筑群之外，还有长庆坊、留侯家庙等市级文物保护单位。整体风貌也较好，是值得游览的地方。

长庆坊

留侯家庙

3 仙水岩崖墓群
Cliff Tombs at Xianshuiyan

基本信息	国家级 / 购票参观 / 现为龙虎山景区一部分
年　　代	春秋战国
地　　址	龙虎山景区内，竹筏漂流的终点处
交通信息	在鹰潭火车站乘坐去龙虎山的班车

仙水岩崖墓群是我国现存崖墓最集中的地区之一，位于上清河仙水岩段下游的西岸峭壁上，距水面10～60米，洞穴基本朝东。古人疑其为仙人所居。在区内16座山峰的崖壁上，共发现207座崖墓，绝大部分崖墓为春秋战国时期干越人的墓葬，另有少量明清时期道士的墓葬。

1978年11月，江西省考古工作者开始对仙水岩一带的崖墓群进行考古发掘，共清理崖墓18座，发掘古代棺木37具，出土陶器、青瓷器、竹木器、纺织品、纺织工具、古乐器等235件。其中十三弦筝和斜纺织机等纺织工具构件的出土，为我国音乐史和纺织史的研究提供了极为珍贵的实物史料。

至于在春秋战国时期，人们是怎样把棺木放入峭壁上，现在的研究者还没有定论。景区的"升棺表演"是学者根据史料做出的一个推测。

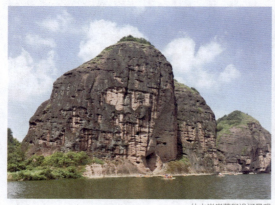

仙水岩崖墓群沿河景观

仙水岩崖墓群细部

鹰潭市其他文物保护单位列表

区 县	名 称	年 代	级 别	地 址	简 介
贵溪市	道教第十五洞天遗址	南北朝	省级	鹰潭冷水镇麻地村云梦山的半山腰处	现为鬼谷洞景区，相传鬼谷子曾在此修行
余江县	锦江天主堂	近代	省级	鹰潭锦江镇东风街（锦江小学对面）	教堂周围还有民国学校建筑遗存

5
九江市
JIUJIANG

九江市文物建筑分布图
Historical Architectural Map of Jiujiang

- ⑧ 东林寺
- ⑨ 西林寺塔
- ⑮ 周敦颐墓
- ⑯ 九江姑塘海关旧址
- ⑰ 陶靖节祠
- ⑱ 陶渊明墓
- ⑲ 岳飞母亲姚太夫人墓
- ⑳ 黄岭大圣塔
- ㉑ 茅湾碾米作坊遗址
- ㉒ 石钟山古建筑及石刻
- ㉓ 吴城吉安会馆
- ㉔ 真如寺塔林
- ㉕ 罗汉桥
- ㉖ 陈宝箴、陈三立故居
- ㉗ 湾里桥
- ㉘ 黄庭坚墓
- ㉙ 黄龙寺观音井石亭
- ㉚ 上衫宫选大屋（中共湘鄂赣省委、省苏维埃政府旧址）
- ㉛ 山背遗址
- ㉜ 商会办公楼旧址（工农革命军第一军第一师师部旧址）
- ㉝ 铜岭铜矿遗址
- ㉞ 千眼桥

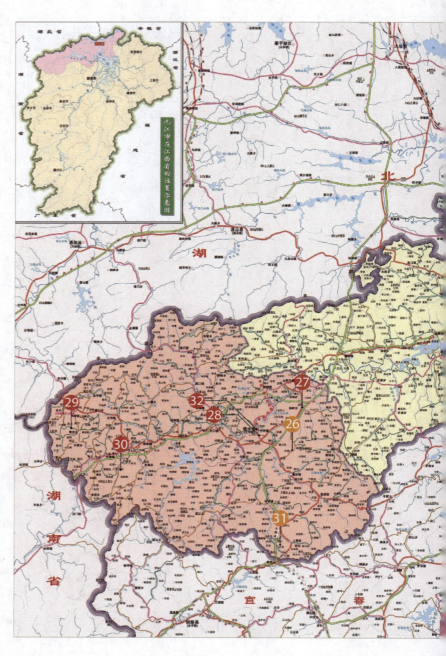

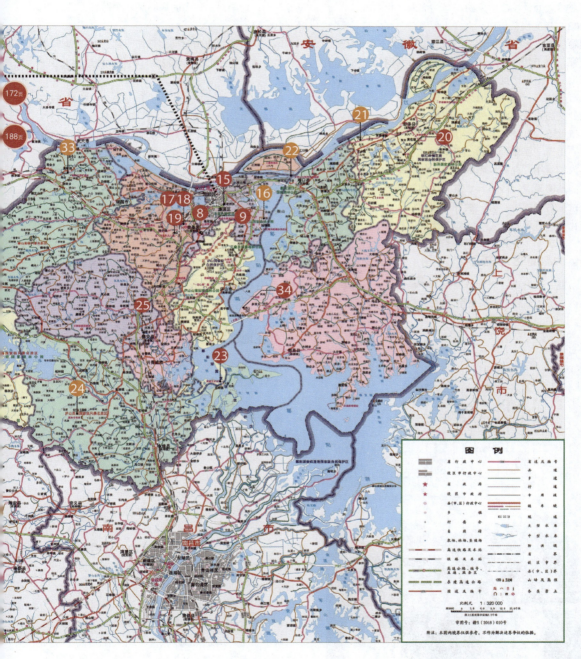

三江之口、七省通衢——九江古建筑概述

九江这座位于江西省北部，赣、鄂、皖、湘四省交界之处，长江中下游南岸的江南文化名城，有着2200多年的漫长历史。九江不仅有"三江之口、七省通衢"和"江西北大门"之称，也有"天下眉目之地"之誉。由于其地处长江、鄱阳湖、京九铁路三大经济开发带的交汇之处，所以也是"三大茶市"和"四大米市"之一，是江南地区的"鱼米之乡"。九江不仅地处交通要道，襟江带湖，背倚庐山，是兵家必争的军事重镇，也是我国近代重要的口岸城市之一。

由于"鄱阳湖"和"庐山西海"等名胜古迹，所以人们就用"九派浔阳郡，分明似画图"来赞誉九江那非凡的美丽。1996年，九江庐山被联合国教科文组织批准为中国唯一的"世界文化景观"，列入《世界文化遗产名录》。

一、九江地区历史沿革

夏、商时期，九江分属荆州、扬州。春秋分别属吴国、楚国，有"吴头楚尾"之称。战国时多有变更。秦灭楚后，设九江郡，辖区范围包括今江西大部。汉设豫章郡，治南昌。三国时属孙吴。东西晋、南北朝时变更频繁。

隋、唐、五代十国时期多称江州郡、九江郡等。宋代多随隋、唐，元代变动较大。明代九江道辖九江、南康、饶州三府。清承明制。

民国以前，九江商业发达，几度繁华，曾为富庶之地。1858年，清政府被迫签订《天津条约》，九江被辟为通商口岸。1861年，清政府签订《九江租地约》开辟九江为英租界。1886年，英国传教士李德立来华传教，同年登庐山。1895年，李德立从中国政府手中得到牯岭为期999年的租契。他后来在庐山活动长达44年之久。辛亥革命后，1927年设九江市。

1949年九江解放。现九江市辖3区（浔阳区、濂溪区、柴桑区）、7县（武宁县、修水县、永修县、德安县、都昌县、湖口县、彭泽县）和3个县级市（瑞昌市、共青城市、庐山市），以及2个县级管理单位（九江经济技术开发区、庐山风景名胜区）。

二、九江地区古建筑的分布

九江市内有国家级文物保护单位4处10个点；省级文物保护单位44处；市、县级文物保护单位219处。

目前，九江著名古建筑除白鹿洞书院、东林寺、浔阳楼、烟水亭、琵琶亭、锁江楼、真如寺、观音桥、岳母墓之外，还有5处文物古迹较集中、保存较完整的历史文化街区、历史文化保护区。

（1）**滨浦路历史文化街区**

第二次鸦片战争以后，九江被辟为通商口岸后，英国首先在此设立英租界。1862年修建了滨浦路，九江人称之为"内洋街"。现保存下来的有美孚洋行旧址、日本领事馆旧址、日本台湾银行旧址等，均为近代西式建筑。

（2）**庾亮南路历史文化街区**

江州人曾在此为东晋国舅庾亮筑楼以纪念。该楼于清咸丰三年（1853）毁于兵燹。20世纪初，各国列强在庾亮南路建教堂，办学校，开医院。现保存下来的有同文书院、儒励女中办公楼旧址、儒励女中教课楼旧址、九江修道院旧址、生命活水医院旧址和九江天主堂等。另外，大胜塔、能仁寺等也均在该街区范

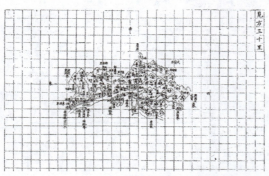

清光绪年间《九江府志》中的九江府图

白鹿洞书院正门

大胜塔全景

东林寺正门

中国古典田园思想与西方现代城市规划思想的山岭城镇。

三、九江地区古建筑的特点

（1）有形名胜古迹存量少

九江古城历史悠久，文化璀璨，名人荟萃，原本历代形成的名胜古迹、古建筑、传统民居等十分丰富。但由于战争、动乱以及其他多种原因，损毁和破坏的部分面积较大，保留至今的完整实物存量较少，难以真切地反映九江古城深厚的历史文化积淀和传统风貌。

（2）留存建筑大多为明、清、民国时期

九江古城历史上战乱频繁，曾经有过5次屠城经历，最近的一次发生在太平天国时期，也曾有一段整体性搬迁城区的历史。朝代兴废和战火动乱使得九江的很多文物古迹屡遭破坏。九江的很多历史建筑都已不复存在，留存下来的大多都是明清或者民国时期的。

（3）通商口岸以及租借区对古建筑群的形成意义重大

通商口岸和租借区的形成造就了众多近现代古建筑，如美孚洋行旧址、同文书院、日本领事馆旧址、儒励女中办公楼旧址、生命活水医院旧址等。这些古建筑使得九江具有了一种多元化和国际化特色，也促进了九江地区文化、教育和卫生事业的发展。

（4）李德立对九江庐山古建筑群的形成功不可没

李德立初至九江时，庐山处在一种人迹罕至的原生状态。他被庐山清幽凉爽的自然环境所吸引，几乎将自己一生的心血都倾注于牯岭的建设上了。李德立引进了西方近代城市规划理念，将庐山开发、打造成了中国乃至世界少有的国际化山岭城镇。

围内。除后两者为古建筑外，此街道均为近代西式建筑，幢幢洋楼十分精美。

（3）大中路西段历史文化街区

为传统商业老街。大中路西段部分老建筑依然存在。尤其是原天宝银楼、涌兴裕商号、九江长江旅社等建筑保存完好。

（4）东、西林寺历史文化保护区

东林寺距今已有1600余年历史。该寺现存建筑多为1979年以后陆续重建。寺内保存着唐代大书法家柳公权、李北海残碑，明代王阳明石碑，唐宋经幢，以及唐护法力士石雕像等珍贵文物。西林寺始建于晋代，为九江市历史最悠久、体量最大、工艺最优秀的古塔。该寺内其他建筑多为1979年以后陆续重建。

东、西林寺早在1959年就被公布为省级文物保护单位。该保护区内环境幽静、秀林碧溪、古朴典雅，基本保存了原历史风貌。

（5）庐山历史文化保护区

被称为"世界别墅博物馆"。除遗存至今的白鹿洞书院等传统建筑外，尚分布着1000多座展示了25个国家特色的西式近代别墅建筑群，形成了一座融合

庐山市

1 白鹿洞书院

Bailudong Academy

基本信息	国家级 / 购票参观
年　代	唐
地　址	江西庐山五老峰南麓
交通信息	在鹰潭火车站乘坐去龙虎山的班车，乘星子县城公交，从星子秀峰景区门口出发，参考票价1元/人；自九江汽车南站乘坐九江至星子的中巴，至白鹿洞书院路口，参考票价1元/人

白鹿洞书院坐落在庐山五老峰南麓。唐贞元元年（785），洛阳人李渤与兄弟李涉在此隐居，读书养鹿。因此地山峰交叠，地形如洞，故名"白鹿洞"。825年，李渤就任江州刺史，于此兴建房舍。五代南唐升元四年（940），李氏君主在此建立了庐山国学。北宋初年扩建为书院，命名为白鹿洞书院。1001年，宋真宗赵恒赐予国子监印本《九经》，并开始大力整修孔庙、书院。白鹿洞书院由于拥有宋太宗亲题的匾额，且在这一年进一步整修、扩建，从此名扬全国。

1053年，礼部郎中孙琛在此招生讲学。北宋末年，白鹿洞书院毁于兵燹。南宋淳熙六年（1179）著名理学家、教育家朱熹出任知南康军时，筹资重建书院，延请名师，亲自讲学。1181年，著名哲学家陆象山来书院讲学，与朱熹相会，成为当时盛事，白鹿洞书院成为南宋四大书院之首。1351年，书院再遭兵燹。1438年，南康府知府翟溥福重建。此后一百余年，王守仁、李梦阳、湛若水等知名学者均先后在此讲学。清代的历代帝王对白鹿洞书院也极为关注。康熙亲书"学达性天"匾额，乾隆亲书"沫泗心传"匾额，赐给白鹿洞书院。白鹿洞书院遗存文物古迹非常多。仅在朱子祠东碑廊，就嵌有宋至明清古碑120多块，内有朱熹手订的书院学规、历代修建纪实、名人书法等。最吸引人的是明紫霞真人罗洪先书写的《游白鹿洞歌》。

现存的白鹿洞书院由不对称的五路四合院组成，背依山坡，面对流水，规模在江西三大书院中首屈一指。共有殿堂、祠宇、斋舍、楼阁等28座，建筑面积5000余平方米。建筑群依照地形采取串、并联

白鹿洞书院实景总平面

白鹿洞书院鸟瞰

白鹿洞书院正门

朱子祠

文庙泮池

文庙棂星门

文庙礼圣殿

明伦堂

的布局。五个大院，既有纵深方向的层层递进，又有横向连通。书院由礼制性建筑和实用性建筑两部分组成，以礼制性建筑为重点。白鹿洞书院礼制性建筑突出祀孔系列，以棂星门、泮池、礼圣门、礼圣殿为主轴。其中礼圣殿是书院中等级最高的建筑物，歇山重檐、翼角高翘、回廊环绕。但与一般文庙大成殿不同的是，青瓦粉墙使这座恢宏、庄严的殿堂，显出几分清幽和肃穆，并与四周坡屋面、硬山造、带有民间风格的建筑显得非常和谐、协调。其右侧是一组祠宇建筑，有朱子祠、宗儒祠、崇德祠、报功祠等，专门用来祭祀和纪念为白鹿洞书院建有功德的人。礼圣殿以左多为实用性建筑，为御书阁、明伦堂、鹿洞。前一进御书阁，因宋太宗和清康熙帝赐书而建，采用重檐歇山顶，体量虽小，却很精致。门前有一对柱联，上书"泉清堪洗砚；山秀可藏书"，道出了书院与中华文化和大自然的高度契合。后一进鹿洞为一拱券式砌体。洞中置一石雕白鹿。洞上建思贤台，为明嘉靖年间建置。

西端有朱子祠等建筑。东端原为号舍，清宣统二年（1910），人们在此兴办"江西高等林业学堂"，

洞内白鹿

现为白鹿洞书院文物管理所的办公和生活服务场所。中间三路则基本保持着晚清时期的面貌，占地约4200平方米。

西路是书院主轴线，前有棂星门，为一五开间石牌坊。上有明人所书"白鹿洞书院"石刻。门后为一形制少见的长方形泮池。池后礼圣门，为一幢两坡顶五开间平房。门内为一广庭。庭后两侧有廊庑，中间即为书院等级最高的建筑——礼圣殿。其规制较一般县文庙减等，面阔五间，进深六间，重檐歇山顶。

中路也是一条重要的轴线。前为八字头门，门内有御书阁。其为一座三开间二层重檐歇山顶楼阁。阁后亦有一庭。庭后明伦堂，乃一五开间大厅。堂后在山体中凿有一洞，题曰"白鹿洞"。洞内有一座白鹿雕像。洞前从山中挖出一小块平地形成一个小院。院侧有蹬道。拾级而上，即可到达白鹿洞顶上的书院制高点——思贤台。在此可一览整个书院的风光。东路前亦有一八字头门。门内有宗儒祠，为一座五开间带前廊建筑。祠后有小院。

白鹿洞书院保存有宋朝至民国的大量石刻碑记，并建有东、西碑廊。其中有书院兴废重修、书院教规、著述等记载，还有游人留下的诗词游记，是研究书院的可靠史料。部分文学与书法艺术作品，堪称人文之珍宝。白鹿洞书院前还有许多摩崖题刻，不仅有刻在山崖上的，还有刻在溪涧之中的。如著名的朱熹题刻"枕流"，就刻在贯道溪中的一块巨石上。这些碑刻和摩崖，是白鹿洞书院重要的历史遗存和特有的人文景观，极大地丰富了书院的文化内涵。

白鹿洞书院环境优美，风光如画。门前贯道溪上的拱桥和桥头矶上的小亭，与碧水青山相映成趣，成为从古道行至书院的前奏，也是书院的重要标志和景观。白鹿洞书院拥有山林3000亩，保存着庐山的原始森林和植被。

白鹿洞书院与湖南长沙的岳麓书院、河南商丘的应天书院、河南登封的嵩阳书院，合称为"中国四大书院"。1959年被列为江西省文物保护单位，1988年被列为全国重点文物保护单位。

2 观音桥

Guanyin Bridge

基本信息	国家级 / 购票参观
年　　代	宋
地　　址	庐山东南麓的星子县白鹿镇观音桥风景区
交通信息	从九江坐长途中巴车到星子县，在县城乘坐去观音桥的公交车直达观音桥景区

观音桥因桥北有观音阁而得名，又名"三峡桥"，位于白鹿洞西2.5公里处，栖贤谷之间。观音桥为单孔石构，跨于三峡涧的绝壁之上。三峡涧水自庐山五

观音桥桥拱细部及题刻

观音桥西侧外观

观音桥勾栏及桥面

老、汉阳、太乙诸峰倾泻而下，水流迅猛，波涛翻滚，水鸣如雷。观音桥下是涧水深邃的"金井"，深达三四十米。

观音桥建造于北宋大中祥符年间，长24.2米，宽4.1米，高10.67米，系单孔券拱结构。桥面以大石铺成，两侧砌筑石栏杆，南北两端各设石阶四级。桥孔有五道并列券。拱券内圈由2行、共105块、各重约1吨的花岗石首尾相衔。筑成的拱券凸凹榫结，呈弓形结构，设计极为精妙。桥西左侧有石级可通桥东。凭栏下瞰，深潭水激，令人目眩。昂首可见拱顶上刻有"维皇宋大中祥符七年，岁次甲寅二月丁巳朔建桥""江洲匠陈智福、智汪、智洪"等铭文。刻石历历如新。

此桥系南国桥梁建筑工程的杰作，工巧神奇，十分罕见。苏辙、黄庭坚等文人墨客都曾留下咏叹此桥的诗篇。当代桥梁专家茅以升也对此桥的建造技术称赞不已。

1988年，观音桥被公布为第三批全国重点文物保护单位。

明代唐伯虎《三峡涧桥图》中的观音桥

3 庐山别墅建筑群

Villas in Mount Lushan

基本信息	国家级、省级 / 购票参观（包含在庐山风景区门票中）
年　　代	近代
地　　址	庐山山顶牯岭镇
交通信息	在市内长途汽车站乘坐直达庐山的旅游专线（票价15元），50分钟左右即可上山，在庐山上乘旅游观光车即可到达

庐山别墅建筑群整体坐落于庐山山顶牯岭镇。1886年，22岁的英国传教士李德立第一次登上庐山，他被这里的"隐遁"风光打动，决定全面着手规划开发这片土地。他从清末地方政府手里租来了牯岭镇的土地，将其设置为英租界，随即请来建筑师着手进行这里的开发建造。自此以后，庐山成为我国著名的避暑胜地，近代史中众多赫赫有名的人物，都曾在此驻足。1994年，庐山别墅建筑群内的美庐别墅（河东路180号）、熊式辉别墅（中八路359号）、朱培德别墅（柏树路124号）、河东路176号别墅、河西路442号别墅、河东路175号别墅被公布为全国重点文物保护单位，其余诸多别墅分别被划定为江西省文物保护单位和庐山市文物保护单位。这里选择其中较有代表性的几处，做简要介绍。

（1）河东路180号美庐别墅

这座别墅背靠大月山，面对长冲河，风水合宜。整座建筑采用砖石、木头混合结构体系，主体为两层。主楼一层东侧的客厅、卧室与餐厅之间由开敞型门廊、楼梯等交通空间相连。二层也有外廊和露台与室外连通。外廊周围由石柱支撑，围以石栏。建筑南侧外廊是南立面的主要组成部分，其柱间的连续半圆形罗马券，形成了独特的南立面构图美感。20世纪30年代，

河东路180号美庐别墅

蒋介石在主楼餐厅西侧扩建了一层高的附属建筑，供贴身服务人员居住。该建筑内有大小房间 10 余间，建筑面积 600 余平方米，总占地面积接近 6000 平方米。建筑外立面为石材砌筑，方形窗框，铁皮屋顶，整体风格古拙、舒朗、稳重。

该别墅始建于 20 世纪初，英国人巴莉女士于 1903 年购得此别墅，获得产权。1934 年，庐山房产登记册显示，这座别墅已归于宋美龄女士名下。这座别墅因房前有蒋介石题刻的"美庐"而得名，是蒋介石和宋美龄在庐山的旧居，随后也曾成为近代史中很多重要事件的发生地。周恩来曾在这里同蒋介石进行了国共合作的合谈。1959 年庐山会议期间，毛泽东也曾居住于此。此后，宋庆龄、林彪、郭沫若、陈毅、胡耀邦等都先后来此居住过。

（2）中八路 359 号熊式辉别墅

1902 年，美国传教士威廉斯·伊莱亚斯（中文名字为文怀恩）购得这块足有 4878 平方米的土地，随即建造了这栋别墅。这座建筑坐东朝西，依附山势而建，北侧为三层，南侧为两层，建筑面积达 856 平方米。它是庐山别墅群中体量最大的一座。庭院内由众多台阶构成了极具层次性的台地景观。拾级而上，才能看见这座住宅置身于台地高处。该建筑平面呈"U"字形，建筑围合的内院朝南。建筑一层为主要的会客厅、餐厅、厨房等主要功能房间，二层的南面与西南面皆环绕着开敞式的外廊，在转角处，形成了六边形的阳台空间。二层还有一处采光甚好的书房，西侧北侧的墙面都被书架占据。

1932 年，时任江西省政府主席——熊式辉购得此幢别墅。从此，众多国民政府的要人都曾被宴请于此。在 1959 年、1961 年两次重要庐山会议期间，朱德也在此居住过。

庐山中八路 359 号（原熊式辉别墅）西面

（3）柏树路 124 号朱培德别墅

1919 年，俄国亚洲银行出资在牯岭镇建造了一栋别墅，这是当时英租界中唯一的一栋俄罗斯风格住宅。在庐山图书馆南侧迤东数十米处，可见一处石墙围砌的院子和住宅二层阁楼红色的老虎窗。这座别墅主立面为南向，而入口开在西侧。门厅之南有三个拱券式窗户，门厅的二层为露台。该建筑一层为客厅、餐厅等开敞空间，兼有客房等辅助空间，二层由东西贯通的内走廊分隔卧室、书房等大小房间，总建筑面积为 599 平方米。别墅立面具有较强的层次感。石砌墙面上有三处拱券窗，二层主卧阳台向外挑出，阁楼层建有一排老虎窗。别墅室内均饰以白色调木装修。整个庭园占地约 4000 平方米。

1927 年春，时任国民党中央执行委员、国民革命军军需部长、江西省政府主席朱培德购置了这栋别墅。在 1959 年、1961 年两次重要庐山会议期间，刘少奇曾下榻此别墅。1963 年，陈毅也曾在此居住。

（4）河东路 176 号别墅

1896 年，美国圣公会购买了这块约 3250 平方米的土地，建造了这栋别墅。该别墅为砖石混合结构，地上、地下各一层，建筑面积约 330 平方米，最初为圣公会教会人员避暑之地。

整体建筑平面为矩形，中轴对称，坐东朝西。入口处的台阶分居中轴线两侧，客厅居中，左右对称排列着两间卧室。共用一处卫生间。建筑背后的附属空间，打破了建筑的完全对称感。建筑西向的主立面设有开敞式外廊，内外连通。阳台周围的木栏杆简约古拙。

1946—1948 年，这栋别墅归国民党励志社管辖，主要用于接待外国驻华大使以及国民政府要员。1959 年庐山会议期间，彭德怀曾在此居住。

（5）河西路 442 号别墅

根据 1905 年的牯岭镇英租界规划图，这里已建成一座别墅。1919 年，武昌的美国传教士舒曼购买了此别墅。

该建筑南北长约 24 米，东西宽约 14 米，坐南朝北，为单层砖石建筑。其东立面因为客厅设有直通室外的凸出的台阶。南侧有开敞式外廊与庭院连通。这座别墅极有特色的一点在于：其南侧和东侧的外廊，连同门厅的总面积约为 74 平方米，加之客厅面积约为 50 平方米，公共空间的总面积占整个建筑总面积的 60% 以上，远远超过主人的私密性居住空间。这足以体现出建筑主人交际频繁的生活方式。室内空间主体为穿套式，外挂的开敞外廊连接了客厅与主次卧室。

1946 年 7—9 月，美国特使马歇尔为了国共两党的调停，8次造访庐山均在此别墅居住。1961年中央工作会议期间，周恩来总理及夫人也在此居住。1990年，442号别墅被开辟为周恩来在庐山活动纪念室。

（6）河东路175号别墅

1896年，英国传教士阿达姆斯为筹建"大英执事会"的分部——"古灵公司经营委员会"，购买了这块约3884平方米的土地，并建造了这座别墅。

这座建筑平面呈现欧洲山地城堡样式。建筑二层平面为圆形，向西连接另一个圆形平面，同时向南延伸出直线型的体量。整体建筑面积约为750平方米。圆形平面的屋顶呈现攒尖样式。南部体量的西立面有一排宽大的老虎窗。1970年，这座建筑经历了改建后，空间更显精简质朴。原大厅内的楼梯被拆除，改为更宽大的客厅。南部体量改为会客室兼会议室。两处圆形平面之间的连接部分改为书房、卧室和会客室。

1924年，来自湖南湘潭的美国北长老会传教士杜克尔医生购得这座别墅。1946年夏，司徒雷登两上庐山，均居住在这幢别墅内。1970年中共会议期间，毛泽东主席也曾在此居住。

（7）河南路602号松门别墅

这座建筑建于20世纪20年代，占地面积约170平方米，为德国式大坡屋面。其平面呈"L"形，犹如一把枪，枪口朝南，枪把朝东。"L"形转折的位置有敞开式与封闭式相结合的门廊。两侧体量，朝南的部分原为一层，有开敞的外廊，由两排石柱支撑；朝北的部分为两层砖石建筑。目前，其向南的体量也被加建成为两层建筑。而其西侧，由3米高的挡土石墙包绕，插入山体，与地形融合为一体。1929—1933年，陈毅曾居住于此。松门别墅即是由他命名的。

（8）崇雅楼李烈钧别墅

该别墅坐落于大林沟1216号。整体建筑为砖石结构的二层别墅，坐西向东，总建筑面积约为256平方米。别墅主入口中间突出一个半边六角形的门厅，门额用了拱券，门厅两侧的窗户也用了拱券。主入口前用弧形的石栏杆围住一处小平台，庭院之北建有平面为六边形的小亭，成为院内重要的景观。1911年，李烈钧购得此别墅，从此便经常在这里居住。

（9）中四路286号别墅

1902年，美国传教士科奇南购得这块占地面积约为1300平方米的土地，随后在此建造别墅。整体建筑依附山势，平面为矩形，一侧有平面为小矩形的开敞外廊。外廊与客厅相通，以客厅为中心来组织其他房间。整体风格精巧实用。1961年庐山会议期间，邓小平曾在此居住。1970年，董必武也曾下榻此处。

大林沟路1216号（原崇雅楼李烈钧别墅）

河南路602号（原陈三立别墅）

中四路286号（邓小平旧居）南面

4 庐山御碑亭

Pavilion of the Imperial Stele in Mount Lushan

基本信息	国家级 / 购票参观（包含在庐山风景区门票中）
年　　代	明
地　　址	庐山牯岭镇仙人洞景区内
交通信息	在市内长途汽车站乘坐直达庐山的旅游专线（票价15元），50分钟左右即可上山，在庐山上乘旅游观光车到达仙人洞

庐山御碑位于庐山仙人洞景区入口处白鹿升仙台上，有石阶相通。明洪武二十六年（1393），明太祖朱元璋为纪念周颠而赐建此碑亭。

据传朱元璋与陈友谅大战鄱阳湖时，有一个名叫周颠的疯和尚在南昌行乞。其口唱《太平歌》，言朱元璋"做皇帝定太平"。朱元璋得知后，便邀周颠同行。朱元璋建都南京后，特遣使来庐山，不见周颠。人传他已在此地乘白鹿升天。朱元璋即建亭立碑，以彰显其事。

御碑亭为石构歇山顶方亭，坐北朝南。亭通高6米，边长5.88米。月台面阔11.88米，进深13.58米。亭东、南、西三面开门。门高2.35米，宽1.58米。亭壁厚1.05米，四角立方石柱。正脊两头饰鳌鱼张口吞脊，正脊中缀宝瓶。四角戗脊倒鱼起翘。角梁则是在翘角石下刻成宝剑等式样代之。铺作以浅阳刻三才升示之，卷云插栱出檐。南面中间铺作部分刻成两边相向张口双龙的"御制"匾额。屋面石板上刻瓦楞及瓦当滴水。亭中方形石藻井，中间刻成圆形双龙戏珠浮雕。亭中立御制《周颠仙人传》碑。御碑由大理石加工而成，高3.6米，宽1.3米，厚0.2米，为平座。碑首浮雕二龙戏珠。正面刻有朱元璋亲自撰写的《周颠仙人传》。碑名为篆书，字径14厘米；正文阴刻楷书直列，字径3厘米；背面是朱元璋的《祭天眼僧者周颠仙人徐道人赤脚僧文》和两首诗，书法出自明初书法家詹希源之手。正门门柱和两侧立柱上刻有民国时期的两副对联。门柱上是陆伯年的"一亭烟雨成壑松，四壁云山九江棹"；两侧外立柱上为罗侠仙的"姑从此处寻踪迹，更有何人告太平"。1959年被公布为江西省文物保护单位。

此亭自建造至今600余年，曾多次毁建，多次维修，但都基本保持了原貌。民国六年（1917），胡瑞林等人捐修时将亭北门封堵。最近一次较大的维修是在民国二十六年（1937），由原国民党庐山管理局局长谭炳训发起，维修时增建了花岗石护栏和花岗石铺地的月台。1997年，庐山文物管理所为加强保护，在亭的三个大门上加设了铁栅栏围护。此建筑保护状况良好，文物本体保存完整，建筑结构稳定。

御碑亭外景

御碑亭南立面

御碑内景

5 庐山会议旧址建筑群
Former site for Lushan Conference

基本信息	国家级 / 购票参观（包含在庐山风景区门票中）
年　代	近代
地　址	庐山牯岭东谷掷笔峰麓火莲院河西路504号
交通信息	在市内长途汽车站乘坐直达庐山的旅游专线（票价15元），50分钟左右即可上山，在庐山上乘旅游观光车即可到达

庐山会议旧址建筑群，原为牯岭军官训练团旧址，包括庐山大礼堂、传习学舍和军官图书馆三栋建筑。1996年，庐山会议旧址建筑群被公布为第四批全国重点文物保护单位。

庐山大礼堂，即庐山会议旧址，坐落于庐山河西路504号，东濒长冲河谷。1935年动工兴建，原系国民党军官训练团的大礼堂，后改为庐山人民剧院。该建筑为两层砖石混合结构。建筑平面呈长方形，占地面积约830平方米。前部立面采用仿古形式，中部出短檐，屋顶铺设蓝色琉璃瓦，充分运用中国传统的造型表现手法。1959年的八届八中全会、1961年的中共中央工作会议和1970年的中共九届二中全会，均在此建筑内召开。会址坐北朝南，混凝土结构，铁瓦分水顶，四周封火墙，建筑面积约为2466.4平方米。

传习学舍建于1936年，混凝土结构，六层新古典主义建筑，平面呈长方形。目前，传习学舍被改造为庐山大厦，为庐山牯岭镇内的五星级宾馆。

同时期建造的军官图书馆为三层砖石混合建筑，采用大屋顶的仿古建筑形式。军官图书馆现被改造为"庐山抗战博物馆"的展厅。

庐山会议旧址外景

庐山会议旧址室内

庐山抗战博物馆外景

庐山抗战博物馆入口

6 庐山赐经亭

Scripture-givining Pavilion in Mount Lushan

基本信息	国家级／购票参观（包含在庐山风景区门票中）
年代	明
地址	庐山玉屏峰麓黄龙寺后一个小山顶
交通信息	在市内长途汽车站乘坐直达庐山的旅游专线（票价15元），50分钟左右即可上山，在庐山上乘旅游观光车到达仙人洞

赐经亭位于黄龙寺后约200米的小山顶上，面对石门涧，保存基本完好，可循麻石台阶而上，也有简易公路可至黄龙寺。

明万历十四年（1586），神宗皇帝为纪念其母肃皇太后，命工部刊印"续藏经四十一函并旧刻藏经文六百三十七函"恩赐庐山黄龙寺。明万历十五年（1587）由时任分巡九江兵备佥事的顾云程建造此亭，又称黄龙寺御碑亭。

赐经亭为石构，类似歇山顶方亭，坐东朝西，边长4.9米，高5.9米。花岗石方柱抹角边长35厘米，柱间距3.1米，鼓状八棱瓜形柱础高50厘米。方整花岗石板铺地。正脊两头下吻剑龙张口吞脊，正脊中缀宝瓶。铺作象昂外出三跳，无栱。栌斗以刻有卷草图案的石板相连。西面素平额枋垫板中刻"御制"匾额。板下为阳刻六边形蜂巢状图案的由枋。石平顶天花中央浮刻龙云戏珠。石板屋面檐口刻瓦当滴水，檐口高4.2米。亭中立明神宗颁布的《护藏敕》和《圣母印施佛藏经赞》大理石碑，通高180厘米，宽100厘米，厚15厘米。碑首高70厘米，上刻蟠龙螭首图案及"御制"二字。碑文记载了神宗皇帝为母亲赐经黄龙寺的事由始末。碑座为素平长方四棱台，高60厘米，长130厘米，厚60厘米。

此亭保护状况良好，目前未发现维修的历史记载。1997年庐山文物管理所在亭四周加设铁制围栏，并修简易登山石阶。建筑本体除额枋下的雀替遗损外，建筑主体保存完好，且结构稳定。1959年公布为江西省文物保护单位。2013年公布为全国重点文物保护单位。

庐山赐经亭外景

庐山赐经亭南立面

庐山赐经亭斗栱细部

庐山赐经亭内景

7 恭乾禅师塔

Pagoda of Master Gongqian

基本信息	省级（包含在庐山风景区门票中）
年　代	明
地　址	庐山牯岭西南的金竹坪
交通信息	在市内长途汽车站乘坐直达庐山的旅游专线（票价15元），50分钟左右即可上山，在庐山上乘旅游观光车到达仙人洞

恭乾禅师塔位于金竹坪千佛寺遗址后。恭乾禅师，名仁敬，法号恭乾。明万历七年（1579），恭乾禅师来到庐山金竹坪建千佛寺，被尊为该寺的开山祖师。其后于南昌讲经时坐化，归葬庐山金竹坪。明万历二十八年（1600），恭乾禅师弟子绩芳等修塔院，后世曾经多次维修。1986年庐山文物管理所重新修复，后因山洪冲毁。1995年庐山申报世界遗产时再修，保存至今。

恭乾禅师塔为其墓塔，共三级，由八大石构件组成。塔高3.5米，基座直径为1.3米。基座上有10个六角石墩，墩上用仰覆莲承托六角石柱。柱六面刻有"皇图巩固""帝道遐昌""法轮常转""佛国增辉""阿弥陀佛"等佛语。柱上托以石檐。檐上立一葫芦形宝顶。此塔集经幢与喇嘛塔的特点于一身，比较少见。

恭乾禅师塔铭碑共两通，立于塔墓前拜庭内，左右各一。碑上覆单开石亭。碑首无饰，平座。碑高150厘米，宽100厘米，用青石制成。碑名"恭乾禅师塔铭"，字径12厘米。正文阴刻楷书直列，字径3厘米。

塔后用石块筑成半圆形护围，围中为四柱三碑。中间稍高，上刻"明传贤首宗二十六代恭乾禅师塔"等字。左右两块均为无字碑。塔前为祭坪，左右分别立有大小相同的石碑。碑文已模糊不清。塔左有一天然巨石，上镌"卧碑"二字，旁刻"明恭乾禅师塔"六个大字。卧石上方有一巨石，形如船，故名石船。船头处立一三级六面石塔。

该塔院占地228平方米，坐北朝南。周围建有雕花石坊、花饰栏杆、碑亭和坚固围墙。拜庭宽敞，石栏雕刻得十分精美。清末，尉自明在原千佛寺遗址处改建玄妙观。民国时废。现仅留残墙乱石。

1959年公布为江西省文物保护单位。

庐山恭乾禅师塔主塔

庐山恭乾禅师塔附属文物船形塔

庐山恭乾禅师塔前碑（塔院左侧）

庐山恭乾禅师塔附属文物卧碑

8 东林寺
Donglin Temple

基本信息	省级 / 免费开放
年代	东晋
地址	九江市庐山西麓，北距九江市 16 公里，东距庐山牯岭街 50 公里
交通信息	驾车

位于庐山北香炉峰下的东林寺，是佛教净土宗（又称莲宗）的发源地，也被日本佛教净土宗和净土真宗视为祖庭。东晋太元九年（384），名僧慧远来到庐山，结庐于西林寺东，潜心修行。东晋太元十一年（386），江州刺史桓伊于此建寺，名曰东林寺。慧远从此主持东林寺 30 余年，研究佛学，创设莲社，倡导弥陀净土法门。东林寺唐代极盛，后几经兴废，中华人民共和国成立前夕仅存寺宇三间。1979 年以来，政府拨款继续修复。现存主要为寺院建筑以及聪明泉、石龙泉、白莲池、出水池等古迹。寺内还有唐代柳公权和李邕的书法残碑等重要文物。

因寺院地位独特，东林寺几经重建与修缮，建筑年代尚新，但从整体规划中，依然可看出当年的风貌。东林寺净土苑的规划，是以尊崇自然景观为前提进行设计的。核心景观大佛坐落的位置、整个苑区中轴线的走向、主要建筑规模和建筑标高等都基本保持了原控制性规划设计的意向要求。

苑区建筑依山就势，采用与地形结合良好且极具空间层次的布局方式。寺院中轴线上的建筑依次为山门殿（即天王殿）、三圣殿、大雄宝殿、拜佛台、接引桥、大佛台等。其中包含三圣殿、拜佛台、大佛台等几个较为精致开阔的苑区。寺院整体空间开合有致，相得益彰。在主要建筑之间，又有钟鼓楼、登山阶梯等空间穿插其中，形成一个丰富而有秩序的空间整体。

东林寺实景总平面

东林寺鸟瞰

东林寺正门

东林寺钟楼

朝礼之路由缓渐陡，其间有虹桥飞跨、衔山接路至宽阔的礼佛台前。

（1）天王殿

天王殿与环庐山公路相邻，用一座五开间石牌坊作为屏障，以之为苑区的南部边界。经由牌坊有四排树木。草坪台上排列着八柱经幢。山门左右设置着白象石雕。由乌头门式影壁和山门，以及山门前两侧附属的配殿，巧妙地构成了一个入口空间。中轴线两侧厢房后为入口区停车场。天王殿内供奉着天冠弥勒菩萨、韦驮菩萨、四大天王，形成了第一道景观。

（2）三圣殿

三圣殿区全长90米，以七宝莲池为核心，左右配殿、主殿与连廊相接，形成一个略似故宫午门五凤楼的格局。其既寓意着一种敞开双臂接引万物的博大胸怀，又再现了盛唐净土寺院"八功德水"及亭台楼榭的繁盛景象。殿内供奉阿弥陀佛与观音、势至两大菩萨之像，有净土变壁画，营造出一种置身西方佛国的欢快、欣悦的氛围。

（3）大雄宝殿

大雄宝殿区全长180米，左右配殿分两个区域展开。一是以佛舍利塔为中心。周边有连廊与过殿。塔中供奉佛的真身舍利，供信众绕塔供养修行，瞻拜舍利。二是大雄宝殿与配殿相连的区域。大殿为重檐庑殿顶，面阔九间，进深七间，是中轴线上规模最大的殿堂。大雄宝殿殿后直对着登山台阶。台阶起伏延伸。其间设置亭台，既可驻足歇息，又可凭栏望远。

（4）出木池

传说在东林建寺之初，慧远大师为筹集木材而发愁。一日远公寐至夜半，梦中忽见一位自称"庐山之神"的白须老人对其曰："此处幽静足以栖。"这天夜里，天空雷电交加，风雨大作。待天明时分，殿前的池塘中已涌出了许多上好的木材。慧远大师诚心鉴于天地，德行有感于神灵，故有此神助。后来，慧远大师以此木料所建之殿堂就命名为"神运殿"，涌出木材的那口池塘就叫"出木池"。

（5）远公塔院

远公塔院位于东林寺西侧，供奉有慧远大师墓塔。慧远大师，俗姓贾，雁门楼烦（今山西宁武）人，出生于东晋咸和九年（334），圆寂于东晋义熙十二年（416）。后人建塔供奉的"远公塔院"，因其墓塔叠石如荔枝又被称为"荔枝塔"。旧有塔院在清代已毁坏。现塔为1983年重修，2000年又修葺一新。院内有一棵"佛手樟"，相传为慧远大师手植，距今已有1600多年的历史。

东林寺天王殿

东林寺大雄宝殿

9 西林寺塔

Pagoda of Xilin Temple

基本信息	省级 / 免费开放
年　代	唐
地　址	庐山西麓，北距九江市10公里，东距庐山牯岭街50余公里，东临东林寺
交通信息	驾车

西林寺塔，又名千佛塔，位于庐山西北麓的北香炉峰下的西林寺内，地处九江市区南郊，距市区约10公里。这里交通便利，秀林碧溪，古木参天，洁静优雅，有北宋著名词人苏轼在西林寺驻足吟诵的诗篇《题西林壁》。

西林寺塔始建于唐开元年间。现存塔砖铭文上书："塔主宣州助教仲文康定二年；塔主宋慧大师道贞甲申庆历四年。"康定二年即庆历之年。说明这两种砖都是北宋庆历年间（1041—1044）所重建。此后西林寺塔屡有维修。据《德化县志》记载，规模较大的有"明崇祯四年（1631），由太史王鸣玉大师照真重修"。清道光年间塔顶裂为两半；咸丰年间一夜之间自动合拢，被称为神异。

西林寺塔平面为六边形，底层边长5.7米，高46米，背北向南，是一座明七暗八层楼阁式砖塔，南北辟门。一至二层间的夹层内于东北面另开拱门。底层腰檐下为三层砖雕斗栱，余层皆为二层砖雕斗栱；平座为棱角牙子叠涩。塔南每层门上均有横额，其底层为"千佛塔"，二层为"羽宝才"，三层为"金刚"，四层为"灵就来"，五层为"天上清"，六层为"聪雨花"，七层为"元明藏"。该塔是江西境内现存建塔历史较早、体量较大的古塔之一。其磨砖斗栱之精美堪称一绝。

西林寺塔东北面为西林寺庙。寺庙黄色围墙高筑，在四周的银杏树映衬之下更显佛地庄严神圣。1959年，西林寺塔被公布为省级文物保护单位。

西林寺塔壁斗栱细部

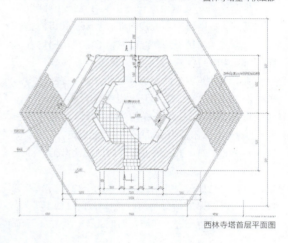

西林寺塔首层平面图

西林寺塔全景

西林寺塔立面图

10 紫阳堤

Ziyang Dyke

基本信息	国家级 / 免费开放
年　　代	宋
地　　址	星子县南康镇冰玉涧社区南 1000 米
交通信息	自星子客运站乘公交车至码头，即可步行到达

坐落于星子县城南康镇冰玉涧社区南1000米的鄱阳湖滨。自西向东，由紫阳堤、紫阳桥和田公堤连为一个整体，为星子县湖港内完整的防风浪船坞古建筑，俗称为南门栈。

堤、坞建筑占地面积约2万平方米。堤身结构由长条形花岗石叠砌，共20层。堤高约4米，宽8.7米。紫阳堤长280.8米，田公堤长约200米。两堤与桥总长500余米。紫阳桥为两堤中间连岸之通道，长34米，宽4.75米，高3.4米。桥拱自北向南递次减低。券拱为花岗石结构，造型独特。

紫阳堤与田公堤共围成西、东两个泊船澳。紫阳堤西端开有20米宽的行船澳口，船舶只能从西澳进入。小船则可通过桥孔进入东澳。两澳北面，为花岗石砌阶梯码头。

星子县城自北宋设为南康府治。因地处庐山之阳，古代官员、名士来访频繁。又因星子位于鄱阳湖出口水道要地，官舫、商舟泊港者甚繁。为避鄱湖风浪而建船坞于南城门之外。自北宋元祐年间，始构木为障。后木多朽坏。南宋理学家、教育家朱熹（别号紫阳）来知南康军时，大力重修船坞石堤，民称紫阳堤。明万历年间，知府田琯又在紫阳桥东接造东段石堤，民称田公堤。两堤连为一体，至今保存完整。

如今的紫阳堤本体，因其上下无大型机械碰撞和车辆行驶，整体形状至今仍保存较好，只有局部有少量坍塌。堤面部分条石被杂乱移动。在文物普查中，发现堤外的泥土中分别有明朝嘉靖都察院右副都御史、理学家王守仁，以及清朝顺治十四年（1657）南康知府薛所习为该堤修补时所立的"紫阳堤"大石碑。1977年，紫阳桥与田公堤船澳被县政府改作货场，将其用土填没，现成为堆沙场。而埋入土中的堤与桥却保存完好。

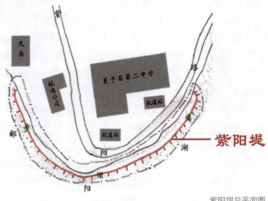

紫阳堤总平面图

紫阳桥正立面图

紫阳堤东南侧透视

紫阳桥桥洞遗迹

紫阳堤南侧砌石遗址

11 南康府谯楼
Watchtower of Nankang Prefecture

基本信息	省级 / 购票参观
年　　代	宋
地　　址	星子县南康镇冰玉涧社区南 1 公里
交通信息	自星子码头乘公交车至点将台

谯楼始建于南宋乾道年间（1165—1173），为南康军衙署大门。元代被毁。元至正年间（1341—1370）重建，不久又毁。明洪武十三年（1380）再次重建，改为全木结构，作为南康府署大门。明天顺三年（1459），知府陈敏政第三次重建，"筑台为址，上构以木"，恢复成传统楼台式样。此后屡有整修。清咸丰三年（1853）又遭兵灾，此后逐渐修复，仍基本保持明代格局。

星子县背倚庐山、面临鄱阳湖，是千年南康府治所在地。当时城内古迹众多。如果乘船从滨湖的紫阳堤上岸，入紫阳城门，便是南北走向的砚池街，古街上为长长的麻石条。有的石条被千年过往的足迹磨得溜光锃亮。街道下有排水畅通的下水道。沿途有 8 座横跨街道的牌坊，上面雕刻着飞禽走兽、各式楼阁与文武官员像。街尽头有一个空旷广场，耸立着"真儒过化坊"，是为纪念宋代先后在此任南康知军的周敦颐、朱熹而建。广场北面的谯楼，又名鼓楼，为花岗石基座，既高且固，历数百年而不废。20 世纪 50 年代，谯楼改称为周瑜点将台。谯楼下的石拱洞俗名为古老洞，可供人们纳凉。拱洞之侧便是古代府署所在地。这里有轩敞而古苍的旧式大厅、成抱围的大柱。府署后面是桂花园，内有 10 多株粗大的古桂树。谯楼东面，有一个用整块大石凿成的马槽。这个四五米长、1 米多高的马槽，据说是周瑜喂马所用。东行百余步为一方爱莲池，有石桥曲折通往池中亭台。"文革"期间，除谯楼未损外，旧府署、马槽以及所有的牌坊，都被损毁了。

现存的南康府谯楼，下为石台基，长 30.5 米，宽 16 米，高 6.6 米，全以花岗石砌成。中开拱券门洞一个，宽 3.3 米，高 5.6 米。台上为楼，面阔五间，进深四间，双槽无外廊，明间开门，次间、稍间为实墙开窗。屋顶为重檐歇山顶，绿色琉璃瓦屋面为近年修复。内部为全木结构。明间为抬梁式构架，前后槽均为双步梁。中间为七架梁。次间为穿斗式构架，中柱落地。外墙均涂朱，与石砌台基一起组成浑厚苍劲的体量造型。

鼓楼门洞两侧刻有长联一副："曾是名贤过化，前茂叔后考亭，我亦百姓长官，且试问催科抚字；纵使绝险称雄，背匡庐面彭蠡，谁作一方保障，敢徒凭

形势山川。"款署"乾隆癸未仲春下洗山右刘方溥书"。茂叔即北宋大儒周敦颐，其字茂叔；考亭即南宋大儒朱熹，号考亭先生。二人均曾任宋代南康军知军。"乾隆癸未"为清乾隆二十八年（1763）。刘方溥，山西

谯楼外景

谯楼正门

谯楼侧立面

洪洞人，乾隆二十七年至二十九年间（1762—1764）任南康府知府。此联在"文革"期间曾砌砖石覆盖。1979年拆去砖块，得以重见天日。

南康府谯楼目前保存完好，且被开辟为"周瑜点将台"景区，其后建有仿古园林与之相互映衬。该谯楼于2000年被列为江西省文物保护单位。

谯楼檐步梁架细部

谯楼门窗细部

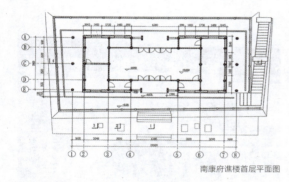
南康府谯楼首层平面图

南康府谯楼正立面图

浔阳区

浔阳区古建筑分布图

12 大胜塔
13 锁江楼塔
14 烟水亭

12 大胜塔

Dasheng Pagoda

基本信息	国家级 / 免费参观
年　代	宋
地　址	九江市浔阳区庾亮南路 168 号能仁寺内大雄宝殿东南侧
交通信息	九江市能仁禅寺站（市内乘坐21路公交车、105路内环）

大胜塔全景

大胜塔位于九江市浔阳区庾亮南路 168 号的能仁寺院内，原为佛舍利塔，保存完好。能仁寺为古代浔阳八景之一。

大胜塔始建于南梁大同元年（535），宋代重建，明洪武十二年（1379）再次重修，后历代均有维修。据《德化县志》载："明崇祯甲戌，备兵王思仁重修；清咸丰年间遭兵火毁其三级；同治十二年巡道景福率邑人修建，并在塔之四层佛龛内画有文人壁画一幅；底层正门嵌有重建大胜宝塔碑记一块。"1994 年，政府拨款及寺内自筹资金进行了较大规模的修葺。

大胜塔平面为六边形，高 42.58 米，坐东朝西，是一座七级楼阁式砖塔。大胜塔的底层供奉着释迦佛像。塔底层西向为正门，东北面阑额之上另辟有一扇登塔之门。其采用了宋塔常见"木骨"做法，就是二

大胜塔塔壁斗拱细部

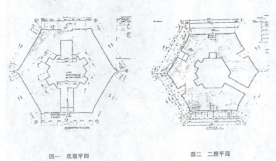

大胜塔一层、二层平面图

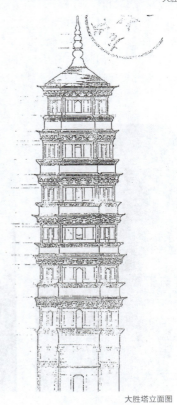

大胜塔立面图

层以上采用错层辟门。该做法是宋代中后期的主要辟门方式，克服了唐代及宋早期因重直辟门而造成的塔体纵向裂缝的弊端。整座塔采用门梯组合的"上下斜向穿壁饶平坐式"的登塔方式。每层六面均有门，三实三虚，塔内有砖砌台阶，可盘旋而上。这种登塔方式在我国现存古塔之中尚属少见。塔的各层平座与塔檐分离，砖砌叠涩平坐，石构腰檐斗栱，砖砌六角转圆形攒尖顶，金属塔刹。塔门左侧有清同治十一年（1872）九江关督白景福撰写的《重修大胜宝塔碑记》石碑一方。整个塔身保存较为完好。该塔于1957年被公布为江西省文物保护单位。2013年被公布为全国重点文物保护单位。

在大胜塔的西南侧分别坐落着能仁寺庙建筑群。其中有气势雄伟的大雄宝殿，以及金刚殿、铁佛殿、左右禅房及藏金楼等古建筑。此外，寺内原有"汉阳桥""飞来石船""雨穿石""冰山""雪洞"等七景，现大部分遗迹尚存。寺院建筑整体依坡就势，布局显得自然、宽宏、幽深。

13 锁江楼塔
Tower of Soujianglou

基本信息	国家级 / 购票参观
年　代	明
地　址	九江市浔阳区滨江路锁江楼景区
交通信息	九江市内乘坐5路、23路公交车至锁江楼站下车

锁江楼位于九江市区东北郊1公里处的长江南岸，这里原有一组古建筑，由江天锁钥楼（即锁江楼）、文峰塔（即回龙塔）以及4尊铁牛等许多附设建筑组成，现仅存锁江楼塔。

文峰塔，因位于九江市区东北长江边之回龙矶上，曾名回龙塔，又因矶上原建有锁江楼，故名锁江楼塔。塔以楼得名。锁江楼塔建于明万历十四年（1586），由知府吴秀募资建造，并于楼南建文峰塔。据同治《德化县志》载，在锁江楼塔竣工不久的"戊申（万历三十六年，即1608年）夏六月十七日夜"，九江发生地震，回龙矶岸折半入江。除宝塔安然无恙外，傍江的锁江楼、观鱼轩均毁，两尊铁牛也坠入长江波涛之中。清乾隆、嘉庆年间虽经重建，但清咸丰三年（1853）又毁于战火，现仅宝塔幸存。

锁江楼塔建于方锥形的台基上，塔四周栏杆环绕，东南西三面皆设踏步，以便上下。塔为楼阁式砖石空筒仿木结构，七级六面，高25.26米，平面为六边形，每边长291～296厘米，中空，是一座内部结构为空筒式的楼阁塔。

楼塔由基台、塔身、塔刹三部分组成。基台为两阶，总高110厘米，由规整的条状青石垒筑而成。塔身为砖砌体。塔壁厚120～125厘米。底层砖砌体厚93厘米，外包32厘米厚的青石墙裙。

塔身自下而上，均匀递减，逐层收敛，呈锥体状。塔门向西。石拼腰檐，其檐口平直，石凿斗栱，砖叠涩平坐，翼角微翘。异形斗栱，式样别致。叠涩牙檐，

锁江楼塔塔壁斗栱叠涩细部

锁江楼塔南侧外景

锁江楼塔塔内楼梯

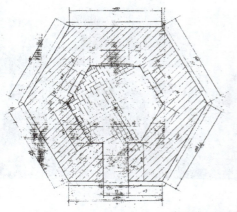

锁江楼塔一层平面图

平顶与檐部均用12厘米厚的石板压顶。翼角除第六层东南角外,皆凿一孔,以系铃铎。时而江风吹来,铃声叮当悦耳。各层砖砌仿木角柱、枋俱全。各层转角的倚柱,都安装石础,石础为马蹄形,高18厘米。底层内壁盘旋而上。顶为砖叠涩攒尖顶。各层内装木楼层、木楼梯、木栅栏。底层设一壶门,二至七层均设门洞式壶门两个,各层错位对开。

塔刹乃铁铸就,由覆体、露盘三重及水烟相串而成。1985年10月20日下午,在塔顶发现塔刹的覆钵上有一组铭文,记载楼、塔创建于"大明万历丙戌年",即万历十四年(1586)。锁江楼塔塔刹铭文真实记录了锁江楼塔的创建年代、竣工时间、创建楼塔的官员、捐资人员及督造人员等,具有相当高的史料价值,十分珍贵。

该塔目前保存状况良好,成为了游客观赏长江景致的重要景点。1987年12月被江西省人民政府公布为省级文物保护单位,2013年被公布为全国重点文物保护单位。

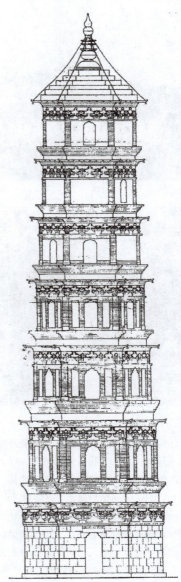

锁江楼塔正立面

14 烟水亭建筑群

Architectural Complex of Yanshui Pavilion

基本信息	省级 / 购票参观
年　　代	宋
地　　址	九江市浔阳区长江南岸的甘棠湖中
交通信息	九江市烟水亭站(乘坐公交15、16、28、29、106、101路)

烟水亭为"周瑜点将台"之故址。相传汉建安十三年(208),孙权戍守浔口(今九江市区),大都督周瑜在甘棠湖上操练水军,因此在湖中筑台点将。唐元和十年至十三年间(815—818),白居易被贬为江州司马时,于此土墩上建亭。后人以其诗《琵琶行》中的"别时茫茫江浸月"之句,将其命名为"浸月亭"。"烟水亭"原在湖堤上,取"山头水色薄笼烟"之意境,是宋代理学家周敦颐所建。后两亭俱毁。明万历年间

烟水亭全景

烟水亭建筑群大门入口

纯阳殿

周瑜点将台方亭

（1573—1620），关督主事黄腾春于"浸月亭"故址重建"烟水亭"。后人又相继修葺增建，遂成一集殿阁亭轩之古建筑群。1972年重修，并建曲桥一座，蜿蜒接于亭上。1987年又在亭前建"周瑜点将台"一座，以供游人观瞻。

烟水亭建筑群地处湖心岛，整个平面呈圆角长方形格局。烟水亭位置居中，与南面点将台的方亭、北面的五贤阁、水阁位于同一条中轴线上。左侧有亦亭、东厅；右边有浸月亭、西厅。

（1）烟水亭

烟水亭单体平面呈"凸"字形，由主体建筑和前庑组成。主体建筑面阔三间，两稍间和两侧廊用槛墙、槛窗隔断，进深一间。正面明间金柱之间设双开门和砖墙。两次间金柱之间设槛墙、槛窗。槛墙砌于金柱柱间之内侧，金柱一部分外凸于墙体。背面为青砖围护墙，砌于檐柱柱间之外侧。前庑面阔三间，进深一间。

（2）五贤阁

五贤阁是烟水亭建筑群唯一的重檐建筑。底层面阔三间，进深两间。前檐柱间均设隔扇门。后檐明间金柱柱间、檐柱柱间均设砖墙。明间后廊设楼梯上二楼，两山以砖封火墙围护，砌于柱网之外侧。二层面

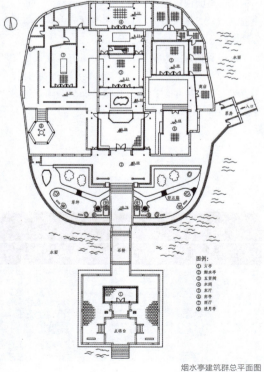
烟水亭建筑群总平面图

阔一间，进深一间。四周檐柱间均设隔扇窗。除后檐装板外，四周金柱间均设隔扇门。

（3）水阁

水阁面阔三间，进深三间。正面明间前檐柱间均设隔扇门，两次间及两山、背面均为青砖围护墙，砌于檐柱柱网之外侧。

（4）东厅

东厅面阔两间。明间和次间用砖墙隔断，明间进深四间，东侧次间进深三间。正面明间前檐柱间均设隔扇门，次间正面及两山、背面均为青砖围护墙。

（5）亦亭

亦亭平面呈"凸"字形，正面与翠照轩相向，面阔一间，进深两间。正面设对开门、槛窗，两山及背面均为青砖围护墙。

（6）西厅

西厅面阔四间，进深一间。正面明间金柱之间设隔扇门、槛窗，两次间为槛窗，背面明间次间均为槛窗。南侧金柱之间均为隔扇门。北山墙为青砖围护墙，砌于柱网之外侧。

烟水亭建筑群均为砖、木、石结构，运用抬梁、穿斗混合式木作梁架，封火山墙，小青瓦瓦面。烟水亭有十檩四柱，前廊用月枋；五贤阁十一檩四柱；水阁八檩四柱；东厅十一檩五柱；亦亭十二檩二柱一承重墙；西厅十三檩四柱，前、后出挑梁挑檐檩。

该建筑群目前保存完好，2000年被公布为江西省文物保护单位。

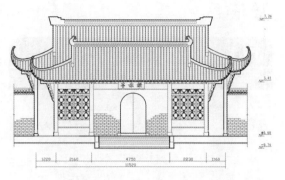

烟水亭立面图

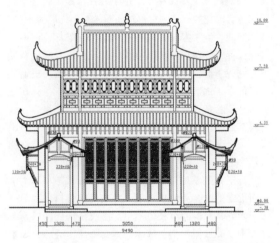

烟水亭五贤阁立面图

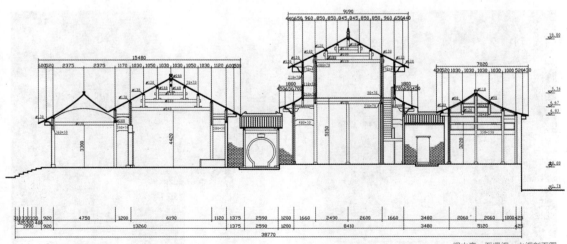

烟水亭、五贤阁、水阁剖面图

濂溪区

15 周敦颐墓
Zhou Dunyi's tomb

基本信息	省级
年　代	宋
地　址	九江市濂溪区莲花镇周家湾之栗树岭
交通信息	在市内乘坐101路、106路、32路公交车在冯家村下车

周敦颐墓又称濂溪墓,位于九江市濂溪区莲花镇周家湾之栗树岭。墓区总占地面积4.3万平方米。"文革"期间,濂溪墓地面建筑遭到了严重破坏,但地下墓仍保存完好。1999年,在香港周氏宗亲总会的资助下,完成了濂溪墓第一期修复工程,使珍贵历史遗迹得以保存。周敦颐曾在庐山北麓建濂溪书堂,并在这里写下了脍炙人口的《爱莲说》。1073年逝世后,后人遵其遗嘱,将他与母亲郑太夫人和妻子同葬于庐山脚下。至明清时,墓葬规模已相当宏大,曾为"江州八景"之一。

濂溪墓的墓址是按传统的"四神形式"和风水学说而选定的。墓背倚栗树岭,左右两山夹持,墓前方数十米处,淙淙濂溪长流不息。濂溪墓区周围以石条砌成围墙,放眼南望,崎岖的莲花峰层峦叠嶂,山水一色,地形高爽,环境非常幽静。濂溪墓其实是一个墓葬群,左为濂溪墓,中为其母墓,右为其夫人墓。进门处立有石坊,上刻"周濂溪夫子墓"。墓左立有"太极图碑",右立有"像图牌"。碑面上刻有其老友潘兴嗣编撰的墓志铭。墓后有弧形照壁,嵌2米高的青石碑三块,镌有周敦颐的代表作《黄历》《爱莲说》和《太极图说》。墓旁建有濂溪祠,祠前有两莲池,还有墓道、状元桥、爱莲堂、霁月亭、碑廊等。附近树木参天,呈现出一种"悟道"的特殊气势。濂溪祠由九江知府童潮于明弘治三年(1490)始建。清咸丰年间,湘军水师彭玉麟督师浔阳,出银重修濂溪墓。传其愈加集自然美、建筑美和绘画美于一体。

当年的濂溪墓和濂溪书院等已不复存在。20世纪90年代,港澳和旅居东南亚的周氏后嗣集资数十万元,在莲花镇、冯家村购地六七亩,重修濂溪墓。该景区目前环境优美,保存完好。1959年,濂溪墓被列为省级文物保护单位。

周敦颐墓墓碑与封土

周敦颐墓周围环境

16 九江姑塘海关旧址
Gutang Branch of Jiujiang Customs

基本信息	国家级
年　　代	1902—1931 年
地　　址	九江市濂溪区周岭乡姑塘村
交通信息	驾车

姑塘海关旧址位于濂溪区姑塘镇原姑塘村境内的码头，其位处鄱阳湖的入江口，与大孤山（又名鞋山）隔水相望。清雍正元年（1723），江西巡抚裴度在此设立姑塘钞关。1861 年，清政府在英、法胁迫下成立九江海关，在此设立九江钞关姑塘分关，使它成为鄱阳湖进入长江唯一的通商口岸和商品集散地。1902 年，根据《辛丑条约》，英国强迫清政府将姑塘钞关划归九江海关管辖，更名为姑塘海关。

铁路运输的出现，导致了水运的作用下降。鄱阳湖长江的货物吞吐量严重减少。1931 年，姑塘海关被正式关闭。1938 年 7 月 22 日夜，姑塘镇被日本军队轰炸后化为废墟。

如今的姑塘海关，仅留下一座由 3 栋欧式楼房怀抱而成的院落，亦称"新关"或"洋关"。海关遗址背倚姑塘山，面临鄱阳湖，前、后、左三栋西式洋房占地面积为 2028 平方米。左侧有监督税收的炮台一座，现仅存台基。1987 年，该旧址被列为江西省级文物保护单位。2019 年 10 月，被列为第八批全国重点文物保护单位。

九江海关入口台阶

海关正对处鄱阳湖景观

九江海关外景

九江海关远景

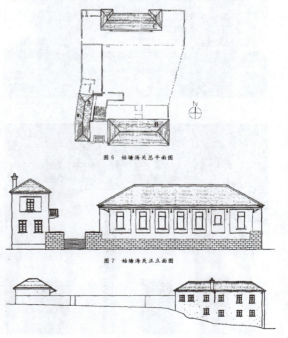
图 6　姑塘海关总平面图

图 7　姑塘海关正立面图

九江海关平面、立面简图

柴桑区

17 陶靖节祠
Shrine to Tao Jingjie

基本信息	省级 / 购票参观
年　　代	宋
地　　址	柴桑区沙河街东北隅蔡家洼（即陶渊明纪念馆区内）
交通信息	驾车

陶靖节祠，又名陶渊明祠，位于柴桑区沙河街东北隅蔡家洼（即陶渊明纪念馆区内）。原祠坐落于面阳山靖节先生墓左前麓，始建于北宋宣和初年（1119）。元末兵燹侵废为田。明嘉靖十二年（1533），九江知府马纪受巡按御史李循义檄令，命同知黄敏才督工重建，约于明嘉靖十七年（1538）竣工。清乾隆元年（1736）和民国十年（1921）均有较大的修葺。1959年11月列为省级重点文物保护单位。1982年按原貌迁建于今址。

陶靖节祠为砖木结构，古书院建筑风格。祠院坐东北朝向西南，分正堂和前室两殿，中有天井，侧配厢房两间。正殿梁高6.6米，面积为250余平方米。大门首有明嘉靖进士、浙江提学副使薛应祺题书浮雕的"陶靖节祠"石匾。两边山墙中部各开一耳门。左右耳房门首各书"菊圃""柳巷"。祠内正堂有陶渊明神龛、塑像。正、前殿檐首分别挂有两幅九江清代翰林刘迁琛所题书的匾额"羲皇上人"和"望古遥集"。堂内还置有陶渊明四十一代孙明邑庠生陶享所书的《陶靖节祠祝文》碑，刘迁琛所撰《陶靖节先生祠堂记》和李锦焕题写的长联。祠内遍悬楹联、匾额，四壁镶嵌刻有陶公名篇《桃花源记》《五柳先生传》《归去来分辞》碑刻。

陶靖节祠正立面

陶靖节祠室内天井

陶靖节祠屋架结构

陶靖节祠东侧外景

18 陶渊明墓

Tao Yuanming's Tomb

基本信息	省级 / 购票参观
年　代	清
地　址	柴桑区沙河街东北隅蔡家洼（即陶渊明纪念馆区内）
交通信息	自九江汽车站乘大巴至沙河客运站，步行可达

陶渊明墓位于九江市柴桑区沙河镇，距原陶渊明祠址仅百余米。陶渊明，寻阳柴桑（今九江市）人，生于 365 年。据吴宗慈《庐山志》引古层冰《隅楼丛书·陶谱考》曰："明正德七年，楚城乡鹿子坂大水冲出一碑，曰'靖节先生故里'。提学李梦阳据之以恢复先生坟墓，田庐。"清乾隆元年（1736）重立的墓上的《墓志》云："我祖佳城葬面阳，千载犹沐褒赠……"

从祠至墓地，可沿山坡上的砖阶小路盘旋而上。墓坐北朝南，茔地长 7.9 米，宽 4.1 米，封土高 1.62 米，外壳为长形拱顶砖石结构。墓碑为三门式，碑额呈笔架形。额首横刻"清风高节"。中碑直刻"晋征士陶公靖节先生之墓"字样。两边石碑皆高 1 米，宽 0.46 米。左碑刻有《五柳先生传》及《墓志》等诗赞；右碑刻有《归去来兮辞》及立碑者和陶氏后裔居住地等。墓前有护栏围合，墓周苍松环绕。沿中门数十级台阶可登墓区。整个墓体，坡度缓和，四面斜收，显得稳重而壮观，隐隐透露着诗人的高风亮节。

该墓是明正德年间重建，清乾隆元年（1736）仲秋重修。民国十年（1921）及 1962 年，均进行过较大的维修。该墓地于 1983 年从马回岭村迁至九江县城中，并重新建祠。该墓现保存良好，已列为江西省重点文物保护单位。

陶渊明墓前牌坊

陶渊明墓漫道墓碑及封土

19 岳飞母亲姚太夫人墓

Tomb of Mdm. Yao, Mother of Yue Fei

基本信息	省级 / 购票参观
年　代	清
地　址	柴桑区沙河街东北隅蔡家洼（即陶渊明纪念馆区内）
交通信息	在市内乘坐 101 路、106 路、32 路公交车在冯家村下车

该墓位于柴桑区株岭山东北端，为"卧虎舔尾"之地。岳飞的母亲姚太夫人深明大义，曾于岳飞背部刺"精忠报国"四字以勉之，世尊为千古母教典范。南宋建炎四年（1130），岳飞从家乡汤阴迎母抵宜兴（今属江苏）随军奉养，后移居江州（今九江）、鄂州（今武昌）直至病逝。宋高宗赐葬于江州。墓向西北，茔地长约 9 米，宽约 4 米，封土高约 1.7 米，外壳园形拱顶，石灰石结构。墓碑上刻着"宋岳忠武王母姚太夫人之墓"。明正德十二年（1517），九江知府汪颖在墓前修建岳母祠。该祠后为侵华日本空军炸毁。裔孙继善等重建茅舍三间祭祀，又被国民党军队拆去修工事，自此沦为废墟。中华人民共和国成立后，政府于 1962 年和 1984 年进行了两次维修，现保存完好。

岳飞母亲墓碑及封土

彭泽县

20 黄岭大圣塔
Dasheng Pagoda in Huangling Township

基本信息	省级 / 开放景点
年　代	明
地　址	彭泽县黄岭乡黄岭村以西 2000 米处的旧县塔
交通信息	驾车

大圣塔位于彭泽县黄岭乡，原名旧县塔。该塔始建于唐代，重修于明代，清乾隆年间由陶子仙再建。原唐塔旁建有"宝华寺"，后几遭焚毁。大圣塔为砖石结构，七级六面楼阁式，用厚重青砖叠砌而成，无基座，塔身拔地而起。空筒结构的塔身收分较小，给人以安定、古朴之感。塔高 17.7 米，底层边长 3.73 米，南北双向开门。塔底内置八角浮雕力士神像石一方。二层以上每层各面有一门。腰檐、平座以青条砖菱角牙子斜叠出檐。平坐三层，腰檐两层，每层之间均间平砖一层。塔体六角以特制圆砖转角，自二层直至顶端。另外每层平坐以下亦以平砖齐缝渐次叠涩三层，形似腰箍。塔室之内原有木质楼层及阶梯，现均毁而不存。仰顶为叠涩穹窿顶。

现塔前尚存穿方石板桥，俗称"仙桥"。塔东 2000 米处有"狄公生祠"。彭泽百姓在"纵囚墩"旁建造了"狄梁国公祠"祀奉，并与"七级浮屠"旧县古塔相互映衬。旧县塔旁建有宝华寺一座，宝华寺始建于唐。明天顺己卯年（1459），典史李纪重修。后被粤匪焚毁，有遗基尚存。日军攻陷黄岭时，曾炮击此塔。塔身上弹痕累累。其虽残损圮坏，遍体鳞伤，但仍傲然屹立。

1954 年江西省文化局专家根据塔上花纹的刀法风格，确认为唐代雕刻艺术，距今 1300 多年。现为已被列入第五批江西省文物保护单位。

大圣塔外观

21 茅湾碾米作坊遗址
Site of Rice-milling Workshop in Maowan Village

基本信息	省级 / 开放景点
年　代	清
地　址	九江市彭泽县茅湾村
交通信息	驾车

茅湾碾米作坊遗址位于彭泽县马当镇茅湾村，与本村清代乾隆年间的贞节石牌坊相距不到 50 米。该作坊建于清道光八年（1828），是目前发现的最为完整的并有明确纪年的清代碾米作坊遗址。根据村民介绍，作坊的实际使用直至 20 世纪 60 年代末期才结束。

遗址现存一套完整的石制碾米工具，包括碾槽、碾轮和碾柱。碾槽呈圆形，由麻石制成，由双层半圆形条石连接而成。碾轮由花岗岩制成。碾柱，俗称"将军柱"，由青石制成，上下方，中间圆，上端正面镌刻铭文。

据相关资料显示，这个作坊每次可碾稻谷 200 多公斤。考古人员认为，此处完整大型的碾米作坊，使得人们对于清代农业生产方式和生产力发展情况有了新的认识。

茅湾碾米作坊遗址碾轮和碾柱

湖口县

22 石钟山古建筑及石刻
Ancient Architecture and Stone Carvings in Mount Shizhong

基本信息	国家级 / 购票参观
年　代	唐—民国
地　址	九江市湖口县的西北面
交通信息	乘班车到湖口汽车站（九江长途汽车站），下车后可打车至景区

石钟山作为名胜的景观营造大约始于唐代，历经兴废。清咸丰十年（1860），一组以昭忠祠为主的建筑群在石钟山山顶落成，并一直保存至今。从山脚到山顶，石钟山的高度不过五十几米，然而经过彭玉麟等人的精心营造，形成了山上花木扶疏，亭台楼阁林立，山外山势嶙峋，江天湖景辽远，充满了自然奇景与人文历史积淀的园林式景观。

全山共有250余处摩崖石刻，其中著名的有宋代名臣王安石的"古仙洞"、明初著名大将常遇春的"忘怀天地"、清代湘军水师将领彭玉麟的"云根"和"直梅"石刻等。著名的碑刻有"魏征书"碑、苏轼《石钟山记》碑、清代曾国藩的"上谕"碑、彭玉麟的"寿"字碑、黄翼升的"鸾"字碑，王裕春的"心正为中"碑和高心夔的《石钟山铭并序》碑等。其中唐代魏征书碑和宋代苏轼、黄庭坚的诗画碑尤为珍贵。

在这里，怀苏亭、绀园、紫云廊、船厅、江天一览亭、报慈禅林、昭忠祠、浣香别墅、梅花厅、碑廊等20多处古建筑因势而建，几乎全为清末重建。

昭忠祠、报慈禅林和浣香别墅，为湘军水师将领彭玉麟于清咸丰八年（1858）从太平军手中克复九江后兴建。旨在祭奠在湖口与太平军交战中阵亡的湘军水师将士，及纪念历代游山名人。

昭忠祠是石钟山古建筑群的主体，位于下石钟山顶西北，前临长江与鄱阳湖，气势非常恢宏。其由3座带有晚清徽派风格的建筑并列组成，中间是纪念湘军水师的昭忠祠。前殿、正殿原用于陈设湘军水师阵亡将士灵位。其间由两座天井分隔。两座碑廊刻有历代名人诗词字碑。大门采用牌楼式结构，上方的匾额原为"昭忠祠"三个大字。1945年抗战胜利，湖口县国民政府在此悼念抗日英烈时，将其改成了我们现在看到的"忠烈祠"。牌楼门两侧石柱上雕刻着彭玉麟手书的对联："祀重春秋名垂竹帛；光昭日月气壮山河。"

昭忠祠北侧是浣香别墅，是一座内部带有庭院的居住建筑，为彭玉麟读书、休养、待客之所。每逢春秋祭祀，地方官员便在此居住。

别墅前部为听涛眺雨斋，是官员休息的地方。别墅后部为芸芍斋，是用餐之处。院内回廊的墙壁上，镶嵌着历代名人碑刻20多方，其中包括魏徵手书《尚书·洪范》碑，以及苏轼、黄庭坚、郑板桥等人的诗画碑等其他具有重要艺术价值的文物。这些碑刻原本散落在石钟山各处。修建昭忠祠时，彭玉麟将其细心收集起来，镶嵌在浣香别墅的回廊里供人欣赏。后院有一个小花园，中间建有一座六边形的"且闲亭"。亭后有桃花池。池上石板桥通往院后的桃花洞。

昭忠祠南侧是报慈禅林。这是一座小型佛寺，依附于祠堂而设。其主要功能是在祭祀忠魂时举办法事。内部有戏台和佛堂一座。祠后有禅林塔一座。每逢庙会，都要在这里集僧诵经，请戏班演出。现存建筑为清光绪二十九年（1903）火灾后重修。

昭忠祠、浣香别墅、报慈禅林三座建筑，形成了一个完整的祭祀空间。

2013年，石钟山古建筑和石刻被列为全国重点文物保护单位。

石钟山古建筑分布图
- 21-1 太平楼
- 21-2 梅花厅
- 21-3 浣香别墅
- 21-4 忠烈祠
- 21-5 紫云廊
- 21-6 船厅
- 21-7 江天一览亭
- 21-8 临湖塔
- 21-9 报慈禅林
- 21-10 上谕亭

石钟山建筑群正门

石钟亭外景

紫云廊

紫云廊内景

昭忠祠

报慈禅林噌吰阁

观音殿戏台

报慈禅林观音殿

禅林塔

报慈禅林庭院景观

浣香别墅景观

永修县

23 吴城吉安会馆
Ji'an Guild Hall in Wucheng Town

基本信息	省级 / 免费开放
年　　代	宋
地　　址	永修县吴城镇吴城景区中
交通信息	永修汽车站乘大巴车至吴城

　　吉安会馆是古吴城的一座标志性建筑。清嘉庆二十三年（1818），吴城吉安籍商贾客商购地1000余平方米，建成吉安会馆。清道光七年（1827），吉安商会对吉安会馆主体结构进行了大规模维修。此后直至民国早期，先后进行过3次扩建。

　　吉安会馆建在离街道2米高的岗丘之上，并充分利用山丘前后高差地势，前堂、中堂、后堂逐步增高，错落有致。会馆坐北朝南，平面呈矩形，东西长，南北短。前为大街，左、右、后墙与民宅相邻。原总体布局可分为三部分，现存建筑实际仅有前堂和戏台，但仍为清代道光年间格局。

　　吉安会馆前门有一砖砌门楼。门楼做成石牌坊式嵌于砖墙内。门楼形式为四柱三间五楼，门楼上有精美雕刻，形态生动，富有寓意。所雕图案均为民间喜闻乐见的戏文、瑞草飞鸟、延年益寿、喜庆欢乐的图案形式。

　　吉安会馆开有三个大门进出，正门为门楼大门，两侧为花岗石拱券，双开镶拼木板门扇，青石压顶。中门门匾上书"理学名臣"，左侧门匾上书"居仁"，右侧门匾上书"由义"。

　　吉安会馆原用柱较多，柱子包括杉木柱和石柱两种。柱础的形式为鼓形柱础，规格大小不一，局部有雕刻。明间为抬梁式，二层天棚顶为葫芦形雕刻精美的藻井；次间为穿斗式。戏台明间上方设有椭葫芦形凹进藻井，造型独特。上绘菊花、如意等图案。戏台部位装饰精美，雕刻较多。整体木构架采用朱红色油漆，花纹上有金色油饰。前堂地面为青条石地面。二层为木楼板地面。

　　正面外墙为青砖眠砌法。墙头为垒瓦脊。内墙为

吉安会馆正立面

会馆正房及屋架

白色抹灰粉刷。屋面瓦均采用缸瓦，屋脊均为垒瓦脊。戏台明间屋面为悬山歇山形式，次间为硬山屋面。明间正面两角飞翘，造型优美。正脊为垒瓦脊。戏台正面檐口有勾头和滴水。

前堂左、右两壁分别镶嵌《吴城会馆简介》《重修吉安祠全德堂记》《重修乡祠数目列后》等青石碑刻。

2006年，吉安会馆被列为江西省文物保护单位。

吉安会馆正门细部

吉安会馆墙壁石刻细部

24 真如寺塔林

Pagoda Forest of Zhenru Temple

基本信息	国家级 / 免费开放（需要买云居山景区门票）
年　　代	唐
地　　址	永修县城东北22公里云居山五脑峰南麓
交通信息	距南昌76公里，驾车通过昌九高速及105/316国道可至永修县

真如寺位于永修县云居山。始建于唐宪宗元和初年（806），称龙昌书院。晚唐时曹洞宗祖师良价弟子道膺曾做住持。宋真宗于大中祥符元年（1008）赐书"真如禅院"。主要建筑有赵州关、罗汉桥、大雄宝殿、藏经楼、关王殿、钟鼓楼及历代僧塔一百余座，屡经兴废。抗日战争中，全部建筑毁于兵火。1953年在虚云法师主持下对真如寺进行大规模维修重建。"文革"期间，重修不久的寺院又被捣毁。1980年重建真如寺。其是国家重点开放寺庙，全国汉传佛教三大样板丛林之一，为佛教曹洞宗发祥地。

真如寺周围有历代高僧墓塔91座，从唐代延续

唐道膺禅师塔

到现代。保存下来较有名的僧塔有唐道膺禅师塔、北宋罗汉塔、宋心印禅师塔、明颛愚和尚全身法塔、清德胤禅师塔、清元宗禅师塔、清雄庆禅师塔、清古镇禅师塔、清戒显和尚全身塔、虚云和尚舍利塔和海会塔等。塔林中最恢宏的是明颛愚和尚全身法塔，最早的是唐道膺禅师塔。真如寺塔林现为第六批全国重点文物保护单位。

道膺禅师谥"弘觉禅师"。道膺禅师塔距真如禅寺约2公里，坐西朝东，位于一呈梅花形塔群的中心位置。该塔始建于唐天复二年（902），"文革"中遭损毁，1985年修复。塔座碑石上镌楷书，正中为"弘觉禅师塔"，右侧为"唐天复二年建"，左侧为"佛历三千零十二年公元一九八五年秋真如寺常住重修"。长方形塔坪后半周有花岗岩护墙。墙正中嵌碑龛。龛内为一青石碑。碑顶横排篆书"敕赐云居弘觉禅师"，其下镌楷书"重录曹洞正宗道膺祖师志序"，落款为"佛历三千零十二年仲秋住持一诚暨四众弟子重修"。

北宋曹洞宗心空禅师曾住持云居山，圆寂于宋庆历四年（1044）。心空禅师塔坐北朝南，宋庆历四年（1044）始建，"文革"中遭损毁，1986年修复。塔后方正中亭内墙上，嵌有青石碑。其上镌有竖列楷书，正中为"心空惠照禅师之塔"，右侧为"宋庆历四年岁次己亥四

心空禅师祖师塔外观

心空禅师祖师塔内舍利塔

心空禅师祖师塔屋架斗栱

心空禅师祖师塔碑

心印禅师塔外观

月孟夏谷旦建佛历三千零十四年公元一九八七岁次丁卯五月吉日刊"，左侧为"住持一诚都监达定暨两序大众檀那施主重修"及"三宝弟子宽茂居士刻"。

心印禅师塔内舍利塔

北宋建众僧普同塔

德安县

25 罗汉桥
Arhat Bridge

基本信息	省级／免费开放
年　　代	宋
地　　址	德安县城东风路南段古罗汉港上
交通信息	距南昌76公里，驾车通过昌九高速及105/316国道可至永修县

罗汉寺（净土院）在县城以南2公里罗汉桥西。罗汉桥因建在罗汉寺以东而得名，建于宋神宗熙宁年间（1068—1077），是德安县迄今仅存的一座宋代古桥，也是江西省现存有绝对纪年的3座北宋石拱桥之一。

桥台基立于鄱阳湖支流罗汉港之上，为东西向，溪流由北向南流经桥底。金刚墙埋入淤泥中，桥面石、撞券石及雁翅泊岸等缺失。桥身长约13米，桥面宽4.2米，桥拱跨4.85米，拱高2.43米。拱圈以7个纵向单券并列组成。每券有花岗岩石11块，合计有77块折扇面形石组成承重拱板。每列纵向与横向石缝皆相通。

罗汉桥纵横砌缝用石灰糯米砂浆填补。石块横向采用银锭榫拉结，既保证了结构的稳定，又美观大方。由于年代久远，部分桥体砌缝砂浆脱落。

桥圈中券，自西至东镌刻"宋大观元年丁亥岁建"九个楷书大字。每块拱券石刻一个字。右侧拱券石刻字为："发心劝缘，赐紫僧如臻。都（督）劝缘，掌修造程士约。同劝缘，真一大师、余涯通。"左侧拱券石刻字为："同劝缘，修造，僧如岳。散缘，僧觉珠、惠瑛，智光。庐山石匠都（督）料杨文清。"字迹较小。

900余年来，罗汉桥一直是九江星子通往永修、南昌等地的重要通道。其至今才在沉泥中被发现，重见天日。但由于临近街道，附近居民建房时把古桥包围。有的民房建在距桥身不到3米之处。2006年，被列为第五批省级文物保护单位。

罗汉桥外露部分全景

修水县

26 陈宝箴、陈三立故居
Former Residence of Chen Baozhen and Chen Sanli

基本信息	国家级 / 免费开放
年　　代	清
地　　址	德安县城东风路南段古罗汉港上竹墩村
交通信息	距南昌76公里，驾车通过昌九高速及105/316国道可至永修县

陈家大屋坐落在修水县义宁镇竹墩村的上竹墩。右边的老屋建于清嘉庆年间，距今约200余年；左边的新屋建于清光绪年间，距今约120余年。老屋一进大门，中开大天井。屋宽17.41米，进深17.1米，高6.35米。天井两侧分别为客厅、官厅，上下堂前两侧是书房与卧室。上厅房是陈宝箴居室，也是陈三立出生处。新屋结构与老屋相似，宽12.7米，进深15.61米，高6.33米。这两部分房屋的基本结构尚属完好。门前场地前沿，有1851年陈宝箴中举时所立的旗杆石。另有旗杆墩由麻石（黄岗岩）所砌成，长宽各1.36米，高1.26米。正面刻有"光绪己丑主政陈三立"9个字，至今清晰可辨。其为1889年陈三立中进士后被授为

陈家大屋屋架结构

陈家大屋外景

陈家大屋梁上雕花细部

陈家大屋天井内景

陈家大屋格栅窗细部

吏部主事时所立。

陈宝箴（1831—1900），号右铭，清末维新派人士，曾任湘南知府候补、湖北按察使、直隶布政使、湖南巡抚等职。在任期间，除致力维新而著有政声外，还致力于创办新学。

陈三立（1853—1917），陈宝箴长子，字伯严，晚年自号散原。中进士后授吏部主事，未实际视事，而鼎力协助其父推行新政。1898年戊戌变法时被革职。其退出政界后以诗文自娱，为同光体诗派领袖，在我国近代诗坛有极高地位。

陈宝箴、陈三立及三立之子国画大师陈衡恪、国学大师陈寅恪，三代四人均名载《辞海》。

27 湾里桥
Wanli Bridge

基本信息	省级
年　代	宋
地　址	修水县黄港镇
交通信息	驾车

湾里桥为一座南宋石拱桥，单拱凌飞，形态轻盈，跨度约30米。桥身由多层拱券堆叠而成。最下层大块条石平砌，且上面有精美雕刻。湾里桥目前已遍身长满植物和青苔，很难看清原貌。但其轻盈优美的桥身姿态，却堪称宋桥的佳品。该桥于2006年被公布为省级文物保护单位。

湾里桥桥拱题刻

湾里桥

28 黄庭坚墓
Huang Tingjian's Tomb

基本信息	省级
年　代	宋
地　址	修水县杭口乡双井村
交通信息	驾车经昌九高速公路、316国道到达。距九江市区220公里

　　黄庭坚墓位于修水双井故居东南。墓坐北朝南，封土堆高1.93米，直径2.76米。墓前四柱三碑，中碑刻"宋谥黄文节公之墓"，两边碑刻《黄庭坚先生传略》。墓左、右、后三方有土石垒砌的弧形护坟建筑。墓碑两边刻有楹联："看黄庭有味；笑白发无闲。"明、清及民国时期均对此墓进行过维修。

　　双井村后倚杭山，前临修河，山清水秀，清幽雅静，有明月湾、钓鱼台等名胜，有黄庭坚手书"双井"等多处摩崖石刻。1959年，黄庭坚墓被公布为第二批省级文物保护单位。

黄庭坚墓墓碑及封土

29 黄龙寺观音井石亭
Stone Pavilion over Guanyin Well in Huanglong Temple

基本信息	省级 / 免费开放
年　代	明
地　址	修水县城中心
交通信息	在九江长途汽车站乘公交车至修水县县城中心

　　黄龙寺建筑群皆在明清时期遭毁。唯一剩下的观音堂也在"文革"中遭到破坏。如今所见的黄龙寺建筑皆为当代的仿古建筑。黄龙寺东侧有一口水井，名为观音井。井口上方有一座明代石亭。该亭为四角方亭，亭高10米左右。每一立面有三柱，柱上承托斗栱。斗栱皆采用一斗二升的形制。该亭为典型的仿木构石作建筑，屋檐平缓而舒展，比例合宜。该亭目前位于寺中地坪之下10米左右，遍布青苔，整体保存完好。观音井石亭于1987年被公布为第三批省级文物保护单位。

观音井石亭正面　　　　　　　观音井石亭屋架结构

30 上衫宫选大屋（中共湘鄂赣省委、省苏维埃政府旧址）

Gongxuan Mansion in Shangshan Village (Former Site of the CPC Commission and Soviet Government of Hunan, Hubei and Jiangxi Provinces)

基本信息	省级
年　　代	近代
地　　址	修水县上衫乡上衫村
交通信息	驾车

1931年3月，中共湘鄂赣特区委在修水上衫宫选屋成立。同年7月初，中共湘鄂赣特区委改称为省委，于当年9月迁回修水上衫宫选大屋。

1931年9月23日，湘鄂赣省第一次工农兵代表大会在平江长寿街天主堂召开。会议期间，因遭敌机轰炸又迁至上衫宫选大屋继续召开。省苏维埃政府机关与省委同驻修水上衫宫选大屋。

中共湘鄂赣省委、省苏维埃政府旧址原为地主庄园，又称宫选大屋，其为砖木结构。2006年12月，被列为江西省文物保护单位。

上衫宫选大屋正立面

31 山背遗址

Sites in Shanbei Village

基本信息	国家级
年　　代	新石器时代
地　　址	九江市修水县上奉乡山背村
交通信息	驾车

山背遗址位于修水县上奉乡山背村周围的山丘上，20世纪60年代初进行了发掘。在1982年文物普查中，在整个上奉乡以及附近的何市、黄沙港等乡又发现了大量遗址。在遗存丰厚的跑马岭、杨家坪等遗址的发掘中，下层出土了大量石斧、石锛、石镞、石刀等生产工具。出土陶器有夹粗砂和泥质的红陶、夹砂陶、灰陶和黑陶，极少数器物上有拍印上去的几何形花纹或其他纹饰。经中国科学院考古研究所测定，是新石器时代遗址。这是九江目前发现最早的人类活动遗址。

遗址出土文物

遗址西侧透视

32 商会办公楼旧址（工农革命军第一军第一师师部旧址）

Former Site of the Office Building of the Chamber of Commerce (Former Site of the Headquarters of the First Division, First Army of Workers' and Peasants' Revolutionary Army)

基本信息	国家级 / 免费开放
年　代	近代
地　址	修水县城中心
交通信息	在九江长途汽车站乘公交车至修水县县城中心

工农革命军第一军第一师师部旧址在江西修水县城原商会办公楼。"八七"会议以后，中国共产党组建起由国民革命军第四集团军第二方面军警卫团、农军和安源工人纠察队所组成的工农革命军第一军第一师。1927年9月，毛泽东在这里领导了著名的秋收起义。

1927年8月至9月，工农革命军第一军第一师领导人及师直机关（参谋处、书记处、副官处、军需处、军械处、医务处、军法处、经理处）均在此办公。

商会旧址坐落在修水县城中心。该建筑坐北朝南，前后两进，中间有天井，两边有厢房。其为砖木结构，小青瓦屋面，四水归内，麻石门框，总建筑面积350平方米，占地面积1200平方米。解放时，损毁严重。1987年9月，政府拨款进行全面维修并对外开放。

该建筑于1986年6月被修水县政府列为县级文物保护单位，1987年12被江西省政府列为省级文物保护单位，2006年被国务院公布为全国重点文物保护单位。

工农革命军第一军第一师师部外景

工农革命军第一军第一师师部正门

瑞昌市

33 铜岭铜矿遗址

Copper Mine Site in Tongling Village

基本信息	国家级
年　代	商一战国
地　址	瑞昌市夏畈镇铜岭村幕阜山东北角
交通信息	驾车

铜岭铜矿遗址位于瑞昌市夏畈镇铜岭村，遗址范围东西长约1公里、南北宽0.5公里。经过4次考古发掘，该遗址已发现采矿区1500平方米、冶炼区1200平方米，共清理出矿井107口、巷道20条、露采坑6处、采矿场1处。矿井和巷道均采用木构架支撑。矿井深达20米。早期以露天开采和单个矿井采矿为主，晚期以地下开采为主，采用井巷结合，先开竖井，后转入横向掘进。

出土的遗物包括：铜质的斧、锛、凿，铜木组成的复合工具锄；排水工具木槽、桶；提升用的木辘；装载用的竹筐；鉴定矿石品位的淘金斗等。选矿的木溜槽内装活动挡板，用水冲洗选矿，这种原始选矿的

铜岭铜矿遗址

遗物目前属于世界上首次发现。

该遗址的开采年代从商代前期一直延续到战国，是目前所知我国最早开采的一处矿山。其开采时间之早，延续时间之长，出土文物之丰富，在国内所发现的铜矿遗址中都是罕见的。遗址保存了地面露天采矿遗迹和地下采矿工程系统，成功地解决了地下作业有关掘进、提升、通风、排水、照明和安全生产等一系列问题，对于研究我国先秦时期的采矿方法和技术具有重要价值。2001年，铜岭铜矿遗址被国务院公布为第五批全国重点文物保护单位。

都昌县

34 千眼桥
Qianyan Bridge

基本信息	省级/开放景点
年　　代	明
地　　址	都昌县多宝西山的鄱阳湖水底
交通信息	驾车

千眼桥位于江西鄱阳湖都昌县多宝乡至九江庐山市的湖床上。这座桥始建于明代，桥长约2800米，桥面宽约1米，是全国最长的湖中石桥。桥身为黄岗岩石条构成，桥墩为松木大桩深深地插入湖泥中。因为泄水孔多达948个，所以被称为"千眼桥"，为江西省重点文物保护单位。

在古时候，千眼桥是鄱阳湖两岸的必经之路。在桥建成之前，两岸百姓往来，涨水时可以渡船，枯水期时则只能靠淌水踏泥通过。明代崇祯年间，都昌籍官员钱启忠提出集资修桥，历时5年终于落成，后人又把这座桥称作"钱公桥"。明清时期这座桥是方便两岸民众往来的交通要道。

千眼桥全景

千眼桥近景

千眼桥鸟瞰

20世纪七八十年代的千眼桥

民国时期照片中的千眼桥

九江市其他文物保护单位列表

区县	名称	年代	级别	地址	备 注
九江市区	同文书院建筑群（含儒励女中办公楼旧址）	清	国家级	九江市南湖路34号九江市同文中学内	同文书院建于1906年。儒励女中建于1907年。两学校的教学主楼坐北朝南，面阔27.5米，进深21.1米，高3层，总建筑面积约1740.8平方米。墙面为青砖砌筑，红机瓦，四坡顶。顶上设屋顶窗及壁炉烟囱。该建筑门窗用料硕大，窗框为拱形砌筑。建筑线条优美流畅，立面上颇具异国建筑韵味。儒励女中为长江流域最早的一座女子学堂
九江市区	九江英租界建筑群	清	省级	九江市浔阳区滨江路	九江英租界建筑群包括原日本台湾银行旧址、英亚细亚公寓旧址、日本领事馆旧址、日本领事馆公寓旧址4栋保存较为完好的历史建筑。日本领事馆旧址为俄式二层红楼房屋，建筑面积425平方米。屋顶原为四坡顶，并有顶窗和烟窗，后拆除加盖一层楼房，其他保持原状。日本台湾银行旧址为砖混二层建筑，面阔24米，进深12米，建筑面积576平方米。其坐南朝北，面向长江，建筑风格受20世纪西方建筑复古主义思潮影响。2016年，该建筑群被作为"九江租借旧址博物馆"
九江市区	美孚洋行旧址	清	国家级	九江市浔阳区滨江路77号	美孚洋行旧址亦称九江美孚分公司，建于1910年。美孚洋行旧址共有4处单体建筑，分别是美孚洋行旧址、美孚油库旧址、美孚油库办公楼旧址。美孚洋行旧址为钢筋混凝土建筑结构，在当时十分罕见。美孚洋行旧址为希腊式建筑，共二层，总建筑面积1508平方米。主楼高12米，是20世纪初古典复兴时期的典型作品。建筑前部采用了6根巨大的爱奥尼亚廊柱，柱头均饰螺旋纹、线脚、纹饰
九江市区	生命活水医院住院部旧址	清	省级	九江市塔岭南路56号	生命活水医院创建于1893年，是中国最早的西医医院之一，孙中山先生曾为医院题写"生命活水"院名，院名取自《圣经》中的"追溯生命活水"。高16米、呈"U"形的建筑和唇齿相依的百年古樟，共同构造了和谐的环境空间
九江市区	国民革命军第二十四军叶挺指挥部	近代	省级	九江市区东门口16号	1927年7月中旬，叶挺率领国民革命军第二方面军第十一军第二十四师到九江，准备转往南昌参加"八一"起义，师部设在此。此屋为西式回廊结构二层楼房，占地面积224平方米。国民革命军第二十四师叶挺指挥部旧址，在现一七一医院内，原为圣约翰中学及校长高达德寓所，现改建为南昌"八一"起义策源地纪念馆
九江市区	岳飞妻李夫人墓	宋	省级	九江市庐山东北端"中华圣母园"中	岳飞的妻子姓李名娃，江南人，宋建炎年间与岳飞在宜兴（今属苏州）成婚，随即军侍奉母亲。岳飞遭陷害，李夫人被逐岭南，隆兴初岳飞昭雪，李夫人还居江州，复封楚国夫人。去世后孝宗赐葬于此。墓坐北朝南，直径3.75米，封土高1.7米。外壳圆形拱顶，石灰石结构。墓碑上刻文"宋岳忠武王夫人李氏之墓"。墓旁原有岳王祠，茔地原有声叙、封禁二碑，均毁
九江市区	马回岭火车站	近代	省级	九江市柴桑区马回岭镇	马回岭火车站原是1922年修建的南浔铁路马回岭车站。距北京西火车站1350公里，距九龙红磡火车站1057公里。站房为二层楼房，欧洲近代建筑风格，砖石混凝土结构，坐东朝西，南北宽15.98米，东西进深9.2米，高6.9米。附属建筑有仓库、厨房等
九江市区	神墩遗址	商	省级	九江市新合乡境内	该遗址属晚商时期，遗址整体占地面积3平方公里左右
庐山市	庐山三叠泉摩崖石刻	宋	省级	庐山五老峰下部	三叠泉发现于南宋绍熙二年（1191）。其后文人墨客接踵而至。宋代理学家朱熹曾于附近白鹿洞书院讲学，离开后从信件中获知"五老峰下新泉三叠，颇为奇胜"，可惜"未能一游其下，以快心目"，只得请人画来观赏。现存宋代留元刚题记、元大德九年庐山寻真观题记、明代刘世扬题记、清双溪草堂等摩崖石刻十余处
庐山市	庐山黄龙寺摩岩石刻	宋	省级	庐山牯岭南七华里的黄龙寺附近	石刻沿着道路两旁线性布置，石刻年代上自唐宋，晚至明清
庐山市	庐山秀峰石刻	南唐	国家级	庐山南麓	秀峰寺不但古木参天，建筑挺拔，风景优美，而且古迹繁多。其侧有自唐迄今的历代摩岩石刻。其中较为著名的有唐代大和年间的石刻观音像、颜真卿的"大唐中兴颂"、黄庭坚的"七佛寺"、王守仁的"记功碑"，以及米芾的"第一山"和康熙的"秀峰寺"等
庐山市	庐山仙人洞摩崖石刻	明、清	省级	庐山天池山西麓，牯岭街西2公里的锦绣峰侧	仙人洞原名"佛手岩"，因岩石参差不齐如手指而得名。以前佛手岩为僧人所居，又传此洞为吕洞宾修炼成仙的地方。仙人洞附近有明清以来的摩崖题刻近30幅。"佛手岩"传为吕洞宾所书，这是仙人洞最早的石刻。还有一些明代石刻和民国时期的石刻，如李烈钧的"常乐我净"

续表

区县	名称	年代	级别	地址	备注
庐山市	九十九盘石刻	明	省级	庐山牯岭西约5公里处	九十九盘石刻在庐山圆佛殿西、登山小道旁。路旁绝壁间，有宋、元、明、清以来题刻甚多。其笔力刚劲，如"白云天际""清虚灵台""烟霞深处""天半""南无佛""土地"等，字体不一，笔锋各异，对研究古代书法有重要的历史、艺术价值。相传明太祖朱元璋所修御碑亭中的御碑，便是经此道运往山上。沿途道旁的峭壁上，石刻遍布。其中，要数欧阳修撰、王守仁书的《庐山高》题刻，名声最大
庐山市	天池寺附近石刻	宋	省级	庐山牯岭西约4公里处	明代敕建天池护国寺。该寺极为兴盛，有"匡庐首刹"的称誉。因此明代写天池的诗多达数百首。其中，王守仁在天池山所作的3首绝句，得到王畿、冯曾、王宗沐、邹元标、赵用光、李春熙、区大相、邵经济等人的唱和。天池山上的明人石刻也很多，如王守仁在此题有"庐山最高处""聚仙亭"二匾；明嘉靖六年（1527），江西左参议陈沂游天池寺，感而写《天池》七律一首，后刻石于寺旁斗姆龛石壁，此诗一直保存至今
庐山市	醉石馆石刻	东晋	省级	庐山温泉乡虎爪崖下	醉石为一不甚规划的四方形巨石，长3米，宽3米余，高2.4米。石面平滑如席。据说，陶渊明"醉辄卧石上""其石至今耳迹及吐酒痕在焉"（《南史》）。南宋朱熹曾建"归去来馆于其侧"，已毁。石上"归去来馆"4个隶书大字犹存，传为朱熹手迹，字高70厘米，宽120厘米。此外，还有宋代陈舜俞诗刻、欧阳华和周手先题刻，以及明代郭波诗刻等。但因年久风化，字难辨认
庐山市	玉涧桥	宋	省级	九江市庐山县	该桥位于县城北10里，南通古驿道，北入罗汉寺。桥长37米，宽3.7米，高2.5米，单孔券石拱结构。桥拱内刻"宋皇祐六年甲午岁正月建"。桥下部被土埋。同治《星子县志》载为宋绍兴元年（1131）建，潘懋诗中所写的"玉涧桥边古树森，金钟潭里碧波深"即指此桥
都昌县	汉枭阳城遗址	汉	省级	都昌县周溪泗山大屋场湖州	汉于枭阳城设豫章郡，领县十八。枭阳城是县治所，从汉初置县，至宋永初二年（421），历时六百余年。由于地形变迁，遗址在涨水季节常淹没于鄱阳湖水中。遗址文化层堆积有的地方深达1～2米。采集的标准有卷云瓦当、"万岁"瓦当、"长乐未央"瓦当、绳纹筒瓦和印纹陶片。城周围有残存的城垣，城北高地有40～50座汉墓。考古工作者认定，这是汉鼎阳城遗址
九江市经济开发区	浔阳城遗址	宋	省级	九江市经济开发区七里湖乡赛湖村	为北宋浔阳城遗址，与九江城内的浔阳楼为同一时期的遗迹。现遗址基本回填
修水县	"一见心寒"墓	近代	省级	九江市修水县温泉乡鸡笼山	该墓址封土完好，墓葬用于纪念在抗日战争中英勇奋战的修水人民。墓碑云：抗战胜利后，人们将修水抗战死难者的骨骸分三处葬于此，并在墓碑上铭刻"一见心寒"四字，以示后人。1970年2月，政府在此立碑建亭
修水县	黄龙寺和灵源摩崖石刻	宋	省级	九江市修水县白桥乡	黄庭坚当年常游憩于此处，与寺僧交往甚密。现旧黄龙寺已废弃，仅存黄庭坚手书的摩崖石刻。"灵源"二字，行书阴刻，自右至左横排，在灵源村灵源小桥头。"黄龙山"三字，正书阴刻，自右至左横排。"黄"字少数笔画剥落，落款小字模糊不清，在黄龙寺前
修水县	南山崖石刻	宋—近代	省级	九江市修水县城南修河畔之南崖上	据传为黄庭坚少年时读书的地方。其中有黄庭坚手书碑刻78通，撰书的墓志铭2通。南崖上散存的黄庭坚手书题刻数处。其中一巨大"佛"字，高3米，宽2.5米，刻在河边的峭壁之上，分外醒目
德安县	石灰山遗址	商	省级	德安县西南约12.5公里的聂桥乡浙江移民村一队的石灰山西南侧	该遗址总面积约5700平方米。1982年，江西省文物工作队试掘400平方米。试掘中，出土大量陶器、石器、青铜器，发现水井、火塘、房基、灰坑等较完整遗迹。房屋建筑有半地穴和平地起建两种形式。据专家测定，为商代中、晚期遗址
德安县	万家岭战役遗迹	近代	省级	德安县磨溪乡南田村万家岭山地及附近各地	这里是抗日战争万家岭战役的旧战场遗迹
武宁县	李烈钧墓	近代	省级	九江市武宁县革命烈士纪念塔西北80米处	李烈钧墓是一座钢筋混凝土结构的长方形墓葬，掩映在苍松翠柏之中。李烈钧墓墓向朝西，墓为长9米、宽7米的水泥平台。其前都有高近1米、形同凹状的六柱围栏，墓室后两旁各有台阶六级以供行人上下。墓室呈长方形，为钢筋水泥结构，上部出檐平顶，顶下四柱之间除前部镶水泥挡板、板中嵌制墓碑外，其余三方均围有镂花半身栏杆。四围底部被砌成两层台，墓亭高27米，长3米，整体风格庄严大方

九江市

6
宜春市
YICHUN

宜春市文物建筑分布图
Historical Architectural Map of Yichun

- ③ 慈化寺
- ④ 仰山墓塔群
- ⑤ 观澜阁塔
- ⑥ 蒙山古银矿遗址
- ⑦ 崇文塔
- ⑧ 太子塔
- ⑨ 洞山墓塔群
- ⑩ 洞山逢渠桥
- ⑪ 天宝村古建筑群
- ⑫ 黄檗山墓塔群
- ⑬ 贾家村民居（含贾氏宗祠、泰盛堂、赐楼）
- ⑭ 五里谌村水口塔
- ⑮ 朱轼墓
- ⑯ 通真桥
- ⑰ 七星堆古墓群
- ⑱ 华林造纸作坊遗址
- ⑲ 萧家祠（湘赣边界秋收起义前敌委员会旧址）
- ⑳ 奎光书院（中国工农革命军第一师三团团部、营部）
- ㉑ 排埠邱家大屋
- ㉒ 排埠万寿宫（工农革命军第一军第一师第三团回师铜鼓旧址）
- ㉓ 铜鼓吴家祠（毛泽东住地旧址）
- ㉔ 毛湾老屋及毛湾新屋（湘鄂赣省苏维埃政府旧址及军区司令部旧址）
- ㉕ 万载仙源乡民居古建筑群（湘鄂赣革命根据地旧址，含中央军政五分校、红十六军军部旧址）
- ㉖ 万载城隍庙
- ㉗ 万载南大路98号店铺
- ㉘ 筑卫城遗址
- ㉙ 太平观碑
- ㉚ 临江大观楼
- ㉛ 吴城遗址
- ㉜ 樊城堆遗址
- ㉝ 鸣水桥
- ㉞ 清标彤管坊

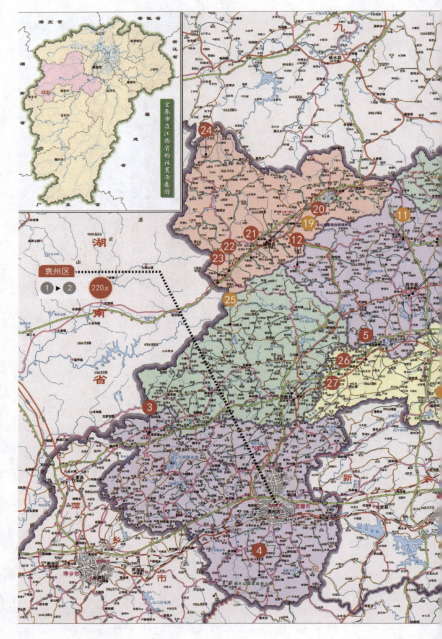

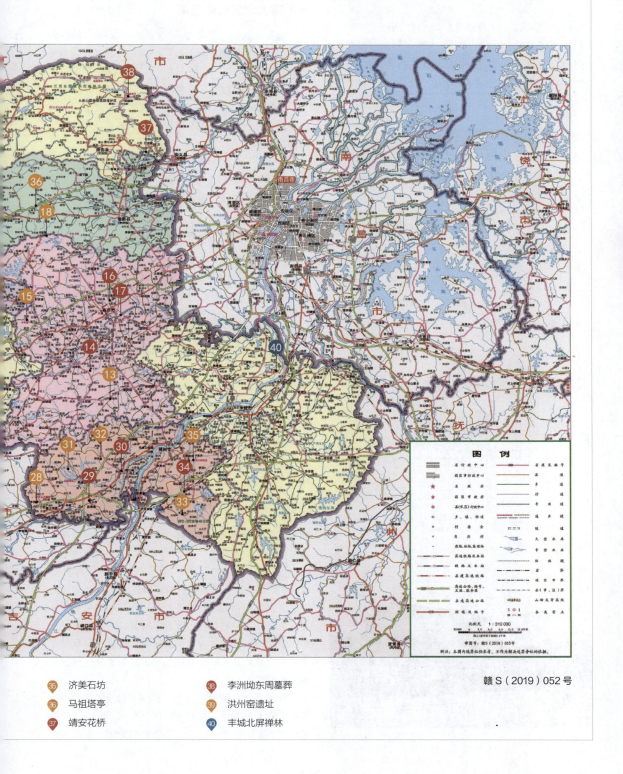

㉟ 济美石坊　　㊳ 李洲坳东周墓葬
㊱ 马祖塔亭　　㊴ 洪州窑遗址
㊲ 靖安花桥　　㊵ 丰城北屏禅林

赣S（2019）052号

江南佳丽之地，文物昌盛之邦——宜春古建筑概述

宜春地处赣西北部，历来为"江南佳丽之地，文物昌盛之邦"。在其2000余年的悠久历史进程中，留下的为数众多的寺庙、墓穴、窑址、村落以及建筑、碑刻和石雕，彰显了宜春深厚的文化传统和底蕴。唐代大文豪王勃《滕王阁序》中的"物华天宝""人杰地灵"，所指的就是宜春。韩愈在宜春担任刺史时，曾在唐诗《秋字》中写下"莫以宜春远，江山多胜游"的诗句来赞美宜春。面对宜春，宋代理学家朱熹发出了"我行宜春野，四顾多奇山"的感叹。宜春盛产美女，也与其得天独厚的自然生态环境和源远流长的文化背景有关。

宜春市享有中国宜居城市、中国优秀旅游城市、全国绿化模范城市、中国十大休闲城市、国家森林城市、中国最具幸福感城市等称号。

宜春市，辖袁州区、樟树市、丰城市、高安市、靖安县、奉新县、上高县、宜丰县、铜鼓县、万载县等10个县、市、区和宜春经济技术开发区、宜阳新区、明月山温泉风景名胜区3个特色区。

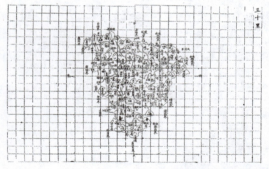

清光绪年《袁州府志》中的袁州府图

袁州谯楼正立面

一、宜春地区历史沿革

宜春地区秦时隶属九江郡。两汉时期隶属豫章郡。古代"宜春县"的名称与行政设置，自西汉高帝六年（前201）开始，中间除王莽即位到东汉初期二三十年间改名为"修晓县"，东晋孝武帝太元时期（373—396）到隋开皇十一年（591）两百年左右改名为"宜阳县"外，一直沿用到清朝结束。辛亥革命后废府。1979年成立宜春市。

直到今天，"宜春"之名称依然在使用。其延续的时间将近2000年，这是非常罕见的，从中也可见其深厚的历史内涵与渊源。

二、宜春地区古建筑的分布

宜春为文物之邦。除了一些人们耳熟能详的著名古代建筑物，如湛郎桥、慈禧御笔"宜春"碑、东门石笋文笔峰、宜春鼓楼、樟树筑卫城遗址、丰城古建筑、丰城洪州窑、高安大观楼、丰城白马寨等之外，其他古寺院、古建筑、古遗址和古村落也分布十分广泛。

宜春是禅宗圣地，其在中国禅宗史上具有非常突出的地位。市内拥有两大名寺、三大祖庭、十大寺院和上千座佛塔。两大名寺即靖安宝峰寺和奉新百丈寺。禅宗史上著名的"马祖兴丛林、百丈立清规"就来源于这两大寺院。三大祖庭分别是临济宗、曹洞宗和沩仰宗。十大寺院均遭到了不同程度的毁坏，现已修复了奉新百丈寺、仰山栖隐禅寺和洞山普利禅寺等几个祖庭寺院。

古城宜春境内有486处历史文化遗址。袁州谯楼是世界现存最古老的地方天文台；樟树吴城商代遗址改写了中国史学界"商文化不过长江"的错误论断；靖安东周古墓被誉为"2007年度中国十大考古新发现之一"，创造了两项"全国之最"、三项"首次发现"，填补了我国古遗址考古的众多空白。

宜春保存较为完好的古村落、古民居数量众多，遍布全市。如丰城白马寨、筱塘古村群，宜丰天宝古村，高安贾家古村、华林古村，樟树临江古镇，万载周家大屋，铜鼓客家古村，袁州北坛古村等就是这些古村落的典型代表。

宜春是红色革命的故土，有许多古建筑尚与中国革命历史人物有关。如万载县曾是彭德怀元帅和滕代远将军等老一辈无产阶级革命家转战数年之久的红色

慈化寺正门

老区，有保存完好的湘鄂赣省委、省苏维埃旧址。袁州区有著名的"袁州会议"旧址。

三、宜春地区古建筑的特点

（1）宜春祖庭寺庙林立，素有"五百里禅宗祖庭长廊"的美誉。宜春为中国禅宗史上丛林肇始、清规草创、三宗溯源、五家传灯之地，是当之无愧的禅宗圣地。千余年的禅宗文化传承，使宜春古城具有一种独领风骚的韵味，也是宜春人最重要的一笔精神食粮和物质财富。

（2）宜春古村落不仅单体体量大，而且设计精巧、建造精美，具有丰富的历史文化内涵和极高的价值。其中高安贾家古村是目前中国保存最大、最完好的生态古村群落，被誉为"现实中的荣国府"；宜丰天宝古村被誉为"江西第一古村"，拥有保存完好的2.5公里护城河、1.5公里的古城墙遗址；白马寨、天宝古村、丰城筱塘古村的古建筑保存十分完整，建造和雕刻工艺非常精湛，体现了江西本土建筑艺术的最高水平。这些古民居具有较高的旅游开发价值。

（3）宜春文化遗址保存较好，墓葬建筑结构留存完整，出土文物质量也比较高。如靖安东周古墓墓坑形制就比较特殊；出土的金龙神徽体量大，制作异常精美。其"一坑多棺"的葬俗、精致华丽的纺织品文物和保存相对完好的人体遗骸，皆属于国内重大考古发现。

（4）宜春的明清古建筑群较为集中。如驿前街道东面一线，就是由40余处单栋古建筑所构成的建筑群。其中有姓氏宗族的公祠、家庙，有达官显贵的官邸、别墅，有商贾店铺、生产作坊，以及文人挥毫遗存的十数处石刻题额。这些古建筑群具有较高的文物和史料价值。

（5）宜春的明清古建筑建造精美，保存完好。其高墙深院，飞檐翘脊，数进庭落，曲径通幽；木刻、砖雕、石雕古朴典雅，栩栩如生，堪称江南古代建筑的上乘佳作。这些古建筑群落文化蕴底深厚，为人们研究其社会、思想、文化和民俗风情等方面提供了宝贵的实物证据。

贾氏宗祠贾家正面

袁州区

1 袁州谯楼及袁州古天文遗址
2 难禅阁

1 袁州谯楼及袁州古天文遗址

Watchtower and Site of Astrological Instrument of Ancient Yuanzhou Prefecture

基本信息	国家级 / 购票参观
年　　代	南唐
地　　址	宜春市袁州区鼓楼路步行街
交通信息	市内乘公交车至鼓楼

袁州府谯楼位于宜春市旧城区鼓楼路中段。袁州谯楼始名鼓角楼，宋代名为谯楼，始建于南唐保大二年（944），为袁州衙署的大门。南宋嘉定十二年（1219），袁州知府滕强恕"筑台为楼"，并置铜壶、夜天池、日天池、平壶、万水壶、水海、影表、定南针、添水桶、更筹、铁板、鼓角，设阴阳生轮值，建成了这座集测时、守时、授时三大功能为一体的天文台。

以后历代多次对谯楼进行了重建与维修。现谯楼墙基底部仍保留有南宋时期的砌筑，以及"皇宋淳祐十一年"（1251）的铭文砖。台体墙身经明、清两代维修，有明"洪武十年"（1377）、清"道光十六年"（1836）、清"同治二年"（1863）的铭文砖。主台上的谯楼于明嘉靖二十二年（1543）毁于火灾，后知府范钦、同知张泽、同判林日昭重修主楼。明万历年间（1573—1620），袁州知府郑淳典加修谯楼。清康熙六年（1667）、清乾隆二十年（1759）、清同治七年（1868）、清光绪十四年（1888）也分别对谯楼进行了维修。现谯楼脊檩上有"大清光绪十四年"的墨书。

1994年经江西省科委鉴定，其为中国现存最早的地方时间天文台遗址。2004年对其进行了修复。修复后的袁州谯楼保存了历史原貌，恢复了铜壶刻漏、钟、鼓、浑象、日晷等，在广场四向设置石雕青龙、白虎、朱雀、玄武。2006年5月，被国务院公布为全国重点文物保护单位。

袁州谯楼正立面透视

袁州谯楼檐口

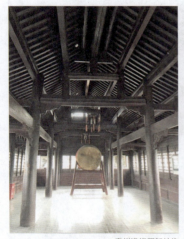
袁州谯楼屋架结构

檐下细部

城砖题刻

袁州府谯楼坐西朝东，由高台和台上的木构谯楼组成。该楼平面为开口朝东的"凹"字形，占地面积约 780 平方米，通高 17.75 米。台体由主台及南、北观天台组成。花岗石与泥砖砌台基，中部辟为拱门，通道为东西向。台中设一券洞作为通道。在主台两侧设观天台，台面呈长方形，下大上小。背面设登楼台踏步。南、北观天台用于放置天文仪器观测天象。台内部为夯土，周边包砌青砖墙体，收分明显。墙顶砌矮墙护栏。台上地面为青砖铺地。西侧砌有台阶为上下通道。台上建楼两层，面阔七间，进深六间。梁上纪年有"大清光绪十四年"字样。东、西两面的廊沿即为台缘，廊柱嵌入护栏。杉木抬梁式结构，重檐，棂条窗、雕花障水板壁。一层五间。二层重檐歇山顶，灰筒瓦屋面。四周有16根檐柱，外置回廊。歇山顶，正脊鳌吻。由于楼阁与楼台同宽，这座谯楼视觉形象非常饱满，比例匀称，端庄稳重。

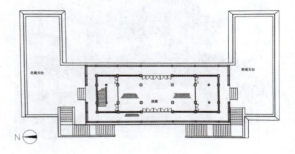
袁州谯楼平面图

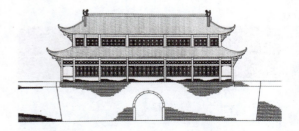
袁州谯楼立面图

2 难禅阁

Nanchan Tower

基本信息	省级 / 免费开放
年　　代	清
地　　址	宜春市袁城区鼓楼路与重桂路路口
交通信息	市内乘公交车至鼓楼

难禅阁位于宜春市袁城区鼓楼路与重桂路路口。其始建于北宋年间（1094—1097），是时任袁州府司理李冲元的参禅修道之所。难禅阁原名"曹椽"，意思就是刑法部门的房子。李冲元，字元中，号龙眠道人，舒州（今安徽潜山）人，哲宗元祐三年（1088）进士。李冲元不仅是一位学识渊博、有治国之才的正儒，而且还是位有着菩萨心肠的佛学爱好者。北宋绍圣年间诗人、文学家黄庭坚曾作《难禅阁铭》，楼阁因此而闻名。

现存难禅阁为清代重修。2004年鼓楼路开发改造时，又进行了落架大修，并向东南方向移位10米。该楼阁现已改造为商业用房。1984年被列为宜春市文保单位。2006年被列为省级文物保护单位。

楼阁坐北朝南，砖石结构，面阔14.2米，进深13.5米，通高11米，建筑面积192平方米。歇山重檐回廊式。青砖青瓦，抬梁式木结构。柱下有石柱础。室内顶部施八楞雕花藻井和天花。南北向中间设井字隔扇门，其余设井字格窗。地面铺设青石板。

屋架结构

难禅阁外景

室内藻井

3 慈化寺

Cihua Temple

基本信息	省级 / 免费开放
年　　代	清
地　　址	宜春市袁州区西北80公里的慈化镇南
交通信息	驾车

"慈化禅寺"简称为慈化寺，位于宜春市袁州区慈化镇南泉山0.75公里处，距宜春城区80公里。慈化禅寺是普庵禅师于南宋乾道二年（1166）创建的，历经宋、元、明、清四朝，多次得到皇帝诏封御题。慈化寺鼎盛之时建有10座殿堂，共有2000多间房屋，占地60 000多平方米，纳僧千名。宜春袁州慈化禅寺被海内外佛教人士誉为"天下第一禅林"。

慈化禅寺自宋代以来先后遭受10余次火灾。现存殿宇均为明清风格。新中国成立之初，慈化寺仅存山门、普光明殿、无量佛殿、东七寮、定光灵瑞塔、圆通阁等。"文革"中，定光灵瑞塔、圆通阁、石雕观音等遭到毁坏。今尚存《敕赐南泉山宗谱》一、二卷、《普祖录验记》《释迦如来密行化迹全谱》《普庵手书加颂金刚般若波罗密经》、千人锅、鼻涕钟等文物。元末寺僧彭莹玉曾在此组织红巾军起义。民国时期曾在这里设临时红军医院。

慈化寺坐北朝南，南北全长350米，东西宽50米，占地面积19 250平方米，建筑面积2150平方米。中轴线上自南向北依次为山门、前院、普光明殿、中院、无量寿殿（现改建成大雄宝殿）、后院。院内设庑廊、西面配有斋堂。规模宏大，气势雄伟。

山门面阔五间，并设三品门。门上彩绘门神、封火山墙。正中额墙有手书"海阔天空"四个大字。正门上方嵌"敕赐南泉"九龙石匾。楹柱两侧有石刻楹联。天井为砖石结构下设阴槽。普光明殿为砖木结构，面阔五间，进深四间，穿斗式歇山殿。上置望层，地面铺砖。殿中建普庵祖师舍利塔。中庭正中神道上建有钟楼。大雄宝殿亦为面阔五间，进深四间，设有回廊的穿斗式歇山殿。

2006年列入江西省第五批文物保护单位。慈化禅寺对于研究中国古代佛教文化、建筑、农民起义、土地革命均有重要价值。

慈化寺塔

慈化寺正门

大雄宝殿

大雄宝殿抱鼓石细部

4 仰山墓塔群

Tomb Pagodas in Mount Yang

基本信息	省级 / 免费开放
年　代	唐
地　址	宜春市袁州区明月山集云峰下
交通信息	驾车

仰山塔林位于宜春城南洪江乡东南村的西面，仰山脚下。这里有唐、宋、元、明、清时期的坟塔，分布在塔窝里、网形、虎形、集云峰等八个山头，共一百余座。这些坟塔对研究中国佛教五大禅宗之一的沩仰宗有非常高的价值，也是宜春最突出的文物古迹之一。

唐高僧慧寂于唐武宗会昌元年（841）迁宜春仰山，创建栖隐寺。其与师沩山灵祐共创"沩仰宗"。唐僖宗中和三年（883），高僧在东平说偈时抱膝而终。法嗣光涌迁灵骨归仰山建舍利塔，敕谥"通智禅师妙光之塔"。元皇庆元年（1312）加赠"慧慈灵感昭应大通正觉禅师"。妙光之塔由塔和亭两部分组成，石质结构，通高3.6米，塔体高大，结构精致浑厚，气势雄伟壮观。1973年改土造田时被拆除，仅留其六角形金刚宝座于冲积土之下1米多，地宫尚存。

2004年8月，仰山慧寂禅师舍利塔及塔院进行重建。舍利塔采用与原石相似的芝麻白花岗石补修，平面呈六角形，在台基上施金刚宝座，竹节式角柱间圭角。塔身内空，外部砌高柱础与角柱、地栿、封板、额枋。其上叠涩二层素平枋以承托双层六角形腰檐。攒尖顶盖如伞状。腰檐之间以覆莲纹扁鼓形盘相隔，形成三层密檐式。刹较高，由仰莲钵式座、受花、相轮、宝珠和莲蕾形宝顶所组成，通高4.8米。

拜亭原为木质，早年已毁。现改为白色花岗石建造，平面呈六角形，基座由块石垒砌而成。亭内地表原石原样铺在。六棱柱，双层莲瓣纹础，柱间砌封石板。正面设门，浮雕缠枝宝相花绰幕。踏步三级，内外相通。上部为额枋、普柏枋、斗栱、檐枋。额梁浮雕莲瓣图案。亭顶盖六坡飘檐，雕琢华头筒瓦。翼角饰圆雕龙首。刹以莲瓣纹覆盆座上冠宝顶。亭内顶部，为三层平斜梁盘旋承载六面形藻井，中悬变体莲蕾垂柱。该亭通高11.8米，对角6米，每面阔3米，属现存最大的石亭。

塔院占地4000平方米，台地分为三层。上层慧寂禅师塔居中。拜亭前为大青石香案，左右为大青石高座宫式灯。石筑罗围高大，正中竖慧寂行状碑，两旁为功德与重建碑记。台地弧出。砌花岗石钩栏，栏板雕刻吉祥海云相与荷露清香图案。左右踏跺上下。中层两厢为斋堂，中间广场立大青石雕鼎式大香炉。下层中道建踏步桥。每层之间设中级板，以作间歇。两侧钩栏沿桥而上。桥端左侧为寮房，前设院门，周砌围墙。

仰山墓塔群西侧

仰山墓塔群东侧透视

上高县

5 观澜阁塔
Pagoda of Guanlange

基本信息	省级／免费开放
年　代	明
地　址	上高县城西32公里徐家渡东边村东，南东公路南侧约100米处
交通信息	乘坐宜丰至上高的县际慢速公交，可经过此塔

观澜阁塔于清嘉庆二十一年（1816）由东边李氏族众建造。李氏族谱云："阁在高车岭尽处，旧有公公庙一所，店房十数间，后尽荡为平田，而此处遂微形空缺。嘉庆丙子，众议立庙以补之，族父老以为不如建阁，遂成今制。以其登阁而望，两水之来路去路，俱曲折分明，故以观澜名之。"这段文字，记载了建塔的缘由和命名之根据。

此塔为八边形，三级双檐，砖石结构，通高23.3米。

不显塔基。正门顶外圆内方,高2.73米,宽0.88米。上有石刻横额,镌"观澜阁"三字。字体阳刻,为行书,笔画饱满。右镌"嘉庆二十一年岁次丙子",左镌"东溪李姓众建"。都是直行中楷书,阴刻。两侧设小门,中顶层各开八门,方位交错。全塔逐层上收。双檐以砖琢成莲瓣和拱形,叠砌十二层构成。塔刹呈宝瓶形。此塔砖壁尚好,中层内楼梯已拆,塔顶长满杂草。

1994年被公布为省级文物保护单位。

观澜阁塔周边环境

观澜阁塔正面

檐下叠涩细部

6 蒙山古银矿遗址

Site of Ancient Silver Mine in Mount Meng

基本信息	国家级 / 免费开放
年代	宋
地址	上高县蒙山太子壁峰方圆5公里范围内
交通信息	驾车

银矿遗址远观

蒙山银矿遗址位于上高县南30公里的太子壁,又名多宝峰。其地处上高、新余、分宜三县交界处,有开采银矿矿井遗址18处。据地质队勘察资料记载,采矿最深最长的一、二号矿井,其垂直深度为140米,水平长170米;最宽处为10.5米,最窄处为0.5米。1982年,文物普查队下探二号井洞,发现矿井基本是沿岩层倾斜方向和岩层走向采掘,坡度一般为30~45

银矿结晶矿石

度。当时采集的少量银矿标本、瓷碗片及铁灯架,是当年矿工在井下使用过的生产工具和生活用品。

二号井北 10 米是一号井,井口壁间有面积约 2 平方米的楷书石刻一方,部分有损。太子壁银矿自宋迄明,持续开采时间较长,遍地堆积矿渣,足可见当时的采炼颇具规模。该遗址的发现,对研究我国古代矿冶业的技术发展有很大的价值。2013 年公布为国家级文物保护单位。

宜丰县

7 崇文塔
Chongwen Pagoda

基本信息	省级 / 免费开放
年　代	清
地　址	宜丰南屏公园最东端耶溪之滨、绿秀山尾
交通信息	乘车至南屏公园,步行可达

崇文塔位于宜丰南屏公园最东端的耶溪之滨、绿秀山尾。此塔非佛教寺院之藏经塔或贮舍利之塔,乃为崇文而建。明天启六年(1626)创基,崇祯四年(1631)建第二层,崇祯十三年(1640)建第三层,清康熙元年(1662)建第四、第五层,康熙五十六年(1717)方续建第六、第七层,历时 91 年始合尖。清乾隆四十年(1775),改砖刹为瓷刹。清嘉庆二年(1797)又改瓷刹为铜刹,清光绪十九年(1893)重修。

塔为七层八面,楼阁式,砖石结构,以桐油石灰为粘合物。塔体里外都施白垩。塔高 45.5 米,每两层间有腰檐与平台。腰檐面为斜坡溜水。下部作锯齿叠涩和仿木椽头。平台面敷石板。下部作锯齿叠涩。石板下置龙纹瓦当和凤纹滴水。

各层每面均设一门。各门之上端以砖砌额枋。门

崇文塔正面

檐下砖叠涩细部

室内拱券结构

侧饰以壁龛式小窗。塔壁敷白灰。第五层西北向门上嵌塔铭石一方，上刻"崇文塔"和"光绪十九年重修"字样。底层南、北、西三向各开一券门。东门为假门，形似神龛。西门一侧夹层砖壁内设石阶梯通道。南折至东盘旋直至塔顶。层层均同。各层梯道门错向而开，使整个塔体各方配置相等。

各层设四实门、四虚门，错向而开。其中三虚门的上端又变化为形状不同的通风窗。实门与虚门间的夹壁内设迂回转折的甬道和三五级台阶。

塔室为穹窿顶。正中嵌石上留有一悬垂线的圆孔。石下部刻八卦图。每室设壁龛。每层设有神台。最高层壁龛上方塑四大天王像。塔盖为八合攒尖顶，铁刹，下为覆钵，中置宝瓶，尖冠宝珠。檐角原有铁质风铃。

崇文塔旁古有崇文寺，已坍圮。1983年9月，被列为宜丰县第一批重点文物保护单位。1987年12月28日，被列为江西省第三批重点文物保护单位。

8 太子塔

Tomb Pagoda of Prince

基本信息	省级 / 免费开放
年　　代	唐
地　　址	宜丰县海印池东南端
交通信息	乘车至南屏公园，步行可达

宜丰太子塔为唐肃宗第十四子李僖墓塔，属江西省重点文物保护单位。太子塔原坐落在逍遥山的金钱山麓，是一座亭阁式僧释墓塔。太子李僖随南阳慧忠国师出家，后居逍遥山，逝后真身葬于此。太子塔约建成于9世纪初，用花岗石雕琢叠砌。塔高4.5米，平面为四方形，塔座为双层须弥座。塔座、塔身、塔刹均刻有罗汉像。

目前塔身保存完整。1957年被列为省级重点文物保护单位。1963年塔已倾斜，省文化局曾拨款修整。1966年"文革"开始时遭破坏。1983年省文化局拨款修复，并搬迁重建于县城南郊翰峰山腰的南屏公园内。

太子塔东南透视

太子塔正面

檐下斗栱细部

9 洞山墓塔群

Tomb Pagodas in Mount Dong

基本信息	省级 / 免费开放
年　代	唐
地　址	宜春市宜丰县北部
交通信息	驾车

洞山墓塔群位于宜春市宜丰县北部，是中国佛教禅宗曹洞宗祖庭。唐大中十三年（859），高僧良价在此睹影悟道，创建普利寺。经后世法系弘扬遂成曹洞宗。良价于唐懿宗咸通十年（869）圆寂于此山，

清代禅师塔正面

洞山墓塔群

清代禅师塔侧面

清代禅师塔

敕谥"悟本禅师"，被安葬在普利寺后山坡。

在宜春市北部的洞山，发现晚唐至清代建造的禅师墓塔79座。塔排一线，参差错落。作为洞山墓塔群的核心部分，良价墓塔在年代和建筑特点上均具有一定的代表性。良价圆寂墓塔名为慧觉。墓塔前护以砌石，有拜台，石阶可通行人。塔形古朴，呈六边形，高3.2米，宝盖宽1.2米。塔座两层，底层六方，基座为金刚宝座式，均刻忍冬花壶门；第二层各刻如意草、"万"字、金钱、双金钱花纹。塔身每面嵌以石板。塔身上有楣，下有托。楣托刻仰覆莲，角为六棱形。石柱中嵌石板，塔盖伞形，有瓦垅，六角飘檐。塔刹三层。莲瓣覆钵、相轮、宝珠。塔下端遗存"己丑敕建""师慧觉宝塔"9字。原先建有四方形宽大的拜亭护塔，早年就已圮废。

1983年省宗教事务部门曾拨款修复。1987年被列为江西省重点文物保护单位。

10 洞山逢渠桥

Fengqu Bridge in Mount Dong

基本信息	国家级/免费开放
年　代	宋
地　址	宜丰县同安乡洞山村的洞山百步岸以上300米处
交通信息	驾车

逢渠桥坐落在宜丰县同安乡洞山村的洞山水口，建于北宋绍圣五年（1098），是江西省现存有绝对纪年的三座北宋石拱桥之一。

逢渠桥是一纵向单券并列的单拱石桥。桥台基立于洞水两岸石岩之上，作须弥座式。枋间束腰琢圆边，长5米，高1.37米。拱中心偏西0.58米。这是因为迎水面石基较逆水面坚固，又考虑到逆水面易被旋涡冲刷下沉所致，是自然地形利用的良好范例。

桥拱净跨4.2米，拱矢高度2.1米，属陡拱。其具有拱脚推力小，桥下通水净空大和外形美观的特点。桥处山间的溪涧上，用陡拱连接山腰的道路使之成坦途。桥身连桥堍共长15米，桥面宽4.8米，桥高4.8米。北堍有石阶五级；南堍三级。拱圈以七个纵向单券并列组成。每券有花冈岩石11块，由77块折扇面形石组成承重拱板。每列纵向与横向皆石缝相通。

上部除观赏面之外，桥身参差不齐，凹凸各异。纵列与横向间均无榫卯，亦无铁件搭连，也未见灰浆粘合，而是依靠各块拱石相互挤紧而形成的此种"无铰拱石"。此方法可减少建桥时之托架木构件，又便于修缮重建，且起到外券坍塌时亦可单券通行之作用。

桥圈中券，自北至南镌刻"绍圣戊寅岁同安张仲舒妻雷四十三娘男裕禧舍石桥住持沙门梵言句当惠耸题"33个楷书大字。桥的拱顶三矩石上，分别阴刻"逢渠桥"三字。字体端重遒劲，笔锋显然。桥右拱肩下部镶嵌一石，上刻草书"张仲舒与妻雷化舍此桥愿罪

洞山逢渠桥外观

逢渠桥桥面及桥亭

业消除，福寿圆满"。此石当是北宋时原物。

桥拱肩部左右各嵌一竖石。浮雕头戴战盔、身穿铠甲、手挂长剑与巨斧之武士，威武挺立，栩栩如生。桥拱圈上仅垫一层厚12厘米的条石。其上部即置桥帽石。这样既增添了桥的外形美观，又减轻了桥的自重，降低了桥的高度，便于行人上下行走。桥台东面枋石刻有"嘉靖戊戌年张仲舒二世孙重修"字样，两端拱脚刻捐款人名字。

据说，桥面帽石东西两端俱凿有圆形卯孔。1982年在桥下掘出望柱头、华版和成堆的厚瓦片等。桥上本有石质桥栏与木质桥亭。2002年在桥上复原了桥栏和桥亭。现为混凝土仿木结构，四柱四翘角，歇山顶，长7.6米，宽5.1米，高4.95米。亭内设石凳，过往游人可在此休息观光。

目前桥址保存良好。1987年被公布为江西省文物保护单位。2013年被公布为全国重点文物保护单位。

桥拱内题刻

逢渠桥A立面图　　0　　4m

逢渠桥立面图

11 天宝村古建筑群

Ancient Architectural Complex in Tianbao Village

基本信息	国家级 / 免费开放
年　代	唐
地　址	宜丰县杨纡镇
交通信息	在宜丰县汽车站乘公交车或驾车可至

天宝古村落位于宜丰县境北23公里处，青山环绕，护城河环村而过，呈现出自然的船形地貌。古村落范围现为天宝乡辛会村、辛联村部分范围，面积约2.5平方公里。

天宝之名始于唐，取其地"绿波清浪，物华天宝，驾重洛阳"之意，是古宜丰县治所在地，文化底蕴深厚，曾以"东西南北门，前后两条街，四十八条巷，四十八口井，四周竹城墙，四季马蹄香"饮誉江南，有"小南京"之称。古村内历史遗存为明清建筑，最早建造年代可追溯到明代，保存完好程度极高，建筑规模达80万平方米。现保留有大量古迹，包括：明清房屋170栋；古石板路总长7375米；古巷43条；古门楼23个；古井36眼；古桥9座；古牌匾25块；历史标语23条；各类古树46棵；古城墙1座；护城河1条；1919年建造的培根职业学校1所。天宝被专家誉为"江西第一古村"。

天宝古村现有民居230余幢。除明清古建筑之外，其余为中华人民共和国建国初期的仿古民居。房屋坐北向南，分排林立，规划完整合理。明清建筑分为宗祠、亭阁、画锦堂、观音堂、官厅、民居、石碑坊、宝塔、庵观、寺庙等十大类。建筑风格外观为封火山墙翻天井式，内为木结构，分为穿斗式、抬梁式，也有穿斗与抬梁相结合风格式建筑。屋顶有硬山顶和歇山顶。建筑风格独特、典致高雅，保留有木雕、石刻、石雕、砖雕，各式花阁门、花窗、门楼、石礅、石础等雕刻艺术形式。

此外，这里还有一幢创建于1919年的西式洋楼，即培根职业学校。其由墨庄堂刘氏中最早接受"五四"新思想的刘化成创办，是专门培养农业人才的职业院校。

天宝古村自古就是人文之邦，文风兴盛，至今留有较多的珍贵文物，如各代朝廷皇帝赐匾，爱国将领民族英雄林则徐亲书的"副魁匾"，古陶瓷和古代生活用具，出土的商代铜铙、春秋钮钟、战国剑、县正堂砖等，以及土地革命时期红军留下的墙头标语。

走进古村，墨庄书香四溢，古樟、古宅比比皆是。古宅雕栋刻石，花门花窗。雕花石柱石墩，俯拾即是。2008年，天宝古村被评为中国历史文化名村。

天宝全景鸟瞰

刘氏宗祠正门

四季公祠正门

四季公祠正堂立面

刘氏宗祠内藻井

刘氏宗祠门楼梁架

培根职业学校

昭公祠天井

天定翁祠正立面

昭公祠内院侧廊

天定翁祠天井

藻井

宗祠墙壁石刻

12 黄檗山墓塔群

Tomb Pagodas in Mount Huangbo

基本信息	省级
年　　代	唐
地　　址	宜丰县西北部的黄岗乡黄檗村境内
交通信息	乘车至南屏公园，步行可达

黄檗山原名鹫峰，坐落在宜丰县西北部的黄岗乡黄檗村境内，是我国佛教禅宗五家之一的临济宗的祖庭。

黄檗村是黄檗寺原址所在地，其西南面最高峰就是灵鹫峰。村头路边有虎跑泉，泉水从地下横洞中涌出。传说当年一虎闯入寺中，听希运和尚讲经诵课后被感化，触广业塔而死。石下从此珠泉涌出。

出黄檗村后可见山谷间矗立着几座石塔。造型奇特的是塔中塔。外塔以弧形巨石垒成一洪钟状塔屋。内塔亦如钟，刹为覆钵、仰莲、宝珠相叠。塔身正面刻"亦苇岸禅师塔"。内外塔间可容十人。这种石塔，据说在国内仅有孤例，堪称艺术珍品。

塔前自然村墓山上有希运墓塔，又名广业塔。除此之外，山中还存有唐宋以来僧释墓塔 70 座。其造型各异，工艺精湛，不但是研究佛教渊源的实物资料，而且堪称我国古代建筑艺术的瑰宝。

墓塔目前稍有酥裂盐碱的现象，不过整体保存良好。1987 年，黄檗墓塔群被列为江西省重点文物保护单位。

双林峰墓塔

塔前村墓塔远观

塔前村墓塔近景

舍利塔

高安市

13 贾家村民居（含贾氏宗祠、泰盛堂、赐楼）

Vernacular Dwellings in Jiajia Village (Including Family Jia's Ancestral Hall, Taishengtang Hall, Cilou Tower)

基本信息	国家级
年　　代	唐
地　　址	高安市新街镇景贤村
交通信息	省道高清公路纵贯境内，驾车下沪昆高速（赣粤高速）公路再行13公里

高安贾家村

贾家村位于高安市新街镇西南5公里，全村现有400余户。

据《畲山贾氏族谱》记载，此地原系畲族聚落，有蓝、雷两姓族人定居，故称"畲山"。宋开宝元年（968），世居汴梁之鄢陵的贾湖致仕以后自汴梁赴筠州（今高安）刺史。贾湖长子贾九四定居高安，为高安贾氏始祖。贾湖十七世孙贾季良于明洪武初年（1368）定居畲山，为畲山贾氏始祖。贾季良生有四子，为畲山贾家的二世祖。今天贾家村仍保留着这四位先祖的祠堂。

相传曾有六姓人家在此地聚居。贾家自迁居畲山后，定居繁衍，此地逐渐发展成完全由贾氏家族居住的单一家族聚落，从此自称"畲山贾村"。

贾家村坐落在一个四面环山的盆地中心，四周是平畴远山。按照村中老人的说法，贾家村始祖贾季良娶了南家村南氏之女为妻。当他们途经畲山，俯视周围整个地形时，发现这里良田沃野，似"金盆"堕地，遂决定在此建家立业。

贾家村位于盆地中心偏北，四周实际上没有自然边界可作屏障依靠。山势为南方传统聚落选址之基础，通称"龙脉"。贾家村将距村北3公里之外的钧山、三台山视作本村龙脉所依之山。由于钧山、三台山距村落较远，因此人们在村北入口处堆积了土丘一座，称为"畲堆"。村民将其视为村庄龙脉的龙头所在地，为"畲山"的象征。贾氏成为第一大姓后，继承了"畲山"崇拜的习俗。每年大年初四，村里男女老少都要到这里跪拜，迎接本地"大王神"，并举旗敲锣鸣礼炮将"大王神"迎至贾氏宗祠朝拜。

贾家村东北有庐泉湖，西有珠山湖。稳泉、庐泉交汇形成的小河自北而南绕村西而过，再向东流入肖江。村南有赤溪河由东向西南注入肖江。小河距村北约1里地，是古村用水的主要来源。而赤溪河距村南也约1里，是古村排水的主要去处。因为水源距村落有一定距离，所以村内散布着12口水塘，用以调蓄雨水、吞吐淤泥。这些水塘与4口古井和路边沟渠，一同构成了村内的给排水系统，并沿用至今。

贾家村实景总平面

贾家宗祠建筑群鸟瞰

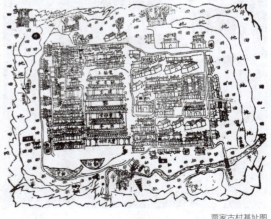

贾家古村基址图

水口的营建也颇费了一番工夫。此处有形似古砚的沙洲一块。为增强锁钥的气势，人们还建了七级玉塔、文昌宫、翠竹庵等。文昌宫前的千年古柏根深叶茂，苍劲挺拔，古樟等古树比比皆是。在砚洲以东、沿赤溪河有一系列土丘和一座略大的山丘——月光山，被人们描绘为"上有高峰平列，与月同钩，倒映波影，共月齐浮。星堆成行，联珠累累"。月光山以东是赤溪桥。这些自然与人工的设置，暗合了风水术中"财源茂盛、人文之举、连绵科甲"的含义。

村落南端约37公里处有阁皂山。阁皂山被借作贾家村的"屏护"，以使其符合"枕山、环水、面屏"风水佳境的要求。所以，贾家村"恍金盆之落地"。周边良田沃野适宜家族繁衍发展，佳山胜水又为家族聚居地畲山提供了天然屏佑，成就了家族聚居的心理风水宝地。

为防匪患，贾家村的聚落营建具有很强的防御性。以八个关门区分，贾家村将居住区分为关内、关外两部分。关门与环村主巷道相连，共有8关64巷。一旦遇到紧急情况，村民可以很快地集合在一起。封锁了8个关门，外人就很难进入村子。村中64条巷道中，明巷、死巷纵横交错，外人入内似进入迷宫。贾家人还崇尚习武，有专用练武场地。

村内建筑以贾氏宗祠为核心，是全族管理和祭祀的中心。此外，还有许多房祠，如瓒公祠、璋公祠等。优秀的民居建筑，诸如怡爱堂、赐福堂、泰盛堂等分布在村落各处。

村外则寺庙、宫塔林立。佛寺有村南的翠竹庵和村北的普贤禅寺。道观有村北的紫府观、村东的万寿宫。文庙有村南的文昌宫。还有一些地方性祭祀建筑，如村北的大王庙、村西的土地庙、村西南的苍龙庙与先农庙等。

贾氏宗祠

贾氏宗祠位于村中部，坐北朝南，沿轴线由南往北分别为明塘、仪门广场、昼锦堂、拜亭、寝堂、观音堂，构成了贾氏家族主要的祭祀空间。

明塘为一方半月形池塘。主体建筑昼锦堂始建于明宣德、正统年间（1426—1449），原为廉州知府贾信在家乡所建的住宅。贾信去世后，他的子孙将昼锦堂改造成祠堂，又在堂后加修了拜亭、寝堂和观音堂三座建筑，从而奠定了贾氏宗祠的规模格局。由于年久失修和战火损坏等，清嘉庆年间（1796—1820）贾氏宗祠进行了大规模维修，形成了保存至今的这副面貌。

贾氏宗祠属明代早期砖木结构的四进式穿堂建

贾氏宗祠贾家正面

月梁和彻上露明造

昼锦堂

从中堂看雨亭

筑。宗祠面阔15米，进深83.6米，总占地面积1348平方米，青灰砖外墙，硬山屋顶。廊道、庭院和厢房沿轴线对称布局。

宗祠前置石狮。正面为六柱五间，楼阁式重檐屋顶。正中悬挂着"中宪大夫第"牌匾。额枋间刻有"金盆福址"字样。大门前设有前廊。门两边置抱鼓石。门上高悬"贾氏宗祠"牌匾。

一进为昼锦堂，两边依次为前厢房、吊楼和中堂两侧的后厢房。吊楼即观戏楼，为拼花木栏杆。昼锦堂中部方形天井之上设雨亭，雨亭也是方形，顶部藻井为三层八卦造型。中堂靠后正中位置摆神案。昼锦堂梁枋处多悬"克绳祖武""荣封一代""荣封三代""兄弟同科"等鎏金牌匾。二进院为拜亭，拜亭前为斧刃砖地面，中间镶成八卦形图案地坪。拜亭正前方挂牌匾，内顶亦为三层八卦造型藻井，属于后期修复。三进院中间专铺一条石道直达三开间寝宫。寝宫为假四阿屋顶，檐下挂牌匾，内奉祖先牌位。四进院为五开间观音堂，门前置太平缸一口，内置观音像一尊。观音堂用三级藻井式采光，内部通透明亮，后墙枋间挂"奉先思孝"牌匾。

前厅有一方形天井，一重檐雨亭置于其中。雨亭四角为方形断面的石柱。正中天花是华美的藻井。藻井由上、中、下三层组成，最下层为井，中层为八角井，上部为圆井。圆井上方为盖又称明镜，雕刻着蝙蝠和花草图案。雨亭在此被赋予了采天地之灵气、聚肥水财气于一家的寓意，以完成此天井四水归堂的传统理念。

后进是祠堂的正堂。厅正中有拜案，上悬"昼锦堂"牌匾。昼锦堂梁架分为明栿和草架。明栿主要为抬梁式，梁架主要为穿斗式。其又结合了减柱挑梁等作法，形成了开阔大气的祠堂空间。梁架简朴大方，有明代遗风。

昼锦堂后设拜亭。拜亭之后为寝堂；当地俗称"公婆厅"，平时供奉祖先牌位。寝堂之后设有观音堂，内置观音像一尊。寝堂与观音堂均为穿斗式结构。

雨亭藻井

中堂

拜亭

次间及瓜柱和斗栱

寝宫

观音堂内景

昼锦堂内的雨亭设计精巧、大气，既独立存在，又与左近建筑相互呼应，尽显建造者的匠心。

宗祠中石雕多见于柱础、抱鼓石、坐狮等。木雕多见于梁柱、雀替、门板、窗棂。其雕刻技艺臻至炉火纯青之境；雕刻图案日趋纷繁完美；内容广泛，题材多样，多为山水、花草、鸟兽及八宝。

贾家贾氏宗祠为纵深宽阔的大型建筑，设计上与传统民居有着不同的建造特色，分别采用抬梁式、穿斗式、抬梁与穿斗结合式和减柱挑梁等建造工艺。其集合了南北古代民居建筑的优点，有官家宅院的风格，是江南祠堂建筑的代表之作。

2013年，贾氏宗祠被公布为第七批全国重点文物保护单位。

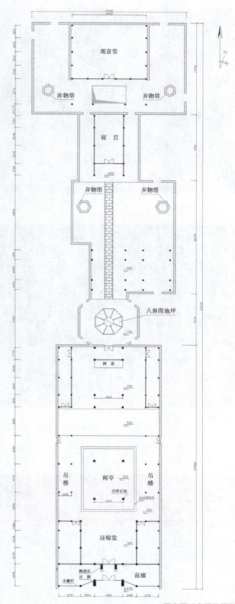

贾家贾氏宗祠总平面图

怡爱堂外景

赐福堂前院

中厅梁架及彻上露明造

泰盛堂内景

一进木架构

祠堂前半圆水塘沿池立面

14 五里谌村水口塔
Shuikou Pagoda in Wulizhan Village

基本信息	省级
年　　代	明
地　　址	高安市灰埠镇五里谌村西南
交通信息	驾车

　　水口塔俗称为五里塔，位于高安市灰埠镇五里谌村，距高安市区35公里。其始建于明万历十四年（1586），后屡有兴废，清乾隆四十八年（1784）最后一次修缮。该塔依溪流而建，故名水口塔。古塔为砖石梁木结构，楼阁式塔体壮丽雅致，四面辽阔舒展，与寮山峙峰相映并美。此塔平面为正八边形。塔高35.5米，共有七层，每层有塔室，入口处筑有拱门。内饰八角形花鸟图案，外缀翠绿色琉璃葫芦宝刹。造型雄浑，气势非凡。

　　据《五里谌氏族谱》记载，原先塔门有梵宇三间，并勒有一副对联："宝塔玲珑开八面，面面有门，门

水口塔正面

门沾九天雨露;文峰突兀起七层,层层是路,路路通万里云霄。"

该塔于 2007 年整修,2006 年被列为省级文物保护单位。

水口塔壁斗栱及叠涩

水口塔内部楼梯

15 朱轼墓
Zhu Shi's Tomb

基本信息	国家级 / 免费开放
年　代	明
地　址	高安县城北面偏西 32 公里处
交通信息	驾车

朱轼墓位于高安山村前镇龙溪村,距市区 35 公里,距村前镇 8 公里。朱轼(1665—1736),字若瞻,别字佰苏,谥号文端。朱轼一生历官三朝,官至太子太傅文华殿大学士,廉吏部尚书,于清乾隆元年(1736)九月卒于京城,第二年归葬故里。

朱轼墓坐落在龙溪村树子坑剑形山的缓坡上,三面环山,属南方典型的丘陵地带。周边森林密布,植被丰茂,古有"宝剑出匣"之称。墓地呈窄长方形,坐北朝南,南北长约 160 米,东西宽 60 米,占地面积 9600 多平方米。墓地由三部分组成。第一部分为神道碑、墓表、"帝师元老"石牌坊、石鹿、石马、石雕臣俑、石兽、无字神道碑。第二部分为拜坪。第三部分为墓冢。墓地布局为绝对对称。中轴线上依次排列着"帝师元老"石牌坊、无字神道碑、拜坪和墓冢。中轴线两边依次排列着神道碑、墓表、石鹿、石马、石雕臣俑、石兽。一对神道碑并列屹立在墓首南端,中轴线偏东约 11 米处。碑高 3 米、宽 1 米。一碑勒"明赠中宪正己公之神道"。另一碑勒"太子太傅文华殿大学士兼吏部尚书加赠太傅文端朱公之神道"。西侧两座神道碑已散失,仅存部分残迹露于地表。石牌坊坐落在中轴线上,结构为三间四柱。四柱卷云抱鼓石挟足。柱底铺筑平石,通高 7.2 米,面阔 7 米。正楼悬山顶,坊额上刻"帝师元老"四个大字。次楼对称,檐下均有斗栱支撑。上、下额枋及花板双面均饰镂雕图纹,内容有双鲤跳龙门、麟趾呈祥、龙凤仙鹿、天马、如意等纹饰。拜坪后为墓冢。墓冢前有一对石狮。罗围内封土高为 1.5 米。

从墓地所处位置与山丘地貌的相互统一,到石牌

朱轼墓外观

坊、神道碑、石鹿、石马、石臣俑、石兽等地面建筑的精雕细琢，均充分反映了朱轼墓的规格与墓主人的地位。纵观墓葬及地理位置与环境，其带有皇家墓陵的特征。墓葬规模之大，石像、神道碑雕刻之精美，工艺水平之精湛，在清代大臣墓葬中实属罕见。朱轼墓对于清代墓葬建筑及安葬风俗的研究有着极高的价值。

2006年，朱轼墓被国务院公布为第六批全国重点文物保护单位。

朱轼墓神道

朱轼墓坟茔

石象生

牌坊阑额雕饰

16 通真桥
Tongzhen Bridge

基本信息	省级 / 免费开放
年　代	明
地　址	高安县城筲西街以西
交通信息	驾车

通真桥位于高安县城筲西街以西、原钟秀门外的锦江支流上，建于明嘉靖三十七年（1558），原名通城桥。清同治六年（1867）由当地乡绅捐资重修。

通真桥两孔立于中间较小桥墩之上，最大限度地减小了流水阻力。桥额有"通真桥"三字。其上有刻字条石，上书"大清同治六年丁卯岁筲西况大勋邀各乡绅重建"。另有一石刻"大明嘉靖三十七年"字样。古桥已被压于水泥路面之下。

通真桥西南侧面

17 七星堆古墓群
Ancient Tombs in Qixingdui

基本信息	省级
年　代	战国—明
地　址	高安市城筠阳镇东北隅，东起东方红乡邹家村周围，西至桥北新路东岸
交通信息	驾车

七星堆古墓群坐落在高安市城筠阳镇东北隅，东起东方红乡邹家村周围，西至桥北新路东岸，占地面积达2平方公里。

20世纪八九十年代，由江西省考古研究所和高安县博物馆组成的考古发掘队，对该墓葬群进行了三次发掘，共发掘战国、西汉、东汉、六朝、唐、宋、元、明墓40余座，发现和征集的随葬品累计达3000余件。所发现的战国、西汉和唐代墓葬多为土坑墓；东汉、晋、南朝和宋、元、明代的墓葬多为砖式墓；亦发现有火葬坑。其中唐代墓葬数量较多。是迄今为止江西墓葬中出土文物类别最多的，文化含量及价值极高。其中有陶、瓷、铜、铁、玉、漆、滑石和金、银等器。还有不少珍贵文物，例如，战国的青铜剑；西汉的青瓷鼎、钫、蛙形雕塑；草叶纹铜镜；东汉的黑釉瓷、铜弩机；唐代的洪州窑瓷器，方形铜镜及海兽葡萄纹镜；五代的白瓷；宋代的景德镇青瓷和吉州窑的窑变黑釉瓷器等。在西汉的连珠纹昭明镜上，有铭文"内清质以昭明，光象夫日月，心忽扬忠然而不泄"，其造型十分精美。

在发掘中，还发现有汉代大型建筑废墟，其中有成片的碎瓦和拍印精美的大块花饰陶板。此外，还发现了多处柱穴遗迹。

1987年，七星堆古墓群被公布为江西省重点文物保护单位。

七星堆古墓群远景

汉砖发券

18 华林造纸作坊遗址
Site of Paper-making Workshop in Hualin

基本信息	国家级 / 免费开放
年　代	宋—明
地　址	高安市华林风景名胜区管委会东溪行政村的周岭村
交通信息	驾车

华林造纸作坊遗址位于高安市华林风景名胜区东溪行政村的周岭自然村。该遗址发现于2005年，共发掘面积700多平方米，清理出元代抄纸房遗迹及各类与造纸相关的遗迹。遗址生产时间历经了宋代、元代和明代，时代顺序清楚，几乎可以完整地再现明代

华林造纸作坊发掘全景

宋应星《天工开物》所记"造竹纸"的一整套加工程序，以及"新竹漂塘"和"煮楻足火"的情景，为研究明代南方的竹纸制造工艺及西山造纸官局纸厂的生产情况提供了重要资料。它是中国第一个经过考古发掘的古代造纸遗址，对研究我国古代造纸科技发展史有着重要的参考价值。在福纸庙作坊区的650平方米范围内，考古工作者发现了各类与造纸相关的遗迹共28处。此外，他们还在周岭村清理水碓遗迹7座，在西溪村清理水碓遗迹7座。华林造纸作坊是我国发现时代最早的一处造竹纸的作坊遗址，也是目前发现造纸遗迹最多的遗址。

华林造纸作坊遗址的最早年代，可以上溯到南宋时期。遗址中发现了宋代至明代时期的水碓16处，沤竹麻坑20多处、槽房10多处，以及蒸煮、拌料、漂洗、槌打台、烧灰坑等造纸作坊遗迹多处；出土了宋代至明代的青白瓷、青瓷、青花瓷、黑釉瓷、白釉瓷等几百件瓷器；还出土了宋代铜钱、元代铜镜、铜盂、石砚、明代烛台等大批文物。

2013年5月，被国务院公布为第七批全国重点文物保护单位。

华林造纸作坊近景

水碓遗址

铜鼓县

19 萧家祠（湘赣边界秋收起义前敌委员会旧址）

Family Xiao's Ancestral Hall (Former Site of the Fornt Committee of the Autumn Harvest Uprising in Hunan-Jiangxi Border)

基本信息	省级 / 免费开放
年　　代	清
地　　址	江西省宜春市铜鼓县永宁镇定江东路487号
交通信息	驾车

萧家祠始建于清光绪初年，曾是湘赣边秋收起义的总指挥部。1927年秋，贺龙二十军独立团的团部就驻扎在萧家祠里。同年9月9日，毛泽东来到铜鼓，领导了湘赣边秋收起义。毛泽东就住在萧家祠左厅一间陈旧的厢房里。9月10日，在萧家祠的大厅里，毛泽东召开了干部会议，向大家传达了"八七"会议精神，制订了秋收暴动计划并进行了军事部署，并宣布浏阳农军改编为工农革命军第一师第三团。会后，毛泽东在萧家祠同干部聚餐，欢度中秋佳节。

萧氏宗祠为土木建造，前后两栋，结构相同，均为穿斗式梁架结构，硬山顶，高9米，面阔33米，进深25米，中间为大厅，两侧各有两间耳房。两栋衔接处为一天井，天井左右侧为厢房，房屋总面积为1950平方米。天井壁已经长出了青苔。其上辟楼房；檐廊置木栅栏，双开大门，木质棂条窗；前为院落花园。1987年，萧家祠被列为江西省重点文物保护单位。

萧家祠外观

20 奎光书院（中国工农革命军第一师三团团部、营部）

Kuiguang Academy (Regiment/Battalion Headquarters of the Third Regiment of the First Division of Workers' and Peasants' Revolutionary Army)

基本信息	省级 / 免费开放
年　代	清
地　址	宜春市铜鼓县永宁镇城南路 15 号
交通信息	驾车

奎光书院由铜鼓客籍人周玉衡创办，是在奎光堂的基础上创办起来的。清乾隆四十年（1775）奎光书院集资筹办，清道光十七年（1837）转为书院，清光绪三十二年（1906）废科举办学堂，改作"奎光高等小学"。

大革命时期，这里成为点燃铜鼓革命烽火的策源地。1925年冬，陈葆元、李秀等在这里创建了中共铜鼓支部。1927年8月，浏阳工农义勇队，也就是中国工农革命军第一军第一师第三团进驻铜鼓。该团第一营驻扎在奎光书院，并书写了大量革命标语。1928年平江起义后，彭德怀同志率领红五军多次转战铜鼓。红五军政治部又在这里挥笔写下了《共产党十大政纲》和《土地政纲》等大量的文告标语。

奎光书院为砖木建筑，穿斗式梁架结构，泥瓦硬山顶，基础以花岗石叠砌，占地面积1100平方米。以墙分隔为左右两栋。每栋分前后进，设走廊相通。前进均为一厅四房，后进一厅两房。左栋中厅与后进之间以花岗石砌台阶上下。右栋中后厅之间开正方形天井。左右设石阶，青砖铺地。

奎光书院是铜鼓县最早的一处高等教育场所，又是一处重要的革命旧址，其革命标语保存最多、保护最为完好。2000年被列为省级文物保护单位。

奎光书院正面

21 排埠邱家大屋

Family Qiu's Residence in Paibu Town

基本信息	省级 / 免费开放
年　代	清
地　址	铜鼓县排埠镇黄溪村
交通信息	驾车

邱家大屋位于铜鼓县排埠镇黄溪村，属于邱氏家族。据邱氏族谱记载，清康熙年间（1662—1722），邱端我自广东嘉应州（今广东省梅州市）迁来此地。其子邱南山继承家业，大约于清乾隆初年（1736—1796）动工起造大屋，约经20年建成。邱南山在建造过程中去世。大屋建成后，其子孙将大屋命名为"邱南公祠"。此后，邱南山后人一直居住在这里，人数最多时有近200人。

邱家大屋总占地面积约7300平方米，建筑面积约4000平方米。建筑坐东朝西，背靠小山丘，前有水塘。建筑布局以一座明三暗五开间的三进天井式住宅为主体。在其南、北两侧各配一座围绕着狭长庭院所形成的两层围屋，将主宅拱卫其中，与主宅间形成一个狭长天井。宅前以矮墙围成宽广的庭院，面积约

邱家大屋全景

邱家大屋正面

邱家大屋内院

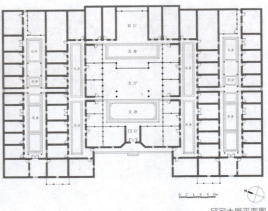
邱家大屋平面图

1300 平方米。入口在南、北两侧。院内中轴线上又有水塘。两侧的围屋突出于主宅，对主宅正面的主入口形成两翼围合之势。

主宅外墙均为青砖眠砌到顶，在当时这是一种非常奢侈的做法。主入口为门斗式，凹入两步架，以鳌鱼式栱承托挑檐檩。门厅仅明间一间，外设板门，内设屏门。入内为一大天井。天井内以卵石作花街铺地，两侧设厢房，均带出挑一步的阁楼，并以纤细撑棋支撑挑梁。天井后为三开间大厅。明间设抬梁式屋架，内抬九檩，外设双步梁。建筑虽不甚高大，梁架却很壮观。所有蜀柱均做莲花座，梁头均出卷云。边缝为穿斗式。每两穿一落地。承檩穿梁均为月梁。上起驼峰承托檩条，又从驼峰上出一跳丁头栱，以加强与檩条间的联系。穿梁以下的周围内墙面均为板壁。穿梁以上均为粉壁。地面为方砖铺地。前天井及大厅周围，所有木结构构架均漆黟，所有板壁、板门均漆朱，红、黑两色形成了庄重的对比。大厅后为后天井，尺度稍小。后厅仅明间一间，为家祠。除大厅外，其余均为山墙承檩。

邱家大屋是江西省目前已知的地理位置纬度最高的闽广移民居住建筑，形态十分完整。两侧围屋做法较主宅简陋很多。墙体为青砖眠砌勒脚至窗台下，以上俱为土坯墙。除与主宅连接部分有较好的门窗隔扇外，其余均为简单的直棂窗。

22 排埠万寿宫（工农革命军第一军第一师第三团回师铜鼓旧址）

Wanshou Taoist Temple in Paibu Town (Former Site of the Third Regiment of the First Division of the First Army of Workers' and Peasants' Revolutionary Army in Tonggu for Return-in-triumph)

基本信息	省级 / 免费开放
年　　代	清
地　　址	铜鼓县排埠镇下街永庆村
交通信息	驾车

排埠万寿宫地处铜鼓县排埠镇下街永庆村。排埠集镇沿河分为上排埠、中排埠、下排埠三段，总长约1公里。下排埠原称永庆新街，又称下街。山中溪流在排埠汇合成定江河。万寿宫面对定江河，建于清道光二十三年（1843），占地面积约1500平方米。其最初为江西商人的会馆，后来成为公共活动场所。

万寿宫建筑面积约700平方米，坐北朝南。其轴线为东偏南至西偏北走向，约与定江河垂直。建筑围绕一个大天井组成，出入口设在两厢。内部西部为戏台，石柱木栏，天花为斗八平藻井，檐下设卷轩。两侧有楼，与两厢的楼连通。东部为正殿，利用地形抬起近一层高，恰好与两厢的楼平齐。正殿形式特殊，面阔三间，进深六间，外有宽阔前廊，明间设石柱。内部4根金柱升起，支撑起一个独立的歇山顶，高出周围屋面。其类似于亭阁做法，但无楼。三面开高侧窗，仅朝向后殿方向以板壁封闭，顶棚做覆斗藻井。以此空间为中心，将两侧和后厅连为一体，形成"凸"字形的大厅空间。后厅两侧设厢房。两侧又有侧路，各以一个小天井围合附房。外部与街道店铺组合成整体。墙体为条石基础，夯土墙和砖墙混合使用。木结构以山墙承檩为主，仅前廊做五架抬梁式构架。天井均为就地取材的卵石地面。室内均为砖平铺地面。建筑朴素大方，是与地形巧妙结合的设计。

1927年9月，毛泽东率领秋收起义部队第三团回师铜鼓排埠，曾在万寿宫戏台召开了群众大会。就是在万寿宫，毛泽东经过认真思考，放弃了攻打长沙的计划。

1968年进行了首次大规模维修，并进行了复原陈列。后经历年多次维修。2006年被公布为省级文物保护单位。

万寿宫外观

戏台

23 铜鼓吴家祠（毛泽东住地旧址）

Family Wu's Ancestral Hall in Tonggu (Former Residence of Mao Zedong)

基本信息	县级 / 免费开放
年　　代	清
地　　址	宜春市铜鼓县排埠镇华联村月形湾
交通信息	驾车

吴家祠位于宜春市铜鼓县排埠镇华联村月形湾。其为晚清建筑，坐东朝西，整体为夯土木材混合结构，前后两进，前有半月形水塘。整体建筑占地面积为450平方米。

1927年9月9日，毛泽东从安源奔赴铜鼓指挥秋收起义途中遇团防队扣留。押解途中，毛泽东急中生智，从口袋里抓起几块银圆往地上一甩，借敌人拥抢银圆之机朝对面山上跑去。他利用一个拐弯处跳进路边的水沟里，凭借周边茅草和灌木的掩护躲过了敌人的追捕。在当地农民协会会员陈九兴的帮助下，毛泽东当晚住在吴家祠。毛泽东在延安接受美国记者斯诺采访时，谈起过这段往事。新中国成立后，毛泽东曾给陈九兴写过信，称他为"救命恩人"。

吴家祠见证了毛泽东革命生涯中的遇险经历，由此奠定了其重要历史地位。2004年被公布为县级文物保护单位。

吴家祠全景

吴家祠周边环境

正堂立面

24 毛湾老屋及毛湾新屋（湘鄂赣省苏维埃政府旧址及军区司令部旧址）

Old and New Residences in Maowan (Former Sites of the Soviet Government and Military Region Command of Hunan, Hubei and Jiangxi Provinces)

基本信息	县级 / 免费开放
年　　代	民国
地　　址	铜鼓县棋坪镇大梅村
交通信息	驾车

毛湾老屋

毛湾老屋位于铜鼓县棋坪镇大梅村，始建于民国初年（1912），坐北朝南，前后两进，砖木混合结构，占地面积740平方米。这里是湘鄂赣省苏维埃政府旧址。

1934年红军长征后，湘鄂赣省苏维埃政府离开万载小源，迁至铜鼓县棋坪镇大梅村的毛湾老屋。省军区司令部就驻扎在毛湾新屋，将它作为湘鄂赣苏区的作战指挥部。新中国成立后至今，该旧址一直由当地樊姓村民居住和保护。1983年被公布为铜鼓县第一批重点文物保护单位。

毛湾新屋

万载县

25 万载仙源乡民居古建筑群（湘鄂赣革命根据地旧址，含中央军政五分校、红十六军军部遗址）

Ancient Vernacular Dwelling Complex in Xianyuan Township (Former Site of the Hunan-Hubei-Jiangxi Revolutionary Base, Including Sites of the Fifth School of the Central Military and Political School and Headquarters of the Sixteenth Army of the Red Army)

基本信息	国家级 / 免费开放
年　　代	清—民国
地　　址	万载县仙源乡仙源村
交通信息	驾车

仙源乡旧民居（中华苏维埃共和国湘鄂赣省苏维埃政府旧址）

此处现为万载县仙源乡政府所在地。其原为民宅，砖木建筑，穿斗梁架结构；两栋并列，两进，各有天井及走巷贯予；每栋两厅六间，泥瓦建筑，分水硬山顶，四面砖墙，红砖地，房为木板铺垫；总面积1023平方米；前系院落，较为宽阔。

1932年4月12日，中华苏维埃共和国湘鄂赣省苏维埃政府由修水上衫迁驻此地。其中设立财政、土地、劳动、内务、卫生、文化、教育、国民经济、工农检察等部。该旧址1955年修复整理。2006年5月，国务院公布其为全国重点文物保护单位（为湘鄂赣革命根据地旧址群之一）。

仙源乡王氏宗祠（中国共产党湘鄂赣省委红旗报社旧址）

王氏宗祠坐落在万载县仙源乡。其为砖木建造，穿斗式梁架结构，总面积1223平方米，分为前、中、后三进。门首平面呈"凹"字形，有2根方形石质檐柱；前、中进之间设有14平方米的雨亭天井；后进设土筑戏台，红砖铺垫；台口有木质栏杆，木质门窗；泥瓦硬山顶；两侧砌封火墙。

中共湘鄂赣省委机关报《红旗报》、湘鄂赣省财政部、粮食部亦设于王氏宗祠。2006年5月，被国务院公布为全国重点文物保护单位（为湘鄂赣革命根据地旧址群之一）。

仙源乡袁氏祠堂（中华苏维埃共和国军事政治学校第五分校旧址）

袁氏祠堂坐落在万载县仙源乡新市村。其为砖木建造，穿斗式梁架结构，总面积584平方米，分为前后二进，中间开天井；门首檐下走廊，泥瓦建筑，硬山顶。

1932年春，中华苏维埃共和国在此创办了军事政治学校第五分校。学校先后开办3期培训班，共培养军政干部800多人。2006年5月，国务院公布其为全国重点文物保护单位（为湘鄂赣革命根据地旧址群之一）。

仙源乡王家大屋（湘鄂赣省委员会旧址）

王家大屋坐落在万载县仙源乡月山下，为砖木建造，平面呈"凹"字形；高9米、总面宽45.3米、通进深17.3米；总面积877平方米，共5厅10间；砖墙承受梁架；每厅均设大门；各房开木质门窗；前置檐廊，由8根木柱支撑；两端前伸楼房，砌山字墙；由走廊木质扶梯折吊楼上下。屋前长方形院落，砖砌围墙，简易门楼。

1932年4月，中国共产党湘鄂赣省委员会由修水上衫迁驻仙源时驻此办公。旧址于1955年修复整理。2006年5月，国务院公布其为全国重点文物保护单位（为湘鄂赣革命根据地旧址群之一）。

军事政治学校第五分校旧址

湘鄂赣省委旧址

湘鄂赣军区总指挥部旧址

红旗报社旧址

26 万载城隍庙

City God's Temple of Wanzai

基本信息	县级／免费开放
年　　代	明—清
地　　址	万载县城隍庙路
交通信息	乘车至城隍庙路，步行可达

万载城隍庙始建于明洪武三年（1370），坐落在康乐街道龙河东岸集贤坊（今仿古街），明永乐二年（1404）毁。明正统十年（1445）重建。明景泰三年

城隍庙廊下

（1452）典史朱选修葺。明弘治年间（1488—1505）颓废，知县张文谋复新。明正德九年（1514）邑人辛润出资重建。其前殿后寝，东西两廊，中外二门，规制略如县衙，教谕朱宪曾撰文褒美。明崇祯十年（1637）、清康熙二十七年（1688）、清乾隆三十八年（1773）邑人又三次捐资修建。清道光十八年（1838）拓基重修，添建头门外站亭两廊。清咸丰五年（1855）太平军进攻县城，与官军交战，庙毁。清咸丰八年至清同治九年间（1858—1870）合县绅民迭次修复。此后，实际上已由官府正祀转变为民间祭祀。民国以后改为佛寺。"文革"期间菩萨尽毁，以后又逐渐修复。

该寺现名万佛寺，坐北朝南，占地约5000平方米。共有五进院落。第一进天王殿及其内庭院两侧建筑为1997年新建，已非原貌。庭院内为正门，有雕花彩绘牌楼，两侧为钟鼓楼。进得过厅，有彩雕燕窝状顶棚（藻井），形态各异的蝙蝠如飞似舞，象征百福吉祥。第二座大殿为大雄宝殿，第三座大殿为观音殿，均在近年经过修复。第四座大殿为城隍神大殿，殿顶高15米，巨梁彩绘，高大宏伟。第五座大殿为城隍夫人殿。此最后两进完全为清末原构。

城隍夫人殿东厢开有一侧门，饰有极精致的壸门式样石门仪，为江西古建筑仅见。

第二进天井

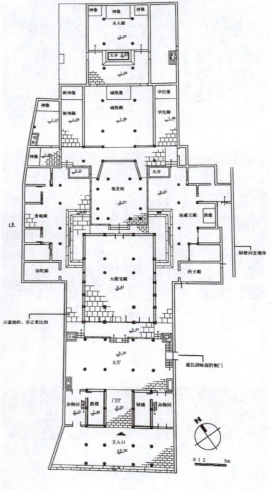
城隍庙总平面图

内部梁架

城隍庙剖面图

叙千祠享堂梁架

叙千祠寝堂

鹤,下层中央为"龚氏宗祠"门匾,门匾上方为人物骑马表演的剧情场景,中央有戏台,戏台下为拱桥,主角在戏台表演,两侧为天官赐福,次侧为鹿、羊瑞兽,下方为群狮戏珠,采用镂雕、高浮雕和透雕等表现手法。两次间雕刻上部为瑞草卷叶式漏窗,再往下为两支相对的骑马队伍,往下为植物花卉,最下部雕刻的格扇门形象逼真,每扇中央雕刻人物,其余空隙则满绘几何形花纹,底部抱鼓石保存完好。

叙千祠牌楼背面镶嵌当时建祠的两块捐助碑,落款分别为清乾隆十二年(1747)、清乾隆三十七年(1772)。

戏台位于门楼的左侧,长12.4米、宽11米,占地面积138平方米,较一般的祠堂戏台与享堂相对不同,叙千祠内的戏台单独构筑在一侧,增加了群众看戏的面积,也可以从一个侧面表现出此祠堂应该不是主要进行祭祀活动,而是以娱乐为主(戏不必演给先祖看)。

叙伦堂,面阔五间共22.2米,进深八间,前三进可以看作享堂,后四进可以看作寝堂,在第四进(享堂与寝堂的过渡空间)上方开有两个小天井。整体为穿斗式,无斗栱,柱前斜撑构件装饰十分精美。

龚氏宗祠的保护现状让人十分揪心,尤其是玳公祠。笔者比照其2013年的照片,发现在成功申请为"全国重点文物保护单位"后,该祠保护状况反而大幅度倒退。此现象应当引起足够的重视。

铅山县

36 鹅湖书院

Ehu Academy

基本信息	国家级 / 购票参观
年　代	明
地　址	铅山县鹅湖镇境内鹅湖山麓
交通信息	在上饶三江客运站乘坐去铅山的班车,在鹅湖书院岔路口下车后步行1公里

鹅湖书院是为纪念宋代理学家朱熹、陆九渊等人的"鹅湖之会"而建。最初为鹅湖寺,后人在鹅湖寺的西面立祠以祀四贤(朱熹、吕祖谦、陆九渊、陆九龄),又称"四贤祠",用以聚徒讲学,鹅湖书院由此形成。南宋淳祐十年(1250)江东提刑蔡抗视察信州,访"鹅湖之会"旧址,奏请朝廷赐额为"文宗书院"。宋末,毁于兵燹,又屡经修复。明正德年间以后基址无变,清康熙五十六年(1717)"辟旧址恢扩之",康熙帝

鹅湖书院航拍鸟瞰图

亲书"穷理居敬"匾,并赐联"岩月朗中天镜,石井波分太泉"。此后屡次重加修葺,现存建筑为明清遗构。

书院建筑群坐南朝北,分布在鹅湖山北麓的渐升台地上,占地面积约8000平方米,建筑面积约4800平方米。主要建筑沿中轴线布局,自北向南依次为照墙、头门、石牌坊、泮池、仪门、讲堂、御书

27 万载南大路98号店铺

基本信息	县级 / 免费开放
交通信息	驾车

万载南大路位于万载县老县城内，原称南门街，又称横街，是县城南门内的一条大街，全长约500米。清代至民国年间，为万载县城内主要商业街。街道两侧建有大量店铺。现商业活动已严重衰退，仅有少数店铺建筑保留下来，功能亦变更为以居住为主。

南大路98号是保留相对完整的店铺之一，其建造于清末，是一座带阁楼的单层建筑，店面共有五开间……

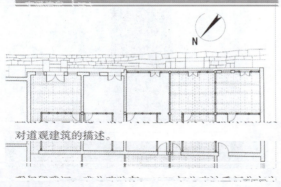

太平梁碑立面

28 筑卫城遗址
Site of Zhuwei Defense City

基本信息	国宝级 / 免费开放
年 代	新石器时代
地 址	樟树市西南21公里的临江镇
交通信息	乘车至樟树市临江镇

临江大观楼位于樟树市西南21公里的临江镇。…遗址东西长410米，南北宽360米，总面积为147 600平方米。西南面土城高17米、宽14米；东北面土城…

该遗址发现于1947年。1974年和1977年进行过两次较大规模的发掘，揭露面积591平方米。遗址文化堆积最厚达3米多，层序关系清楚，可分为上、中、下三层。上层属东周文化层，中、下层为新石器时代文化层。中、下层出土了磨制精细的石质生产工具，…

…大观楼的复建年代确切，脊檩有墨书铭文。

大观楼为青砖实垒砌成的城楼式建筑，其通高22.4米。基台高6.45米、宽25.6米、深14.2米；特制厚大青砖平砌作墙，内筑夯土，下宽上窄呈梯形；

遗址远景

临江大观楼全景

临江大观楼二楼室内

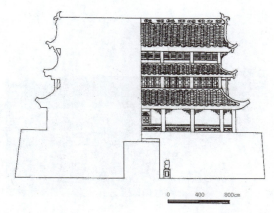

临江大观楼立面图

通高 22.4 米。其通柱并列，逐层递减；各层设腰檐，四面棂条活窗，有板梯可供上下。第一层外有回廊，内部分为左右室和堂间，第二、第三层内为敞间。二层原设有漏刻复壶，用以司更定时。

楼顶为穿斗式木结构，歇山顶，泥瓦覆盖；正脊饰几何对称云纹图案，两端鱼形鸱尾吞脊。脊檩墨书铭文："皇清同治拾贰年岁次癸酉仲冬谷旦。"大观楼原有巨木刻"临江府"竖额，悬于一楼正中，楷书骨劲端庄，系解缙所书；二楼内向原悬有"大观楼"木匾，字体端正，清丽劲健，现均已不存。

大观楼坐北朝南，面对府前街，背面是原临江军、路、府、县旧址，院内占地面积 16 万平方米。现存不少石刻文物和名胜古迹。民国三十一年（1942）将旧址空地开辟为中山公园。抗战期间，国民党军队在这里设立了荣军疗养院。1951 年，江西省临江荣复军人疗养院进驻原县府旧址，该楼为疗养院门楼。虽修缮时局部略有改变，但风貌基本如旧。大观楼现归江西省临江荣复军人疗养院使用，目前保存尚好。1984 年被公布为樟树市文物保护单位。临江镇在 2019 年 1 月被公布为第七批中国历史文化名镇。

31 吴城遗址

Wucheng Site

基本信息	国家级 / 免费开放
年　代	商
地　址	江西省樟树市山前乡吴城村，萧江上游丘陵坡地
交通信息	驾车

吴城遗址发现于 1973 年，同年开始发掘。它是中国南方一处规模较大的商代中晚期都邑遗址，总面积约 4 平方公里。遗址内发现有陶窑区、冶炼区、居住区、墓葬区、祭祀广场等遗迹，出土陶器、原始瓷器、铜器、石器等遗物数千件。其中烧造考究的原始青瓷器的发现，证明了这一地区即是青瓷器的发源地之一。许多陶瓷器物上还带有刻划的文字符号。吴城遗址出土文物既有自身浓厚的地方特色，又受到中原商殷青铜文化的深刻影响。

遗址经过 6 次科学考察发掘，共揭露面积 2000

吴城遗址全景

余平方米,文化堆积厚2~3米不等,划分为七层,分为三期文化。共清理房基2座、窑址12座、灰坑55个、墓葬16座。出土较完整的石器、陶器、青铜器、玉器、牙雕等900余件,特别是陶文、原始瓷、铸铜工具的出土,是江西考古的重大发现。吴城遗址的发现,对于研究长江流域土著青铜文化的产生与发展具有重要意义。

1996年被列为第四批全国重点文物保护单位。

32 樊城堆遗址
Fanchengdui Site

基本信息	国家级 / 免费开放
年　代	新石器时代
地　址	樟树市城区偏南24公里的刘公庙乡庙下村东侧,雌溪上游
交通信息	驾车

樊城堆遗址是赣江鄱阳湖水系具有代表性的新石器时代晚期文化遗存。经1977—1979年的三次考古发掘,揭露面积累计达825平方米。樊城堆文化的南限目前已达于都,北界已到长江边缘,是江西地区的土著文化。

遗址文化堆积自上而下有七个自然层,第三层至第七层是早期堆积的下文化层,年代为新石器时代晚期;第二层是晚期堆积的上文化层,属于商周时期青铜文化堆积。最具特色的是下文化层出土的浅盘鼎、壶形鼎,以及器盖和彩陶器等。

2006年被国务院核定为第六批全国重点文物保护单位。

遗址全景

33 鸣水桥
Mingshui Bridge

基本信息	国家级 / 免费开放
年　代	宋
地　址	樟树市区东南34公里的阁皂山凌云峰峡山口
交通信息	驾车

鸣水桥建于北宋政和元年(1111),至今保存较好,是江西省现存的两座北宋石桥之一。

从瀑布泉沿山谷北上70米处,有一座小桥横跨峡谷。九龙泉两股水系在这里汇合,泻入山谷,声音大若雷鸣。因此,这座桥名为鸣水桥。此桥凿山崖为基础,以长条石砌筑桥座。桥身由长条方石砌筑成石拱,拱上再砌筑两层条石。桥面用方石沿45度铺设。桥长约7.3米,宽约6.8米。桥上两侧设栏杆,由望柱、阑额、华板、地栿勾连而成。桥头两侧的望柱雕刻莲花瓣头,阑额、华板、地栿均为素面。桥拱内,东岸一侧有17道拱圈。每圈的第一块拱石上,顺溪流镌刻楷书铭文"大宋政和元年辛卯岁阁皂山道众化缘信";西岸一侧刻"人财物建此石桥至四年冬至日毕工谨题",其字清晰可辨。南宋文天祥任赣州知府时,曾游览阁皂山。目前桥碑上的桥名,是其手书的拓刻原迹。

1979年,清江县政府对鸣水桥按原貌进行了整修,并采取了保护古桥的措施。1957年7月1日,被列为第一批省级文物保护单位。2006年被列为第六批全国重点文物保护单位。

鸣水桥南立面

34 清标彤管坊

"Qing Biao Tong Guan" Archway

基本信息	省级 / 免费开放
年　　代	清
地　　址	樟树市区东南 16 公里的店下镇堆上村北侧
交通信息	驾车

该石牌坊是清咸丰四年（1854）监生黄地衡奉皇上圣旨为其母、儒生黄士熟之妻李氏而设立。石牌坊为四柱三间式，高 8.3 米，宽 8 米，全部由青石构成；自下而上由长方形垫石、方柱、夹杆石、上下额枋、平板枋、花版、石刻浮雕人物、翔禽、花卉、几组斗栱等部分组成。牌坊南面，下有"族表节孝儒生黄士熟之妻李氏"字样；中间两方柱上联，右有"雁志守深闺孤诣苦心堪微讲德"字样，左有"龙恩颁下里清风亮节永著贞珉"字样；再两旁方柱上联，右有"地接松山培本性"，左有"晴开阁岭显真操"等字。牌坊北面，上有"恩荣"；中有"天中月心"；下有"族表节孝监生黄时衡之母李氏"；中间两方柱上，右有"一片冰清坚贞久耐风霜烈"，左有"千秋石立远近传闻姓字香"；两旁方柱上，右有"井水无澜清澈底"，左有"松林耐冷节弥坚"等字迹。

在江西省境内，保存这样完好、石雕如此精细的同类石牌坊实属少见。2000 年 7 日 25 日，清标彤管坊被公布为第四批省级文物保护单位。

南侧正立面

奉新县

35 济美石坊

"Ji Mei" stone archway

基本信息	国家级 / 免费开放
年　　代	明
地　　址	奉新县会埠镇西庄村潦河旁，距县城 28 公里
交通信息	乘车至南屏公园，步行可达

济美石牌楼（济美石坊）位于奉新县城西 28 公里的会埠镇西庄村旁。牌楼建立于明万历二十八年（1600），是为表彰布政使司理问胡士琇及其祖先宋国子监主簿胡仲尧、宋光禄寺侍郎胡仲容而兴建的。

该坊为仿木结构四角亭式石牌坊，全部采用青灰色砂岩石料建造。建筑平面呈正方形，东、南、西、北形制划一。台基双层，块石平砌。每面设置三楼，平顶盖用斗栱承托，起脊较高，有鳌吻。各面均为内柱不落地三间四柱门楼式。各构件均以榫头卯眼连接。四柱四门。柱为正方形。坊体通高 9.68 米。

石坊整体保存较好，石刻精美。其北部基本完整；东、南、西三面顶部有部分构件倒塌缺损；南面额枋断裂；西面横额枋断裂。坊体雕刻有掉损和人为破坏。整个坊体向南面稍有倾斜。石阶部分残缺。为确保石坊安全稳固，1995 年对石坊四柱采取了角钢加固措施，并在沿河处修建护坡。

济美石坊内斗栱浮雕

石坊外四面文字相同。每门首镶青石板三块，第一层题"从仕郎布政使司理问所理问胡仕琇"，第二层题"济美"，第三层题"圣旨"。牌坊四角作挑檐状。四柱浮雕瓣状图案。坊额上刻有"龙凤呈祥""二龙戏珠"和花卉等图案。坊内青石板题刻有建坊始末原由，均明刻楷书。

柱、梁、额、枋、花板、平板枋等内外分别镂雕有人物故事、云龙海水、双狮戏球、太平有象、百鸟朝凤及牡丹、芙蓉、荷花、芍药、白鹤、锦鸡、鹿马、麒麟、山石、织锦等图案，浮雕精工，形象生动繁缛。每面外向分别刻有"圣旨""从仕郎布政使司理问所理问胡士琇""济美"和"钦差巡抚江西都察院右副都御史夏良心"等21人的署款，以及纪年"皇明万历二十八年庚子中秋吉立"等字。内向四柱分别镌刻有建坊始末和表彰胡氏三人贩饥、捐田办书院、捐金修桥建庙之功德。坊上字均为阴刻楷书。牌坊顶西北一角缺损。

该石坊形制奇特，雕刻极其华美。1984年被公布为奉新县文物保护单位。1987年被公布为江西省文物保护单位。2019年被公布为全国重点文物保护单位。

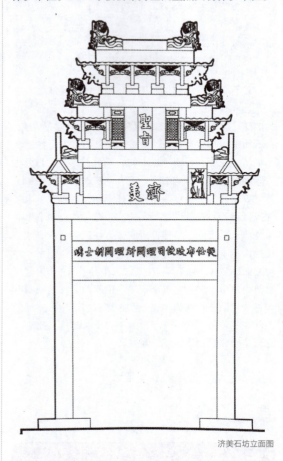

济美石坊立面图

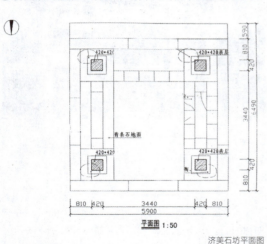

济美石坊平面图

靖安县

36 马祖塔亭
Pavilion to Pagoda of Master Ma Zu

基本信息	国家级 / 免费开放
年　　代	宋
地　　址	靖安县宝峰镇宝峰禅寺后院
交通信息	驾车

马祖塔亭坐落于靖安县宝峰寺后院。马祖道一乃禅宗第八祖，曾于江西弘扬禅学。唐德宗贞元四年（788）归寂后，祖师舍利瘗宝珠峰下。唐贞元七年（791），左仆射权德舆奉旨建马祖塔。唐宪宗元和八年（813）谥"大寂禅师"，塔为"大庄严塔"。唐宣宗大中四年（850），敕江西观察使裴休重修马祖塔，并建拜亭。宋神宗元丰八年（1085）改建石亭。该塔亭呈六角形，抬梁式结构；正面设门，五向均为石板砌封；攒尖顶，螭首翼角，座盘宝珠顶。月梁底面镌"圣宋元丰岁次乙丑年五月癸巳朔廿八日庚申琢石重建造胜迹"。梁侧刻"大元至治辛酉九月十二日吉安路西昌檀越萧履实施财重迁旧址住山释能识记岁月"。

1957年，该建筑被列为江西省文物保护单位。

1966年8月"破四旧"时塔毁,地宫遭掘。1993年,重建宝峰寺,首修祖塔并恢复地宫。修复后的塔以汉白玉琢造,改原来宝瓶式为方形亭阁式,高须弥座,上下枋饰莲瓣和祥云纹,束腰浮雕金刚力士护法神。塔身四柱障板结构。碑文为"癸酉年清和月马祖道一大寂禅师舍利之塔启功敬题",并有篆书"启功之印",朱文篆书"元白"章。背面为"马祖道一禅师塔落成法庆心外无别佛佛外无别心全国政协委员中国佛教协会副会长周绍良敬书",并有篆书"周绍良印"。左右围壁镌刻楷书"马祖道一大寂禅师塔"。地栿、额枋、檐枋分别浮雕"喜鹊登梅""玉树金华""龙吟国瑞""祥凤来仪""双狮戏球""太平有象"等寓意图案。宝盖攒尖式,施瓦垅,龙首翼角,宝瓶式顶。通高3.78米。地宫藏马祖之灵骨与舍利,银质鎏金裹盛灵骨。器壁刻祖师菩萨、结良缘菩萨,底部镌"鉴修管勾温良、劝缘地理岫云惟懋、舍财建塔施主肖道诚、嗣祖22代法孙妙周、都寺道则嗣曼、银匠吴镕、吴润。"银盒藏舍利。盖面铭刻"祖师舍利120颗"并银牌、银锭各一。皆置于石函。

2013年被公布为第七批全国重点文物保护单位。

马祖塔亭正面

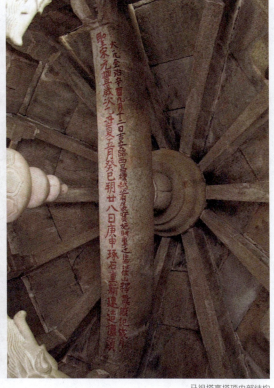

马祖塔亭塔顶内部结构

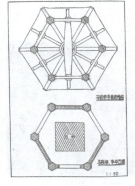

马祖塔亭顶部结构、平面、正立面图1

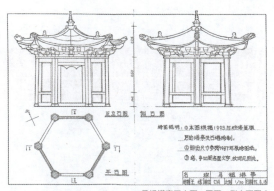

马祖塔亭正立面、平面、侧立面图2

37 靖安花桥

Flower Bridge of Jing'an

基本信息	省级 / 免费开放
年　　代	清
地　　址	靖安县以西 70 公里处的西岭乡茶坪村村口
交通信息	驾车

靖安花桥是江西较为罕见的单拱石桥。因桥上建的亭楼上绘有各种图案，且桥栏杆两厢均有石刻浮雕图案，故取名花桥。始建年代不详，清乾隆五十七年（1792）刘氏家族捐资重修。目前花桥被列为省级文物保护单位。

花桥为亭楼式单拱石桥，拱发券于溪流两岸对峙的峭石上，拱结构为"横联砌置"。桥面平坦无阶，宽 4 米，长 20.6 米，通高 9.96 米，占地 110 平方米。

桥用花岗石建造，亭楼用杉木建造。桥亭里立石柱 12 根，木柱 12 根，分三高二低成五间建筑。桥亭为歇山顶，重檐翘角。桥栏两厢镶嵌浮雕石刻花板 16 块，均雕有麒麟、狮、象、马、鹿、荷花等吉祥物。另有文字石刻两块。一块为刘府修石桥告竣，通邑领修石匠所刻俚言一律。另一块刻重修集资人姓名。

花桥近景

花桥远景

38 李洲坳东周墓葬

Tombs of Eastern Zhou Dynasty in Lizhou'ao

基本信息	省级 / 不开放
年　　代	春秋
地　　址	靖安县水口乡水口村李家自然村，南距水口乡政府约 700 米
交通信息	驾车

李洲坳东周墓葬墓室俯视

李洲坳东周墓葬位于江西靖安县水口乡水口村李家自然村,于2006年偶然被村民发现。2007年,江西省文物考古研究所对这座墓葬进行了抢救性发掘。

该墓葬为一座带封土的大型土坑竖穴墓葬。原封土高约12米,底部为圆形,占地面积约1100平方米。封土堆积。墓坑位于封土的正下方,为长方形竖穴土坑,南北长14.5米,东西宽约11.5米。发掘情况表明,墓室底部的青膏泥之上,有一层竹席错落交叠,由此使得墓底界面成为一个整体。下葬时,47具木棺依次从墓道进入,在墓坑内由北往南排列放置。发掘出的木棺采用了圆形榫卯套合的连接方式,做工精细。李洲坳东周墓是迄今为止我国发现的年代最早、埋葬棺木最多、结构最为奇特的一坑多棺墓葬,墓室设计为土坑竖穴形制,具有很高的历史价值。

丰城市

39 洪州窑遗址
Site of Hongzhou Kiln

基本信息	国家级 / 不开放
年　　代	汉
地　　址	丰城市域东北部 6 公里曲江镇罗湖村
交通信息	驾车

洪州窑遗址位于丰城市河西曲江罗湖一带的丘陵地区,分布在罗湖寺前村斜坡山、象山、外宋管家、狮山、南坪、下坊对门山、里宋尚山等地,共发现有窑场遗址32处。

1979年,江西省考古队对洪州窑遗址进行第1次试掘。1992—2002年,多家考古专业单位又进行了3次调查发掘,清理出龙窑7座,出土了青瓷和窑具总计11 983件。洪州窑出土的青瓷分为青绿釉和黄褐釉两类。器类有罐、壶、钵、盘、杯、盂、盏、炉、砚等。1992年,在石滩港塘新村挖掘出了刻有文字的东汉晚期陶承托大器。1995年,在寺前山隋代窑床出土了青瓷双水盂多兽足圆砚。该砚瓷质细腻,施釉莹润,造型奇特,秀丽庄重,是难得的稀世珍品。1998年,该瓷器入选全国十大考古新发现珍品,在北京展出。

洪州窑所揭示的一座隋代龙窑,全长21.6米,宽2米,是迄今为止江西发现的年代最早、窑体最大、保存最好的龙窑。其产品以壶、罐、钵、盘、碗、盏、杯等生活用品居多。在装饰手法上有划花、刻花、印花、堆贴、捏塑和镂空等技法,纹饰以莲瓣、牡丹、蔷薇、柏枝、梅花、联珠、宝相花以及重圈、水波、月华纹最为常见。数量最多的是莲瓣纹。该窑的匣钵装烧、玲珑瓷和芒口瓷,对于研究中国陶瓷的产生和发展具有很高的价值。

1996年11月,洪州窑遗址被国务院公布为全国重点文物保护单位。

遗址周边散落的瓷片

窑坑近景

40 丰城北屏禅林
Beiping Buddhist Temple in Fengcheng

基本信息	市级 / 免费开放
年　　代	明
地　　址	丰城市张巷镇白马寨村
交通信息	市内乘公交车可达

北屏禅林位于丰城市张巷镇白马寨村西首，坐北朝南，占地面积约1500平方米。其始建于明永乐年间，现存建筑形成于清末。该寺背靠白马寨村长河，面对池塘，视野开阔。

明万历十四年（1586），兵部副使黄绰于由丰城去抚州巡视，途经白马寨期间，留下了《白马寨十二景》诗篇，有"林修竹度钟声于古寺兮，老僧晨起而课功"这样的句子。在《古寺晨钟》一诗中，他高度概括了当年"北屏禅林"的壮观、神秘和幽静。其诗云："古寺寒云一夕深，霜钟破晓转升沉。韵敲落木烟笼日，响彻空山鹤出林。醒来禅关警觉梦，催开曙色散秋阴。高风起处声急，随带清光度远岭。"

北屏禅林自建寺以来，香火旺盛，先后进驻过几任高僧。寺内现有观音堂、万寿宫、天符宫，以及地方保护神傅部的傅爷殿等古建筑，一字排开。其集佛、道和地方崇拜于一体，体现出典型的南方民间祭祀特征。寺内有清同治八年（1869）铸造的大铁钟一口、千年古樟一株。清同治二年（1863）、清光绪十五年（1889）、清光绪二十年（1894）曾三次进行重修、扩建。北屏禅林是一处宗教文化活动场所，也是白马寨古村占地面积最大的一处古建筑。2003年被列为宜春市文物保护单位。同年，白马寨村被公布为首批江西省历史文化名村。

室内屋架

北屏禅林南侧正面

宜春市其他文物保护单位列表

区县	名称	年代	级别	地址	简介
上高县	镜山战场遗址	近代	省级	宜春市上高县城东北1公里处	该遗址的地理位置为上高县治的门户。同治《上高县志》记载:"镜山,在县东北二里许,其山有三,端圆如镜,为邑后蔽,而中峰正立,左右两山对峙如门,中一径通行者,环抱其下者为镜溪。"镜山山峦起伏,主峰海拔1709米,地形十分险要,是上高会战的决战战场。镜山东坡现仍留有当年的战壕工事和弹坑等遗迹
靖安县	刘慎虚墓	唐	省级	宜春市水口乡青山村云山㘭的山坡上,距县城16公里	刘慎虚墓外形呈马蹄形,前有八字道口和青石碑,后有石砌罗围。墓碑上方刻"崇祀乡贤"四字,正中竖刻"唐进士刘讳慎虚字全乙号易轩大人墓",右边刻有晚唐礼部侍郎刘允章写的《题赞》:"公登黄甲,博学宏词;盛唐乐府,先生倡之;杰立江表,谪仙并驱,前有长卿,共祖相知。后有梦得,奉以为师。桃源高卧,身世巢禽。德配项氏,巾帼贤姬。宾友旅文,二美争奇。于戏先生,千载芳垂。"左边刻有"由腾空、长岗、上共支裔孙重立。大清同治十二年癸酉岁寒食日公立"等字样
丰城市	邓子龙墓	明	省级	丰城市城东南部30公里杜市茂溪狮子邓家村前"落星桥"地	该墓地为邓子龙世居故里。墓址前有塔水通过。墓葬为砖石垒砌,水泥铺盖而成,高2.5米,长8米,宽6米,树立有"爱国将军邓子龙"墓碑
高安市	寮山摩崖石刻岩画	宋—明	省级	高安市灰埠镇碧山村南寮山顶部	寮山山巅有两块巨石,陡峭高耸,崖面刻有宋、明时代高僧、仕宦游寮山的杂记及题咏。在"二将军庙"遗址后崖的两堵南向崖面上,刻划有马、虎、猫、狗、鱼、怪兽和罗汉像等岩画,形象生动。山崖虽不平整,但画面基本完整
樟树市	吴平古墓群	隋	国家级	樟树市城区西南55公里的中洲乡门楼里村	该墓群于1975年由江西省樟树市博物馆调查发现。近百座古墓漫山遍布,分布面积达15 000平方米。1976年和1980年曾清理四座墓,均为长方形竖穴坑墓,出土了陶和原始瓷质的鼎、盒、壶、罐、碗及铁刀等随葬品。其与文献资料相吻合,是古吴平县城的墓葬区,对研究汉至隋代的樟树市政治、经济、文化具有重要的科学价值
奉新县	百家垅古墓群	春秋—汉	省级	奉新县干洲镇洪川村罗家组百家垅山中部	该墓群东西长1100米,南北宽390米,面积约为42.5万平方米,分布着墓葬数百座。这些墓葬均为封土堆形制的墓葬,其中有不少大型封土堆。此处墓葬距九里岗城址不远,是古城周边较大规模的古墓群,对于研究当时的政治、经济、文化具有较高的考古价值。1987年被公布为省级文物保护单位
奉新县	天下清规石刻	唐—明、清	省级	奉新县百丈山百丈禅寺附近	百丈禅寺及中国佛教禅守"天下清规"发祥地,坐落于有"仙源灵境"之誉的江西奉新百丈山。唐代禅宗巨匠怀海在此住持禅法20年,创立禅门宗规。特别是因撰修"诏天下僧悉依此而行"的禅门宗规(即天下清规或百丈清规)而声名大振,引来无数禅学之人,曾出现"三寺五庙四十八庵"之盛况。这里有诸多高僧,譬如唐代有黄檗希运、沩山灵佑,宋代有道恒、道震等,在石刻上留下众多著名佳句

7
新余市
XINYU

新余市文物建筑分布图
Historical Architectural Map of Xinyu

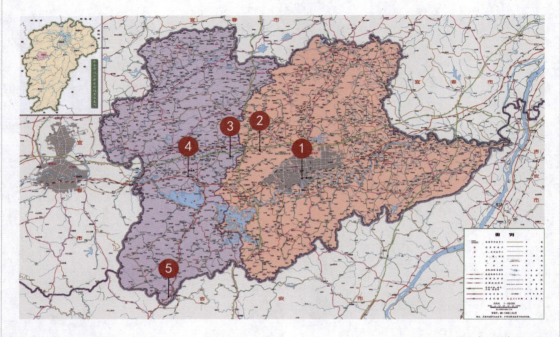

赣S（2019）052号

1. 新余孔庙
2. 昼锦堂
3. 尚睦邓家围垅屋
4. 介桥村
5. 防里村

新余市古建筑概述

新余市位于江西省中部偏西，大岗山东北，赣江支流袁河中下游的丘陵地带。东、南与吉安市交界，西、北与宜春市毗邻，境域基本由四周山势界定。

秦属九江郡辖地。汉高祖五年（前202）为宜春县地。三国吴宝鼎二年（267）析宜春置新渝县，因境内有渝水（今袁水）故名，隶属安成郡。

唐武德五年（622）撤新渝县，分其东北部为始平县，西部为西吴州。唐武德七年（624），复置新渝县，属袁州。宋淳化三年（992）置临江军，辖清江、新喻、新淦三县。

元元贞元年（1295）新喻县升州，仍属临江路（宋临江军）。明洪武二年（1369）新喻改州为县，属临江府（元临江路），清袭明制。

现新余市辖渝水区和分宜县，市人民政府驻渝水区。

新余市现存古建筑多与文教建筑有关，这也与历史上江西文风的鼎盛有关，与之相关的还有官员的宅邸和祠堂等，同时存有数个历史村落。此外还保存有一个围屋，是清代客家人回迁的实证。

尚睦邓家围屋 1

昼锦堂

尚睦邓家围屋 2

1 新余孔庙

Xinyu Temple of Confucius

基本信息	省级 / 免费参观
年　　代	清
地　　址	新余市
交通信息	公交/步行，入口位于魁星阁路侧，可乘公交车到新余市渝水区政府、天恒广场或魁星阁站

新余孔庙位于新余市内南侧，袁河北岸，孔庙东侧紧邻新余二中。唐大历八年（773），新喻县城因屡遭水患而迁址于虎瞰山，并在山南麓建大成殿，成为县治最早的孔庙。其后年代更迭，孔庙经历了多次修缮与重修，颇具规模，可惜最终因近代战火损毁了许多。中华人民共和国成立后，孔庙被作为新余中学校址，至今当地仍有许多曾在那里就读的人们。"文革"期间有所破坏，后建筑破败，直到1987年重新修缮。

孔庙的入口在院子西墙的南角。推门而入，首先看到是满地的青苔和众多石碑柱础，记录着过往沧桑。正对院门的是位于孔庙东南的魁星阁。魁星阁经多次

新余孔庙大成殿

新余孔庙大成殿内部梁架

新余孔庙魁星阁及大成门

新余孔庙大成门正立面

新余孔庙大成殿围廊

重修改建，现存建筑是于1984年重修的，保持史料记载的原有形式，方形平面，四重檐歇山顶，每层收分较大。孔庙坐北朝南，有两进院落：第一进是大成门、大成殿和东西两庑；第二进是廨舍。大成门为五开间悬山建筑，左右两侧各有一耳房（耳房被认为是后人为追求更多居住空间而增建的，1949年后重修时以尊重本身状态为原则保留了下来）。大成殿是孔庙主体建筑，专门用于祭祀孔子，为五开间重檐歇山顶建筑，垂脊正对次间外柱，出檐深远，带副阶周匝，属金厢斗底槽。建筑台基伸出月台。明间面阔5.25米，明显宽于其他开间，可谓"柱高不逾间之广"；其他几间面阔较窄，仅为3米。殿内天花中心设有斗八藻井，当心间柱间设有穿插枋。大成殿之后的一个小院子就是廨舍，即学徒房舍。方形院子四周环有排水沟，院中卵石铺地，植树三株，很是幽静。

新余孔庙后花园

2 昼锦堂

Zhoujintang (Zhang Junhai's Residence)

基本信息	省级 / 免费参观
年　　代	明
地　　址	新余市观巢镇汉泉村
交通信息	自驾，由X295至汉泉村后步行

昼锦堂又称"张均海官厅"，为明洪武年间兵部驾部主事张均海所建，距今已有600余年的历史。"昼锦"为衣锦还乡之意，张均海归乡时，同乡友人解缙书"昼锦"二字以赠，后张遂以此为名建堂。昼锦堂位于汉泉村东南边缘位置，东望是几个相连的水塘和田地。

昼锦堂坐西朝东，门前是一个扇形水塘和一个修整过的休闲小场地。八字弧形大门牌楼偏于建筑轴线右侧，正面三开间处于同一直线上，中央为方形门洞，其上嵌石刻"恩荣"二字，顶部是山形波浪屋檐，两侧各斜向伸出一段较为低矮的弧形墙体，形成一个接近半圆形的入口。门楼后是一个方形的院子，北侧较建筑山墙稍有突出，院子两侧各有一个门洞，不相对称，南侧门洞外有水井一口。

院西就是主体建筑昼锦堂，共三进院落，两侧砖墙相连。第一栋建筑为五开间硬山形式，小式做法，不施斗栱。当心间与两次间做檐廊，上设卷棚顶，廊后开门，两稍间以砖墙围合；当心间较宽，檐下挂"昼锦"匾额，柱前有小石狮一对。它与中厅及两侧厢房围合出第一进天井，中庭略高于前厅，彻上明造，前后廊做卷棚顶，采用移柱扩大厅堂空间，两侧围合小室；厢房设门通向建筑外侧。天井廊柱使用雀替。中庭后是一座石门楼形式的影壁，形成一个狭长天井。

昼锦堂入口牌坊

昼锦堂外围墙

影壁为三开间，仿木结构刻有柱子额枋等形象。当心间较高，檐下有三重莲瓣；两次间较低，檐下有两重莲瓣。整座影壁与其后建筑的外墙结合，这座建筑类似于倒座的形式，单坡屋顶，进深仅为其他厅堂的一半。虽然规格不高，却是主体四栋建筑中唯一有天花的，为木雕方形内接八角形式，工艺精美。这座建筑与东墙的影壁一起产生了较强的围和感，增强了后厅的私密性。一般来讲祠堂的后厅是供奉祖先牌位的祭堂，但这里却没有明显的痕迹，只有狭长天井中的几个石刻残件可能是与此有关，但也可能是做防火蓄水之用。后厅格局与中厅相似，通过移柱扩大中央空间，两侧分隔做室，其后也有一面砖墙，从墙中央门洞穿过，可见墙西接单坡屋檐做外廊，面对着一个宽大的院子，院子尽头的坡地上是苍翠的树木。

总体来说，昼锦堂结构采用抬梁穿斗结合的木构架形式，面阔大体为五开间，有减柱处理，形式较为灵活。主要建筑通过厢房连为一体，通过天井采光通风，天井尺度收放得宜。建筑前有水塘、牌楼和水井，后有花园，规划选址也很适宜，是典型的南方汉族民居。

昼锦堂恩荣匾

昼锦堂前厅

昼锦堂前厅前廊

昼锦堂石狮

昼锦堂前天井及中厅

昼锦堂后天井雕刻细部

昼锦堂半天井及牌坊墙

昼锦堂前天井

昼锦堂后天井

昼锦堂水井

新余市

3 尚睦邓家围垅屋

Family Deng's Hakka-style Enclosed House in Shangmu Village

基本信息	省级 / 免费开放，至今仍供居住
年　代	清
地　址	新余市分宜县湖泽镇尚睦村
交通信息	自驾/客车，由S214到达

邓家围垅屋（即邓纯雅公祠）又称邓家围屋，位于分宜县城与新余市间的尚睦村中心位置。

根据邓氏族谱记载，清乾隆年间，邓氏先人邓勋携三子由广东迁至分宜，此时间正与客家回迁入赣的时间相吻合。清嘉庆十年（1805）其三子邓锦彪主导建三立堂，后增建围墙，又倚墙增建门楼、大门、龙厅和周围的二层房屋等建筑，形成了如今的规模。它并不像赣南许多围屋一样有四角碉楼之类明显的防御措施，外墙也开有许多门，可见这里相对平安。

走近此屋，首先看到的是围屋后方长长的围墙和北端一间改建的小卖部。沿着围墙向南就可到达围屋的正门八字门楼。门楼为五开间，跌落式檐部，两次间外柱部位开始转折，作为与八字墙体的过渡。门楼次间两侧伸出弧形墙体与后方围屋正门外墙相接，围合出了一个近半圆形的小院。迎面的正门中央高悬"邓纯雅公祠"五字匾额。该建筑正立面为五开间，当心间与次间为实墙居中分隔的前后门廊，各间墙上开门，当心间正门高宽大于两次间。两稍间由实墙围成房屋，但与常规建筑不同的是建筑山墙面向外侧倾斜，扩展出更大的空间，因此该建筑的北立面呈七开间规模。南侧门廊的两个柱子以砖砌成，当心间额枋略高于两侧，其上无斗栱或轩棚，梁下夹底高大，模仿月梁形式。穿过侧门，豁然开朗，一个大晒场就在眼前，晒场大概长30米、宽15米左右，尺度很大，可近似看作围屋内部的广场，可用于各种生产生活活动。晒场两侧厢房中部各开券形门洞一个，可直接通往外部，属于围屋的次入口。

晒场以北就是围屋的主体部分，三座建筑夹两个天井，这部分与两侧附属建筑以过道分隔，相对独立。前厅正立面可分为左、右、中三大开间，两次间为实墙房屋，中部以柱子划分为三个小开间，中央小开间宽度约为两侧的一倍稍多，额枋也高于两侧，前厅两侧有厢房与周边建筑相连，建筑内有顶版，北侧中央开门，可直接看到三立堂。前庭后是天井和正厅三立堂，两侧为厢房，厢房北端均有过道，可通往两侧附属建筑。与前厅相似，三立堂也同样可看作是大三开间套中央小三开间的模式，两侧大开间以木墙围合成屋，中央开间开敞作厅堂。中央三个小开间的额枋下有花牙子，上有木方棱格栅，装修精细，当心间额枋高于两侧且上方格栅为斜方格；北侧两小次间开门。房屋上有顶板，在次间可见方形洞口，故顶板上应有

邓家围屋入口牌坊

邓家围屋山门

邓家围屋前院全景

邓家围屋前院侧入口

邓家围屋祠堂前天井

储物夹层。最后一进后厅是祭祖之所，由于两侧厢房屋顶向外延伸，使天井较之前稍小，后厅建筑三开间，当心间无进一步划分，两次间围合，正面是木质格子窗，当心间两侧是木墙。主体建筑后方还有一进狭长院落，由二层楼房围合，称为龙厅。其中北侧楼高度较高，宽度稍窄。一层原为私塾，二层为绣楼。绣楼外有挑出的通廊，通廊中部略有抬高，富于变化。

整个围屋的排水系统完善，主体建筑地坪较高且逐步抬高，从门楼后的小院到晒场，再到各个大小天井、主体建筑两侧的通道都有明沟暗渠纵横交错，笔者考察时正值大雨，整个围屋内并无积水，可见排水系统布置精当。

邓家围屋祠堂中厅

邓家围屋祠堂后天井

邓家围屋祠堂楼梯井

邓家围屋祠堂龙厅

邓家围屋祠堂龙厅二层

邓家围屋外墙

邓家围屋民居过廊1

邓家围屋民居过廊2

4 介桥村

Jieqiao Village

基本信息	省级 / 免费开放
年　　代	明、清
地　　址	新余市分宜县城南
交通信息	自驾，S324南侧

介桥村位于分宜新县城东南，与其相距2公里，交通便捷。"介桥"最早见于五代《茶谱》中的"……袁州介桥其名甚著"，至今已有千年的历史。介桥村人文蔚然，历代英才辈出，声名远扬，有"方伯世家""八世一品"的美称。介桥村还是一代权臣严嵩的故里，现在全村九成以上的村民都属严姓。由于严嵩在任时对袁州有许多利民之举，因此当地人一直非常尊敬他。

现在的古村呈菱形，在村子的中央位置，被众多新房子包围着。村子东北部是连续几个水塘，北向面对水塘的就是村内最大的严氏宗祠毓庆堂。宗祠与池塘之间是一片空地，其北有一口古井，水与池塘相通，据说与毓庆堂同时建起，有600多年历史。在通自来水之前，当地人一直在此打水，井边条石都被磨出了深深的凹槽。沿着道路顺时针方向行走，沿途可经过数个宗祠，样式相似，规模各异，分属兄弟五人，现在的村民基本上都是这五兄弟的后代。在调查中，可明显看出有一段路与别处不同，由青砖铺成，杂草渐生。据当地人说这是古时的官道，至今留有两道手推车的辙痕，见证历史中往来匆匆的过客。任意从一条小路走进老村中，和别的村子一样，道路细长，内部的建筑非常密集。由于介桥村经济发展迅速，村里大部分老房子被废弃，因此多有腐朽坍塌。

前文提到的毓庆堂（竹坡公祠）是新余市市级文物保护单位。相传由严氏第九代世祖严仲恭创建，大约建造于明洪武年间，明清有多次重修。毓庆堂有上下两进三屋，坐东北向西南，分别为前栋、中栋、上栋，其中上栋供奉先祖牌位。结构上均有新漆，应是在近几年经重新修护。建筑为三开间，抬梁式结构，但两侧山墙柱头直接承檩，有穿斗的特征。两侧山墙采用通长的叠落山墙。建筑当心间额枋均略高于两侧，不施斗栱，檐下为轩棚。青瓦屋面，屋顶正中均有脊饰。建筑内部的两进院落大小不一，第一进稍大，较为敞亮，中栋地坪高于前栋。中栋两次间被隔为小间，柱子位置也因此有所调整。第二进则比较狭小，前后建筑台基间在轴线位置有过道相连，将天井分为左右两部分。

介桥村竹坡公祠

介桥村竹坡公祠前天井

介桥村竹坡公祠后天井

介桥村水井

介桥村古官道

介桥村民居

介桥村村口古樟

5 防里村
Fangli Village

基本信息	省级 / 免费开放
年　　代	明、清
地　　址	新余市分宜县钤山镇
交通信息	自驾/客车

据防里村史料记载，东晋永和元年（345），考岭溪孙氏孙子寅在防里开基立业。南唐保泰三年（945），与孙氏家族交好的袁州府宜春县令欧阳琰，率家人返乡途中经过防里村，并最终决定迁居于此，成为防里欧阳氏的始祖，时至今日村中绝大部分村民都是欧阳姓。

由于村中历代崇文尚学，共出过19名进士，有祖孙、父子、兄弟进士。这里还是明朝权相严嵩之妻欧阳淑端的故乡。其时虽有权臣在上，当地村民却并未攀附权贵，被人称为"防里清门"，海瑞还曾为此题字于欧阳氏祠内，传为佳话。欧阳氏祠据传为严嵩之妻欧阳氏所捐建，可惜已被拆毁，现祠堂为现代新建，祠堂前立有一排功名碑。但记录防里辉煌的并不

星拱桥1

星拱桥2

只是这些石碑。按照村里习俗，每出一个举子就会在村口种一棵樟树。一千多年来，人才辈出的防里村就有了村周围郁郁葱葱的古樟林。

村中古建筑或因动荡而损毁，或因发展被废弃，现在村中的老房子只有被列为"县保"的清代欧阳豫生宅和欧阳绍祁宅、被列为"市保"的明代星拱桥留存下来。此外，还应留有一个名为意山楼学堂的古建筑，但在现场并未找到确切的位置。欧阳豫生宅和欧阳绍祁宅建筑结构尚且完好，但缺乏维护，杂物凌乱，稍有残破之感。星拱桥始建于明代，位于古樟林右侧的山脚下，由于其所属道路已被废弃，现位于一片田地中的小河上，桥身已杂草丛生。桥身为单孔石筑拱桥，桥宽二三米，古老的石阶经长期使用已被磨得凹陷倾斜。

古樟

新余市其他文物保护单位列表

区县	名称	年代	级别	地址	简介
渝水区	蓉泉桥司马堂	明	省级	新余市渝水区水北镇排江村	由明正德九年（1514）进士、兵部右侍郎简霄于明万历八年（1580）创建，是一座单孔石拱桥，长7.7米、宽2.1米、高1.7米、矢高1.25米、桥面厚0.45米，无桥栏。桥拱正中砌有铭文"排江之东，蓉泉流带，月石中隆，永世咸赖，万历八年简叔辂题"。村中还有简霄的房宅，外墙下部为夯土墙，上部砌砖。房屋的外围门边框和四周小窗均为石质，正门上方石匾刻"启明焕彩"四字。屋内分二层木构架，长方形天井，木格子门窗雕刻精美
渝水区	拾年山遗址	新石器时代、商、周	国家级	新余市水北乡拾年山村	面积2300余平方米，以新石器时代遗存为主，也有相当于中原地区商周时期的遗存。在已发掘区域内发现房基6座，为圆形房基，烧土地面，泥壁草顶。在居住区附近的墓葬区规模大，有墓葬70余座，分土坑竖穴、平地堆土和瓮棺葬，另有大量陶片、石器堆积
渝水区	棋盘山遗址	新石器时代、商、周	省级	新余市罗坊镇北岗章塘村	位于章塘村北的台地上，遗址为长方形台，高出四周10余米，四边呈阶梯状，周围有壕沟，面积达1万多平方米，可能是作为祭祀场所的聚落中心地带，出土大量陶器、石器
分宜县	凤凰山铁矿遗址	五代—明、清	国家级	新余市湖泽镇铁坑村	唐代晚期凤凰山即开始采矿冶铁。明代允许民间冶铁后，分宜起炉冶铁更胜，甚至占全国冶铁总岁额的五分之一。现遗址地处湖泽镇铁坑村，南北长500米，东西宽300米，矿石、冶铁炉、铸模等遗迹依稀可见，完整反映出古代冶铁工序

8
萍乡市
PINGXIANG

萍乡市文物建筑分布图
Historical Architectural Map of Pingxiang

1. 乘广禅师塔、甄叔禅师塔（及文廷式墓）
2. 小枧傩庙
3. 石洞口傩庙
4. 萍乡孔庙
5. 仰山文塔
6. 路口镇湖塘村
7. 宾兴馆毛泽东旧居
8. 贺录姑贞孝坊

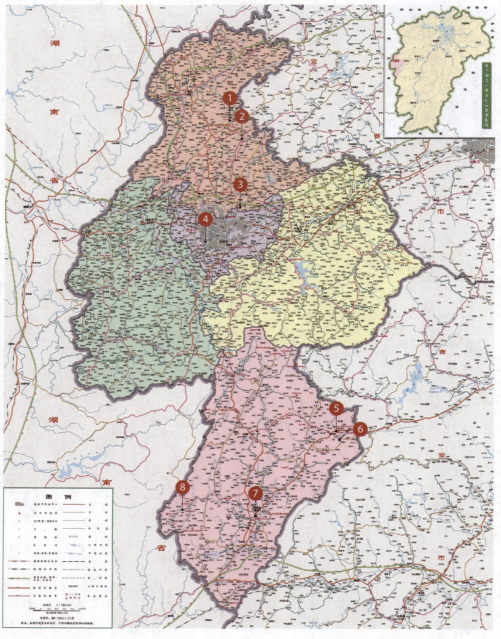

赣S（2019）052号

萍乡市古建筑概述

萍乡市处于江西省最西部,东北接宜春,东南临吉安,西接湖南,面积3830平方公里,下辖莲花、上栗、芦溪三县和安源、湘东两区。

一、萍乡地区历史沿革

西汉初为宜春县地,属豫章郡。三国吴,萍乡为扬州豫章郡宜春县地,宝鼎二年(267)析宜春置萍乡县,属安成郡,县治设今芦溪镇。

隋开皇十一年(591)废安城郡置袁州,萍乡隶属袁州(后也曾改为宜春郡)。唐武德二年(619)县治迁至萍乡凤凰池。五代十国时期萍乡先后为吴国、南唐属地。宋代萍乡属江南西道袁州。

元至元十三年(1276)萍乡属江南西道袁州安抚司[元至元十四年(1277)改为袁州总管府]。元元贞元年(1295)升萍乡县为州,属袁州路。明洪武二年(1369)萍乡改州为县,属江西布政使司袁州府。清沿明制。

二、萍乡地区古建筑的类型及分布

萍乡市内古建筑可分为以下几类:

(1)文化礼教建筑。在仕官阶层和儒家文化的影响下建设的孔庙、文塔、寺院和牌坊等均有遗存。

(2)傩庙。萍乡上古时期是三苗部落聚居地,有傩祭的传统,现相关文物遗存丰富。傩庙也由供奉傩面具的场所发展成集供奉、祭祀等多种功能于一体的建筑群,成为祠堂之外的另一个维系血缘甚至地缘的建筑类型。

(3)近代革命及工业遗址。包括由萍乡煤矿局发展而来的汉冶萍公司建筑遗址,以及当时为公司工人争取利益、反抗压迫而发起的安源路矿工人大罢工遗址。

萍乡孔庙

小枧傩庙

仰山文塔

1 乘广禅师塔、甄叔禅师塔（及文廷式墓）

Pagoda of Master Chengguang/Pagoda of Master Zhenshu (and Wen Tingshi's tomb)

基本信息	省级 / 免费参观，现属杨岐普通寺内
年　　代	唐
地　　址	萍乡市上栗县杨岐乡普通寺
交通信息	自驾，经G319转X154

杨岐寺

乘广禅师塔、甄叔禅师塔在江西省上栗县杨岐村的杨岐普通寺（广利禅寺）内，是我国佛教禅宗杨岐宗祖庭。

该寺由乘广禅师始建于唐天宝十二年（753），乘广禅师于唐贞元十四年（798）圆寂后，第二任住持甄叔禅师在唐元和二年（807）为其修建舍利石塔。唐代著名文学家刘禹锡于唐元和二年（807）为乘广禅师撰《袁州萍乡县杨岐山故乘广禅师碑》碑文。甄叔禅师于唐元和十五年（820）圆寂，后人在唐大和元年（827）于东峰下为其建塔立碑。

乘广禅师塔为仿木单层六边形石塔，塔高2.35米，塔基两层，下层石板环雕力士、上层为须弥座，束腰也环雕力士。塔身四面浮雕佛像、力士等图案，正面雕石门，六角檐柱上有斗栱形象。塔檐厚实，出檐较远。檐上塔刹依稀为莲花形，塔形端庄。

甄叔禅师塔，残高1.78米，宽0.88米，下部为正方形，正面近地面处隐刻拱形石门，两侧刻力士。上部为圆形，正立面刻一尊佛像，檐部简单，翼角较高，上有塔刹。塔左原有唐大和六年（832）所立《大唐袁州萍乡杨岐山故甄叔禅师塔铭并序》碑一方。

现乘广禅师碑和甄叔禅师碑嵌于杨岐普通寺正门两侧墙壁上。

经杨岐普通寺北侧小路至后山，有"省保"文廷式墓，墓碑为三开间。文廷式（1856—1904），萍乡人，近代词人、学者、维新派思想家。

乘广禅师塔

乘广禅师塔塔身细部

乘广禅师塔须弥座细部

了道禅师塔

甄叔禅师塔

文廷式墓

2 小枧傩庙
Temple of Exorcising God in Xiaojian Village

基本信息	省级 / 免费开放
年　　代	明、清
地　　址	萍乡市上栗县东源乡小枧村
交通信息	自驾，经G139夏成线转县道X158、X153

小枧傩庙位于距萍乡市区20多公里的东源乡小枧村，位于村中央偏北的位置，在X153最北侧的丁字路口向东南50米即可到达。

小枧傩起源于唐元和年间，最初建于东源乡田心村，北宋太平兴国年间迁于石源村，明洪武七年（1374）迁于田心村，后因火灾在明正统七年（1442）迁建于小枧村（即今址）。后于清同治五年（1866）翻修扩建，在两进的基础上于左右增建院落。由于小枧古名为"遵化乡宣化里"，所以小枧傩庙又名"遵宣一祠"。与其他傩庙一样，小枧傩庙尊唐（宏）、葛（雍）、周（武）"三元将军"作为傩的主神，以下是以道教神祇为主的众多神祇，所有神祇均以傩面具的方式呈现。

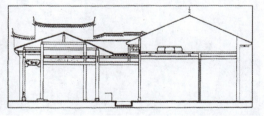
小枧傩庙主殿纵剖面图

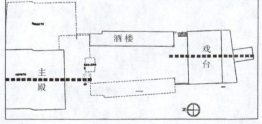
小枧傩庙总平面图

和其他傩庙一样，小枧傩庙也是一组为满足傩祭活动需求而形成的特定建筑群。主轴线最南端是戏台、戏台以北是由左右厢房和酒楼围合而成的长方形大院子，再北原有雨亭一座（1954年拆除），最北即是傩庙主殿，戏台轴线和傩庙稍有错位。除最北三跨主殿外，其余建筑均为近代重修，西侧酒楼也已不存，以锯齿状围墙代替，院子平时作为居民下棋、娱乐的空间使用。

傩庙主体为一进三开间建筑，左右各一跨建筑，以山字燕尾形山墙分隔，东为三开间独栋建筑圣寿堂，西为一进一开间的土地庙长山社，三列建筑均设前廊。主殿建筑内外墙体均刷红色，前廊石柱外各立有一只石狮，建筑应为穿斗式，柱间穿枋较高，廊部额枋做法简单，当心间微微高于两侧，檐下设天花，其上安"遵宣一祠"横匾，又挂一竖匾，上书"傩神庙"。建筑内天花均绘黄底红花，梁枋上安花格子。前殿及两侧环廊为礼拜及议事空间，且左右各有一拱形门洞通往东西两跨，屋顶较低于后殿，并一同围合出一个小天井。后殿类似于分心槽布局，南部设神案，其上有斗八藻井；后部为神帐，摆放庙内众多傩面具，两部分空间以格子门分隔。相似的，西跨长山社也有一个天井和一个斗八藻井。小枧傩庙是萍乡地区傩庙遗存中规模最大和最完整的一座，彩绘和装饰等都很有地方特色。

小枧傩庙前道

小枧傩庙山门

小枧傩庙鸟瞰

小枧傩庙实景总平面图

小枧傩庙石狮

小枧傩庙长山社山门

小枧傩庙山门前廊天花

小枧傩庙正殿

小枧傩庙正殿天花

小枧傩庙神帐

小枧傩庙长山社

3 石洞口傩庙

Temple of Exorcising God in Shidongkou

基本信息	省级 / 免费开放
年　　代	明、清
地　　址	萍乡市上栗县东源乡小枧村
交通信息	自驾，沿玉湖路向东北向，经过碧桂园与高铁高架桥之间

　　石洞口傩庙位于萍乡市东北的上栗县赤山乡丰泉村，G60沪昆高速萍乡服务区以南800米左右。由于邻近市区边缘且环境良好，村子基本上被众多新建楼盘所取代。傩庙在道路左侧的两三栋小楼后面。

　　石洞口傩庙为杜氏所建，据《杜氏家谱》记载，"于明代洪武十一年（1378）由时任萍乡知县杜谷珍之子杜传芳倡头兴建"，清代重修。现仅存主殿，主殿前有补建的雨亭、新建的戏台和两侧酒楼，大致恢复了傩祀所用的空间模式供今人礼拜。主殿为三开间，由两栋建筑相连形成"工"字房的形式，不设天井，前几年维修后在主殿前加盖了铁质雨棚。主殿两侧各加建一列廊屋，与主殿形成一个整体，主殿与廊屋之间以封火山墙分隔。建筑墙体均为砖砌，主殿正面退后形成前廊，立有两根石柱，柱础刻凤，柱上刻有楹联，额枋形式简单。建筑内部空间分为礼拜空间和傩帐两部分。傩帐以内无采光，存放着自建庙以来留下的众多傩面具，与礼拜空间之间以格子门与铁质格栅分隔。礼拜空间在南，占主殿2/3面积，仅靠两个天窗采光，一个位于门后，照亮入口周围，另一个位于神案上方，照亮神龛和神帐，在较为昏暗环境中形成独特的视觉效果。屋内全部设天花并以轩棚装饰。主殿两侧的廊屋内梁架很新，穿斗式结构，天井使得这里光线充足，目前作傩庙维护人员的房间和仓库之用。

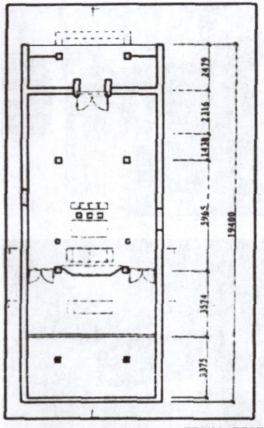

石洞口傩庙一层平面图

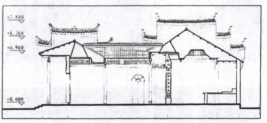

石洞口傩庙纵剖面图

石洞口傩庙总平面图

石洞口傩庙鸟瞰

石洞口傩庙

石洞口傩庙正立面

石洞口傩庙前廊柱础

石洞口傩庙室内

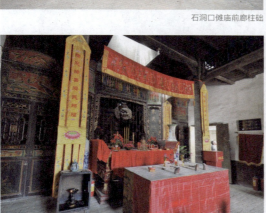

石洞口傩庙神坛

石洞口傩庙拜亭

石洞口傩庙神帐

4 萍乡孔庙
Pingxiang Temple of Confucius

基本信息	省级 / 免费开放
年　　代	清
地　　址	萍乡市
交通信息	自驾/公交，在四中站下车步行

萍乡孔庙鸟瞰

萍乡孔庙位于萍乡南门桥正大街，萍水北岸，西侧是萍乡师范附小，北侧是萍乡二中。由于唐太宗于贞观四年（630）诏令"州县皆立孔子庙，四时祭祀"，孔庙开始在全国各地纷纷建立。萍乡孔庙创建于唐武德年间（618—626），其后多次迁建修复，清雍正十二年（1734）由萍乡知县薄履青主持建造于今址，是江西现存孔庙中始建年代最早的一座。原来的孔庙规模较大，因历史原因与周边新建建筑的挤压，现仅存中心区域建筑。

萍乡孔庙总平面

由于各地孔庙均为官府所建，因此模式较为一致，萍乡孔庙也是如此。与当地的其他古建筑相比，孔庙明显更偏于官式风格。孔庙坐北朝南，棂星门位于最前方。进入院子就可以看到正对的大成门，其为两层建筑，一层为五开间硬山建筑，南面设外廊，中央三间从金柱位置升高成为二层歇山顶建筑。二层当心间挂匾，上书"大成门"。一层不设斗栱，且各间额枋

萍乡孔庙棂星门

萍乡孔庙大成门

萍乡孔庙大成门天花

萍乡孔庙大成殿立面

水平高度一致，但仍然是柱子而不是梁承托檐檩。二层虽然也没有斗栱，但却在挑檐檩采用了一种与斗栱形似的装饰构件，脊檩两端用鱼尾代替螭首，戗脊起翘较高。大成门平面采用了分心槽的布置方式，大门开在脊檩位置，梁架左右对称，上有天花。其后的大成殿为五开间双层歇山建筑，有"凸"字形月台向前伸出，占据了庭院近一半的面积，庭院两侧有厢房。大成殿前檐用盘龙柱，依然是一层不设斗栱，额枋平齐；二层设有与斗栱相似的装饰性构件，螭首位置用鱼尾造型。但这里并没有看见承托挑檐檩的构件，不知这种斗栱类似物是否具有结构作用。大殿内孔子像前方设有斗八藻井。绕到大成殿后还有一个小庭院，主轴线就此结束。在主轴线的西侧还有一片附属建筑，分别是训导斋、明伦堂、崇圣祠、教谕斋等，是学子们求学读书的地方，这些建筑的屋面不同于主院，采用灰瓦覆盖，看起来更朴素一些，与主轴线的宽敞布局相比，这里较为幽静，可能是以前学宫的教学场所。

萍乡孔庙大成殿

萍乡孔庙大成殿御路石

萍乡孔庙大成殿前廊盘龙柱

萍乡孔庙大成殿藻井

萍乡孔庙后花园

萍乡孔庙训导斋入口

萍乡孔庙训导斋

5 仰山文塔

Yangshan Tower

基本信息	省级 / 免费开放
年　　代	明、清
地　　址	萍乡市莲花县路口镇
交通信息	自驾，318省道旁

仰山文塔位于路口镇东、318省道旁的田野里，始建于明万历十五年（1587），清康熙四十四年（1705）重建。据记载，这座塔由路口刘姓村民集资而建。路口刘氏源出安福笪桥，派衍永新仰山，后迁于此，人丁兴旺、家族壮大。因此建塔名仰山，以示不忘基祖址。同时因永新仰山刘氏曾出过宰相，怀着对路口后裔继开往来的希望，故称之为"仰山文塔"。

塔为七层青砖楼阁式塔，八边形平面，高22.4米，底层周长16.8米，底层塔身厚1.14米。底层西向开有拱门，门上端嵌石阴刻"仰山文塔"四字，二层同向嵌有文塔碑刻。从二层起每层各面都有一扇小窗，窗顶部模仿正心斗栱形式收窄，呈三角形，有的透空，有的用砖封实，同层虚实相间，同面竖向也虚实相间。塔的每层腰檐均以青砖叠涩出檐并仿木做两层斗栱形象，第一层砖栱为蚂蚱头形，第二层刻菊花头形。塔内每层均搭木梁板，有梯可达顶层供登临眺望，但现在一层的梯子已被撤掉。塔顶有圆锥青铜塔刹。塔身较细，整体收分平缓均匀，矗立于田野中更显高耸。

仰山文塔

仰山文塔仰视

仰山文塔塔刹

仰山文塔内部

6 路口镇湖塘村
Hutang Village in Lukou Town

基本信息	省级 / 免费开放
年　　代	清
地　　址	萍乡市莲花县路口镇
交通信息	自驾，355乡道

湖塘村位于莲花县路口镇东南2.5公里处，处于萍乡莲花县与吉安安福县的交界地带。村庄建在三面环山的盆地中，村中有刘、贺、周、孙、彭五个家族，以刘姓居多。当地历史上应是颇崇文风，村北有观文书院，再往北路口镇东的田野里还矗立着一座仰山文塔。村中现存古建筑大多位于村中央偏南的位置，有二十余栋，祠堂居多。

村西的渭川公祠是村里规模最大的祠堂，建于清道光四年（1824），坐东朝西，由前、中、后三厅组成，共两进院落，硬山顶，南北两侧设封火墙。前厅是单坡顶建筑，坡向第一进天井，在入口立面形成了一堵高高的外墙，外墙正中是一组三开间门楼式的石雕，中央一间高起，檐部超出墙体，两侧较矮，三间均有砖雕筑仿木庑殿屋檐并叠涩出栱。中央由上至下排列

湖塘村鸟瞰

渭川公祠鸟瞰

"龙章宠赐""渭川公祠""桂馥兰芬"三块石匾,两侧各有三行石雕。建筑内部结构为穿斗抬梁结合,五开间,无斗栱,檐下及天花周围都有轩棚。前厅一层高,中央设方形藻井。中厅两层高,中央为八边形藻井,中央三间通高,两稍间围合成两层厢房。两者间有两层的连廊相连并围合出较大的天井,连廊二层向西延伸至前厅外墙形成环廊,向东与中厅稍间二层相接。中厅与后厅除了两侧二层连廊相连外,轴线上还有一个通廊,通廊屋顶架在中后厅屋顶之上,呈与主厅相平行的歇山顶样式,因此此处屋顶交接非常复杂。通廊将天井分为两部分,也形成了三条进入后厅的路。一条由中轴进入后厅当心间,两层通高,上为方形藻井,应是祭祖的场所。两侧空间围合成两层厢房,可从当心间进入,并在西墙设门,可从两侧连廊进入。建筑外部砖雕精美,内部有梁架、天花、屋顶,空间收放丰富多变。

村南边的怡善堂是刘氏的祠堂,建于清咸丰四年(1854),是经营"瑞如新"商铺和油榨坊的刘克典家出资,并由刘克典之妻彭禾娘全权主持建造,现为刘氏家规家训、廉洁教育展示馆,馆内还摆放着彭禾娘的照片。建筑坐东朝西,硬山顶,南北两侧设封火墙。有前厅和正厅,三开间,一进院落,穿斗抬梁结合。前厅当心间后退设门廊,也使用轩棚,次间围合厢房。与后厅也使用两侧两层连廊和中轴通廊并用的方式,分天井为两个小方井,虽然此处屋面交接比较简洁朴素,通廊两坡屋顶垂直与主厅相接,但通廊天花采用

渭川公祠入口石坊

渭川公祠前厅及前天井

渭川公祠中厅

渭川公祠后天井

刘氏怡善堂、恒德堂、四栋屋鸟瞰

刘氏怡善堂

了方形木浮雕花卉藻井，周围轩棚，这样中间隆重的天花与两侧透空的天井形成了明显的虚实对比。后厅进深较大，也是当心间通高为堂，两侧围合两层的厢房。后厅前廊天花使用了与通廊相似的形式，可惜木雕已经掉落。

怡善堂北侧是另一座刘氏祠堂恒德堂，再往北就是建于清道光二十九年（1849）的四栋屋。这是当时刘克典一房几兄弟的住处，也是现在村里最大的一座民居。村中众多古民居有一个共同的特点：建筑呈东西向排列，大门却开在南边侧墙上。四栋屋也是这样，看似是一个坐东朝西、南北设封火墙、进深四间的大院，实际入口在南墙。内部分为四个院落，有大堂、厢房、回廊等，建筑间有巷道相连。

章祖公祠又称体启堂，位于恒德堂正西，建于清道光二十六年（1846），坐东朝西，也是硬山顶，南北两侧设封火墙，为一进院落。西侧入口也倚墙做砖石门楼，不过这里前厅是双坡顶，因此门楼明显高于墙体，门楼两侧开拱券小门供日常出入，南北侧墙体也有入口。现为村里的老年活动中心。

另外，村里还有陶轩公祠、润水公祠、恒德堂等祠堂和众多民居。

刘氏怡善堂前天井及天花

刘氏怡善堂正厅

刘氏怡善堂侧廊格子栏杆

四栋屋

体启堂室内

体启堂

7 宾兴馆毛泽东旧居

Former residence of Mao Zedong in Binxingguan

基本信息	省级/免费开放
年　　代	清（重建）
地　　址	萍乡市莲花县城琴亭镇
交通信息	自驾/客车至县城后步行

宾兴馆位于莲花县城南琴亭小学西侧，距莲花汽车站1.7公里，始建于清道光五年（1825），应是当地的文化教育设施。"宾兴"是乡试的另一种说法，有的地方设宾兴馆并将其部分租赁收入用于资助生员参加科举。这里的宾兴馆是每年考生读书与住宿的地方，也是当地士绅商议重要事项的场所，同时还有用于资助生员参试、奖励中试者的田产。第二次国内革命战争期间，方志敏曾来此做宣传斗争，随后秋收起义时毛泽东曾率部驻扎于此，并决定引兵井冈山。现在的建筑是1968年重修的，用于展示革命武装斗争及莲花一枝枪的历史。笔者考察时正在重新修缮。

该建筑坐北朝南，共有五开间，前后两进，分别为前厅、院子、后厅、天井，前后厅以两侧二层回廊连接。此建筑体现了典型的南方民居特点，如大量使用轩棚、卷棚、斗八天花，不用斗栱，立面当心间额枋高于次间、稍间等。

宾兴馆毛泽东故居平面图

宾兴馆毛泽东故居侧立面

宾兴馆毛泽东故居

宾兴馆毛泽东故居前廊

宾兴馆毛泽东故居室内

8 贺录姑贞孝坊
Chastity and Filial Piety Archway to He Lugu

基本信息	省级 / 免费开放
年　　代	清
地　　址	萍乡市莲花镇荷塘乡寒山村长岭
交通信息	自驾

贺录姑贞孝坊在寒山村长岭，建造于清道光七年（1827）。坊为四柱三开间一字牌坊，高7.8米，宽5.2米。坊柱为抹角方形，全部为青石砌筑。坊顶为五段叠落，仿四阿顶形式，并将螭首、火珠等形象放大。其下柱、枋等构件遍布雕刻，柱两侧抱鼓石一直延伸到柱子中上部。正面中心镌刻"圣旨"二字，背面中心则为"恩荣"二字。

据《莲花厅志》记载，此坊是表彰贞女贺录姑而建。贺氏14岁时许配给茶陵人士李文吉，未婚文吉殁。录姑誓不改嫁，且因慈母病故，两弟幼小，父义不续弦，因此主持中馈，抚养幼弟，奉养老父，村人皆称其贞孝并请旌建坊。因此它成为较为少见的以女子姓氏命名的牌坊。

贺录姑贞孝坊

萍乡市其他文物保护单位列表

区县	名称	年代	级别	地址	简介
安源区	安源路矿工人俱乐部旧址（及补习学校、合作社）	近代	国家级	萍乡市安源区正街路	安源路矿工人罢工运动后，俱乐部迁至半边街广场，为前后两栋，前栋为二层砖砌楼房，长方形平面。在其后建了一座四层讲演厅，中央通高，东侧有两层高的演讲台，另三边设环廊。一至三层外墙为砖砌，四层内缩为木框架玻璃幕墙，其上是挑檐四坡顶。1922年在其附近成立了安源路矿工人消费合作社
安源区	安源路矿办公楼一盛公祠	近代	省级	萍乡市安源煤矿矿区	1898年3月，盛宣怀在安源创办了"萍乡煤矿局"，建此楼作为煤矿办公大楼，后为纪念他改为盛公祠。建筑为两栋相连接的砖木结构建筑。前栋高三层，为主楼，是职员的办公室和卧室；后栋高两层，为副楼，是电报、电话总机室、储藏室、餐厅、工友间等。两楼由一条通道相连，总面积2000多平方米。外立面为西式风格，四周均有券廊，正立面朝北，为山墙面，中央三间较宽，顶部做女儿墙
安源区	公务总汇（安源路矿工人罢工谈判处）	近代	国家级	萍乡市安源区安源煤矿矿区	建造于1906年，为当时的矿局办公大楼。建筑为砖结构欧式风格，二层五开间，坐西朝东，中轴对称，红砖灰瓦，前后各有2米宽的发券壁柱式柱廊。大门居中，进门正中有一座楼梯，两侧的方形空间对称分隔房间用于办公，二层如是。主体建筑两侧是一层高的附属建筑，南侧有一座两层的金库，山墙处理略有巴洛克风格
安源区	总平巷矿井口	近代	省级	萍乡市安源区安源煤矿矿区	该矿井口建成于1898年，是安源煤矿开办时建造的矿井主要出入处。矿井口是依小山坡而建成的门坊式建筑，共三开间，用红砖砌筑。中央一间较高，砖砌拱券门洞，高3.5米，宽4米，为矿井口，其上砌"总平巷"匾的三角形山花，两侧是方形墩柱。两侧开间较低矮，也是两柱夹一山墙的形式，每间设三个小券，呈两门一窗的形式

9
抚州市
FUZHOU

抚州市文物建筑分布图
Historical Architectural Map of Fuzhou

1. 万魁塔
2. 玉隆万寿宫
3. 浯溪村
4. 王氏宗祠
5. 东岗村
6. 东源曾家村
7. 黄坊村
8. 浒湾镇
9. 游垫村
10. 全坊村
11. 竹桥村
12. 仰山书院
13. 高云塔
14. 洲湖大夫第
15. 闽赣省苏维埃政府旧址
16. 潮音洞石窟
17. 万年桥和聚星塔
18. 太平桥
19. 红一方面军总前委会旧址
20. 驿前古镇
21. 驿前石屋里民宅
22. 董裕墓
23. 红一方面军大湖坪整编旧址
24. 龙图学士和刺史传芳牌楼门
25. 流坑村古建筑群
26. 水南村
27. 石经幢
28. 相山石塔
29. 谭纶墓
30. 棠阴古镇
31. 大司马牌坊

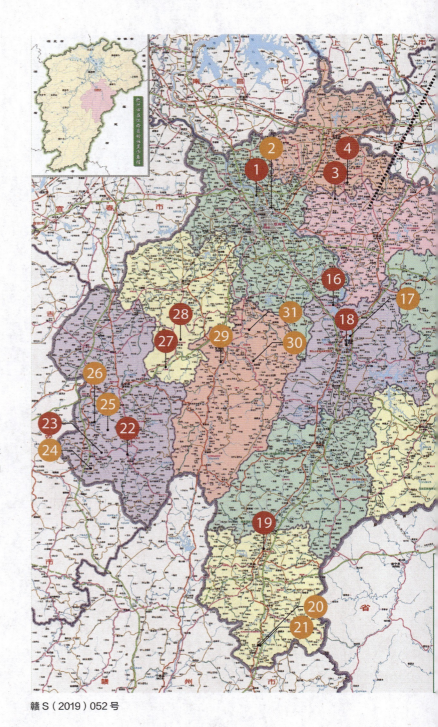

赣S（2019）052号

抚州市

华夏梦都,临川才子之乡——抚州古建筑概述

抚州为江西省辖地级市,位于江西省东部,取安抚之意。东邻福建省,南接赣州市,西连吉安市和宜春市,北毗鹰潭市、上饶市和南昌市。南北长约222公里,东西宽约169公里,总面积18 816.92平方公里。下辖2个区、9个县,总人口约418万,通用赣语。

一、抚州市历史沿革

抚州有着悠久的历史,秦分天下为三十六郡,抚州属九江郡。西汉高祖五年(前202),置豫章郡,辖18个县,以豫章南境地为第11县,定名南城县,此为抚州建县之始。三国吴太平二年(257),分豫章郡之临汝、南城两县地置临川郡,此为抚州建郡之始。南朝梁普通三年(522),分临川郡之地建巴山郡,另置巴山县。隋开皇九年(589),平陈、总管杨武通奉使安抚,废临川、巴山两郡置抚州,抚州之名始于此。隋大业三年(607),改抚州为临川郡。唐武德五年(622),改临川郡为抚州,隶洪州总管府。

北宋初年,抚州为南唐辖地。至宋开宝八年(975),南唐灭亡,抚州归宋,改为军州,属江南西路。元朝至元十三年(1276),改抚州军为抚州路。明洪武元年(1368)正月,改抚州路为抚州府。清顺治二年(1645),抚州、建昌两府均属江西省湖东道。清雍正九年(1731),抚州、建昌两府改隶江西省南抚建道,辖县、治所不变。民国元年(1912),废府及直隶州,所辖县均直属江西省。民国二十一年(1932)夏,江西省以下划为13个行政区,抚州范围内各县分属不同行政区。至1949年后,所属辖区依然按照行政分区进行区域划分。1950年9月,改抚州分区为抚州区。1951年6月,临川县城关区改为抚州市,属临川县辖市。同年7月抚州区改称抚州专区。1953年,改为抚州镇,隶属临川县。1969年10月,抚州镇改为抚州市。1973年2月,抚州专区改为抚州地区。2000年6月23日,国务院批复同意撤销抚州地区和县级临川市,设立地级抚州市和临川区,市人民政府驻临川区。

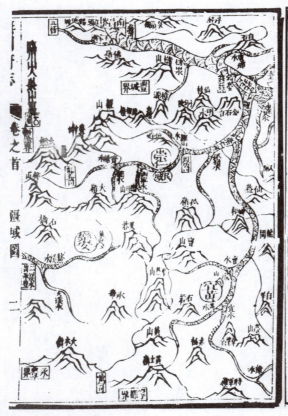

抚州府疆域图

2000年10月20日,抚州市人民政府正式挂牌开始对外办公,地址仍在原抚州地区行政公署内。

二、抚州市古建筑类型及分布

抚州市古建筑类型主要有地标建筑、金溪古村落建筑群、古墓葬及红色旧址等。

（1）地标建筑

地标建筑主要是具有位置标识作用的塔、桥、牌坊等构筑物。万魁塔、聚星塔位于高山之上,太平桥位于村口,都具有地标引导性的作用。大司马牌坊、龙图学士和刺史传芳牌坊,除了具有一定的纪念意义以外,也是村落及祠堂的地标构筑物。伴随新村镇的规划建设,曾经的地标有的也不再具有地标的性质,如原本位于古道边、村落入口的崇仁县相山石塔,现今位于村边的田地间。

（2）古村落

抚州市古村落主要集中在金溪县、乐安县。乐安县流坑村作为全国第一批历史文化名村,是一座典型的江右民系村落,拥有完整的赣派建筑群,村落肌理也保存较好。村中现存明清传统建筑及遗址260处,包括建筑、古井、亭、码头、古桥、古塔、古墓葬等。此外金溪县竹桥村、浒湾镇、东源曾家村,以及广昌县驿前镇,都被列入全国历史文化名村、名镇。

（3）古墓葬

抚州市人才辈出,拥有多处古墓葬,如明代著名学者董裕、明代抗倭名将谭纶的墓等,这两处墓葬具有明显的明代墓葬特点,如神道、石像生、牌坊等。尤其是谭纶墓保存得十分完整。

（4）红色旧址

在近代抗战时期,抚州地区有闽赣省苏维埃政府旧址,以及红一方面军活动旧址。这些红色旧址多为明清时期的民居或祠堂建筑,不仅在革命史上留下浓墨重彩的一笔,也是抚州地区民居、祠堂建筑中保存比较完好的。

（5）其他

此外,抚州地区还有玉隆万寿宫、潮音洞石窟等古建筑、石窟。

抚州市是著名的宜业宜居宜游城市,拥有丰富的人文、历史建筑以及自然景观资源,因此成为"襟领江湖,控带闽粤"之城。

临川区

1 万魁塔
Wankui Pagoda

基本信息	省级 / 免费开放 / 现为景点
年　代	清
地　址	抚州市抚北镇抚河西岸
交通信息	自驾

万魁塔位于抚州市抚北镇抚河西岸的金石山上，是临川区境内保存下来的唯一古塔。该塔于明万历三十八年（1610）由进士朱如容筹建，清道光十九年（1839）重修。相传此塔落成后，抚州名人学者辈出，故名"万魁塔"。

塔高约42米，六面七层。麻石塔基，塔身青砖叠垒。二层南面嵌石制匾额，刻"万魁塔"三字。塔心中空，设左右两道螺旋台阶至五层，互不碰合。五层之上为阁楼，供人游览。塔顶呈圆形，嵌有铜片，顶端有六只兽形鹰嘴角。

该塔于2006年进行修缮，六、七层外立面按原材料、原样式重修。塔内木结构材料提高规格等级。塔刹改用生铁铸造，塔顶增加8厘米厚钢筋混凝土层，同时也增设避雷设施。现为江西省文物保护单位。

塔顶

万魁塔

塔内楼梯

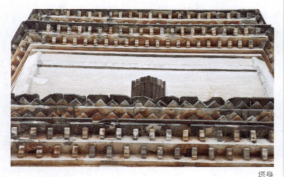
塔身

塔顶木结构

2 玉隆万寿宫

Yulong Wanshou Taoist Temple

基本信息	国家级 / 维修中，现为景点
年　　代	清
地　　址	抚州市区文昌桥东
交通信息	市内公交

玉隆万寿宫位于抚州市区文昌桥东，东靠城外堤，西临文昌桥，南近洋洲乡农业机械厂，北邻民居住宅。万寿宫始建于明洪武中期，原为太平庵。清嘉庆初年在太平庵废墟上重建，改为文兴庵。清嘉庆十六年（1811），抚州府所属六县民众于文兴庵右侧捐建旌阳祠，即为现在的中宫。清嘉庆二十二年（1817），临川知县秦沆于旌阳祠右侧建火神庙。清光绪八年（1882），对文兴庵、旌阳祠、火神庙进行维修，将三者合并。清光绪十二年（1886）增建门坊、前厅、戏台（又称乐楼）以及两厢，并正式命名为"玉隆万寿宫"，亦称"玉隆别境"。是抚州各种行帮、会社举行活动的重要公共集会场所。

建筑坐西向东，砖木结构，共三进。总面阔44.7米，纵深94.5米，占地面积约4225平方米，是江西省现存单体结构面积最大的古建筑群之一。

前进戏台为二层阁楼，中进平房为大殿，后进为三层阁楼。沿中轴线有前院、石门坊、戏台、前厅、中宫（万寿宫）、玉皇阁（正落架重修）。左右两翼分布有南北厢楼各七间，还有火神庙、文兴庵（现为遗址）、道长精舍（保存较糟），是人们祈求平安和人才昌盛的场所。建筑内结构精巧、雕刻精美，尤其是正面门楼为浮雕花岗石砌成，图中山水、人物、鸟兽、楼阁还清晰可见。

玉隆万寿宫在总体布局、环境景观、建筑式样、门窗装饰、三雕（砖雕、木雕和石雕）技艺等方面，都有其独特之处，具有很高的建筑与艺术价值。2013年5月被国务院列为全国第七批重点文物保护单位。

玉隆万寿宫屋顶现状

玉隆万寿宫鸟瞰图

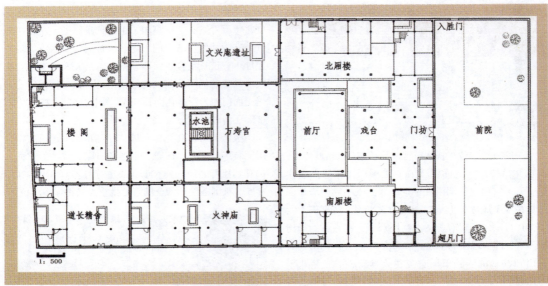

玉隆万寿宫平面图

门头

戏台

北厢房二层前廊

过廊

前厅藻井

檐下木构件

戏台藻井

斗栱

船篷轩及木雕

保护规划效果图

东乡区

3 浯溪村
Wuxi Village

基本信息	省级 / 免费开放
年代	明
地址	抚州市东乡区黎圩镇
交通信息	自驾

浯溪村位于东乡区黎圩镇，是由王安石之弟王安国第四世孙——王志先于南宋庆元元年（1195）始建。王志先的后人多为官宦商贾，积累了大量的资金，于明嘉靖至清道光年间，纷纷回乡造桥铺路，购置土地，建造房屋，多次形成了浯溪村的建设高潮。

浯溪村基址保存完好，明清古建筑有五十多处，更有畅通四百余年，至今仍贯通全村各家的古排水系统。

（1）贞孝牌坊

位于村南道路与城镇道路交界处东，是浯溪村的地标，建于清道光年间。坐东朝西，麻石建造，三间五楼。高约7米，宽约8米，柱厚约41厘米，立于麻石台基之上。明间宽约2.77米，次间宽约1.39米。仿木结构，各间有雀替及额枋。牌坊正面有精致雕刻，明间额枋上雕刻"旌表儒士王士柏未婚之妻李氏坊"字样，之上有"贞孝"二字，最上匾额刻有"圣旨"二字，并以龙凤护卫。2006年1月，被列为抚州市文物保护单位。

（2）南垣萃秀门楼

为村南入口，坐北朝南。始建于明天启年间，于清乾隆五十八年（1793）孟冬月重建。门楼高5.1米，四榀梁架，总进深3.3米，宽4.4米，石拱门洞，门额书"南垣萃秀"，两侧有"乾隆癸丑年孟冬月重建"字样。

（3）奕世甲科门楼

位于村状元路东侧，是由抚州知府、同知部院、东乡知县三者为纪念王安石家族第四代名登甲科而建。平面八字形，高5.4米，宽11米，三开间。明间匾额书"奕世甲科"。匾额上有长条石刻，书八位登科人的官位及名字。明间前有一对高1.5米的石狮子，栩栩如生。2014年2月，被列为东乡县文物保护单位。

（4）王廷垣官厅府

位于奕世甲科门楼北侧，始建于明代，经过多次修整和改建。占地面积约784平方米，包括南北两组建筑，中间有院落，大门为屏风墙，高4.1米，砖雕保持

浯溪村鸟瞰

敕建贞孝牌坊

村落古街

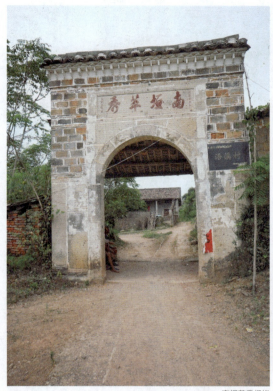

南垣萃秀门楼

廷垣官厅北栋

五世荣恩宅

奕世甲科门楼

王廷垣官厅府门楼

完好。建筑采用木结构与砖石围墙，外围墙不开窗。正厅木结构为抬梁穿斗结合式，各进用天井连接。建筑较为朴实，无多余的装饰。2006年1月，被列为抚州市文物保护单位。

（5）五世荣恩宅

位于清泉巷中段，占地面积约256平方米。入口门额上刻"五世荣恩"四字。建筑高7.2米，面阔10米，三开间。明间门高2.6米，宽1.6米，门楣上有三层青砖雕刻的雨棚屋檐，下面绘制山水图画。厅堂梁枋上有"丹凤朝阳""犀牛望月"等雕刻，形态逼真。

（6）芳谷公祠

位于清泉巷最北端，两进，入口有庭院，后进天井用过道分为左右成两个小天井。梁架为抬梁穿斗相结合，月梁施以精美木雕。室内八边形双层石磉，底层每面为不同主题的植物雕刻，上层做莲花花瓣雕饰。建筑外北侧有一口水井，是村中现存的三口古井之一。芳谷公祠经过整修后作为村史馆对外开放。2014年2月，被列为东乡县文物保护单位。

此外，村中保存完好的建筑还有绣花楼（斋月轩）、儒林第、科甲里门楼等。还有一条长450米的状元路、18条麻条石巷道（共685米长）、3眼古井、2块旗杆石、1座石拱桥、1座麻石墩桥及3棵古樟树。

浯溪村已被评为江西省历史文化名村。

芳谷公祠

芳谷公祠天井

芳谷公祠过厅

芳谷公祠梁架

科甲里门楼及状元路

4 王氏宗祠

Family Wang's Ancestral Hall

基本信息	省级 / 免费开放 / 需要许可 / 现为景点
年　　代	明
地　　址	抚州市东乡区黎圩镇上池村
交通信息	县际公交 / 自驾

　　王氏宗祠位于东乡区南部的黎圩镇上池村。上池村是北宋著名政治家、文学家王安石的故里。王氏宗祠位于上池村北入口处，前方有坪，坪前有半圆形水塘。据家谱记载，王氏宗祠始建于北宋年间，是王安石的弟弟王安国为祭祀祖先而建造，历经兴废，现存建筑主体为明代遗存。

　　上池村为江西省历史文化名村，村落尚保持着传统风貌，有多处传统建筑保存完好，包括多座祠堂（如竹轩公祠等），以及多座民居（如总门里等）。其中保存最为完好的建筑即为王氏宗祠。

王氏宗祠坐北朝南，砖石结构与木结构相结合。面阔18.7米，进深40.5米，高8.3米，建筑总面积为757.35米。三进五间，硬山屋顶。中轴线上为前厅、正厅、后堂，轴线两侧有连廊及甬道，通过天井相连。正厅为祭祖堂，地坪高于前厅及后堂三阶。结构为抬梁穿斗相结合，明间外檐柱直径为65厘米，八边形石柱础，最下为方形基座。明间中桁直径达到65厘米。

祠堂正门位于正南侧中央，呈圭首形，仿牌楼式，五间七楼，歇山顶。明间匾上刻"王氏宗祠"四字。

外围墙高耸，与门牌楼同高，墙头高过正厅正脊，且不开窗，仅在中进两侧山墙设置便门。

王氏宗祠已于2000年被公布为江西省文物保护单位。

村中保存最为完整的民居建筑群是位于村西北角的"总门里清代建筑群"，为清代遗存，相传为王安石二十三代后裔王来起建造。由上屋、中屋、下屋三组建筑组成。西北角有一个小花园与后山连接。总门里建筑格局独特，被当地人称为"冠一府六县"。内部木结构保存完整，目前仍有人居住，于1985年9月，被列为东乡县文物保护单位。

王氏宗祠鸟瞰

上池村局部鸟瞰

明代上池村原貌图

上池村巷道

王氏宗祠天井

王氏宗祠正厅梁架结构

竹轩公祠

王氏宗祠柱础

王氏宗祠正立面

总门里建筑群

总门里室内梁架结构

总门里后院

金溪县

金溪古村

金溪隶属抚州市管辖,位于抚州市东侧,是临川文化核心发源地之一。有山出产金银,有溪水色如金,故县得名金溪。至今保存完好的传统村落达200多个,还有100余座古祠堂、8座明代牌坊、30余座清代牌坊、1万余幢古民居,犹如一座没有围墙的古村落博物馆,被誉为与"徽州古村落、福建土楼群、江南水乡古镇、黔东南苗寨群"等同的"金溪古村落群"。本书选取已经被评为国家历史文化名村的东源曾家村、竹桥村,历史文化名镇浒湾镇,以及部分省级历史文化名村进行简要介绍。

金溪县古建筑分布图

5 东岗村
6 东源曾家村
7 黄坊村
8 浒湾镇
9 游垫村
10 全坊村
11 竹桥村
12 仰山书院

5 东岗村
Donggang Village

基本信息	省级 / 免费开放
年　　代	清
地　　址	抚州市金溪县
交通信息	自驾

东岗村位于金溪县北部、合市镇东部，距离县城约23公里。据东岗傅氏族谱记载，北宋元丰年间（1078—1085），傅泉乐由本县白马白鳝傅家迁居至此，因村落处于山岗东边脚下，故名东岗村。村落选址背山环水，坐东北向有山丘依靠，面西南方有田地溪水，建筑依地形顺势建造。东岗村原是以傅为单一姓氏的村落，但在土地改革期间，有3户外姓人家迁居来此，这也是近代在金溪古村落群中出现的一种现象。

古村内巷道呈"一横三纵"布局。"一横"为村前卵石道路。"三纵"为垂直于卵石主干道的3条青石小巷。巷道宽1米左右，长度不一，巷口设置巷门。主干道前为水塘，巷道可直达此处，除满足日常生产生活需要以外，也是防火设计的一部分。现存30多幢明清民居，多坐北朝南，严谨排列，占地面积均在200平方米以上。建筑风格统一，青砖石墙，砖雕门头，封火山墙。民居建筑结构多采用穿斗式，并且在梁柱等结构构件上雕饰纹样。除木结构构件以外，门窗、隔扇等同样有精美雕刻。建筑外墙墙裙为三层的青石板拼贴，并在上面雕饰图案。现存传统建筑，无论何种建筑类型，基本上均采用中轴线对称布局。民居多为二进、三进院落，用天井连接。结构多选用穿斗式，重要建筑正厅选用抬梁与穿斗相结合的形式，前做轩棚。

东岗村已被列为江西省历史文化名村。

青石板路

东岗村鸟瞰

巷门

民居门头

民居正厅

民居门厅与天井

民居门头砖雕

木雕装饰

木构件装饰

民居外墙青石雕刻

柱础

6 东源曾家村
Zengjia Village in Dongyuan Village

基本信息	国家级 / 免费开放
年　　代	清
地　　址	抚州市金溪县浒湾镇琉璃乡东源
交通信息	县际公交 / 自驾

东源曾家村位于金溪县浒湾镇琉璃乡，在县道945琉璃乡通往陈坊积乡的一段弯路东侧，距县城29公里，路边为进入村子的新建造的牌坊。东源村主要姓氏为于南宋年间迁居至此的南丰曾家，为纪念其先祖曾洪立公葬在南丰之东源，将此处改名为"东源"。

古村选址于丘岗地带，坐北朝南，村内建筑顺势排列，消防系统科学完善。大部分屋顶为硬山式，封火山墙。每栋房子沿巷道一面都有排水沟，水经由排水沟流入村南水塘，再流向村外，形成了完整的排水系统。村内有一条石板路平行于水塘，于清乾隆年间进行过全面整修，路旁有流贯东西的溪水。村落南北长约200米，有9条巷道呈放射状通向南边主街，由青石或卵石铺成。村中建筑可分为9组，每一组内的建筑相互联通。村中现存明清古建筑约70多栋，有

东源曾家村鸟瞰

祠堂、民居等，分布在各个巷道之中。其中有明朝建筑5栋、古井4眼、古树10株、古桥1座、古石刻2块，旧石板路总长2138米。有康熙年间建造的门4座，北"旋星共极"，南"阳德含晖"，东"龙光发祥"，西"长庚耀彩"。此外，还有"豢灵护应"古庙、"中议世第"官厅和"秀启南丰"宅第3处省级文物保护单位。

（1）里门

位于里居宅前，建筑建造于清乾隆六年（1741），当地人称里门，俗称门楼。门楼匾额"南丰世第"，

落款为"乾隆己未年"（1739），两侧楹联上书"东鲁家声旧，南丰世泽长"。农闲时于此处迎神演戏。

（2）"秀启南丰"宅

"秀启南丰"宅是典型的官厅建筑，共有三进院落，用天井连接，硬山顶，封火山墙。结构选用穿斗式，山墙月梁上饰精美木雕。屏障、门窗、格栅等均有木雕装饰。每个石柱础、石磉上的雕刻图案、题材也不尽相同。

（3）总祠

在里居西侧，始建于明万历年间。总祠内有江西按查司副使李开芳、布政司参政龚道立、都司张澍共同署名的匾额"宗圣清源"，时间为明万历三十二年（1604）。中堂为明代遗存，前堂修建于清道光十五年（1835），中亭修建于清道光二十七年（1847），1942年在两厢建楼房，是为准备办小学而建造。现存总祠总面宽12.5米，进深54.5米。中堂中间2排8根木柱的围径达2米，可两人合抱，柱础为典型的明代制式。该建筑为县级文保单位，现在是东源村委所在。

巷道

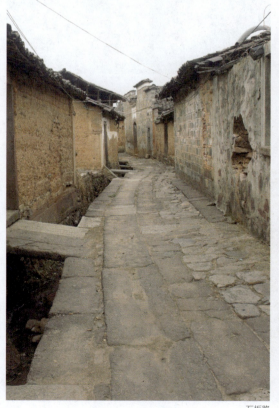

石板路

古井

东源曾家村保存有完好的传统村落肌理，建筑的装饰手法、建造结构等方面的工艺水平在我国南方众多原生态村庄中也是较为罕见的。村内建筑中很多都有古人题匾，从文词到书体都显示了很高的文化品位，展现了东源村深厚的文化底蕴。2014年3月，东源曾家村被公布为全国历史文化名村。

巷门

北门

里门

"秀启南丰"宅上堂

"秀启南丰"宅门头

"秀启南丰"宅木雕装饰

"秀启南丰"柱础

7 黄坊村
Huangfang Village

基本信息	省级 / 免费开放
年　　代	清
地　　址	抚州市金溪县浒湾镇
交通信息	县际公交 / 自驾

黄坊村位于金溪县浒湾镇，316国道旁，距县城约29公里，离抚州市区约18公里。曾有"黄坊府，上尚县，印山胜似金銮殿"这样的说法。

黄坊又名举林，始建于北宋嘉祐九年（1056）。南丰双井黄振基、黄庆基兄弟为黄坊村始迁祖，于1056年迁居金溪黄坊。此后，多个姓氏迁来定居，到南宋末年，已发展到十多个姓，形成6个民居聚落群，是金溪县地区少见的多姓聚居的村庄。黄坊村建村1000多年，护城河、关隘、城墙、街道、商铺、药房、学堂、医院、祠堂、牢狱等一应俱全。

村落背山面水，西北高，东南低。里巷按照宗族支派划分，以巷道相连。8条保存完好的青石板路总长达数百米，程关、瓦子岭、下关等6个古民居聚落中有明代以前的建筑319栋，其中明至清早期的古建筑有76栋。保存较为完好的是县级文保单位"车大宗祠"，此建筑五开间，空间开敞，梁架结构以及柱子、柱础样式等具有明显的明代建筑特征。此外，村中还存有重庵讲堂、车经元书院、扛梁书院（倦游书屋）、瑞芳书院（不窥园书院）、日映云连书院等具有代表性的书院建筑，以及众多民居建筑。建筑中的木雕、砖雕、石雕等装饰因在"文革"期间被村民用泥巴、石灰等覆盖，得以保留，但因年久失修，保存状况并不乐观。

黄坊村已经被公布为江西省历史文化名村。

黄坊村鸟瞰1

黄坊村鸟瞰2

青石板路

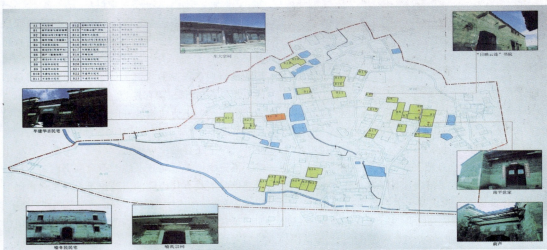

黄坊村传统建筑分布

巷道

车大宗祠

车大宗祠木结构

"南平世家"宅

8 浒湾镇

Huwan Town

基本信息	国家级 / 免费开放
年　　代	清
地　　址	抚州市金溪县
交通信息	县际公交 / 自驾

　　浒湾镇位于抚州市与金溪县之间，316国道旁，与琉璃乡毗邻。抚河傍镇而过，上达南城、南丰、广昌，下通抚州、南昌，水陆交通便利。据《金溪地名志》记载，明代初年，许氏从本县后潭许家迁来，因建村

浒湾镇局部鸟瞰

于抚河河湾,故得名许湾,又因在水边,雅称"浒湾"。

清同治九年(1870)《金溪县志》记载,浒湾原名金冠里,明代因抚河水系流经此处,水陆交通便利,带动经济的发展,逐渐形成了一个繁华的集市。清乾隆五十五年(1790),浒湾正式建镇。赣东俗谚"临川才子金溪书"中的"金溪书"指的就是浒湾木刻印书,这里是江西明清时期雕版印刷的主要地点。鼎盛时期,印书、卖书等从业人员多达3000多人,浒湾木刻印书已列入《江西省省级非物质文化遗产名录》。

古镇主要由前书铺街、后书铺街和礼家巷3条相互平行的古街巷,以及与之关联的建筑和巷弄组成。街道用石块铺砌,首尾相接,建筑风格独具一格。至今仍保存的建筑类型有民居、庙宇、作坊、店铺、门楼等,另外有3个码头、4个漕仓、5座寺庙、1座教堂,有9条保存完好长达200~300米以上的传统古街巷,共形成11个古民居聚落群。在保存较为完好的明清古建筑中,手工作坊有901栋,与雕版印书、买卖书籍有关的古建筑达120多栋,是一批比较珍贵的文化遗产。

前书铺街南北走向,宽4米,长约240米,青石巷道保存完好。街口原有"籍著中华"拱门,街中有清道光三十年(1850)的"恒门",现仅存"恒门",门拱宽1.7米,高2.9米。街东有"洗墨池",池边清乾隆四十七年(1782)所立的"聚墨"石碑已经不在,清同治十一年(1872)四月所立的严禁淫词小说的禁书碑在"文革"期间被毁。洗墨池边有路直通金临驿站,道路上通万寿宫,下接前书铺街,街道两侧为作坊和店铺。

后书铺街位于前书铺街的西侧,长约170米,宽3米,青石板路面上有车轮印痕。街口有"藻丽琅嬛"石拱门,拱门上有"道光癸卯年合坊鼎建"字样。

古镇中东西走向、平行于河流的道路为"红卫路",古时称"苏州街"。浒湾古时分为洲头上、中洲、下洲、下洲尾四部分。"苏州街"地处中洲,到处堆积着整装待运的书籍,因此人们将之称为"书洲"。前、后书铺街、礼家巷也是在此基础上发展起来的,后取"书洲"谐音,将此街称为"苏州街","文革"时期更改为"红卫路"。

可以与苏州街齐名的当属扬州街,此条街道两侧的建筑在近现代有所更改,但建筑结构和内部格局基本保存完好,至今仍保存"品芳栈""得利园""永盛祥""韩记"等老字号商铺40多处。古时街后的河岸边有一个大杨树,取名"杨柳渡口",因其繁荣发展程度与扬州相差无几,更名"扬州街","文革"时期更名为"红星路"。

2014年2月,浒湾镇被列为第六批中国历史文化名镇。2019年10月,浒湾书坊建筑群被列为第八批全国重点文物保护单位。

《金溪县志》中清道光六年(1826)的浒湾镇

恒门

新书铺街牌楼

由义、迎燕门

"藻丽琅嫒"石拱门

巷道

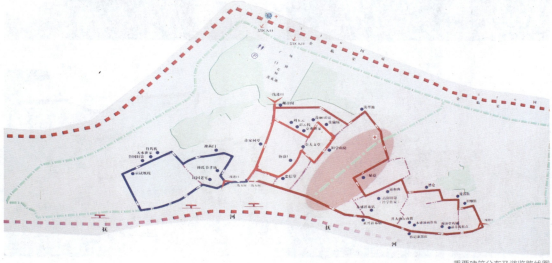
重要建筑分布及游览路线图

大夫第

大夫第花格窗及柱础

傅氏节孝坊

观音阁

京兆世家

9 游垫村
Youdian Village

基本信息	国家级 / 免费开放
年　　代	清
地　　址	抚州市金溪县合市镇
交通信息	自驾

游垫村鸟瞰

游垫村位于金溪县合市镇西南 12 公里处，可由 636 国道到达。据清宣统三年（1911）《游垫胡氏宗谱》记载，该村为明初本邑柏林胡家迁居建造。游垫村是明万历进士、工部侍郎胡桂芳的故里。

村落空间呈"一横五纵"梳式布局，"一横"为村前由鹅卵石铺设的总干道，东南侧有水塘。"五纵"为 5 条垂直于总干道的青石小巷，分别为"进士第""侍郎坊""尚书府""方伯第""大夫第"，每个巷口有一座门楼。村中现存明代早期建筑 1 幢、明代中后期建筑 15 幢、清代初期建筑 4 幢。

（1）总宪第

位于村西，建成于明万历三十年（1602），是胡桂芳为其祖父胡国华、父亲胡鉴建造，占地面积约 700 平方米。大门为石制牌坊式门，门额上刻"总宪第"，前后有竖款镌刻"广东按察司按察使胡桂芳万历三十年岁次壬寅孟春吉日"字样。建筑三堂直进，后花园已倒塌荒芜。

（2）胡氏宗祠

位于村东，紧邻节孝坊，坐东北朝西南，始建于明弘治年间，清乾隆年间曾大修。采用木结构，青砖外墙，硬山屋顶，青瓦屋面。

大门为石制坊式牌楼门，四柱三间五楼，宽、高

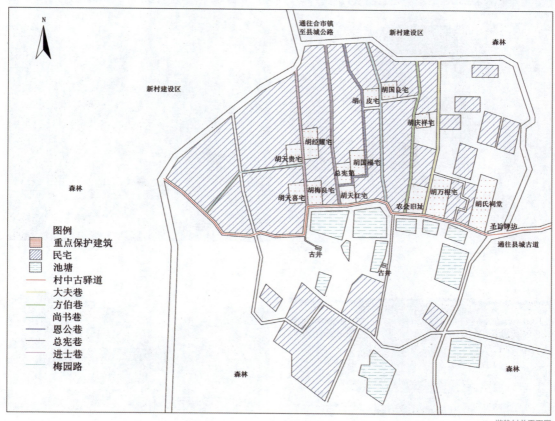
游垫村总平面图

均为8米,明间顶仿照普通建筑雕刻瓦垄、滴水、勾头等,正脊两侧有鳌鱼,檐下石制斗栱偷心造。其下为"甲第""胡氏祠堂"字样的石匾,两侧有龙穿花、花卉、人物故事等题材的雕刻。左右两间屋脊外端也有鳌鱼,额枋上有锦云纹雕刻,金柱、边柱上雕刻锦地菊花。

祠堂为两进两天井,门厅、中厅、过堂和正厅在中轴线上前后排列,地坪逐次增高,两侧有厢房与过堂连接,其余各厅通过天井相连,天井四周用青石板铺装。祠堂面阔三间约14.9米,通进深约33.6米,占地面积约500平方米。此明代民居粗梁大柱的特点突出,整栋建筑共有70根圆形木柱落地,下面由石磉承托。

（3）孝牌坊

孝牌坊位于祠堂东侧,清嘉庆二十四年（1819）奉旨建造,白青石构建,屋脊有鱼尾翘角,高、宽均为7米。牌坊上有双龙戏珠、人物仙鹤、园林花卉等雕刻,明间额枋上书"圣旨""节孝""旌表太学生胡岑之妻黄氏坊"等字。

游垫村在2019年1月被公布为中国历史文化名村。

胡氏祠堂

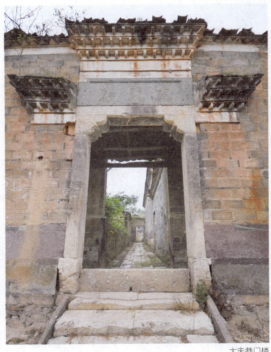

大夫巷门楼

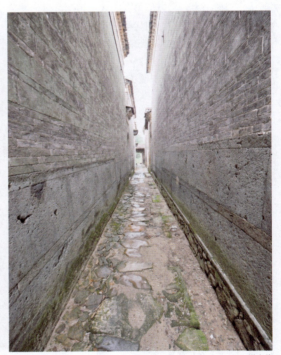

进士巷

胡氏祠堂门头

侍郎坊门楼

总宪第门头

总宪第室内

10 全坊村
Quanfang Village

基本信息	国家级 / 免费开放
年　　代	清
地　　址	抚州市金溪县合市镇
交通信息	自驾

全坊村位于金溪县合市镇，距县城约14公里。全坊村拥有上千年的历史，全村仅有"全"一个姓氏；成为金溪县极为少见的单一姓氏古村。

古村选址遵从依山傍水、利用自然地貌条件的原则，村前有溪水，村后有翠竹。以村前水塘为核心，向西北、东北方向发散，街巷垂直于水塘。村落正中为明代建筑遗存，清代以后建造的建筑围绕其东、西、北三个方向，环村原有3米高的围墙（仅剩残垣），设置总门、东门、西门、北门4座大门。建筑均坐北朝南，面向水塘，青砖石墙，硬山屋顶。既满足了日常生产生活的需求，又兼顾古村规划以及防火、防盗等要求。

村内现存明清古建筑约77栋、巷道5条，其中包括2条用石板和卵石铺设的巷道。村内现存祠堂3座、门楼5座、庙宇2座、书院3处、牌坊2座、古桥1座、古井2口。全氏宗祠位于村落东边入村的位置，经过整修后为村民集会场所及公益图书馆。"科第""节孝"两座牌坊在村前水塘正北，"节孝"牌坊上"圣旨""旌表全辅伯之妻余氏坊"等字样，清晰可见。

村中古建筑保存状况不是很令人满意，现任村长正自发地组织全族人对古村进行保护修缮。全坊村在2019年1月被列入第七批中国历史文化名村。

全坊村鸟瞰

全氏宗祠

古宅现状

巷道

贵和公祠

水塘与节孝、科第牌坊

11 竹桥村

Zhuqiao Village

基本信息	国家级 / 免费开放
年　代	清
地　址	抚州市金溪县双塘镇
交通信息	县际公交 / 自驾

竹桥村始建于元代初期，位于金溪县北部，距县城 10 公里处，乡道 649 绕村而过，是古代金溪通往东乡的必经之路。根据《竹桥余氏宗谱》记载，竹桥古村经历了三次"迁徙"。竹桥村余氏始祖为唐代吏部尚书余褐，其三子余克忠时任昭武校尉，原居福建绍武兰田，五代后周显德年间镇守抚州上幕镇，即今金溪。他见火源山水秀丽，便携家眷迁居于火源。克忠公的第五代孙余积迁居至上源。至十三代余文隆迁至月塘，即今竹桥。金溪余氏以余克忠为大祖宗，竹桥余氏以余文隆为祖，火源—上源—月塘是为"三迁"。

明宣德五年（1430）竹桥村已经初具规模，因与浒湾镇临近，所以这里也是商贾云集，文风盛极一时。

竹桥村局部鸟瞰 1

竹桥村局部鸟瞰 2

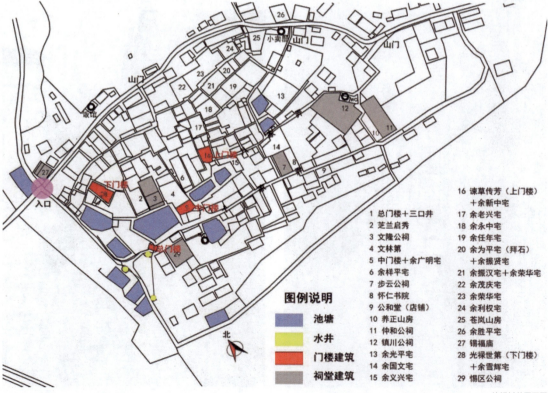

图例说明
- 池塘
- 水井
- 门楼建筑
- 祠堂建筑

1 总门楼+三口井
2 芝兰启秀
3 文隆公祠
4 文林第
5 中门楼+余广明宅
6 余样平宅
7 步云公祠
8 怀仁书院
9 公和堂（店铺）
10 养正山房
11 仲和公祠
12 镇川公祠
13 余光平宅
14 余国文宅
15 余义兴宅
16 谏草传芳（上门楼）+余新中宅
17 余老兴宅
18 余永中宅
19 余任年宅
20 余为平宅（拜石）+余振贤宅
21 余振汉宅+余荣华宅
22 余茂庆宅
23 余荣华宅
24 余利权宅
25 苍岚山房
26 余胜平宅
27 锡福庙
28 光禄世第（下门楼）+余雪辉宅
29 惕区公祠

竹桥村总平面图

整个村落地势由低渐高，有1条古驿道、3口古井、4座门楼、6条街道、8方水塘和13条巷弄，108幢明清建筑，其中有明代民居8幢，明代祠堂1幢，总建筑面积约为20 976平方米。从高处俯瞰，宛如铺展开的扇面，八方水塘，形成七星伴月之象。由于新居多建在村北侧，所以竹桥村的基本环境风貌保存较完整。其中有3组建筑群特色独具：文林第、十家弄和八家弄。"文林第"有牌楼式石门，为清顺治八年（1661）举人、山东齐东（今邹城市）知县余为霖所建。穿过古巷道往北，就能见到"十家弄"和"八家弄"两组建筑群。

（1）门楼

村中共有总门楼、上门楼、中门楼以及下门楼4座门楼。总门楼位于村南，是村落主要入口，坐北朝南，建于元末明初。清咸丰七年（1857）遭太平军焚毁，后族人集资按照原样重建。总门楼是屋宇式门楼，建筑面积约27.9平方米，侧墙上有一块清道光二年（1822）整修门楼的捐资碑。上门楼"谏草传芳"门，为牌楼式，始建于清乾隆年间，为纪念宋代余昌言为官时向皇帝书写谏书被采纳而建，以激励后人建功报国。门内有一禁止放农具、柴草等杂物的"禁碑"。中门"石库门"，呈官帽状，前面有拴马石。门前地面以石板铺成"本"字，是为了告诫村民及后人做人要本分。门内石板像"人"字，亦像"天"字，是为"天人合一"。下门"光禄世第"门，门内地面有卵石铺镶的太极图。激发后人奋发向上，跟随祖先的步伐，建功立业。

（2）"品"字三井

三口井位于总门楼前，均为清代建造。组成"品"字形，含为人、为学、经商应讲究品德之意。一口建于清康熙二十一年（1682），一口建于清乾隆十一年（1746），一口建于清道光二十三年（1843），都是四方禾斛井。乾隆年间的水井周围石板护栏与方形井口形成一枚铜钱的形状，另有一座神龛。

总门楼

巷道

八家弄、十家弄

（3）文隆公祠

从总门楼进村，左边有全村最大的一方水池，文隆公祠位于其北侧。该祠始建于明初，为纪念竹桥开村基祖先余文隆而立，今为村内大型活动的举办场所。总面宽15米，进深29米，建筑面积约为435平方米。该祠共有三进院落，包括门厅、享堂及后寝，用天井连接。结构采用抬梁及穿斗相结合，室内柱子选用朱树大柱、红石柱础。与文隆公祠相邻的是"芝兰启秀"宝邸。

（4）步云公祠

步云公祠位于十步弄中间，坐北朝南，与怀仁书院紧邻。由余步云的孙子及曾孙于清乾隆五十八年（1793）建造，面宽14米，进深23米，面积约437平方米。祠堂两侧门楣上标榜"居仁""由义"。一进合院建筑，屋顶四面坡，中间有天井。近年来该祠进行过一次大型修缮，室内木装修皆为新换。

（5）仲和公祠

仲和公祠位于八家弄的北段，紧挨养正膳房，其右前方为镇川公祠。余仲和为文隆公之孙，其子孙于

上门楼"谏草传芳"

中门"石库门"

古井

"芝兰启秀"及文隆公祠

步云公祠

清道光四年（1824）建造仲和公祠以祭祀仲和公。建筑面宽 15 米，进深 39 米。建筑正厅明间用抬梁结构，两侧山墙面采用穿斗结构，结构稳定，节省木料。

（6）镇川公祠

镇川公祠与仲和公祠紧邻，建造于清咸丰八年（1858）。建筑坐北朝南，面宽 31 米，进深 31 米，占地面积 961 平方米。该祠共有三进院落，前有庭院，中间用天井相连。大门上方有建筑、人物等题材的砖石雕刻。"文革"期间，村民将雕刻用石灰砂浆糊盖，得以保存。

（7）苍岚山房

苍岚山房位于十家弄最北端，大门上有石匾，刻"苍岚山房"四字。建筑本身为一进院落，天井狭长，东西两侧有厢房，后堂前有一道屏风与前厅间隔。前厅檐廊宽敞，可通向左侧跨院。跨院为居住空间，高两层，楼上为主人的"晒书楼"。

竹桥古建筑群于 2006 年被公布为抚州市文物保护单位。竹桥村于 2010 年被公布为国家级历史文化名村。

步云公祠室内梁架

苍岚山房内院

12 仰山书院
Yangshan Academy

基本信息	省级 / 免费开放，现为金溪县文博所
年　代	清
地　址	抚州市金溪县城王家巷
交通信息	县内公交

书院位于金溪县城王家巷，始建于清乾隆二年（1737），原为南宋朱熹与陆九渊讲学的崇正书院旧址。中轴线上为两进院落，后进天井建亭，南侧跨院为居室、厨房，是先生和学生歇息、用膳的地方，现在为文博所办公用房。建筑内柱子均为石柱础，木柱身。书院右侧"先儒祠"是清代生员祭祀先贤象山先生之所，为清道光十三年（1833）所建。现存书院建筑面积为 1078 平方米，结构保存完整。

清嘉庆二十一年（1816），知县万国荣会同儒学倡率城内善士李庭藻等，拆旧书院，建成 48 间房的书院，并请江西学政王鼎赠写"仰山书院"于门额。清咸丰十一年（1861），仰山书院焚毁于战乱。清同治八年（1869），再次复建书院。清光绪二十八年（1902），改为金溪县官立小学堂，民国元年（1912）又改为县立高等小学，是当时金溪的最高学府。1992 年至 1994 年 10 月，仰山书院划归县文物管理所管理，进行了彻底维修。

仰山书院屋顶

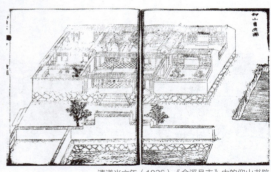
清道光六年（1826）《金溪县志》中的仰山书院

仰山书院入口

庭院

亭式天井

小天井

资溪县

13 高云塔
Gaoyun Pagoda

基本信息	省级 / 免费开放
年　　代	清
地　　址	抚州市资溪县高阜镇
交通信息	县际公交 / 自驾

高云塔位于资溪县高阜镇泸溪河畔，狮子山下，坐北朝南。该塔始建于明万历四十二年（1614），明天启年末崇祯年初（1627—1628）竣工，清乾隆九年（1744）重修。

塔七层，高26.25米，塔基落在河畔一龟形石上，加覆麻石。砖砌塔身，铁皮盖顶，上有葫芦形塔刹。平面正八角形，每层设拱门两扇，一、二、三层拱门上方刻有石匾额，一层为"高云塔"，二层北为"悒贵"，西为"罗金"。塔内有木楼梯盘旋而上，可通向塔顶。2006年被公布为江西省文物保护单位。

高云塔

塔内登塔石

黎川县

14 洲湖大夫第
Dafudi Mansion in Zhouhu Village

基本信息	省级 / 免费开放
年　　代	清
地　　址	抚州市黎川县华山垦殖场洲湖村
交通信息	县际公交 / 自驾

洲湖大夫第位于抚州市黎川县华山垦殖场洲湖村，又称"船屋""船形古宅"，始建于清嘉庆年间，完成于清道光二十四年（1844），凭巨商黄徽柔祖孙三代之力建成，相传造价为20万两白银。洲湖村还保存着许多明清时期古建筑，除船形屋"大夫第"外，

洲湖村鸟瞰

村内古建筑

大夫第屋顶平面

大夫第正门

大夫第厅堂

小天井

还有建造时间早于它的另一座"大夫第"及"举人府第""黄氏宗祠"和"邹氏宗祠"。洲湖村是第二次国内革命战争时期第四次、第五次反"围剿"指挥部之一，在这些传统建筑内都留有清晰可辨的大幅标语。

"大夫第"坐北朝南，东窄西宽，呈三角形，从高处俯视，外观呈船形，由朝东的"船首"、正方形的"船身"及长方形的"船尾"三部分构成。"船形古宅"整体走向为北偏西，房屋则坐东朝西，有利于采光。

据《黎川县志》载，洲湖大夫第"建筑面积约10亩，房屋高6米，砖木结构、一进三厅、每厅三层，共108间"。墙体采用磨砖对缝施工工艺，砖木结构，硬山屋顶。该住宅共有三进、九栋、十八厅、三十六天井、一百零八间房。建筑由横厅、书房、杂房、工房、厨房、膳房、廊道组成。三堵山墙将108间房屋分成多个区域。通风采光和疏漏积水用大小天井解决，排水系统设计科学，160余年来水火无忧。

大门开在主体建筑的中轴线上，进门后依次是前厅、中厅和后厅，用天井相连。厅堂两侧各有3根杉木立柱，屋架采用抬梁和穿斗结合，梁架、斗栱、雀替、斜撑雕成各种花鸟人物样式。门窗雕饰，或花或鸟，或人或兽。

据说"大夫第"为清初江西"天地会"的总舵所

在地，根据专家考证，洲湖船屋的108间房和36个天井显示了其与"天地会"极为密切的联系，这本是清朝极为避讳的数字，却恰恰体现出了洪门早期的"水浒"信仰。

洲湖大夫第已被列为江西省文物保护单位，洲湖村为江西省历史文化名村。

木构件

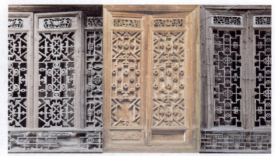

花格窗

15 闽赣省苏维埃政府旧址
Former Site of the Soviet Government of Fujian and Jiangxi Provinces

基本信息	国家级 / 免费开放 / 需要许可 / 现为景点
年　　代	1933~1935年
地　　址	抚州黎川县湖坊乡
交通信息	县际公交 / 自驾

旧址即中共闽赣省委、省革命委员会旧址。位于黎川县湖坊乡，原为龚氏于清末修建的龚家大屋。该建筑群采用砖木结构，有大小房室20余间，约200平方米。建筑正立面为雕花连扇木门，主要部分为一厅四房，两侧有厢房，中间有天井，后有庭院围墙。后院用连廊接附属用房。2013年经县政府拨款修葺，为江西省重点文物保护单位。2019年10月公布为全国重点文物保护单位。

湖坊乡的民居多为新建，但村落形态基本保持原貌。在闽赣省苏维埃政府旧址的西南侧有保存相对完好的吴氏宗祠，建于明万历二十七年（1599），共有两进院落。其对面的红军检阅台系原本的戏台。湖坊乡已作为红色旅游景区进行保护开发。

正立面

屋顶

后院及连廊

天井

二层

湖坪乡鸟瞰

花窗

吴氏宗祠

红军检阅台

南城县

16 潮音洞石窟
Chaoyindong Grotto

基本信息	省级 / 免费开放
年　　代	明
地　　址	抚州市南城县岳口乡伏牛村
交通信息	自驾

石窟位于南城县岳口乡伏牛村，东临盱江，为人工开凿的一处石龛窟，建于明代。因夜静之时，潮音洞内可听到盱江水涨潮与退潮之声，故名"潮音洞"。

潮音洞呈长方形，宽10余米，深20余米。洞外有一龛，佛像与左右二侍者的头部已丢失，洞内左右石壁浮雕罗汉各10尊，形态各异，头部均被砸掉，个别雕像已经完全脱落。中央有"十"字形石质祭台。

石窟全景

入口

佛龛

西侧石壁浮雕

东侧石壁浮雕

洞内全景

17 万年桥和聚星塔

Wannian Bridge and Juxing Pagoda

基本信息	国家级 / 免费开放
年　　代	明
地　　址	抚州市南城县东北郊
交通信息	县内公交

（1）万年桥

此桥位于南城县东北的盱江上，始建于明崇祯七年（1634），竣工于清顺治四年（1647），为闽、浙、赣三省的重要通道。桥长 410 米，宽 6.3 米，高 10 米，共 24 墩，23 孔，每孔拱券跨度为 14 米。桥体由条青石、拱券纵联式垒砌。《万年桥志》载："用此筑法，不患其燥。土可养石，灰（石灰）可胶土，卵石以灰

万年桥和聚星塔

万年桥

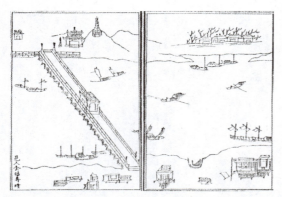

《万年桥志》记载施工图

为骨,实为妙也。"桥墩采用红石,分水部位用大麻青石,并用砂浆砌筑。桥墩迎水流方向凸出如船头状,古代称之为"金刚雁翅",有效地缓解了湍急的江水对桥墩的冲击。

1952年万年桥重修,桥面改用水泥混凝土,桥栏改用钢筋混凝土柱、板结构,为江西省最长的古代石拱桥。

(2)聚星塔

该塔位于万年桥头的武岗山上。可从万年桥东桥头上山,也可以在武岗山南麓的烈士陵园登山至聚星塔。该塔为明万历四十二年(1614)由郡守胡朋佐创建,初名"启元",至清康熙元年(1662)改名为"双江"。清乾隆十九年(1754)重修后,改名为"聚星塔"至今。

聚星塔是空心飞檐砖塔,七层八面,通高30米,外围25.6米,内围6.8米。塔内有双梯,宽0.6米,左右穿壁旋转而上,左梯上至第7层,右梯上至第5层。塔身格层高度由下至上递减,每层设窗采光通风。塔向北微倾,相传是工匠根据当地的地势及主导风向为北风而设计。

2013年3月,万年桥和聚星塔一起被公布为全国重点文物保护单位。

聚星塔

聚星塔内楼板结构

聚星塔顶层结构

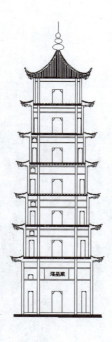

聚星塔立面图

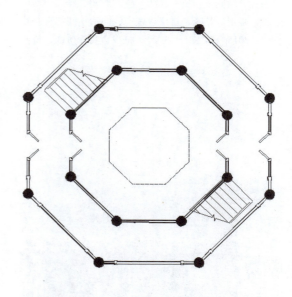

聚星塔平面图

18 太平桥

Taiping Bridge

基本信息	省级 / 免费开放 / 维修中
年　　代	清
地　　址	抚州市南城县东门外盱江上
交通信息	县内公交

桥头

太平桥位于抚州市南城县东门外盱江上，为石质拱桥，共14孔。

唐乾符三年（876），以浮桥将盱江两岸相连，宋嘉定五年（1212），修石桥墩，木构桥面，名为"万寿桥"。宋嘉定十三年（1220），桥毁，旋即修复。

元至元十三年（1276）该桥又毁于洪水，元至元十九年（1282）重新修复，更名为"太平桥"。明成化十七年（1481），桥毁，5年后修复，仍为木结构桥面。清顺治二年（1645），桥毁，清顺治十三年（1656），又重新修建，清康熙元年（1662），建石拱桥。桥墩

太平桥桥身

迎水流方向同万年桥一样为"金刚雁翅"样式。其后康熙、雍正、乾隆、嘉庆、咸丰、同治年间均有修建整理。2015年安装石质栏杆，铺设青石板桥面，桥两端修建桥头亭。

2006年被列为江西省文物保护单位。

上游桥墩

下游桥墩

广昌县

19 红一方面军总前委会旧址
Former Site of the General Front Committee of the First Front Army of the Red Army

基本信息	省级 / 免费开放 / 现为革命文物陈列馆
年　　代	清
地　　址	抚州市广昌县盱江镇清水村沙子岭
交通信息	县际公交 / 自驾

旧址即毛泽东同志故居，位于广昌县盱江镇清水村沙子岭，原为邱家祠堂。建筑占地面积160平方米，坐西朝东，二进院落，砖木结构。因年久失修，已破旧不堪。后于1970年修葺整理，作为革命文物陈列馆正式开放，并于1976年在北侧增加了陈列室和接待室。2000年7月，被列为江西省文物保护单位。

鸟瞰

正立面

山墙

侧面

20 驿前古镇
Yiqian Ancient Town

基本信息	国家级 / 免费开放
年　代	明
地　址	抚州市广昌县
交通信息	县际公交 / 自驾

驿前镇属广昌县辖区，是广昌、宁都、石城三县交通交汇之地。唐贞观年间，广昌松阳赖苏公携带家眷迁居至此，其后人在村中种植梅树千株，此村得名"梅林村"。南宋绍兴年间，朝廷在此设立"谨节驿"，俗称"梅驿"。此后，当地村民在驿站前建屋、开店铺，形成了一条上街，故而称作"驿前"。

驿前古镇鸟瞰

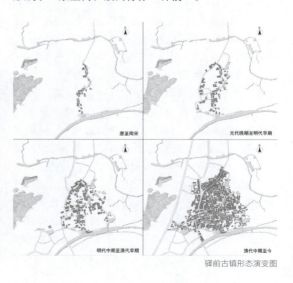
驿前古镇形态演变图

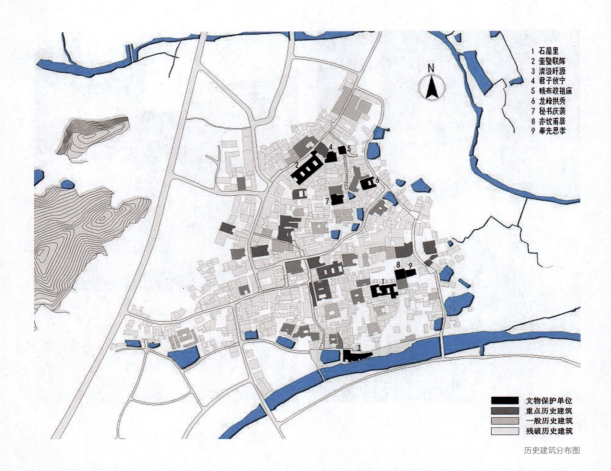

历史建筑分布图

明清时期，驿前镇是赣、闽、粤间名副其实的商贸强镇，客商云集，拥有祠堂 36 座、庙宇 24 处、酒店 72 家、商铺 200 多栋及民宅若干。这一时期也是驿前镇发展的鼎盛时期，商贾众多，官宦也有很多，仅赖家一族就有 4 位进士、32 名举人。

驿前古镇传统空间格局形态保持比较完好，街道顺势而建。虽然长短曲直随意，没有一定的变化规律，但巷道尺度宜人，空间亲切，随处可见村民纳凉闲谈。

驿前镇古建筑群现存 53 幢明、清建筑，集中于驿前街道东侧。建筑类型包括宗族祠堂、家庙、官邸、别墅、店铺、生产作坊，以及文人石刻题额 10 多处。建筑多为封火山墙，穿斗结构，装饰以木刻、砖雕、石雕为主，总建筑面积达 20 多万平方米。驿前古镇建筑群风格独特，兼具人文与艺术魅力，堪称江南明清建筑的上乘佳作。其中"秘书庆袭""赖布政祖庙""君子攸宁""亦忱甫居""龙峰拱秀""奉先思孝"为抚州市文物保护单位。"清吸盱源"民宅为江西省文物保护单位。"奎璧联辉"和"石屋里"民宅为全国重点文物保护单位。

（1）"奎璧联辉"民宅

"奎璧联辉"民宅又名"七栋厅堂"，宅门楼位于驿前老街，门楼上"奎璧联辉"四字是由乾隆年间进士曾廷翰于清乾隆八年（1743）所题。建筑为砖木结构，北面长约 54.5 米，进深 25.05 米，面积达 1500 多平方米。建筑平面为矩形，共有三条轴线，大小天井有 11 个，主体建筑有房间 34 间，临街店铺 16 间，是一栋商住两用的清代民居。大门为坊式门楼，两侧和门额有莲荷、"卍"字、花卉主题的青石雕刻。进入大门后为一个封闭前院，有照壁一个及水井一口。中轴线大门正对前院照壁，门后是四面坡的天井。第一进为三开间正厅，此后地坪逐层渐高。第二进为正堂，为礼仪空间，装饰较为华丽，两侧为卧室。第三进为后堂，施方形藻井，中间有花卉木雕。天井左右两厢做成敞开式，安装可拆卸的门扇，这也是古镇中住宅建筑的普遍特征。建筑结构采用穿斗与抬梁相结合的形式，明间用抬梁，两山用穿斗，抬梁结构中采用斗栱支撑三架梁，在赣中民居中较为少见。

二层主要为女眷闺阁，与外界联系较少，只在建筑的最后侧间有一个狭窄楼梯供上下。

（2）"清吸盱源"民宅

"清吸盱源"宅沿河建造，造型模仿古代官船，又称"船形屋"，为水阁式观景建筑，是明代按察使赖巽的省亲别墅。建筑坐北朝南，占地面积524.4平

"奎璧联辉"宅门楼

巷道

赖布政祖庙

"龙峰拱秀"宅

"君子攸宁"宅入口

"奎璧联辉"宅门厅

"奎璧联辉"宅正堂

"奎璧联辉"宅后堂藻井

"奎璧联辉"宅木结构雕饰

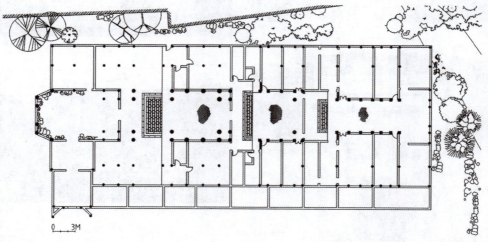

"奎璧联辉"宅平面图

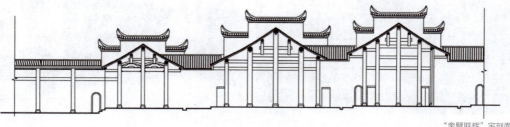

"奎璧联辉"宅剖面图

方米。有大小厅堂、厢房共36间，大门建在屋中堂右侧，门额书"清吸盱源"四字，中部为正厅，亭式屋顶、藻井、楼顶重檐，藻井绘有缠枝牡丹图案，其他檐板刻有流云、花卉、人物图案。因水上交通方便，气候宜人，景色优美，后改为"青楼"。

驿前古镇有着1300多年的种莲历史，镇中雕饰也多见围绕莲花展开的主题，具有鲜明的地域民俗特征，因此驿前古镇也被称为"莲花古镇"。2003年7月被江西省人民政府列为首批历史文化名镇。

"清吸盱源"宅外观

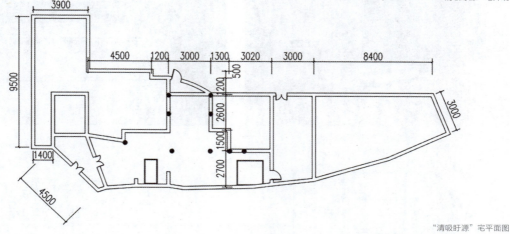

"清吸盱源"宅平面图

21 驿前石屋里民宅

"Shiwuli" Vernacular Dwelling in Yiqian Town

基本信息	国家级 / 免费开放
年　代	明
地　址	抚州市广昌县
交通信息	县际公交 / 自驾

石屋里位于驿前古镇东侧偏南的位置，距离盱江边六七十米。沿垂直于江水的一条小路顺坡向上，便能看见石屋里。该建筑建于清康熙五十五年（1716），由于其建筑材料全部选用磨光石块，门楼、墙体、门槛、立柱、照壁、屋檐、神龛等均选用规格方正规整的磨光石材，因此得名"石屋里"。

建筑平面非传统单一方向轴线，而是充分适应环境，依地势和道路方向变化而曲折变化。占地1075平方米，三厅四天井。建筑有前后主入口、次入口若干个，前主入口处有一长3.7米的庭院，四周石墙雕刻精美。二道门后是第一个天井，厅堂对面的为重檐照壁，雕刻精美，有三组双立柱。三进分别为门屋、

门前巷道

石屋里

石屋里入口立面图

门簪及门头

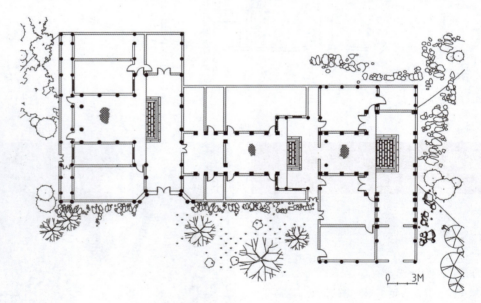

石屋里平面图

下堂

前檐轩棚及穿斗结构

下堂、上堂。轴线在第三进发生了转折，用照壁将第三进与第二进分隔。第三进的顶棚施藻井，屋顶木构架抬梁与穿斗相结合，室内有高达7.8米的10根圆柱，刻有莲荷、兰、梅、狮、凤、鹤等精美图案。石柱础有精美雕刻，每一面题材不同。整座建筑空间通透开敞，分区明晰，石块之间几乎衔接无缝。从空间尺度、装饰程度上都可看出上堂在整座建筑中的重要性，是驿前的中心建筑之一。

2013年3月被列为全国重点文物保护单位。

上堂藻井

上堂

石柱础

乐安县

22 董裕墓
Dong Yu's Tomb

基本信息	省级 / 免费开放
年代	明
地址	抚州市乐安县招携镇鹿源村
交通信息	自驾

董裕（1537—1606，一说1546—1606），字惟益，号扩庵，流坑董氏二十一世孙，乐安招携港田村人，是明代学者、大臣，官至刑部尚书。

其墓位于乐安县流坑村乌江上游的招携镇鹿源村白鹤形山上，始建于明万历三十六年（1608），由工部施工，礼部验收，有皇帝"敕葬"碑刻。墓前牌坊为四柱三门，上刻"明宫保尚书董扩庵先生神道"字样。神道由石叠起，两旁文武翁仲头部遗失，石马、石羊，保存尚好。登上9级台阶，有3块大石碑，中间是"明故资政大夫刑部尚书赠太子少保董扩庵先生墓"碑，由吏部尚书、大学士新建人张位题写，墓之上端立四周雕满龙云图案的神宗皇帝"敕葬"石碑。

该墓为江西省文物保护单位。

全貌

墓碑

"敕葬"匾额

石像生——马

石像生文官

23 红一方面军大湖坪整编旧址
Former Site for the Reorganization of the First Front Army of the Red Army in Huping Town

基本信息	省级 / 需要许可 / 现为湖坪小学
年　　代	1933 年
地　　址	抚州市乐安县湖坪乡湖坪村
交通信息	县际公交 / 自驾

　　该旧址原为湖坪村"国宝公祠",位于乐安县湖坪乡湖坪村中心,坐西向东,共有三进院落,宽23米,纵深90余米,总面积为2097.6平方米。该旧址与"总孝节祠""子祥公祠"并排相连,始建于清乾隆六年(1741),是为祀奉湖坪王氏十一世祖王国宝而建,后经多次重修。

　　祠前"文献世族"石牌坊毁于"文革"时期,除4个须弥座外均为后建。牌坊呈"八"字形,与牌墙圈成长方形院落。牌墙檐下采用石质4层如意斗栱。祠门前左右立石狮,两对石柱支撑卷棚檐,形成前廊。前厅有藻井,石柱穿斗木梁架,雀替雕刻鳌鱼、凤凰以及各种花卉。天井左右有长廊,廊门上雕饰各种花纹与几何形图案。后有拜堂,结构为抬梁式五架梁。

　　"国宝公祠"也是当年红军教导团进行政治教育和军事训练的场地,如今是湖坪小学的一部分。2006年12月被公布为省级文物保护单位。2019年1月,湖坪村被列为第七批中国历史文化名村。

鸟瞰

门楼

入口

门楼装饰

檐下木结构

山墙

朱德旧居

24 龙图学士和刺史传芳牌楼门

"Long Tu Xue Shi" and "Ci Shi Chuan Fang" Memorial Archways

基本信息	国家级 / 免费开放
年　代	明、清
地　址	抚州市乐安县罗陂乡水溪村
交通信息	县际公交 / 自驾

（1）"龙图学士"牌楼门

"龙图学士"牌楼门即御敕"龙图学士"牌楼，位于乐安县罗陂乡水溪村，始建于明洪武元年（1358），明成化九年（1473）重修，是彭氏后裔为纪念先祖彭彦昭而建造。

牌楼门为木结构，四柱三间，单檐三楼式牌楼，呈"一"字形排列。两侧为"八"字形砖砌翼墙。主楼高8.5米，次楼高5.5米。单檐青瓦庑殿顶，四角起翘。

鸟瞰

"龙图学士"牌楼门

斗栱

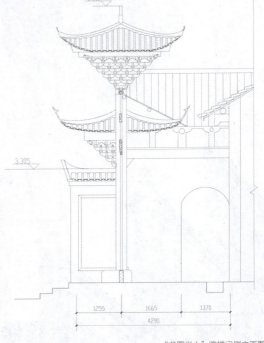
"龙图学士"牌楼门侧立面图

主楼脊顶有葫芦形利尖刹宝座，刹下莲花座承托。斗栱采用五层如意斗栱，在主楼正中上方显著位置和两侧柱上，分别挂有明朝状元罗伦写的"龙图学士"横匾和"龙图世德观裳古，学士芳声礼乐新"对联。横匾上下方还分别有"状元打马游京街""二龙戏珠"以及各种珍禽异兽的浮雕图案。

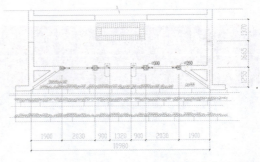
"龙图学士"牌楼门平面图

（2）"刺史传芳"牌楼门

"刺史传芳"牌楼门位于"龙图学士"牌楼门旁，为纪念先祖南唐工部尚书彭彦昭父亲吉州刺史彭玕而立，两座牌楼门为父子牌楼。

此牌楼门为砖石结构、四柱三间、单檐三楼式牌楼，屋顶为庑殿顶，主、次楼分别采用五层、四层砖雕仿木制如意斗栱。主楼坊下有"刺史传芳"字样，坊上有"皇清乾隆十六年辛未载冬月鼎建"字样。檐下及门框两侧均装饰砖雕。

2013年3月，龙图学士和"刺史传芳"牌楼门被公布为全国重点文物保护单位。

"刺史传芳"牌楼门

牌匾

25 流坑村古建筑群
Ancient Architectural Complex in Liukeng Village

基本信息	国家级/需购票/现为景点
年代	明、清
地址	抚州市乐安县牛田镇
交通信息	县际公交/自驾

流坑村古建筑群位于乐安县牛田镇流坑村，距县城38公里。五代南唐升元年间（937—943），董氏先祖从抚州宜黄迁居于此并建村。流坑村以董氏为主，曾出过进士30多名，明清时期工商业较为繁荣，以竹木生意为主，外加蓝靛和夏布，也参与漕运。至清末，流坑村已逐渐衰弱。

流坑村的选址与建设比较注意与周围环境的协调。因乌江从村址的东南流向西北，若按照居北面南的方式布局，则与江水"对冲"，犯了"风水"大忌，因此村子居南面北。明代董燧对村子进行了调整，形成东西7条巷子以及南北1条街巷。此8条巷子居住着当时的董氏八房，各房的房祠在巷子里或者巷子的西端。经过长期的变化，如今的巷子与房派关系已经弱化，宗祠的位置也有很多变化。

现存明代建筑、遗址共19处，明、清代建筑278处。其中包括重要民居190处，戏台、书院等文化建筑14处，牌坊5座，宗祠48处，庙宇8处，另外有古水井、

流坑村局部鸟瞰1

流坑村局部鸟瞰2

风雨亭、码头、古墓葬 32 处，建筑类型十分丰富。村落形态保持完整，从中可以看我国古代南方乡村宗族制度、科举制度、社会变迁、建筑技艺以及民俗传统。

（1）民居

由于村中巷道"七横一竖"的规划方式限制了住宅的位置和朝向，所以流坑村中的住宅十分拥挤，并肩建造，天井常置于北侧。现存住宅都是明嘉靖以后建造的，多为商人居住，常有木雕装饰，且越到后期

村中巷道

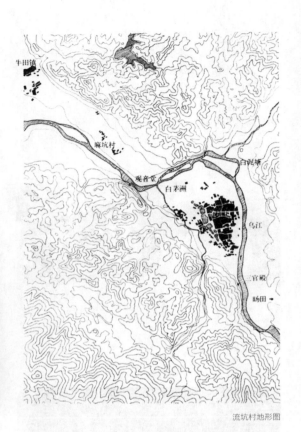

流坑村地形图

流坑堪舆图

① 董氏大宗祠遗址					
② 文馆					
③ 文昌阁					
④ 拱宸门					
⑤ 武当阁					
⑥ 神社团					
⑦ 玉皇阁					
⑧ 中流砥柱门					
⑨ 永享堂					
⑩ 双寿坊					
⑪ 三义庙					
⑫ 果仁门					
⑬ 振卿公祠					
⑭ 节孝坊					
⑮ 日瞻堂、守正堂及肇修堂					
⑯ "理学名家"及蓉山亦山公祠					
⑰ 大宾第住宅群					
⑱ 存仁堂					
⑲ 爵先公祠及花园					
⑳ 戏台					
㉑ 仰山庙					
㉒ 翰林门					
㉓ 梅所先生祠					
㉔ 益ాయ公祠					
㉕ 敬吉堂	㉘ "水绅山笏"宅	㉛ 锦衣坊	㉞ 状元楼	㊲ "花萼联辉"宅	㊵ 太子庙
㉖ 应宿第	㉙ "西南集庆"宅	㉜ 五桂坊	㉟ 文晁公祠	㊳ 屯田董公祠	㊶ 镇江楼
㉗ 怀德堂	㉚ 戏台	㉝ 五王庙	㊱ 绳武祠	㊴ "克绳祖武"宅遗址	㊷ 三官殿

⊙ 流坑村主要建筑分布图

主要建筑分布图

装饰越华丽。山墙头翘起，前进为人字山墙，后进为五花山墙，垾头有灰塑。大多数住宅可分为主体、附属两部分。董燧旧宅是位于中巷三十六号的"理学名家"宅。前门廊正对的"高明广大"坊为明代遗存。位于贤北巷的怀德堂为董凤于明万历元年（1572）建造，三间两进，前厅后楼式，以"丹凤朝阳"为主题，被村民称为"凤凰厅"。

清代民居大概有 200 多座，平面形式主要为单进前后堂式，如启泰堂、敬吉堂、世德堂等；也有前后两进式，如"花萼联辉"宅、"庆见南云"宅等；此外，还有三进式，如爵先公祠等。

"理学名家"宅入口及石狮

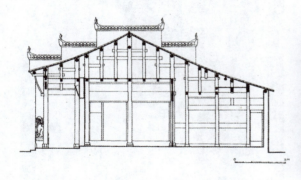

"理学名家"宅剖面图

"高明广大"坊

凤凰厅影壁立面图　　　　凤凰厅影壁

"花萼联辉"宅门楼立面图

（2）状元楼

状元楼是当时村子陆路交通的正门。宋绍兴十八年（1148），永丰县令为庆贺董德元中状元在县学左侧建造状元楼。南宋孝宗隆兴二年（1164），流坑董氏为激发子弟奋发向上，模仿永丰的状元楼在村子西入口建楼。现存建筑为太平军破坏后重建，梁上有"国朝咸丰十年重修"（即1860年重修）字样。状元楼为一栋三开间二层木结构建筑，硬山顶，二层有腰檐。是全村的最高点，登之可观完整的村落景观，今已关闭，禁止攀登。

状元楼

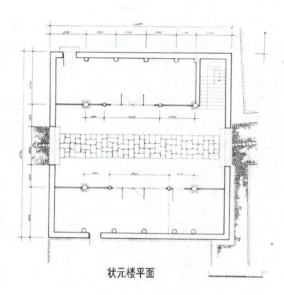

状元楼平面图

状元楼剖面图

（3）董氏宗祠

董氏大宗祠是全村最大的祠堂，位于村北的陌兰洲，是春秋两季举行全族总祭祀的祠堂。董氏宗祠与其东桂林祠、其西桂岩祠（文馆）组成建筑群，东西宽90米，南北深70米，占地约7000平方米。根据总谱记载，大宗祠建筑共三进，第一进为"育贤楼"大厅，三开间重檐，中央一间为"宋赠大司徒董公大

董氏大宗祠遗址

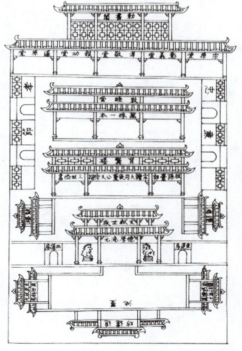

宗谱中的董氏大宗祠

蕃昌公祠

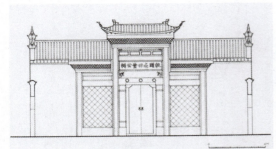

屯田董公祠正立面图

宗祠"，东为"祖孙台部"，西为"三世尚书"。第二进大厅为"敦睦堂"，三开间重檐，匾额上书"万殊一本"。第三进为五开间，明间及次间为二层"赖书阁"，下层从东至西分别为"宗原堂""彰义堂""孝敬堂""报功堂"，以及"道原堂"。第一进两侧为钟鼓楼，第二、三进两侧有厢房，东为"忠""廉"，西为"节""孝"。1927年孙传芳部下将大宗祠与桂林祠破坏，村民无力修复，仅存柱墩和几根柱子，被村民们称为"流坑村的圆明园"。

董氏家族数千人，分为多个房派，各个房派都有自己的分祠，分布在村中各处。据明万历十年（1582）全族总谱记载，流坑村有分房祠堂26座，分祠由于作用不同又分为4种类型，即祭祀祠堂、某公祠堂、香火堂、祀主祠堂。后三种祠堂与住宅无异。

（4）文馆

文馆位于董氏大祠堂西侧，相传为明代创建，是董氏书院，兼做文庙，幸免于1927年孙传芳部队的毁坏。文馆面阔三间、前后三进，木结构，青砖墙，屋顶用灰瓦，采用封火山墙。院内有泮池，池上有一座单拱石桥，左右两侧有厢房。

明斋绳武两先生祠

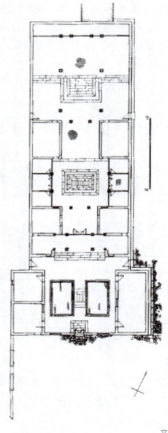

文馆

文馆中路平面图

第一进为过厅,木雕以梅花鹿为主题,取"禄"之意。第二进为中堂,用槅花门分割,是村中文人的主要集会和研习场所。第三进为上堂"明伦堂",是供奉孔子之所。正中采用六角形藻井,饰金色海藻纹,周围有花卉雕饰。

2001年至2004年进行了重修。

(5) 其他

翰林楼位于贤北巷东口,建于明代。其北为村内现存最完整的戏台——仰山庙戏台。现存的村庙主要沿着乌江沿岸分布,有三官庙、武当阁、太子庙等。

流坑村于2003年被公布为全国历史文化名村。流坑村古建筑群于2001年被国务院公布为全国重点文物保护单位。

泮池及状元桥

中堂

梅花鹿雀替

明伦堂

流坑戏台

六边形藻井

五王灵庙

戏台斜撑构件

26 水南村
Shuinan Village

基本信息	国家级 / 免费开放
年　　代	清
地　　址	抚州市乐安县牛田镇
交通信息	县际公交 / 自驾

水南村位于乐安县西南，隶属牛田镇管辖，恩江自东向西绕村而流，因村庄建在河的南岸，故谓之"水南"。水南村是典型的"江南民俗文化村"，村民以丁姓为主体，占总人口的85%以上。

现存明清建筑共有200多处，大部分保存完好。"继序其皇"坊式门楼、克洪公祠、百岁坊、万寿宫、莲花庵、太子庙等，散布在全村大街小巷之中。水南古樟树林位于村东，树龄多为百年以上，亦有达上千年者，绵延5公里，全国罕见。

（1）"继序其皇"坊式门楼

清顺治十年（1653），丁氏十世裔孙丁诰受封为怀远将军时兴建此门楼，又被当地人称为"红石牌坊"。牌坊高11米，宽20米，厚0.8米。单檐歇山顶，四柱三间三楼，主次楼均采用五层如意斗栱，层叠起檐，4条鲤鱼于屋檐起翘的四个方位跳跃，顶部置宝瓶刹。额枋、柱子等主要构件施朱砂色，其余保持砖石本色。主楼横额上刻"继序其皇"4个大字，背面刻"陟降自天"，檐下施精美砖雕及石雕，6块镂空的浮雕镶嵌在左右两边。2006年12月被公布为省级文物保护单位。

牌坊后为面阔三间、进深三进的丁家祠堂"克洪公祠"，曾经是水西红三军团指挥部办公旧址，现作

水南村鸟瞰

村中巷道

"继序其皇"坊式门楼南侧

"继序其皇"坊式门楼北侧

克洪公祠

为村中集会聚餐使用。2019年10月被公布为第八批全国重点文物保护单位。

（2）万寿宫和莲花庵

万寿宫集祭祀、庙会等功能于一体，建于清乾隆四十八年（1783），平面呈长方形，进深35米，面宽16.4米，面积574平方米。由古戏台、万寿宫、关帝庙三部分组成。南侧为古戏台，现为主入口，戏台前天井上盖亭，正八边形藻井，绘制彩画。第二进为万寿宫主殿，殿内正方形藻井内做八卦，檐部柱上梁出头部分做龙形雕饰。入内需经许可。莲花庵位于万寿宫东侧，入口在东南侧，共有两进院落，第二进为主殿，香火鼎盛。

万寿宫和莲花庵于2006年10月被公布为抚州市文物保护单位。

万寿宫和莲花庵屋顶

万寿宫藻井及正厅

万寿宫戏台

莲花庵入口

崇仁县

27 石经幢
Buddhist Stone Pillar

基本信息	省级／免费开放
年　代	明
地　址	抚州市崇仁县相山镇罕浒村西宁河南岸边
交通信息	自驾

石经幢，又名罕浒经幢，建于明万历二十九年（1601），位于崇仁县相山镇罕浒村西宁河南岸边。

经幢为花岗岩石质，方形，葫芦顶，幢南侧刻佛像，北面刻"佛……元无量"等字样，字迹模糊，并有"万历辛丑年"纪年。经幢上部似六层塔，中柱与底座均为方形。

1987年12月被公布为省级文物保护单位。

上部

石经幢

佛像

28 相山石塔
Stone Pagoda in Xiangshan Town

基本信息	省级 / 免费开放
年　　代	清
地　　址	抚州市崇仁县相山镇苔州村
交通信息	县际公交 / 自驾

相山石塔位于崇仁县相山镇苔州村东北原通往宜黄的古道旁，建于清雍正九年（1731）。

石塔又称普庵定光古塔，由花岗岩建造，高6米，七层六面，葫芦顶，莲花座。塔身为六棱柱，上细下粗。除底座外，每层由2块石片组成，下部装饰如意带花纹图饰，上部錾刻文字："皇清雍正九年；普庵定光古塔；救苦地藏王佛；释迦牟尼岁佛；灵应观音王佛；南无阿弥陀佛。"每层面底部的文字为"风调雨顺"。

1987年12月被公布为省级文物保护单位。

相山石塔

塔身

莲花座

宜黄县

29 谭纶墓
Tan Lun's Tomb

基本信息	国家级 / 免费开放
年　　代	明
地　　址	抚州市宜黄县二都乡帘前村
交通信息	县际公交 / 自驾

　　谭纶（1520—1577），字子理，宜黄人，明朝兵部尚书，抗倭名将。其墓葬位于宜黄县二都乡帘前村，距县城 7 公里，始建于明万历七年（1579）。墓地为长方形，面积约 1000 平方米。设神道、牌坊、墓堆，祭台位于坡地上。墓址原貌损毁严重，享堂、文官石俑等早年毁弃，后经当地政府筹资修建，基本得以保存和恢复。

　　墓坐北朝南，由祭道、神道、墓体三部分组成。从入口至牌坊均为近年重新修建。

　　牌坊三组并列，每组四柱三门，麻石雕刻，正反

神道

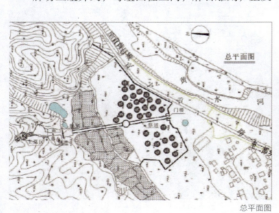
总平面图

牌坊

额枋间刻"敕葬太子太保兵部尚书谥敏谭公墓"。墓前100米坡斜上，两旁有石兽4只，文武翁仲2人。墓基长30米，宽20米，沿山坡砌成三层，每层高1.2米，两旁有红石阶梯可至墓顶。墓分二层，下层为墓碑，上层建有圆形照壁，照壁正中为石刻"奉天诰命"御制碑，顶为番瓜屋顶形石雕，两旁各有石雕图版华板。

2013年5月被公布为全国重点文物保护单位。

牌坊细节

墓

30 棠阴古镇
Tangyin Ancient Town

基本信息	国家级 / 免费开放
年　　代	明、清
地　　址	抚州市宜黄县
交通信息	县际公交 / 自驾

棠阴古镇位于宜水河畔，距县城14公里，始建于北宋年间，原名陂坪。据《吴氏秉良公六修房谱》记载，宋天圣九年（1031）临川居士吴竦于携妻子邹氏来此定居，于村口西南通道边种植甘棠树，后人取"甘棠茂荫"之意，改陂坪为"棠荫"，后又改称"棠阴"。

棠阴古镇现今依然有保存完好的明清时期的古街、古巷、古祠、古庙、古塔、古桥、古牌坊等百余处，

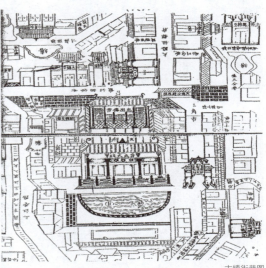

古镇街巷图

鸟瞰1

鸟瞰2

市级文物保护单位6处，县级文物保护单位32处。

棠阴古镇按照"枕山，环水，面屏"的择址原则，建造"藏风抱阳""招祥纳福"的村宅。先人们在镇中兴建不同功能的建筑物，聚族而居，形成"闾阎"，后人在闾阎之间自北向南划分九岭十三巷。现存传统民居以赣派建筑为主要样式，由庭院、厅屋、学房组成，内设天井照壁四水归一。抬梁、月梁、棱柱、斗拱、雀替等多有木雕装饰。门楼以"八"字形居多，门罩装饰各异，有宫殿式、楼台式等。屋顶为单层庑殿顶，门额上镶嵌青石或木雕装饰，门楣由雕花石梁构成。封火山墙多采用"一"字形或马头形。高墙深院，宁静典雅，古朴清幽。具有代表性的建筑包括八府君祠、"日字塘"老居、承恩坊、吴家大院（恒福安）、罗家大院（冠佳厅）、迎恩塔等。

八府君祠为棠阴吴姓家族的宗祠，兴建于明神宗万历八年（1580）七月。面积达4000平方米，祠堂原有中厅三门、东西二廊、二十八柱、房外左右为楼店、祠西厨房。现状前半部保存较好，后半部包括天井、寝宫已毁，前院门楼已拆除，改建成了棠阴小学校舍。

据《吴氏族谱·八府君传》记载，八府君为棠阴吴氏开基始祖，即种甘棠者也。其姓吴，名竦，字敬文，排行第八，故该建筑又称八府君祠。

中厅为单檐悬山顶，三开间，五进深，其前有天井，天井内有古井两口，两旁设有厢房。建筑结构为抬梁式构架，斗拱交叠，雀替均有精致的花纹。前梁雕有雀、鹿、蜂、猴图案，寓"爵禄封侯"之意。

承恩坊又称功名牌坊，位于棠阴镇的下街口上，木质结构，土瓦歇山顶。始建于明宣德五年（1430），是知事谭政为皇帝恩赐荣归祭祖的吴余庆而建，故坊名"承恩"。明隆庆五年（1571）重建，1985年重修。

棠阴镇古建筑群

八府君祠入口

八府君祠正厅

八府君祠木结构

八府君祠木构雕饰

八府君祠柱础

承恩坊高8.35米,三层,宽5.1米,为四柱三门三楼式。坊门上的横额镂刻有"中宪大夫通政司右通政吴余庆"字样,二层直接用斗栱托檩椽,八字檐向左右延伸而出,中央长方形额匾,横书"承恩"二字。

八府君祠与承恩坊仍保留明代建筑风貌,成为棠阴街上最古老、最经典的标志性建筑物。

2003年7月,棠阴镇被江西省政府确立为首批省级历史名镇,古建筑群为省级文物保护单位。2019年10月,棠阴古建筑群被列为第八批全国重点文物保护单位。

吴家大院

吴家大院大门细节

承恩坊

31 大司马牌坊

"Da Si Ma" Memorial Archway

基本信息	国家级 / 免费开放
年　　代	明
地　　址	抚州市宜黄县谭坊乡桥下村
交通信息	县际公交 / 自驾

牌坊位于宜黄县谭坊乡桥下村王家场巷口，建于明万历二年（1574），为表彰兵部尚书谭纶的抗倭功绩而立。

牌坊为六柱三间，两侧为三角亭阁。青石石柱，屏面用巨型青石板拼合而成。大司马牌坊顶部基本无存，后经修复。坊上有"恩荣""大司马牌坊""嘉靖甲辰进士兵部尚书谭纶"字样。牌坊中部有文官武将、珍禽异兽、祥云瑞月、花草鱼虫，戏曲人物等浮雕，但多数雕刻已于日寇侵华时期被毁，残缺不全。

1987 年 12 月被公布为省级文物保护单位。

正立面

侧立面

细节

匾额

抚州市其他文物保护单位列表

区县	名称	年代	级别	地址	简介
临川区	汤显祖墓	明	省级	抚州市人民公园	汉白玉雕刻环形围栏，墓碑顶端圆形的框线内，雕有"日""月"二字。"日""月"合则为"明"。1982年迁移至人民公园
临川区	白浒窑遗址	南朝—宋	省级	抚州市临川区红桥镇白浒窑村	烧造年代为南朝至宋代，是江南古陶瓷生产史中的重要链环之一，仍有7座较为完整
南城县	明益藩王墓	明	国家级	抚州市南城县郊	包括洪门庄上王墓区及岳口游家巷王墓区。墓式分两种：一是宫殿式；二是全密封式。部分墓葬已经损毁，碑刻、石像生已残缺，出土文物现藏于中国历史博物馆和江西省博物馆
崇仁县	乐史墓	清	省级	抚州市崇仁县官山村	宋墓清（道光元年）修。清道光元年（1821）重立墓碑。冢高1.4米，直径7.7米，砖石墓室。墓碑用青石板镌刻楷书"始祖宋兵部侍郎乐公讳史号月池先生墓"
金溪县	陆象山墓	宋—清	省级	抚州市金溪县陆坊乡陆坊村	始建于南宋，后历经各代修建，占地面积60平方米。墓为圆锥形石砌，墓基用麻石，墓前有清乾隆年间所刻的高0.95米、宽0.56米的"宋儒文安陆公象山墓"碑以及民国时立的石碑，残缺
南丰县	白舍窑遗址	唐—元	国家级	抚州市南丰县南白舍村	"江西五大名窑"之一，始于晚唐五代，兴于北宋中期，至元代初趋于衰落。遗存有古窑遗址32座，窑体堆积物20余座
广昌县	高虎脑战役红军指挥部旧址	1934年	省级	抚州市广昌县驿前镇原高虎脑村	二层独立民居，木结构，红砖土坯外墙。1934年7月第五次反"围剿"期间，曾作为红军指挥部使用

10
吉安市
JI'AN

吉安市文物建筑分布图
Historical Architectural Map of Ji'an

1. 城头文昌塔
2. 惠政桥
3. 湖洲村
4. 恩江桥
5. 报恩寺塔
6. 泷冈阡表碑和西阳宫
7. 君埠红一方面军总司令部旧址（万寿宫）
8. 护吉大庙
9. 杨万里墓
10. 燕坊古村
11. 解缙墓
12. 三国东吴古墓
13. 钓源古村
14. 云章阁、风月楼
15. 古南塔
16. 卢氏宗祠
17. 净居寺
18. 相公桥
19. 渼陂村和永慕堂
20. 陂下村
21. 诚敬堂和富田镇
22. 文天祥墓
23. 永和镇和吉州窑
24. 本觉寺塔和清都观
25. 科甲第（明德堂）
26. 杨士奇墓
27. 白口城址
28. 大江村
29. 槎滩陂和周矩墓
30. 崇文塔
31. 万安城墙
32. 天龙山墓塔
33. 万安东林寺塔
34. 增文堂围屋
35. 雩溪宝塔
36. 遂川县工农兵政府旧址（万寿宫）
37. 正亮堂
38. 客家彭宅
39. 龙江书院
40. 龙源口桥（并七溪岭指挥所）
41. 中共湘赣省委旧址、任弼时故居
42. 南塔
43. 红四军第三十一团团部旧址（并塘边毛泽东故居）
44. 塘边村
45. 东山文塔
46. 安福孔庙
47. 武功山祭祀遗址

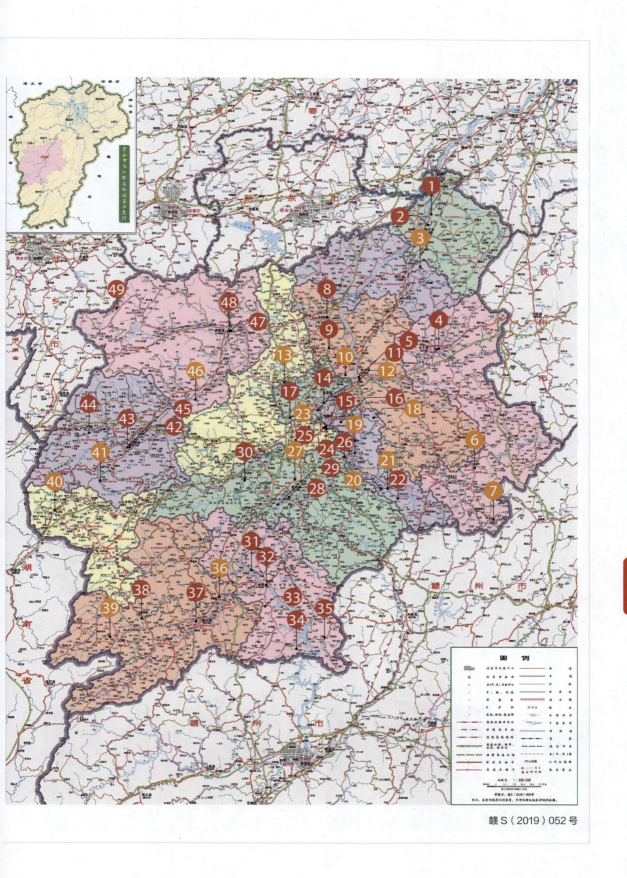

吉安市古建筑概述

吉安市（古名庐陵、吉州），位于江西省中西部，东邻抚州市，南连赣州市，西接湖南省，北与宜春市、新余市、萍乡市接壤。市域的中东部地区地处赣江中游，因水用之利，沿岸发展出众多市镇，历史悠久。西南井冈山一带是我国第一个革命根据地，留存有众多革命遗址。

境内现已发现商周时期遗址，春秋时历属吴越，战国时归楚。

秦代设九江郡庐陵县，汉归于豫章郡，东汉兴平元年（194），孙策分豫章郡置庐陵郡，郡治驻今泰和县。晋太康元年（280），庐陵郡治迁至今吉水石阳县。晋成康八年（342）庐陵太守孔伦迁郡治至今吉安市区。

隋代曾改庐陵郡为吉州。宋开宝八年（975）置吉州庐陵郡军事，绍兴年间（1131—1162）领庐陵、吉水、安福、太和、龙泉、永新、永丰、万安八县。

元至元十四年（1277）置吉州路总管府，仍领庐陵等八县。元元贞元年（1295）吉水、安福、太和、永新四县升为州，取吉水、安福之名，改吉州路为吉安路。明洪武元年（1368），置吉安府，领庐郡、太和、吉水、永丰、安福、龙泉、万安、永新、永宁九县。

现吉安市辖吉州区、青原区、井冈山市和吉安、吉水、峡江、新干、永丰、泰和、遂川、万安、安福、永新十县，市人民政府驻吉州区。

历史上吉安纷争较少，且为中原和岭南的交通要道，经济文化均得以不断发展。吉安以宗族和睦、尊师重道为特征形成辉煌的庐陵文化。历史上共出过17名状元，与苏州同为科举之冠，明永乐时曾包揽甲申科举前七名，为时人所惊叹，更有"翰林多吉水，朝士半江西"之称。

这种文化反映在建筑上，有如下特征：

（1）古村落和祠堂大量遗存。或因流连山水、或因迁居避祸，许多人士定居吉安，并将家族发扬光大，无论是科举入仕、还是经商致富，都不忘归乡光耀门楣，建起众多祠堂牌坊，以供奉祖先、彰显成就、激励后人。

（2）古书院不可或缺。吉安上至州府，下至村庄，处处均有书院，与之相连的是完备的运作方式，从山长等教职人员的职责分配，到学生逐级科举的奖励制度，再到书院的经济来源等皆有法度，成为了吉安人才辈出的坚实基础。

（3）文人文化遗迹散布。各位先贤的墓址、众多风水塔、石刻碑刻和青原行思的静居寺等都是庐陵文化的有力佐证。

（4）较为开放的围屋。在吉安市南部还有客家迁入而建造的围屋和邻近的书院，与福建地区的客家

钓源古村鸟瞰

安福孔庙

诚敬堂王氏宗祠

东山文塔

渼陂古村永慕堂

天龙山石塔

武功山祭祀遗址

建筑相比，显得较为开放，防御性较弱。

庐陵文化之后便是革命文化，近代的吉安还是中国共产党发展壮大的摇篮，几乎各个县镇都藏有革命初期的"星星之火"，尤以井冈山著名。

另外，由于区域内水系发达，因此有众多古桥遗存，形制各异。

增文堂围屋

新干县

1 城头文昌塔
Wenchang Pagoda in Chengton Village

基本信息	省级 / 免费参观，不可入内
年　　代	明、清
地　　址	吉安市新干县城头村
交通信息	自驾，沿 G105 至新干县城头村

城头文昌塔在新干县城北约 6 公里赣江东岸的山丘上，是古时行船至新干的标志物，当地人以此祈愿地方文风昌盛，故名"文昌塔"。原为木塔，明万历二十三年（1595）县令王文燿改木塔为砖塔，清嘉庆二年（1797）县令赵增率士绅捐资重建。

塔为楼阁式，青砖砌筑，共七层，高 35 米，逐层略有收分。平面为八边形，底层边长 4.42 米。正立面朝南，首层东、南、西、北四面各开有一拱形门；其上各层每层均开有拱形窗 4 个，层层交错。塔身刷白灰；腰檐部分叠涩出檐，顺斜交替砌筑，保持青砖原色，转角端部做鱼尾。塔内原有木梯楼板，可回旋而上直达顶层，民国三十七年（1948）遭火焚。

城头文昌塔全景

城头文昌塔近景

2 惠政桥
Huizheng Bridge

基本信息	省级 / 免费参观
年　　代	宋
地　　址	吉安市新干县金川镇
交通信息	县城内自驾 / 步行至惠政路与环城南路交界处老湄湘河上

惠政桥的历史可以追溯到北宋时期，千年前这里是湄湘河河道，最初有一座木桥，但"春夏暴溢，壅不得泄，桥辄就圮"（清同治《新干县志》），造成了颇多困扰。宋元祐八年（1093）改建为石桥，宋绍圣三年（1096）竣工，"桥高四十一七尺，阔二十八尺，长二十一丈，起三拱，上履以长亭，卫以栏循"（《新淦县志》）。宋元符三年（1100），苏轼在儋州遇赦，北归复职，在文友谢民师相约下途经新淦，应县尹张好古邀请，为此桥题"惠政"二字。惠政桥经历代多

次维修，现存桥身为清乾隆年间重修。现虽长亭和栏杆已不存，但大部分保持原状。桥身基本完好，至今仍在使用，20 世纪 90 年代将桥面改为水泥路面，便于通车，并增设铁质栏杆。原河道仅存一段小湖，桥身满是藤蔓，远观颇为沧桑。

惠政桥桥面

惠政桥桥身

峡江县

3 湖洲村
Huzhou Village

基本信息	国家级 / 免费参观
年　　代	明、清
地　　址	峡江县水边镇湖洲村
交通信息	自驾，从峡江县城经由县道 X775、乡道 Y285 可至

湖洲村位于峡江县城西北 6 公里处，村中大多数村民均为习姓。湖洲村在东汉时曾为石阳县治所在，隋代重新并入新淦。北宋庆历五年（1045），习远在吉州刺史任满后，在古石阳县旧址安家建院，习氏一族由此在湖洲发展壮大。

湖洲村规模较大，村内建筑鳞次栉比、阡陌纵横，街巷以卵石铺砌，路旁设排水沟。村东是建于明成化十九年（1483）的习氏大宗祠，后世多次修缮，大体保存原貌。建筑为五开间硬山顶，共有三进院落，两侧为跌落式山墙，采用抬梁式与穿斗式相结合的构架，均为木柱，不用斗栱或轩棚，当心间额枋稍高，随梁枋与梁均伸出柱子并在其间设木雕装饰。前院由砖墙围起，正立面中央墙体拔高为三开间牌坊形，中央一

湖洲村习氏大宗祠实景总平面

湖洲村习氏大宗祠鸟瞰

湖洲村习氏大宗祠入口

湖洲村习氏大宗祠前厅立面

湖洲村习氏大宗祠中厅及院落

湖洲村习氏大宗祠中厅梁架结构

湖洲村习氏大宗祠后厅及院落

间高出并设方形门洞。院落宽阔，几乎占总建筑面积的三分之一，以青砖铺地，沿轴线设过道一条。院北为山门，中央三开间较宽，分心设木墙，南北出廊，每间均开木门，当心间木门设抱鼓石。两稍间较窄，约为明间的一半，以实墙封闭，外墙开一圆形小窗。山门北为前殿，左右有厢房，形成第二进小庭院。前殿进深接近山门的一倍，柱网与山门稍有不同，顺应厢房柱网，两次间外侧柱网向中央移位约半开间。后殿与前殿距离较近，无两厢，当心间以过廊相连，两侧形成狭长天井，进深约为前殿的三分之一，采用单坡顶。建筑规模较大，建筑与院落天井结合形成端正庄严的空间。宗祠的北边是天府庙，格局与宗祠相似，面积接近宗祠的三分之一。

天府庙正立面

永丰县

4 恩江桥
Enjiang Bridge

基本信息	省级 / 免费参观
年　　代	清
地　　址	吉安市永丰县
交通信息	县城内步行，沿跃进路至江边即是，机动车不能过桥

永丰县城被赣江的支流恩江分为南北两部分，因此渡恩江一直是事关当地居民生活的大事，恩江桥就是为了解决此事而一步步形成了如今的模样。元朝时，恩江水道中央有洲，将恩江一分为二，北为济川河，南为小江。元至元年间，永丰县富人王辉捐田400亩，首次在济川河上造舟作为浮桥，后人不断修缮终成济川桥。明万历十七年（1589）县令吴期召在小江上架木桥，名为"平政桥"。清乾隆四十六年（1781）济川、小江合流，两年后，县人将平政木桥向北延伸30多米，与济川桥相接，成为了一座折线桥。清咸丰三年（1853）双岭刘绍书父子筹措资金，将平政木桥改为石桥，8年后建成，与济川石桥相接，两桥合一，名为"恩江桥"，此后恩江桥一直以这种独具特色的形象横跨恩江两岸。

现存桥身为清咸丰十年（1860）重修，由红砂石拱砌，共23墩22孔，迎水一面为分水尖，两端交接处更增大桥面以整个桥墩作为分水尖，桥身以大条麻石铺设。桥身全长354.8米，南段长172.9米，宽4.5米，北段长181.9米，宽5.6米。1949年后，因石蚀耗严重，政府于1956年冬拆卸重砌，重建五孔混凝土拱洞，改条石栏杆为钢筋水泥护栏，桥面铺设水泥。在恩江桥西侧建造了新的恩江大桥，机动车不再继续在桥上行驶，行人往来依旧。

恩江桥西北城区内双溪河上还有两座清代石桥，一座拱桥名为"葛溪桥"（取自双溪的来源葛溪）、一座平桥名为"六一桥"（取自欧阳修号曰"六一居士"），均为县级文物保护单位。

恩江桥桥身

恩江桥入口

恩江桥桥面

六一桥

葛溪桥

5 报恩寺塔

Pagoda of Bao'en Temple

基本信息	省级 / 免费参观，现为公园
年　　代	明
地　　址	吉安市永丰县
交通信息	自驾 / 县城内步行，恩江河北岸永叔公园内，西邻恩江大道

报恩寺塔位于永丰县城南，建于明洪武二年（1369），塔左原为报恩寺，该寺始建于唐代，现已不存。

该塔为九层砖塔，塔身均以白灰抹护，在绿树掩映下非常素雅。塔身平面为正方形，但第九层为圆形，上有三层金盘状的圆锥形塔刹。塔的总高度约30米，塔身逐层收分明显，层间叠涩出檐，其中一二层出檐较小，其余层间出檐尺度较大。塔的正面向东，底层辟门，第二层至第七层辟拱形假窗；其余三面仅第二、第三层辟有拱形假窗。除此之外塔身并无其他装饰，给人以朴素古拙之感。

报恩寺塔塔身

报恩寺塔远景

报恩寺塔近景

报恩寺塔塔刹

6 泷冈阡表碑和西阳宫

Stele Inscribed with Shuanggang Qianbiao (Epigraph to the Tomb in Mount Shuanggang) and Xiyanggong Architectural Complex

基本信息	国家级／免费参观，现位于欧阳修中学内
年　　代	北宋—清
地　　址	永丰县沙溪镇城南村
交通信息	自驾／沙溪镇内步行，沙溪镇南约1公里的欧阳修中学院内

　　西阳宫位于永丰县南50公里的沙溪镇南部，始建于唐贞观三年（629），本是一座名为"西阳观"的道观，为避欧阳修父（名欧阳观）讳，改称"西阳宫"。北宋熙宁三年（1070），任青州太守的欧阳修以青州石刻碑以缅怀双亲，碑石正面刻《泷冈阡表》，背面刻《欧阳氏世系表》，完成后运回家乡存于西阳宫。碑石高212厘米、宽96厘米、厚24厘米，通体墨绿色，保存完好，阴刻正楷，字体端庄稳重，雄健有力。泷冈阡表碑亭始建于北宋，后世多次重修，现存为1960年新建。

　　西阳宫以围墙环绕，南面中轴上为一座三开间砖石牌坊，当心间设门，院内现存三组建筑横列，均坐北朝南。中轴位置是欧阳文忠公祠，为合祀崇国公（欧阳观）、文忠公（欧阳修）父子而建，始建于南宋淳熙十三年（1186），后世多有修葺。建筑共一进院落，三开间硬山燕尾马头墙。祠堂东侧即是泷冈阡表碑亭；西侧为泷冈书院，由一座三开间硬山独立建筑和其后两个方形院落并联的二层砖木建筑文儒读书堂组成，两者之间留有较大场地。

欧阳文忠公祠正立面

泷冈阡表碑

欧阳文忠公祠天井

7 君埠红一方面军总司令部旧址（万寿宫）

Former Site of the Command of the First Front Army of the Red Army in Junbu Township (Wanshou Taoist Temple)

基本信息	国家级 / 免费参观
年　代	清—民国
地　址	永丰县君埠乡老圩村
交通信息	自驾 / 客车

君埠红一方面军总司令部旧址位于永丰县君埠乡老圩村中央，距乡政府 300 米，从吉安市或永丰县均有客车可至，自驾约需 2 小时。

总司令部旧址所在本为万寿宫，既是道教庙宇，也是村中的主要公共建筑，始建于清代中期，后屡废屡建，现存构架为民国年间重修。1930 年 12 月 29 日，红一方面军总司令部驻扎在此，并于当晚召开了军以上干部紧急会议，下达进攻命令。第二天，第一次反"围剿"龙冈战斗就在君埠小别岭打响并最终取得胜利。

建筑坐北朝南，三开间一进院落，属于砖木混合结构，外围墙体代替木柱承重。前栋建筑正立面砖墙当心间位置设三开间牌坊形砖雕，中央较高，与屋檐相齐，中书"万寿宫"三字，下设门洞，两侧较低，牌坊柱子不落地，为垂花柱形式。两次间均开门洞，高度较当心间稍矮，上方有匾额形砖雕。内部分为两层，下层较低矮，2 米多高，作为入口廊道；上层较高，并向北出一抱厦，作为戏台使用。两侧双层连廊，围合出一个较大的天井，后栋高三层，既是祭祀礼拜空间，也是观演空间。

君埠红一方面军总司令部旧址外立面

君埠红一方面军总司令部旧址内部

吉水县

8 护吉大庙

Huji Grand Temple

基本信息	省级 / 免费参观
年　代	清
地　址	吉安市吉水县盘古镇谷村
交通信息	自驾，同江以北，S235 以南

护吉大庙位于盘古镇谷村西南角，坐北朝南，前有广场，面对农田，周围是屋舍。居民为李氏后人，奉唐朝李晟为一世祖，第五代李遵徙居吉水高村，李遵之孙李唐因世事动荡，于五代乾贞元年（927）迁至谷村。整个村子纵深二三里，左右约六里，各房各支聚居的小段落连绵一片。谷村文风鼎盛，入仕者众多。清代，村中建有大量祠堂庙宇，护吉大庙就是其中之一，是为守护吉穴神灵而建。

大庙正立面为西南向，前有一小广场，共两进院落，主要建筑为五开间硬山顶，两山跌落式燕尾山墙。山门正立面砖砌，开三门两窗，当心间为方形门洞，上砌门匾"盘古福地"，两次间开稍矮拱形门洞，窗洞上方还有长方形砖砌窗格用于采光，位置稍低于门匾。砖墙后当心间位置分为两层，架起戏台，两次间空间通高，东、南、西三面沿墙架过廊环绕。由于戏台位置较低，与大门冲突，因此平时入口开在东南侧

护吉大庙外广场及入口

护吉大庙外入口后部戏台

护吉大庙戏台内部

护吉大庙戏台天井

护吉大庙戏台梁头

护吉大庙侧廊二层

门。戏台北侧以石柱支撑，上有月梁形额枋，雕饰人物和建筑场景，柱头位置圆雕狮子绣球，内外檐下做轩棚，戏台正上方做八边形藻井，藻井中央有龙形浮雕。戏台北与两廊连接处设木格栅和两拱形门，分隔出台上与幕后。山门后是中厅和两侧的二层围廊，共同围合出一个宽阔平坦的院子，院中现已满是青苔。两侧围廊南与山门廊子相接，北边邻近中厅位置各设

护吉大庙前院及中厅

一通向二层的石梯。中厅较为素雅,南部设前廊,当心间与次间两层通高开敞,中央挂"咸怀覆载"匾,作为礼拜与议事的场所,两稍间用木墙封闭,二层出廊位置设栏杆扶手,也可观演。再往北是后厅和两侧厢房,围合出狭长天井,"护吉大庙"匾额就挂在后厅内。

护吉大庙后厅梁架

"护吉大庙"匾

9 杨万里墓

Yang Wanli's Tomb

基本信息	省级 / 免费参观
年　　代	宋
地　　址	吉安市吉水县黄桥镇湴塘村
交通信息	自驾,沿 X763 至黄桥镇后西行 3.5 公里,至大桥村与湴塘村之间

杨万里墓位于吉水县城西北 16 公里大桥村与湴塘村之间的莲花形山坡上。

杨万里(1127—1206)是吉水湴塘人氏,字廷秀,号诚斋,南宋绍兴二十四年(1154)进士,历任太常博士、将作少监等职,后为东宫侍读,官至宝谟阁学士,后官场失意,弃官归家。他在文坛颇有成就,诗文汇为《诚斋集》等。南宋开禧二年(1206)卒,谥文节。

墓依山势而建,前有长约 50 米、宽约 8 米的神道。神道共分四段,逐渐升高,第三段左右各有一望柱,第四段两侧有石像生各四座,分别为石虎、石羊、石马、石人,可能为宋代遗存。现墓碑为石质,上刻"宋杨公万里之墓"。墓体为圆形,后部砌有半圆形围墙,围墙中央嵌"宋理学杨文节公神道碑"。

杨万里墓神道

杨万里墓柱础

杨万里墓

杨万里墓神道碑

杨万里墓石像生

10 燕坊古村

Yanfang Ancient Village

基本信息	国家级／免费参观
年　代	明、清
地　址	吉安市吉水县燕坊村
交通信息	自驾，由吉水县经 X763 转 X762 向西南行 5 公里可至，或乘坐由吉安市或吉水县发车的客车可至

燕坊村位于吉水县城以西不到 6 公里处，与吉水县城隔江而望。燕坊村的历史可以上溯到南宋时期。据燕坊收藏的清光绪二十六年（1900）《重修中本堂族谱序》记载，燕坊村先祖——一世祖荣泰公，为吉水鄢姓基祖。南宋中期，荣泰祖下十一世苍然公从吉水县渡头村迁徙至燕坊定居，故名"鄢家坊"，后又称"燕坊"。鄢姓开基传至第四代时，饶氏进驻，后来王姓也迁入，当地居民互通婚姻，世代友好。明清时期村中许多人外出经商，成为"江右帮"的主力。

燕坊村背山面水，北拒寒风，南迎江河，视野开阔，有舟楫灌溉之利。村中古树众多，多为樟树，一片郁

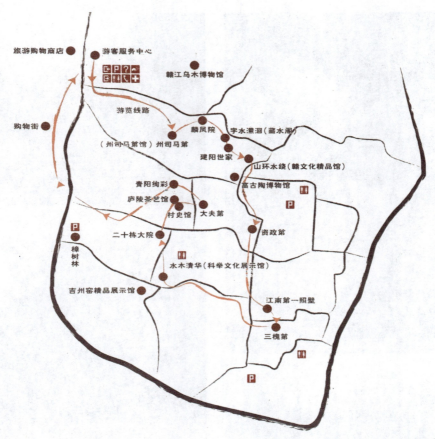

燕坊古村示意图

郁葱葱。十方水塘彼此相连、错落有致。

村内至今保留着祠堂、民居、牌坊等上百栋明清建筑。鄢、王、饶三大姓均建有家族祠堂。"三槐第"王氏宗祠是燕坊规模最大的祠堂，位于村子东南角，始建于明代中期，为两进三开间。本为主人住宅，后来作为祠堂，祠堂旁池塘处有大照壁一座。"大夫第"位于村中央，南邻池塘，也是由住宅改建的祠堂，入口较为狭小，现存一进院落。"一本堂"鄢氏宗祠为鄢氏一族最早兴建的总祠，始建于宋末元初，现为明代遗构，现存一进院落。鄢氏中房祠与"开远堂"饶氏宗祠东西相邻，昭示着两姓之间的世代友好。

村东的"二十栋大院"是村里最大的院落，建于

燕坊古村鸟瞰

燕坊古村王氏宗祠

燕坊古村大夫第

燕坊古村"二十栋大院"入口

清中期，青砖砌筑，燕尾山墙分隔，共有三排，总长120米，宽65米，巷道横向较宽，纵向狭窄，卵石铺地，排水系统由红条石砌筑。此外，门坊众多是村内的一大特色。现存的13座门坊，有的独自跨街，有的作为院门房门。大多都以青砖砌筑，红条石加固，并在石上雕刻各种图案。门坊上多刻有匾额，如"水木清华""字水潆洄""水绕山环""科甲第"等。

燕坊古村"二十栋大院"小巷

燕坊古村"水木清华"牌坊

燕坊古村"字水潆洄"牌坊

燕坊古村饶氏宗祠

燕坊古村鄢氏中房祠

燕坊古村民宅

燕坊古村民宅

燕坊古村池塘

11 解缙墓

Xie Jin's Tomb

基本信息	省级 / 免费参观
年　代	明
地　址	吉安市吉水县城气象局院内
交通信息	自驾 / 县城内步行

解缙（1369—1415），吉水人，明洪武二十一年（1388）进士，任翰林学士，后失势，明永乐初期官至内阁首辅、翰林学士兼右春坊大学士，参与机要事务；曾奉命总裁《太祖实录》、主编《永乐大典》等，后因立储之争身死狱中，享年47岁，葬于吉水仁寿乡。明嘉靖四十年（1561），知县罗黄裳为避河水将墓迁移至县城东门外的东山亭。后因修昌赣公路取土，迁至今址。

墓碑比较简陋，坐东面西位于一座高台之上，神道等已不存，正面墓碑为砖砌，正中横楣书"明右春坊大学士"，正中书"解文毅公之墓"，左右书"太平十策纾民悃、永乐大典惠斯文"。墓后为明嘉靖状元罗洪先撰文的《解学士文集序》青石碑。

解缙墓1

解缙墓2

解缙墓神道碑

12 三国东吴古墓

Ancient Tomb of State Wu of the Three Kingdoms Period

基本信息	国家级 / 免费参观，现为吉水县博物馆
年　　代	三国
地　　址	吉安市吉水县城
交通信息	自驾 / 县城内步行至吉水县博物馆

三国东吴古墓墓主为吉水县城郊谭埠村人谭绍，为三国时期吴王孙夫人的姐夫，早年中举，官至骑都尉，后官场失意，携家人返回故乡。逝世后葬于城郊张家屋下东侧，共有三冢，呈"品"字形排列，封土高8~9米，因形似三碗斋饭，故人称"三碗斋"。

东吴墓墓门

吉水县博物馆内的东吴墓鸟瞰

东吴墓俯视

东吴墓甬道外部

东吴墓后室外部

该墓于1991年京九铁路施工时被发现，墓中出土120余件随葬品，为避让京九铁路，搬迁于今址。

古墓为砖室土墩墓，"回"字形平面，占地900余平方米。墓室用灰色网线花纹砖砌筑，采用发券或叠涩结构。由墓门、甬道、前室、左右耳室、后室及后室外部回廊组成。墓室外围封土高10余米，墓门为方形，甬道外发券垒砌，内部为方形叠涩顶，砖砌墩柱粗大。前室平面为锯齿八边形，后室平面呈方形。

东吴墓耳室外部

东吴墓拱券砌筑细节

东吴墓前室顶部

东吴墓前室壁柱

吉州区

13 钓源古村
Diaoyuan Ancient Village

基本信息	国家级 / 免费开放
年　　代	明、清
地　　址	吉安市吉州区
交通信息	自驾 / 客车，由吉安市经 S224 后转兴桥路可至

钓源古村位于吉安市吉州区兴桥镇，在吉安市区有旅游客车可至。

钓源的主要居民为欧阳氏，是欧阳修的后裔及同宗子孙的聚居地。唐乾符年间，庐陵府安福县令欧阳万经常往返于庐陵府与安福县之间，在府郡郊外发现了这片山环水绕之地，取名为"钓源"，以之为后世分徙的首选地。唐末时局不稳，欧阳万的玄孙欧阳弘举家迁居于此，成为钓源欧阳氏的始祖。其二兄欧阳托（欧阳修高祖父）则徙于庐陵府永丰县沙溪村。南宋中晚期，钓源欧阳弘一脉无子嗣，于是由欧阳修第七世孙欧阳腾继嗣。明代村中出仕者众，明末为党争

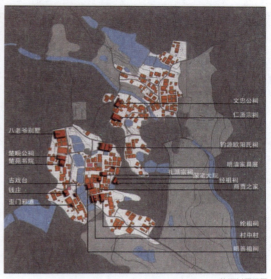

钓源村平面图

钓源古村鸟瞰

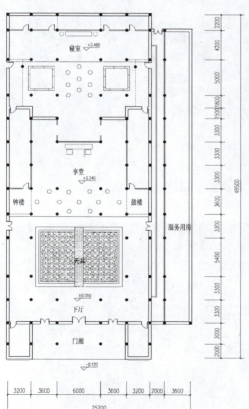

钓源村欧阳氏宗祠总平面图

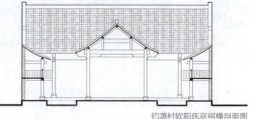

钓源村欧阳氏宗祠横剖面图

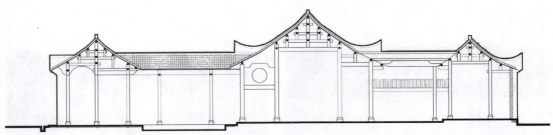

钓源村欧阳氏宗祠纵剖面图

所累,多弃官经商,渐渐成为巨商富贾。钓源村也因此繁荣,大规模建设宗祠、园林和商业街市,被称为"小南京"。清咸丰五年(1855)太平军攻打钓源并火烧商业区,全村仅余四分之一幸免于劫难。

现钓源古村尚存明清古民居、祠堂、书院、石桥、古井等遗迹共150多处,遍布于村内各处。村中环境优美整洁,古樟环抱,池塘星列。村子的地形、选址、水系、道路布局都显露出精心的风水考量。

南面村口的钓源欧阳氏祠为村庄总祠,始建于宋元,现存为明清遗构。祠堂坐南朝北,前方有一片规整场地,沿中轴线铺石板路,两侧铺石子。建筑两进五开间,硬山建筑,无马头墙。前厅正立面中央三开间设前廊,两稍间以砖墙围合,当心间较宽,将近次间的两倍。前廊木柱间架月形额枋,当心间额枋较高。前廊上部天花为弓形轩,廊后墙面每间开门,当心间门洞较为高大,南侧设后廊。中厅设前后廊,内部仅左右稍间封闭,廊下左右稍间做二层小室置钟鼓,下方架空,前厅、中厅通过左右两侧廊相连,采用抬梁穿斗混合的结构,木柱较为粗壮,中厅额枋平直,略低于侧廊,不设天花,当心间挂"惇叙堂"匾。他们共同围合出一个方形庭院,庭院铺装类似于前广场,左右石子地上有绿植水缸各一,形成了明亮开敞的第

钓源欧阳氏祠前广场

功名石

钓源欧阳氏祠正立面

钓源欧阳氏祠前廊弓形轩

钓源欧阳氏祠前院及中厅

钓源欧阳氏祠中厅内部

钓源欧阳氏祠中庭天井

钓源欧阳氏祠中厅梁架

一进院落。中厅与后厅之间沿轴线设过廊，将后天井一分为二，与前院一起形成南方建筑常见的"品"字形院落布局，左右两侧廊为二层。后厅檐口高于中厅，可能原来也有二层空间，现两侧以木墙封闭，当心间开敞，做祭拜空间。

沿池塘向西，就是一进三开间的礼派宗祠，为当

钓源欧阳氏祠中厅鼓室

钓源欧阳氏祠中厅梁架及"惇叙堂"匾

地"仁、义、礼、智、信"五派之一，另存有仁派宗祠在村口以东。礼派宗祠也是坐南朝北，与池塘相距近50米，前方宽阔道路直通池岸，并于路口处立"忠节第"三开间牌坊一座，两条排水沟将道路分为三纵，中央一纵正好与牌坊当心间同宽并延伸至祠堂平台前，精心的场地设计塑造了颇为正式的空间序列。宗祠西侧还有纶祖祠、经祖祠、明善祖祠，池塘北岸则有坐北朝南两进三开间的楚畹公祠，沿池塘两侧散布有众多古民居，如与欧阳氏祠相望的中西合璧式别墅庄园，也称八老爷别墅，是钓源古村的代表性建筑。

钓源欧阳氏祠后厅天井

钓源古村"忠节第"牌坊

钓源古村池塘1

钓源古村纶祖祠

钓源古村池塘2

钓源古村楚畹公祠

钓源古村八老爷别墅

钓源古村礼派宗祠

钓源古村巷道

14 云章阁、风月楼

Yunzhang Tower/Fengyue Tower

基本信息	省级 / 不对外开放，现属白鹭洲中学
年　代	明、清
地　址	吉安市吉州区
交通信息	自驾 / 公交至白鹭洲公园或十字街站

　　云章阁、风月楼所在的白鹭洲书院位于赣江江心的白鹭洲，现为白鹭洲中学所在。南宋淳祐元年（1241），江西提举兼吉州知州江万里在白鹭洲上创办书院，建有文宣王庙、六君子祠、云章阁、道心堂、风月楼、斋舍等建筑。江万里自任教席，义聘郭公度、刘南甫、欧阳守道、胡敬文等主讲，一时英才辈出。南宋宝祐四年（1256）科考，书院生员文天祥高中状元，同榜吉州进士共39名，宋理宗亲题"白鹭洲书院"横匾赐给书院以资褒奖。南宋景定四年（1263）黄嘉为山长（书院院长），建山长厅于城东南。元至元十六年（1279），山长曹奇建古心祠祀江万里。元延祐年间山长余天民收洲上僧舍建复古亭，自此环洲均

归书院。明嘉靖五年（1526）重建，明嘉靖二十一年（1542）因屡遭水患迁于府治南关外慈恩寺，明万历二十年（1592）复迁回白鹭洲。清初复兴，众多名儒讲学于此，一时称盛，为江西四大书院之一，后多次废兴、迁建，清光绪二十九年（1903）改为吉安府中学堂。

云章阁现存建筑为清光绪十一年（1885）重新修建，是白鹭洲书院的山长厅和藏书阁，为两层五开间硬山建筑，坐北朝南，占地面积227平方米。建筑前有月台，一层设有前廊，月台边缘和廊柱均使用红石。当心间略宽，额枋也略高于两侧，设格子门，两侧装格子窗，二层开格子窗，所有木构件涂红漆，廊上天花为弓形轩式样。一层山长厅空间开阔，供有圣贤像，室内装修精美；二层藏书阁空间较为低矮。

云章阁后是清同治八年（1869）重建的风月楼，为坐南朝北的三开间三层歇山楼阁，位于白鹭洲最北段，视野开阔。一层两侧为砖墙，北侧设前廊；二层设环廊；二、三层四面均设格子窗以观景。每层檐下各挂匾额，一层"浴沂亭"，二层"风月楼"，三层"魁星阁"。

与白鹭洲隔水相望的赣江西岸上还坐落钟鼓楼一座，又名古青原台，清雍正元年（1723）增修为三层。

云章阁正立面

云章阁前廊

云章阁

云章阁当心间内部

坐西朝东的三层歇山建筑坐落于约1.5米的高台之上。一层五开间，砖墙围合，正面当心间设门，次间设方窗，稍间开圆形窗洞。二层三开间，三层一间，均四面环以格子窗。

云章阁稍间内部

风月楼

风月楼内部

钟鼓楼

15 古南塔

Pagoda in Gunan Town

基本信息	省级 / 免费参观
年　　代	三国 / 元
地　　址	吉安市吉州区
交通信息	自驾，赣江大桥西岸北侧 / 公交

古南塔全景

古南塔又名"马缆塔"，据《吉安县志》记载，此塔始建于三国东吴赤乌二年（239），塔顶有纪年石刻，砌塔火砖上也刻有"赤乌"字样。古南塔原本位于南塔寺中（光绪《庐陵府志》），但南塔寺在宋末元初被毁，现存的塔或为元代翻修。

现塔立于沿江步行道旁，塔型纤小，为九层六边形楼阁式砖塔，高28米，塔身现用水泥砂浆封涂加固，北侧一层还用砖砌墩柱加固。塔身由下至上层高递减，收分均匀，腰檐叠涩出檐，做法朴素，出檐较窄，顶为攒尖顶，翼角翘起，上设葫芦形塔刹。塔西向第二、三、四、五、七、八层设拱窗，第一、六、九层设壁龛，东对向第二层设窗，其余各面第一层至第六层设壁龛，塔内据说第二层至第五层中空，古时应当可以登临观景，现入口已被封堵。

古南塔

古南塔局部

16 卢氏宗祠
Family Lu's Ancestral Hall

基本信息	省级 / 免费参观
年　　代	清
地　　址	吉安市吉州区曲濑镇卢家洲
交通信息	自驾，由吉安市沿 X741 向西南约 15 公里可至

卢氏宗祠实景总平面

　　卢家洲所居卢氏为唐会昌三年（843）状元卢肇的后裔，卢肇在吉州刺史任上逝世，明宣德年间其后人卢仲文为纪念他迁居吉州，遂成今日之卢家洲。明末清初，卢氏族人在湖广经商致富，清嘉庆十年（1805）建卢氏宗祠。

　　宗祠位于村子最南端，坐北朝南，南向为一水塘，是抬梁穿斗混合的两进三开间硬山建筑，两侧为"三"字形马头墙。前厅前廊当心间做门楼式样，歇山顶高于屋面，脊饰秀丽，檐下为如意斗栱和"科第征贡"木匾。廊内砖墙上每间开方形门洞，当心间较高。门洞周围石料均为汉白玉。这也是卢氏宗祠的一个特点，据说明朝时卢家洲出了一位王妃，因此宗祠内石料大量使用汉白玉，从门楣、门槛到厅堂阶石、柱础用料全不吝啬。以前祠堂内还有雕有龙、虎、狮、麒麟形象的汉白玉石鼓四对，可惜现已失窃。前厅后即为正厅，两边单层侧廊环方形天井。前厅内部左右架钟鼓各一，上有弓形轩，山墙各开一侧门。正厅当心间也

卢氏宗祠鸟瞰

卢氏宗祠正立面

卢氏宗祠前廊牌坊

卢氏宗祠前廊牌坊近景

卢氏宗祠前廊牌坊翼角

卢氏宗祠中厅及前天井

卢氏宗祠前天井

为门楼形式，较前厅稍简，歇山顶下做轩棚，枋间饰有花牙子。据说厅下的汉白玉阶石底面雕有双龙，以期龙脉永存。正厅空间开敞，当心间后墙挂"彝伦堂"匾，绕过后墙可至后厅所在的第二进院落。狭长的天井后是后厅前廊，廊下做方形天花。廊后为两层，从而形成第二层屋檐，两次间以门窗分隔。

卢氏宗祠前天井细部

卢氏宗祠天花

卢氏宗祠中厅柱础

卢氏宗祠钟架

卢氏宗祠格子窗

青原区

17 净居寺
Jingju Temple

基本信息	省级 / 免费参观
年　代	近代复原
地　址	吉安市青原区
交通信息	自驾，沿吉青公路可至 / 公交至青原山站

净居寺位于距城区 7 公里的青原山下，原名安隐寺，始建于唐神龙元年（705），是禅宗发展传播的重要一环。六祖慧能的大弟子行思受六祖"分化一方，毋令断绝"之命后，因思慕故乡山水，于唐开元二年（714）在青原山安隐寺弘法，世称"青原行思"，开南宗两大法系之青原系，为曹洞、法眼、云门之祖，青原山由此和南岳系创始人怀让所在的衡山共同成为当时南方禅宗的中心讲坛。唐开元二十六年（738）冬，行思圆寂，次年唐玄宗敕建七祖塔。唐末，僖宗谥其号为"弘济"，并亲题塔额"弘济禅师归真之塔"。北宋崇宁三年（1104）徽宗赐寺名"净居寺"。净居寺历代屡经兴废，古殿宇已所剩无几，现存建筑为近代按原貌修复。

寺院朝向西北，有三进院落，占地近 3000 平方米。山门后的院子里"青原梵刹"幡高挂，下有"曹溪宗派"石刻，彰显着寺院的非同寻常。中轴线上依次为天王殿、大雄宝殿和毗卢阁，两侧为僧舍、斋堂。大雄宝殿建在方沼之中，四面正中架桥，两侧僧院幽静。寺后青山中即是供有行思真身的七祖塔所在。寺内存有王阳明手书"曹溪宗派"石刻、明正德年间铁钟等文物。

净居寺鸟瞰

净居寺前院及天王殿

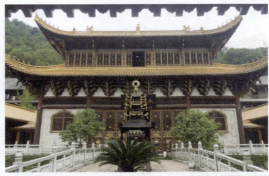
净居寺大雄宝殿正立面

净居寺大雄宝殿及引桥

净居寺韦驮殿及引桥

净居寺毗卢阁

净居寺大雄宝殿与毗卢阁间引桥

净居寺方池

净居寺僧舍

18 相公桥
Xianggong Bridge

基本信息	国家级 / 免费参观
年　　代	宋
地　　址	吉安市青原区富滩镇古富村北的山谷中
交通信息	自驾，穿过村西田野再沿山脚的道路北行约1公里后有一小屋，屋北有一狭窄的下坡土路，坡下即是

相公桥处于宋代吉水县城通往水南、沙溪、东固等地的官道上，跨虎溪而建，本与相公庙并存。（在官道沿线还有三座类似的古桥：陈家桥、泡泉桥、岭下桥。）桥拱石上刻有标明该桥建造年代的"岁次癸酉咸淳九年正月初六日重修"字样。据此可知此桥初建年代为宋庆宗咸淳九年（1273）之前。

桥为近似于南北走向的单拱石桥，全长8米、宽1.8米、跨距3.48米、矢高2.1米、券顶厚0.45米，桥身结构保存良好。现官道已废，溪水几乎干涸，桥身及桥面遍生杂草，难辨其形。

相公桥侧面

相公桥正面

19 渼陂村和永慕堂
Meipi Village and Yongmutang Architectural Complex

基本信息	国家级 / 收费参观，门票40元
年　　代	明、清
地　　址	吉安市青原区文陂乡渼陂村
交通信息	自驾 / 客车，由吉安市经S379向东行25公里可至

渼陂村位于富水西岸，其名可追溯至唐长安户县渼湖，北宋宣和年间，渼陂始祖梁坤公从长安迁入这里，至今已传至第33代。现村落面积约13公顷，现存明清民居约400幢、4座书院、1座楼阁、4座牌坊和20余座祠堂、庙宇。渼陂村平面近似于斗形，南端为椭圆形的房舍集中区，北端沿富水曲线延伸形成街市，两部分被中间的7个连成一线的水塘分隔。同时村子南侧还有十几个水塘相连，成为村子的秀丽边界；这两带水系加上村西北的富水，形成了碧水青砖相间的村落特征。

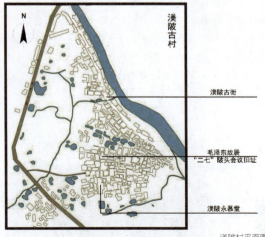
渼陂村平面图

渼陂村鸟瞰

永慕堂鸟瞰

富水南岸的商业街为陂头街，街道长度近500米，鼎盛时期这里曾有200多家店铺，为吉安府一处商业重镇，江边古码头尚存。古街中央铺青石板，两侧砌卵石。现存108家店坊老屋分布于街道两边，基本为前店后坊的形式。街道两侧还分布着将军梁兴初、梁必业的旧居、明新书院、朱德旧居等，北端还有义仓和节孝祠。

　　村南屋舍中首屈一指的建筑是梁氏总祠永慕堂。该祠堂始建于南宋，元末毁于战乱，明正德十二年（1517）重建，清代曾扩建，民国重修，现保存完好。建筑坐北朝南，面阔五开间，共有两进院落，硬山屋面，总面阔约20米、总进深约40米，前有开阔场地，南向正对一方池塘。山门中央三开间设前廊，当心间檐柱做"翰林第"牌坊：檐柱升高并在檐口位置加接木柱，柱间横匾上书"翰林第"，其上做如意斗栱和翼角高悬的歇山顶。檐内做八边形和方形天花，廊后墙上每间开方形门洞，当心间门洞较高、两侧立抱鼓石。次间外侧檐柱形象与众不同，柱身均分五段，两方三圆交错，其中方形截面部分每面刻一凹槽、四角抹斜，圆形部分两端均有凸出圆弧，柱前立有两座石狮。两稍间外砌砖墙，墙体中央偏下开方形小窗，上部延伸两侧马头墙的最低一段做高出檐口约60厘米的女儿

永慕堂及前方池塘

永慕堂"翰林第"牌坊

永慕堂正立面

永慕堂"翰林第"牌坊细部

墙，墙上绘有彩绘及文字。山门内部开敞，与第一进院的侧廊连为一体，两侧山墙面各开一侧门。第一进院中央铺石板，左右铺卵石，四周环以石砌水槽用于排水。院前厅前出歇山抱厦，抱厦周环石栏杆，檐内为八边形藻井，抱厦后是与侧廊相接的前廊。为了与侧廊柱位置一致和室内的空间效果，前厅次间稍间大小互换，次间变窄，厅内中央三间开敞，列四柱、柱子粗大，当心间挂"永慕堂"匾，檐内彻上明造，稍间筑墙为屋。当心间后金柱做屏风式木隔断，前仅刷红漆、后书文字，两次间做门罩，厅后檐仅当心间开敞。第二进院子为狭小长方形天井，两侧为二层厢房并直通后厅稍间内，与后厅内两侧的二层房屋相连，厢房一层做格子门，二层格子门后退形成外廊，设木栏杆；一层南端和后厅前廊两端设门。后厅中央三间做前廊，前部台基略高起，设石栏杆。当心间额枋上架有一座小歇山牌坊，牌坊檐部及如意斗栱高于屋面，当心间牌坊横匾两侧的檐口位置也做如意斗栱。后厅内部为两层，从次间中央做墙体围合出两侧的房屋，中央开敞设香案，当心间通高并在二层高度做环廊，上有方形天花。建筑石材多为红粉石，梁枋等用材粗大，构件上无过多的装饰，显得颇为素雅，同时牌坊做工又精细复杂，雕有各类纹饰。柱子均为石柱，多数柱上

永慕堂侧廊

永慕堂中厅前抱厦

永慕堂中厅前抱厦内部

永慕堂中厅前廊弓形轩

永慕堂中厅前廊柱础

有对联,加之建筑中的众多匾额,既显示着村子浓郁的文化气息,又传达着对后辈的要求与希望。村中各还有支祠和其他氏族宗祠若干座,均保存完好。

1929年渼陂村为红四军总部、赣西南苏维埃政府和江西省苏维埃政府所在地,1930年毛泽东、朱德率红军到此并召开党的"二七"会议。期间村内永慕堂为红四军总部,节寿堂曾为红军医院,万寿宫为赣西南苏维埃政府和江西省苏维埃政府旧址,毛泽东、朱

永慕堂后厅前廊牌坊

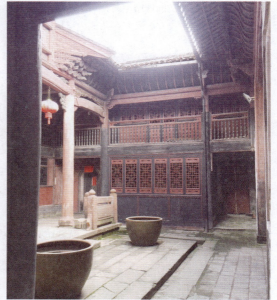

永慕堂后天井

永慕堂后厅当心间室内

永慕堂前厅两侧出入口

渼陂村魏氏宗祠正立面

渼陂村魏氏宗祠内部

渼陂毛泽东同志故居

德、黄公略、曾山、毛泽罩等同志的旧居散布于村内。其中毛泽东同志故居内有一狭长天井，天井长边一侧为砖墙，一侧为木质拱形门罩，二层有围栏接于砖墙，很是雅致；不远处的"二七"陂头会议旧址内的天窗、天花等也自有意趣。此外、村里还留有吊楼、牌坊数座。

渼陂毛泽东同志故居内部

渼陂"二七"陂头会议旧址

溪陂"二七"陂头会议旧址阁楼

溪陂古街

20 陂下村
Pixia Village

基本信息	国家级 / 免费参观
年　　代	明、清
地　　址	吉安市青原区富田镇陂下村
交通信息	自驾 / 客车，由吉安市经 S379 向东行 50 公里可至

陂下村位于富水西岸，占地面积约 31 公顷，始建于唐代，原名"潭溪"，由陈姓、罗姓开基，后又有胡姓和肖姓相继迁入。参军胡晃于南宋初年徙居至此，

陂下村鸟瞰

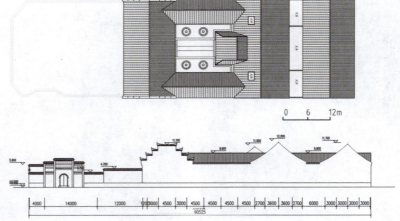
敦仁堂屋顶平面图、立面图

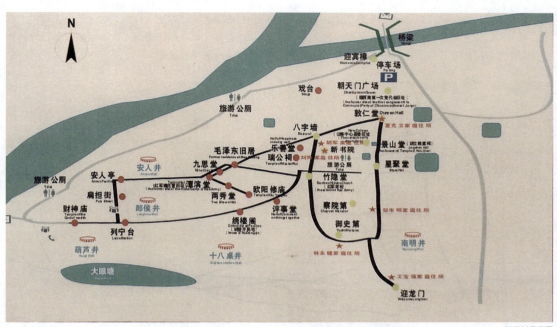

陂下村示意图

陂下村敦仁堂总平面

陂下村敦仁堂院墙牌坊

为村中胡姓之基祖，后来村子渐渐成为胡姓聚居地。

村子平面大体呈圆形，东邻富水，周环田野，村北江边有古樟林一片。村中巷道纵横，多以卵石铺砌，建筑街道布局暗有乾坤，呈现"围中有围，门中有门"的特点，全村的巷道看似四通八达，实际却是封闭式的，只留四个入口用于进出村子，且村内道路环环相套，针对盗匪形成有效的防御设施。村内排水系统明暗结合，有5条明渠向东流入富水河，称为"五水朝东"，村中还有一条百米长的古街。村内曾建有36座祠堂，其中2座为罗姓祠堂，其余均为胡姓祠堂。现存祠堂25座、古牌坊6座、古门楼3座、古民宅180栋、古井18口。

村中20多个祠堂散布于民居中，有藏有状元曾彦墨宝的竹隐堂、多边形的致中堂（御史第）等，祠堂大多前做门坊或中出抱厦，形式相似。其中胡氏总祠名为"敦仁堂"，坐落于村子西侧，始建于明万历年间，清同治年间重建。建筑坐北朝南，共有三进院落，五开间硬山建筑，通面阔25米，总进深91米。祠东北临富江，南侧正对一长方形水池。第一进为方形前院，围墙环绕，仅在东墙南角设一门坊式入口，据传是为了朝向文天祥曾经读书的天马山。门坊为三开间，两次间倾斜为八字，当心间高起设拱门，门上横匾书"朝天门"三字。前厅中央三开间为前廊，两梢间则为砖墙开方形小窗，廊后开三门，正中门上挂"潭溪胡氏宗祠"匾，内部开敞与双层环廊连接。第二进院子也较为宽敞，沿轴线铺过道，两侧植树。中厅当心间前出歇山抱厦，两侧还绕庭院做前廊，内部古朴，当心间挂"敦仁堂"匾，两稍间上设天井，中厅与后厅之间由次间位置做前廊相连，将第三进天井分为三段，两厅当心间相互开敞，在中厅内可见后厅祭祀空间。村中街巷干净整洁，许多老房子仍供人居住，建筑状态良好。出于保护考虑，大多数祠堂平日均不开放，因此内部稍显萧瑟。

陂下村星聚堂总平面

陂下村星聚堂立面

陂下村星聚堂内部

陂下村致中堂立面

陂下村致中堂内部

陂下村排水系统

陂下村街巷 1

陂下村街巷 2

21 诚敬堂和富田镇
Chengjingtang Ancestral Hall and Futian Town

基本信息	国家级 / 富田古镇景区门票 70 元，诚敬堂不对外开放，匡氏总祠、文氏祠、古街及码头免费参观
年　代	明、清
地　址	吉安市青原区富田镇
交通信息	自驾 / 客车，由吉安市经 S379 向东 50 公里可至

富田镇位于富水南岸，东、南、北三面环山，西向平原，是古时周边地区前往吉安府的重要节点，明清时期颇为繁荣，现在镇子本身及西北 3 公里内的三个村均为历史文化名村。

三国时期，现富田镇的东北方约 3 公里曾有柳塘街，是这片区域的商业中心，唐代非常兴盛，宋末衰落，商业逐渐迁移至现富田镇。富田镇平面呈倒"山"字形，镇东西约 1000 米，南北约 850 米，总面积近 50 公顷，由三个村落组成，分别是东部的王家村、西北的匡家村和西南的文家村。村中绿树环抱、街巷交织，屋舍密集，众多水塘散布其间。村北有横纵相连的古街两条：一为从古码头到诚敬堂的王家古街，是水运货物的转换点；另一条是与之垂直的匡家古街，为古驿道所在。

富田镇王家村鸟瞰

富田镇总平面图

富田镇文家村、匡家村鸟瞰

村东南还有为抵御入侵而筑的夯土城墙、水寨遗迹。

匡氏约于宋淳祐年间开基，据匡氏家谱记载，明高帝六世孙建安简定王朱拱樋娶了匡氏匡鹏中的长女为妻，被诰封为一品夫人，匡氏总祠崇孝堂因此建朝楼。崇孝堂始建于明成化年间，坐西朝东，前有水池和照壁，共三进院落，入口为一座三开间八字石牌坊，后部建筑格局与王氏诚敬堂相似。

文家村即是宋代名臣文天祥的故里，村中有始建于元代的文氏祠、始建于明正德年间的文忠公祠和几座分祠，较为朴素。

镇子最具规模的祠堂是镇中央的王氏宗祠诚敬堂，始建于明代中期，现存大部分为晚清遗构，坐东朝西，为两进硬山建筑，通面阔44.3米，总进深82.3米，建筑前正对一座影壁，两者间是一片宽敞的长方形场地，影壁后是村中最大的水池。该建筑组合手法较为特殊，建筑平面不是规整的方形：前厅为一排硬山屋舍，分为三部分，中央三开间外墙后退做前廊，当心间檐柱升高做一三开间歇山如意斗栱牌坊，书"兰桂馥馨"横匾，牌坊最外侧两柱做垂花柱形式。廊内做弓形轩，金柱位置每间开门，当心间为尺度较大的方门洞，上挂"王氏宗祠"匾，两侧为较小拱形门洞。前廊两侧各有三开间屋舍，檐柱位置设木门窗，前面各砌院墙形成一个小院。南面屋舍总面阔较大，后部厢房略有内收。前厅中央部分内部开敞，置左钟右鼓。第一进庭院较大，宽度略超过前厅中央三开间的面阔之和，轴线设砖砌过道、两侧植树、周环水渠，左右是十余间长的厢房，沿水渠设环以石栏杆的过道，厢房在东端向内折角90度与面阔三开间的正厅相连，

富田诚敬堂鸟瞰

富田诚敬堂实景总平面

富田诚敬堂正立面及前广场

富田诚敬堂前院

富田诚敬堂厢房

故而形成建筑平面上的第二次内收。正厅进深较大，平面基本为方形，设前廊与厢房相接，且当心间前出歇山顶抱厦，前挂"枢密院"匾，两侧各建一口方池，与水渠相连。正厅面积约300平方米，内部梁柱粗大，檐内中央做藻井，后挂"诚敬堂"匾。其后为狭长的天井院，院中当心间位置设通廊至后厅，仅余左右两个方形小天井。后厅为两层，进深很窄，是供奉祖先神位的场所。这座祠堂在近代是革命运动的重要场所，曾在此庆祝过第一次反"围剿"的胜利，也曾发生过"富田事变"。

富田诚敬堂中厅抱厦近景

富田诚敬堂中厅抱厦及前院

富田诚敬堂中厅室内1

富田诚敬堂后厅月亮门

富田诚敬堂中厅室内2

富田诚敬堂后天井

富田古街

富田古码头 1

富田古码头 2

富田匡氏宗祠坊门

富田匡氏宗祠

22 文天祥墓
Wen Tianxiang's Tomb

基本信息	省级 / 免费参观
年　代	元
地　址	吉安市青原区富田镇大坑村
交通信息	自驾，由吉安市经 S379 向东至富田镇后，沿富田路富文段向西南行 8 公里

　　文天祥（1236—1283），吉州庐陵人。南宋宝祐四年（1256）状元及第，官至右丞相，封信国公。南宋景炎三年（1278）于五坡岭兵败被俘，宁死不降，

文天祥墓牌坊

元至元十九年（1282）身死。元至元二十一年（1284）立墓。其后历代皆有维修，1980年墓室下陷，发掘墓志一方，记有明正德七年（1512）墓被盗掘，经禀明府县，次年修复之事；墓表竖立的石碑上刻有"雍正九年，奉旨重修"等字。此墓曾于20世纪八九十年代重修。

现墓冢呈马蹄形，高2.6米。墓门碑额刻"为国捐躯"四字，两旁联语为"忠烈千秋志，芳名万古存"。

文天祥墓神道前拱桥

文天祥墓神道

文天祥墓石像生1

文天祥墓石像生2

新竖墓碑位于原墓体下方，上刻"宋丞相文信国公天祥之墓"。墓前有牌坊、神道。两侧有墓表、石俑、石马、石羊等，均为当年石刻，虽已残损，轮廓尚存。陵墓周边绿树郁郁葱葱，目前的神道长47米，由三段台阶组成，神道之前还有小桥一座。

文天祥墓祭坛

文天祥墓碑

文天祥墓神道鸟瞰

吉安县

23 永和镇和吉州窑
Yonghe Town and Jizhou Kiln

基本信息	国家级 / 吉州窑博物馆和临近的永和镇均为免费参观
年　代	明清、宋元
地　址	吉安市吉安县永和镇
交通信息	自驾 / 客车，由吉安县城经X749至赣江西岸即至

永和镇位于赣江西岸上，与青原山隔水相望。据明《东昌志》记载："永和名东昌，地旧属泰和，宋元丰间割属庐陵，遂以泰和为西昌，永和为东昌。东昌之名，肇于此。"由于选址赣江江岸，上溯赣州，下达南昌，交通便利，且对岸青原山上有丰富的瓷土和木材，制坯烧瓷可就地取材，因此制瓷业逐步发展。五代时有"民聚其地，耕且陶焉"的说法。制瓷业的兴盛，带动了商业繁荣，宋景德年间成为镇市，"置监镇司，掌磁窑烟火事，辟坊巷六街三市"，形成了"民物繁庶，舟车辐辏""窑焰竟日夜""烟火数千家"的景象。宋元时期永和镇作为著名的手工业城镇，经济发达，人文荟萃，宋丞相周必大、抗金名臣欧阳珣、白鹭洲书院山长欧阳守道均出于此镇，因此有"谈庐陵之胜，萃于永和"之说。元代以后随着吉州窑逐渐衰落，永和镇也渐渐衰落。

现江边古镇绿树掩映，住屋各成组团，随宜有序，

永和镇鸟瞰

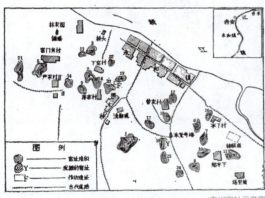

吉州窑址示意图

永和镇屋舍

古镇的南侧为吉州窑遗址公园。现存窑址长约2公里，宽1.5公里，据《吉州窑书》记载，共有22处窑堆。本觉寺塔旁发掘出一处窑址，窑床建立在晚唐五代的旧窑址之上。经发掘可见，窑床经三次修建，最上层的这座窑床约为宋代遗迹。在窑的东西两壁以外，还残留两道废窑壁。该窑建成"龙窑"形状，平面呈船形，窑顶倒塌，窑头至窑尾倾斜12度。窑头至火膛部分保存较好，并加砌两层窑砖加固。床两壁用红砖砌筑，壁面经长期烧烤，布满一层褐绿色烧结面。窑底低于地坪，因长期烧烤形成烧结硬面。

吉州窑烧瓷始于唐，盛于宋，衰于元，废于明，由于属民间窑场，不受官府约束，款式多样，清新活泼。唐末五代有酱褐釉青瓷和乳白釉瓷，北宋则制乳白釉瓷和代表性产品黑釉瓷，南宋时期烧造出彩绘瓷，其时由于产量较大且工艺精美成为畅销产品。

吉州窑龙窑及本觉寺塔鸟瞰

吉州窑龙窑远景

吉州窑龙窑内部

吉州窑龙窑正面

24 本觉寺塔和清都观
Pagoda of Benjue Temple and Qingdu Taoist Temple

基本信息	省级 / 免费参观，位于吉州窑博物馆内
年　　代	宋、元
地　　址	吉安市吉安县永和镇
交通信息	自驾 / 客车，由吉安县城经 X749 至赣江西岸即至

　　本觉寺塔原属本觉寺的一部分，宋元时期，带动了吉州一带繁荣的制瓷业备受人们重视，在窑场附近建造本觉寺、清都观等寺观庙宇以祈求神灵庇佑窑厂平安。本觉寺现已不存，仅留有一座塔。该塔约始建于唐开元年间，现存为宋元遗存，维修时发现塔顶神龛中存有唐代"开元通宝"和北宋"太平兴国"铜钱。

　　塔为九层八边形楼阁式砖塔，高 26 米，正立面向北，层高递减，逐层收分，腰檐为六层砖叠涩而成，塔顶不铺瓦，上有相轮及葫芦形塔刹。塔基低矮，一

本觉寺塔

层塔身南北两面设尖拱门，其余每面设壁龛；二、三层南北面开尖拱窗，东西面设壁龛，其上各层北面开尖拱窗，南、东、西三面做壁龛。塔内有砖砌楼梯盘旋而上，可供登临。塔身施以白灰，无多余装饰，整体素雅挺拔。

清都观位于现吉州窑遗址公园的西北端，始建于南唐年间，明清曾整修，现存为清光绪十年（1884）整修留存，中华人民共和国成立后曾修缮。建筑规模较小，为正东朝向的三轴线并列建筑群体，中央主殿为清都观，三开间硬山独栋建筑，采用抬梁穿斗结合的形式，建筑进深较大。两侧以挟屋形式另配两殿，分别为南海宫和天姥宫，两建筑与主殿正立面齐平，进深仅为主殿的一半，西侧各有后屋，后屋后墙与主殿后墙齐平，其中南侧轴线的前殿后屋间做天井。主殿正立面高于侧殿，其中当心间外墙后退形成外廊，两次间外墙中上位置开圆形窗洞，建筑内部无隔断，以木构架和天花的变化来区分功能。

本觉寺塔内部

清都观正立面

清都观实景总平面

清都观内部梁架

泰和县

25 科甲第（明德堂）
Kejiadi (Mingdetang) Ancestral Hall

基本信息	省级／免费参观，现为梅冈村老年活动中心
年　　代	明、清
地　　址	吉安市泰和县万合镇梅冈村
交通信息	自驾，由吉安市经 S379 向东 24 公里后向西沿 X745 行驶约 4 公里

梅冈村为梅冈王氏所居之地，位于村中央偏南的明德堂即是王氏二房基祖南宋绍定二年（1229）进士王季张所建，又名科甲第。始建于南宋绍定四年（1231），明嘉靖二十年（1541）重建，后经清康熙三十六年（1697）大修。

明德堂为坐南朝北的一进五开间硬山建筑，山面无马头墙，通面阔约 15 米，通进深约 24 米，抬梁穿斗混合，建筑用料粗大，梁枋下设雀替。明德堂整体位于一个近 1 米的高台之上，前厅当心间及次间分心位置设木墙，前为门廊，两侧稍间则以实墙围合并开方形窗洞。当心间檐柱高起作牌坊形，上书"科甲第"，与建筑屋檐"八"字形相交，以如意斗栱为鹊巢宫，

科甲第正立面

科甲第前廊牌坊

科甲第天井

科甲第后厅

庑殿顶脊饰做鱼尾、火珠等。当心间开门，门后为一个较为开阔的天井，正厅设前廊，廊后仅封闭两稍间，当心间后墙挂"明德堂"匾。

科甲第前厅内部

科甲第后厅梁架

26 杨士奇墓

Yang Shiqi's tomb

基本信息	省级/免费参观
年　　代	明
地　　址	吉安市泰和县澄江镇
交通信息	自驾，由泰和县城经G105至坪岭后北行600米可至

杨士奇墓实景总平面

　　杨寓（1366—1444），字士奇，号东里，江西泰和人氏。明建文元年（1399）入翰林为编纂官，明永乐元年（1403）入内阁，其后为辅臣40余年，首辅21年，历4朝，任礼部侍郎兼华盖殿大学士、兵部尚书。后在正统年间政治斗争中因子致仕，并于明正统九年（1444）病逝，谥文贞。

　　墓址坐西朝东，平面呈等边梯形，东西长约87米，东侧长边约50米，占地约4500平方米。四周环以矮墙，轴线处设入口，东向对一池塘。墓前神道长约50米、宽约15米，分三级台地，以台阶坡道相连。第一级神道两侧立红石华表各一，神道北侧碑亭中立有明英宗御书石碑，碑首刻"御祭"二字。第二级前立三开间牌坊，后左右立石像生各四，依次为石虎、石羊、石马、石人。第三级为圆形墓冢，前端砌有锯齿状的"八"字形矮墙，墓后立有望柱，上书"呜呼太师杨文贞之墓"。

杨士奇墓神道

杨士奇墓墓冢

杨士奇墓望柱

杨士奇墓神道碑

杨士奇墓石像生 1

杨士奇墓石像生 2

27 白口城址
Site of Baikou City

基本信息	国家级 / 免费参观
年　代	汉—南北朝
地　址	吉安市泰和县洲头村
交通信息	自驾，赣江南岸 G319 与城江路交界口西侧

此处为西汉时著名的"西汉十八县"之庐陵县县治所在，东汉为西昌县、庐陵郡治，当时江西的政治文化中心。后世事变迁，逐渐荒废，仅存遗迹，明朝时为"西昌（泰和旧称）八景"之一。

现城址表面为田地，东西长约 650 米，南北宽约 450 米，面积达 23 万平方米，共有两重土筑城墙，外城形状不规则，城垣长 1941 米，西北边部分损毁。内城处于城内北侧中轴位置，北墙与外城墙重合，占地 4.3 万平方米，垣长 861 米。外城现存 7 处豁口，西北、西正中、南正中及北正中三处可确定为城门，其中西北角门可能为水城门；内城有东、西、南面城门。内城西南角为长方形土台，高出内城其他地带约 2 米。由于处于坡地，为使城墙顶部齐平，砌筑北高南低的墙体，故北部城墙最宽。外城北依赣江，东、西、南三向设护城河。

城址内文化堆积丰富，出土了汉至南北朝的陶罐、盆鼎、瓦当、铜饰件、青铜箭镞等文物近千件。

白口城址鸟瞰

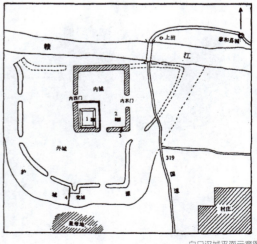
白口汉城平面示意图

28 大江村
Dajiang Village

基本信息	省级 / 免费参观
年　　代	明、清
地　　址	吉安市泰和县马市镇大江村
交通信息	自驾，由泰和县城经 G105 至与糖武段交界处向南行至赣江边

大江村原名蜀江村，主要为欧阳氏后裔所居。宋建炎年间，进士欧阳德祖从万安常德顺赣江而下，至蜀江口登岸，是为蜀江村之肇基。明清时期人才辈出，共有进士 21 人，为村中荣耀。

村落东南临赣江，其余几面均为田地，西北、东南、西南三角各有一池塘，东北角为古树群。大体仍保留明清时期的基本格局，以祠堂书院为中心建筑，周边散布住宅，古屋新房杂布相处。

村中最主要的祠堂为崇德堂，位于村落中心位置，始建于明永乐九年（1411），坐北朝南，共三进院落，三开间硬山建筑，抬梁穿斗式混合结构，占地 625 平方米，通进深 56.8 米，通面阔 10.1 米。祠堂前正对一处高 1.2 米的印台，上置探花解元旗杆石东西各二根，由于印台东南西三面设围墙，祠堂前部又将山墙南伸，形成较为封闭的入口广场。祠堂门廊屋脊上加做庑殿顶如意斗栱牌坊，称为"鹊巢宫"，门廊檐下挂"五经科第"匾。小院后就是祠堂前厅，前廊下高悬进士榜，记录每位进士的姓氏职位等信息。前厅当心间约为次间的两倍，前廊檐下做轩棚、垂花柱，额枋平齐，梁枋皆做月形，廊后木墙上每开间开门洞，门洞上方各有方形门簪两个，前厅北侧与左右侧廊、正厅前廊共同围合成一处狭长天井。侧廊长度近似于当心间宽度，宽同次间。正厅高于前厅，建筑用料粗大，柱础有栏杆式样雕刻，当心间额枋高出两侧，前廊下设拱形轩，后金柱位置设墙，中央挂"崇德堂"匾，

大江村中心鸟瞰

大江村崇德堂入口牌坊

大江村崇德堂前广场

大江村崇德堂前厅立面

大江村崇德堂前厅前廊梁架

大江村崇德堂前天井及中厅

大江村崇德堂中厅前廊梁架

上有八边形藻井。前厅到正厅空间不设隔断，空间开敞。正厅后的两层建筑是敕书阁，用于珍藏皇帝诏书、官服、祭器和文书谱牒、经典著作等，还曾设有学堂。虽入仕者众多，但祠堂较为素雅有度，不做过多雕饰。

崇德堂之西有一座两进硬山建筑，名为复亨堂，建于明嘉靖八年（1532），相传为学子们纪念欧阳孚所建，为蜀江学子求学之地。堂西不远处的池塘被称为墨钵，据传为读书人洗笔之所。面对墨钵的还有一个宋代古墓——欧阳四世祖国辅公墓，墓前建有由红粉石砌筑的三层圆台，直径3.2米，元台中央置一石鼓。圆台后是一片弧形墙面，其上左侧嵌有望碑。

大江村崇德堂中厅柱础

大江村崇德堂中厅内部及前天井

大江村崇德堂中厅中央藻井

大江村复亨堂鸟瞰

大江村复亨堂立面

大江村复亨堂前廊天花

欧阳四世祖国辅公墓

29 槎滩陂和周矩墓
Chatan Weir and Zhou Ju's tomb

基本信息	省级/免费参观
年代	五代（南唐）
地址	吉安市泰和县禾市镇
交通信息	自驾，位于泰和县禾市镇南3公里处的牛吼河道上，经319国道可达

槎滩陂是江西最早、最大的水利工程之一，为南唐天成二年（927）进士、金陵监察御史周矩创筑。周矩本为金陵人，于后周显德五年（958）避乱迁居泰和万岁乡时，因当地地势较高，水用缺乏不利稼穑，于是在禾水分支牛吼江上游以木桩压石为百丈大陂坝，引部分江水漫流改道，向东而去，名为槎滩。其下七里筑30丈长的条石滚水坝以调蓄水量，名为碉石陂；沿线开渠36条，灌田600顷；另买山地，岁收木、竹、茶叶，为修陂费用。他去世后葬于今泰和县螺溪镇爵誉周家村北500米的坡地上供后世凭吊。

宋初，其子周羡又增买田地、鱼塘，供修陂费用；并定管理制度及用水公约，以息纷争。其孙周中和于宋皇祐四年（1052）立《槎滩碉石二陂山田记》碑，并立有五彩文约，分仁、义、礼、智、信五号，由受益区内蒋、肖、周、李、康五姓村民轮任陂长，负责管理维修。槎滩陂的建设明显改善了当地用水环境，促进了周边村落的发展，水渠沿岸逐渐发展出众多村庄。随着人口增加，对水的需求更甚，后世人们经多次利益冲突后在元代改为按田摊派和捐募的方式收取

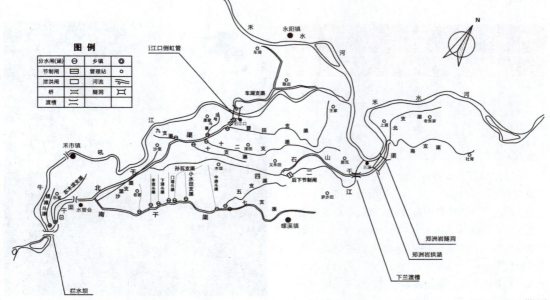
槎滩陂

槎滩陂水坝鸟瞰

修陂和管理费用，明清至民国年间多有维修，1957年政府重新翻修并加建相关水利工事，至今仍起重要作用。

槎滩陂坝长约400米，高约9米，坝顶宽7米；自西向东流经禾市镇，在上蒋村分为南北两支流，称"南干渠"和"北干渠"。继而流经螺溪镇及石山乡，在三派村汇入禾水。减水陂、倒虹管、渡槽、分水闸、隧洞等设施完备，主坝基角处可见最初筑坝所用的叠砌红石条。

另外，爵誉村在2019年1月被列为第七批中国历史文化名村。

槎滩陂水坝俯视

槎滩陂水坝近景

万安县

30 崇文塔
Chongwen Pagoda

基本信息	省级／免费参观
年　　代	明
地　　址	吉安市万安县罗塘乡
交通信息	自驾，由万安县城沿赣江南岸Y683向北约6公里

崇文塔位于罗塘乡赣江北岸。据清同治十二年（1873）《万安县志》记载，崇文塔为明成化年间知县袁士凤倡建。该塔为砌筑的九层八边形楼阁式塔，高约33米，底层直径10米。塔身刷饰白灰，自下而上逐层内收，腰檐部位用青砖45度叠涩砌筑，塔身隐做壁柱及额枋，塔顶做葫芦形塔刹。塔门朝南，其上各层均开拱形窗，开窗朝向灵活。在第九层南面镶有一块记录时间等信息的碑文，风化严重。塔内部为

崇文塔远景

空心，原有可至五层的木质螺旋阶梯和木梁枋搭起的楼板，现已不存。塔内壁还逐层辟有壁龛。塔顶及腰檐部位多有杂草小树，亟待修整。

崇文塔近景

31 万安城墙
City Wall of Wan'an

基本信息	省级 / 免费参观
年　代	宋—明
地　址	吉安市万安县城
交通信息	自驾 / 县城内步行至沿江路

万安城墙鸟瞰 1

　　万安古城墙位于万安县城南端的赣江东岸，经修整后状态良好，城外是公路和江岸景观，城内是密集的建筑。城上靠外一侧做女儿墙，拱形城门、城关、阶梯俱全，筑城青砖分属明、清不同时期。

　　自古以来，赣江就是中原通达福建、广东的古驿道中的关键一环。万安地处赣江十八滩最后、也是最险恶的惶恐滩所在，来往船只多在此停泊修整，因此成为一处重要的驿站，唐宋称赣阳驿。南唐保大元年（943）驿站改设为万安镇。

　　北宋熙宁四年（1071）朝廷因万安"路当冲要，溯上则喉控交广，顺下则领带江湖，水陆之险阻，漕运之会通，事至繁也"（《厅壁记》），而设万安县。为防洪避祸，北宋元丰元年（1078），由知县朱俊民开始修筑夯土城池，至北宋元丰六年（1083）继任胡天民主持时基本完成。南宋绍兴二十五年（1155），知县赵成之增筑城垣，置城门（清《万安县志》）。

万安城墙鸟瞰 2

万安城墙外墙

万安城墙鸟瞰 3

元至正十九年（1359），知县彭九皋重筑土城，使城墙扩至周三里、高一丈、宽八尺，置四门。后由于都尉钱唐奴深挖护城壕使城墙"因江水暴涨垣楼橹倾圮"。明正统十四年（1449）朝廷诏令"各郡州县古有城池见存者量加修茸，旧无城池足据者渐行开筑"。明正德六年（1511），桑翘接任万安知县，任内改筑砖石城墙，置六门，周714丈、高2丈2尺、宽1丈5尺，有垛口950个，为现存城墙之始，清代在此基础上历有修茸（清《万安县志》）。中华人民共和国成立后城墙大部分被拆除，只剩南门（观澜门）至西门（五云门）1公里长的城墙犹存。

万安城墙城门

万安城墙楼梯

万安城墙顶部

32 天龙山墓塔
Tomb Pagodas in Mount Tianlong

基本信息	省级 / 免费参观
年　　代	宋
地　　址	吉安市万安县五丰镇双坑村
交通信息	自驾，由万安县城沿 X830 转 X828 行驶 9 公里至中村后向西南行驶 1 公里

天龙山墓塔原属天龙寺，相传为无边禅师所建，据《万安县志》和《吉安县志》的相关记载，该寺在唐代宗时期即建有墓塔。明清时期僧侣们还曾多次对天龙寺进行维修，后寺院因遇火事而湮没。留存下来的三座古墓塔在1996年修建由万安至赣州的公路时被发现。

天龙山墓塔全景

天龙山墓塔正立面

天龙山墓塔后塔塔刹

　　三座墓塔应建于宋代，其中有两座保存完整并配有石像，另一座已倒塌，构件破损。两座完整墓塔均为密檐式方形塔，以麻石料砌成。两塔坐西南朝东北，前后排列，塔前沿轴线安置石像两个、香炉一个。塔身雕刻细致，翼角翘起明显。前塔较小，共五层，高3.8米，底座周长5.6米。一层高约1米，正立面一开间，做壁柱、额枋形象，额枋刻双龙戏珠，上方刻"无边宝塔"四字，正立面中部檐部打断直通二层，做垂花柱形象。二层做拱形龛，其余三面无装饰、可见灰缝。其上各层层高递减，檐下均做仿木斗栱，一二层腰檐上做鸱吻形象，石质攒尖塔顶，上有扁圆形塔刹。

天龙山墓塔后塔门额牌匾

天龙山墓塔后塔力士像1

后塔较高，共七层，高 8.44 米，底座周长 11.24 米，做法与前塔有相似之处，但其正面为三开间，一二层壁柱、阑额及由额、门框俱全，当心间升高直通二层，类似牌坊形象，刻有"普通宝塔"四字。一层次间各雕有力士形象，石雕装饰延伸至左右两面，檐下有斗栱，上有鸱吻。二至七层为六边形，设转角斗栱，攒尖塔顶上为宝珠塔刹。一层侧面有一兽头石门，内部每面浮雕一盘膝趺坐菩萨。

天龙山墓塔后塔石门

天龙山墓塔后塔力士像 2

33 万安东林寺塔
Pagodas of Donglin Temple in Wan'an

基本信息	省级 / 免费参观
年　代	明
地　址	吉安市万安县大岩村
交通信息	自驾，由万安县城经 X828 南行 26 公里转 X676 东行 10 公里

万安东林寺塔位于万安县弹前乡大岩村东林山东林寺旁，与天龙山墓塔所属的天龙山寺相距约 20 公里，且两寺同处于赣江沿岸，与赣江直线距离约 4 公里，古时或多有联系。东林寺墓塔约始建于宋代，明清多有修葺。

墓塔均由麻石料砌成，共有三座，坐落在低矮平台上，横向并列，坐东南朝西北。中央墓塔稍大，两侧的大小相同且位置略向后退。三座塔形制相同，均为两层八边形，二层内收，一二层高度相似。塔下有须弥座，形制偏于明清。塔身有壁柱和阑额，一层正面开方形洞口，内置佛像。檐部较平，檐口稍有出挑，檐角起翘。塔顶似乎雕有相轮，塔刹为覆钵形。塔身都有佛像雕饰，由于日久风化已模糊不清。

东林寺墓塔

34 增文堂围屋
Zengwentang Enclosed Residence

基本信息	省级 / 免费参观
年　　代	清
地　　址	吉安市万安县涧田乡水坑村
交通信息	自驾，经县道X824行驶63公里后可至

水坑村位于一个四面环山的谷地中，南侧有涧田河经过，顺流而下可至赣江主河道。位于水坑村中心群落南150米的大屋就是增文堂围屋。

该围屋始建于清康熙五十八年（1719），是黄若曾从广东梅岗镇举家迁入万安县涧田乡益富水坑村时所建房舍。清乾隆二年（1737）黄若曾之孙，经商致富的黄日恒、黄日慎兄弟为纪念其祖父黄若曾和父亲黄文，重建围屋，并用两人名字的最后一个字给围屋取名为"增文堂"。此后，黄氏族人一直住在大围屋里，目前已繁衍到第十三代。

围屋背水而建，面向村中心，坐南朝北，东西长68米，南北宽55米，占地3953平方米，环植树木、正前方有一个圆形池塘。共有246间房屋，集家祠、民居、水井、晒场、粮仓于一体，由土坯、青砖、卵石、木材等材料建成，是江西保存较好、规模较大的方形围屋。建筑均为悬山式，排列规范有序，共有七个纵列，中央为南北向的家祠——增文堂，两侧为东西向的一列列房屋，西四列、东两列，南侧还有一排南北向房屋。虽然面积很大，却井然有序：内环为住房，外环为生活用房，出入口便捷，通道以卵石砌成，排水设施通畅，通风采光良好。

增文堂围屋鸟瞰

增文堂围屋总平面

增文堂围屋主入口立面

增文堂围屋次入口立面

中心的增文堂为三进三开间建筑，第一进为墙体围合的前院，院子左右还有通向两侧房间的小门。建筑为穿斗结构，前厅开敞用于公共活动，中厅和后厅的两次间均封闭，为供人居住的空间，后厅正中挂"增文堂"匾，为祭祀空间。二、三进为两个小天井，与两侧的房屋联系便捷。

增文堂围屋内部过廊 1

增文堂围屋内部过廊 2

增文堂围屋中央祠堂内部梁架

增文堂围屋中央祠堂内部

遂川县

35 雩溪宝塔
Yuxi Pagoda

基本信息	省级／免费参观
年　代	明
地　址	吉安市遂川县雩田镇北边小河的东岸、国道 G105 东侧
交通信息	自驾，沿国道 G105 可达

雩溪宝塔周边除依塔而建的小寺外均为田地。根据塔门横匾铭文记载，该塔建于明嘉靖三十三年（1554），为镇龙祈雨之用。

该塔为七层八边形楼阁式青砖塔，高度约 25 米，底层直径 5 米，塔身由下至上略有收分。第一层东向做拱形塔门，上嵌"雩溪宝塔"石匾，其余各面做暗窗；二至六层每面均设窗，上下左右明暗相间；第七层每面开明窗；塔身所有窗洞均为拱形，外壁加叠涩券装

雩溪宝塔

雩溪宝塔细部

饰。每层塔身无甚装饰，但腰檐处理则采用仿木形式，通过正斜叠砌的形式做两层椽望，其上做瓦面，转角翘起并有角梁的形象，塔刹为砖砌葫芦形。

塔内有八边形塔心柱，绕内壁有螺旋梯阶至塔顶，塔心柱在顶部叠涩扩大为方形支撑塔顶。

雩溪宝塔一层塔心柱

雩溪宝塔顶层塔心柱

36 遂川县工农兵政府旧址（万寿宫）

Former Site of the Government of Workers, Peasants and Soldiers of Suichuan County (Wanshou Taoist Temple)

基本信息	国家级（井冈山革命遗址）/免费参观
年　　代	清
地　　址	吉安市遂川县城
交通信息	自驾/县城内步行，遂川江北岸的名邦街8号

　　万寿宫始建于清嘉庆十一年（1760），1919年已成为遂川革命人士和群众集会活动的场所。1928年1月5日，毛泽东率工农革命军攻克遂川县城后将工农兵政府设于万寿宫内，两边厢房分别设有土地部、财政部、文化教育部、裁判部、军事部和秘书室等，领导全县的工农革命斗争。同年2月，毛泽东回师井冈山，遂川县工农兵政府随军迁出。1929年红军撤离井冈山后，万寿宫被国民党焚毁，现存为20世纪六七十年代依原貌恢复重建的结果。

　　主体建筑两进三开间，坐北朝南，两侧有廊庑，均为硬山砖木混合建筑，总面宽17米，总进深55.2米。山门正立面为实墙，仿牌楼式样，当心间高起，每间各设一门，中央门洞较大。山门北面为两层，当心间进深加大，一层通人，二层为戏台。其后有较为宽大的院落，院落两侧为二层廊庑。院北的正厅前出歇山抱厦，山面向前，屋面内做六边形天花，正厅内部空间开敞，原应为观演集会之所，现做陈列之用。正厅与后厅间用连廊相接，将天井分为左右两方形，天井两侧有通向两边小院的月亮门。后厅为三层，第三层进深为厅堂的后半部分，高出屋面，又做一屋檐，使后殿成为重檐。

万寿宫鸟瞰

万寿宫总平面

万寿宫正立面

万寿宫前厅后部戏台

万寿宫中厅抱厦

万寿宫中厅内部

万寿宫后厅及后天井

万寿宫后天井侧月亮门

37 正亮堂
Zhengliangtang Family Huang's Ancestral Hall

基本信息	省级 / 免费参观
年　代	清
地　址	吉安市遂川县堆子前镇井下村
交通信息	自驾，由遂川县城沿 S322 东行后转 S320，共需 35 公里

清乾隆年间黄由相率义方、义言、义齐三子从鄢溪迁居至井下。清乾隆五十九年（1794），三兄弟合力兴建正亮堂与燕山书院，并最终于清嘉庆十一年（1806）竣工。

大宅坐南朝北，依山而建，主体建筑为长方形，东西长约 68 米，南北宽约 26 米，宅前为等长的长方形坪场，场地内东西两侧各建一座三合小院作书房，名为"兰亭""桂室"。场地正前是一方半圆形的水塘，围绕水塘修筑了 1 米多高的围墙并与两书房延伸出的

正亮堂鸟瞰

正亮堂总平面

围墙相接,使场地和建筑与外界分隔。场地的入口位于水塘之东、桂室之北,其外侧有一眼古井。另外,在场地东南、西南两角也有小门可供出入。

主体大宅由并列的七个院落组成,悬山顶,其房屋高度由中央向两侧递减。中央轴线上是黄氏祠堂"正亮堂",两侧各有三个被成列屋舍环绕而成的狭长院落,除最外侧的两个院落外,其余均北向开门通向坪场。屋舍均为两层,由通廊彼此相连、交通方便,天井众多、通风采光良好,由于至今仍有人居住,保存状态较佳,院落干净整洁。屋舍内部的门窗、隔扇等

正亮堂围墙入口"云峰聚秀"牌坊

正亮堂立面

正亮堂桂室

正亮堂建筑外墙花窗

正亮堂入口当心间额枋细部

正亮堂入口当心间门簪细部

正亮堂入口当心间柱础细部

正亮堂前厅内部

为古色古香的直棱或格子门窗，外墙的窗户为红粉石雕成的花窗。

中央的黄氏宗祠为一进三开间，前厅正面中当心间及左右各半个次间后退做前廊，其柱础和门周所用石材均为红粉石并饰以雕刻，内部仅有一间的空间，两侧为砖墙。过后墙即是正厅，正厅也较为狭窄，两次间靠外的半部分均被封堵。正厅后墙挂"正亮堂"匾并设香案，香案正上方做方形"鱼龙图"天花。宗祠外露构件除柱子外均有雕刻装饰，顶上或做马蹄形轩，或做平天花，皆饰以彩绘，采用人物故事、花鸟图案，使建筑极富生活气息。

大宅东部不远处还有同时建造的燕山书院，书院为一座四合大院，前有一个围墙环绕的前院。其北、东、西三面屋舍均为学堂；南部中央为二层三开间的文昌阁，用以祭孔和藏书，两侧为教师用房。

正亮堂天井

正亮堂正厅

正亮堂正厅前廊弓形轩

正亮堂正厅藻井

正亮堂侧廊格子门

燕山书院鸟瞰

正亮堂住宅部分天井

燕山书院文昌阁

燕山书院文昌阁二层过廊

38 客家彭宅
Hakka Family Peng's Residence

基本信息	省级 / 免费参观
年　　代	清
地　　址	吉安市遂川县大汾镇洛阳村
交通信息	自驾，由遂川县城沿 S322 东行后转 S230 再转 X813，共需 50 公里

该围屋为彭氏所建，传闻建造此屋时有乌鸦落在梁上，主人以之为吉兆，因此又称为"乌鸦洛阳大屋"。初创者彭秉珍在清康熙三年（1664）从广东兴宁山区携家眷迁至大汾山区，经营木材生意，并在此安居立业。其后人继承祖业并积极拓展，家业渐厚，至其曾孙一代终于凭借雄厚的财力于清乾隆五十九年（1794）前后完成大宅的建造，形成今日所建之规模。

该大宅平面为长方形，坐西朝东，东西长 94 米，南北宽 49 米，占地 4606 平方米。建筑正前为与建筑

彭氏大宅鸟瞰

彭氏大宅总平面

彭氏大宅前广场

彭氏大宅正立面

等长的坪场，再往前为一方半圆形水塘，原有围墙围绕坪场和水塘，现已拆除。建筑为由夯土、青砖和木材建造而成的两层硬山建筑，部分做双重屋檐。

整体建筑共有五列院落组成，正中为彭氏宗祠，两侧各是围绕两个长院形成的四列房屋，共有四个大院，分别由四个房派居住。长院被连廊分隔为数个天井，每院东西两侧设通向建筑外部的院门。最外侧的两排纵向屋舍山面稍有外沿，做马头墙。五组的正立面屋檐高度由中央向两侧递减。院落之间均有门廊，彼此既保证了私密性，又能有便捷的相互联系，共有240多间房屋，厨房、仓库、学堂、水井、厕所等设施齐全。大屋四周外墙设窗，便于通风和防御。由于世事变迁，两侧屋舍部分损毁大半，但中央祠堂被保存下来并使用至今。

中央的彭氏宗祠共两进三开间，抬梁穿斗混合结构。前厅正立面设门廊，梁枋做"月"字形，饰有雕刻和彩画，上有马蹄形轩做天花。三开间各有一门，中央的尺度较大。前厅与中厅空间开敞，结合较大的

彭氏大宅前廊船形轩

彭氏大宅中厅

彭氏大宅中厅细部

彭氏大宅中厅前廊弓形轩

天井共同成为人们会面、设宴的场所。其上梁枋上均有彩绘装饰，装饰构件雕刻细腻雅致，天花有弓形轩、方形等多种形式。中厅后部当心间的板门与两侧的格子门分隔前后，形成较为私密的第二进院落。后堂前部设神案，上挂"承辉堂"匾，两侧次间封闭靠外的半部分，内部分两层，正面设拱形门与方窗；后部为居所。建筑藻井、卷棚上均绘有漆画，有"九星河洛图""世受皇恩图""五福临门""张良献靴""姜太公钓鱼""管子求寿"等主题画。

彭氏大宅后厅及后天井

彭氏大宅住宅部分巷道

井冈山市

39 龙江书院
Longjiang Academy

基本信息	国家级 / 免费开放
年　　代	近代重建
地　　址	吉安市井冈山市龙市镇龙江路
交通信息	自驾 / 县城内步行

书院始建于清道光二十年（1840）春，历时三年完工。当时宁冈居民分为土、客两大族群，土籍已有巽峰书院、鹅峰书院、联奎书院，于是宁冈、湖南郴县（今炎陵）、茶陵三县客籍豪绅共同商议，于宁冈龙市建造龙江书院，为三县客籍子弟之学府。创建之时三县客籍山民慷慨解囊，共输田百余亩，谷量计1000担以上（《龙江书院尚义录》）。龙江书院效仿白鹿洞、鹅湖、白鹭洲书院等进行严格治学，并定期

龙江书院鸟瞰

龙江书院总平

派出生员赴白鹭洲、豫章等书院学习。至辛亥革命后废旧改新，民国时改为县立第二小学。1928年4月，朱德、陈毅等率南昌起义部队和湘南暴动农军到达龙市，居住在龙江书院并在此与毛泽东同志领导的秋收起义部队胜利会师，相关领导人士在书院文星阁商定两部队会师后成立红四军的相关事项，即为"井冈山会师"。1972年书院被焚，后按原貌重建。

书院坐西朝东，倚山势临江流，由三组院落并联而成，总进深约51米，总面阔约39米。中央院落为主，面阔三开间，共三进，且正前方有月牙形泮池和一个

龙江书院立面

龙江书院明道堂

龙江书院明道堂室内

龙江书院文昌阁

龙江书院文昌阁二层环廊

龙江书院后花园

小拱桥。山门设前廊，上挂"龙江书院"匾，廊后仅当心间设门，建筑内部开敞。第一进院落近方形，面积较大，两侧设窄廊，廊西侧设门通向两旁院落。院后是用于教学的明道堂，再后一进是两层歇山顶的文星阁，阁二层空间开敞，设有环廊，可登临远眺。阁后还有一狭长小院。两侧的院落格局相似，与中央院落等长，各分为四进院落，院落尽头各设一祠，名为"崇义祠""报功祠"。

龙江书院报功祠

永新县

40 龙源口桥（并七溪岭指挥所）
Longyuankou Bridge (and Command of Qixiling Battle)

基本信息	国家级（归井冈山遗址群）/ 免费参观
年　　代	清
地　　址	吉安市永新县龙源口镇龙源口
交通信息	自驾，由永新县城经 G319 转 X850，后转 X848，共需 20 公里

　　龙源口桥位于龙源口镇之南约 6 公里，七溪岭林场之北的河道上。1928 年 6 月冈山革命武装在此粉碎了国民党发起的湘赣两省联合"会剿"，使井冈山根据地进一步得到巩固和发展，达到边界全盛时期。该桥建于清道光十七年（1837），为弧形满肩式单孔石拱桥，全长 25.4 米，净跨 14.2 米，宽 5 米，拱矢高 10 米，桥体由青石板块砌成，桥面南引桥有 14 级台阶，北引桥有 23 级台阶。桥南北两端各筑有高 2 米、占地

10平方米的桥台基。1953年我国发行的三元人民币就是以该桥作为背面图案。在桥东侧的山顶上，还有朱德同志当年指挥战役的亭子，名为望月亭，现作为七溪岭战斗指挥所旧址保护，原是古驿道上供旅人休憩的四边形亭子，砖木结构，东西各有一个拱形门洞。

龙源口桥

七溪岭战斗指挥所旧址（望月亭）

41 中共湘赣省委旧址、任弼时故居

Former site of the CPC Committee of Hunan and Jiangxi Provinces/former residence of Ren Bishi

基本信息	国家级 / 免费开放，现分别在永新县文物局和任弼时中学院内
年　　代	清—民国
地　　址	吉安市永新县城
交通信息	自驾 / 县城内步行，民主街盛家坪14号、任弼时中学

中共湘赣省委旧址位于永新县城永新江（禾水）北岸，1931年10月正式成立的中共湘赣省委将省委机关设在此处。1932年11月中共湘赣省第二次代表大会在此召开，会后省委机构迁往孔圣殿，中共永新县委机关迁入此地办公。

该旧址原名萧氏宗祠，民国二年（1913）由萧会锦堂兄弟集资建造。建筑坐北朝南，共两进院落，三开间硬山建筑，中厅和后厅采用传统跌落式燕尾山墙，前厅正立面仿西式教堂入口，两山面做平直女儿墙。前、中、后三厅均为穿斗结构，当心间通高，左右次间为两层，其中仅后厅次间用砖墙隔断。前院为长方形天井，后院沿轴线做过廊，形成左右两方形天井。通进深47.4米，面阔16.6米，建筑占地面积786.84平方米。

任弼时故居坐落于永新县城任弼时中学院内。1932年1月，湘赣省军区成立并将总指挥部设在这里。总指挥张启龙、政委甘泗淇、参谋长冯达飞、政治部主任于兆龙都居住于此。1933年6月，任弼时

任弼时故居（中国工农红军湘赣省军区总指挥部旧址）

湘赣省委机关旧址

湘赣省委机关旧址前厅及前天井

派任湘赣省委书记和省军区政委时偕夫人陈宗英在此居住。

该旧址原为永新试院，清咸丰五年（1885）毁于战争，清同治元年（1862）重建，清末改为学堂，1921年扩建创立禾川中学。建筑为独栋二层三开间穿斗硬山建筑，坐北朝南，正立面设外廊，通进深18.9米，面阔13.3米，立面墙上保留革命时期标语。

湘赣省委机关旧址中厅

湘赣省委机关旧址后厅及后天井

42 南塔

Southern Pagoda

基本信息	省级 / 现属城南中学，不对外开放
年　代	宋
地　址	吉安市永新县城
交通信息	自驾 / 县城内步行，北门路与禾川东大街路口处的城南中学院内教学楼之西

南塔又名茅塔，约建于北宋至道元年（995），明清多次维修，原属南塔寺的一部分，现寺已不存。该塔为九层方形砖塔，通高17米，边长4.2米，整体收分明显，呈棱锥形。塔顶有铁制塔刹，铁刹底部呈覆钵形，上置有一莲花座，座上为一圆形铁柱，三重相轮，铸有精美的佛像和图案，并有铭文记录有关铸造时间、建塔相关人员和捐赠人员的内容。塔的第一级高4米，第二级高1.5米，以上各层逐步递减，第九级为近年修缮时为保护原第九层圆形塔身而建，塔身出檐不大，层间以砖叠涩出檐三至四层。首层西面开一拱形门洞，二层设拱形小窗，三至八层设壁龛，其余三面仅首层设拱形小龛。宋塔多为六边形，并发展出双层塔和塔心柱的形式，而该塔却为方形，纯以青砖叠涩砌成，仅可见一二层塔室，较为特殊。

南塔远景

南塔近景

南塔塔刹

43 红四军第三十一团团部旧址（并塘边毛泽东故居）

Former Site of the Regiment Headquarters of the Thirty-first Regiment of the Fourth Red Army (and Mao Zedong's Former Residence in Tangbian Village)

基本信息	省级 / 免费参观
年代	清—民国
地址	吉安市永新县沙市镇塘边村
交通信息	自驾，由永新县沿 G319 东行至沙市镇向南，共需 27 公里

工农红军红四军第三十一团团部旧址

工农红军红四军第三十一团团部旧址前天井

红四军第三十一团团部旧址原为塘边村徐氏的三房祠堂。1928 年 5 月至 7 月间，毛泽东及部分指战员在塘边村进行社会调查和土地革命试点，成为井冈山革命根据地土地革命的典范，为《井冈山土地法》的制定奠定了基础。

祠堂占地面积为 409.5 平方米，建筑面积为 819 平方米，共两进院落，正立面向西北，为三开间硬山建筑，两山为跌落式燕尾山墙。前厅外墙后退形成外廊，木架构暴露于墙外，当心间额枋较高，每间均设方形门洞门，当心间的较高。前厅内部次间均为两层，当心间通高，当心间后檐柱之间是一层高的木墙，起

工农红军红四军第三十一团团部旧址侧廊

工农红军红四军第三十一团团部旧址中厅

到照壁的作用。中厅也是当心间通高，左右两次间为二层，两厅之间以走马廊相连，沿侧廊设通往二层的木阶，廊宽约为次间的一半，室内不设隔断，二层凌空挑出，设木格栏杆，围绕中央的长方形天井，空间舒朗。通过中厅次间后墙的月亮门就是后厅，两厅距离较近，东西仍设两层侧廊，形成狭长的天井。后厅地坪较高，两次间为二层，以砖墙围合，当心间通高，天花中央设藻井。总体来看是非常典型的祠堂布局，适用于村中族人祭祖、议事、办酒席之类，但成为革命遗址保护后被关闭保护，村中人只好自筹经费另建祠堂。村子中部池塘之南还有毛泽东同志旧居，是独栋硬山小屋，原为村民住宅。

工农红军红四军第三十一团团部旧址后天井

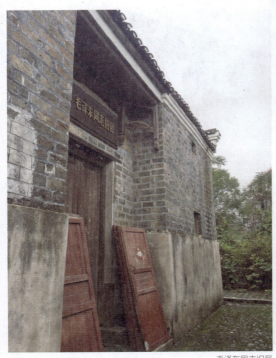
毛泽东同志旧居

毛泽东同志故居

安福县

44 塘边村
Tangbian Village

基本信息	国家级 / 免费参观
年　代	明、清
地　址	吉安市安福县洲湖镇
交通信息	自驾,自安福县城西南,经S228省道至洲湖镇,再沿S836县道向西南6公里可至

塘边村

塘边村属于丘陵盆地,村内有十多口水塘相连,可供饮水、洗涤、灌溉之用,民居围绕水塘而建,故以"塘边"命名。居住在塘边村的是刘姓家族,家谱上称"长沙刘",后汉乾祐年间由中书舍人刘景洪徙塘边开基,塘边人精明练达、善于经商,宋元时村子就小有规模,明末清初,吉安的食油业、典当业几乎被他们所把持。

村内建筑多环绕池塘布局,因为属黄土地质,适宜制砖,建筑者多就地取材,在屋前取土制砖,逐渐形成水塘,现存五个古建筑群均是如此格局。

致美堂

刘致美所建的八栋屋和致美堂均在村中央大池塘东岸,致美堂坐东朝西,为抬梁穿斗结合的两进三开间硬山建筑,三层燕尾形马头墙,整体建筑梁枋为"月"字形,并设花牙子装饰。前厅正立面设外廊,当心间额枋较高。前中厅以南北廊子连列,围合方形天井,略无隔断,空间明朗。中厅前檐为卷棚天花,当心间上方设藻井,后墙挂"致美堂"匾额。墙后为后厅院落,天井较小,南北侧廊及后厅均为两层,除当心间一层外均以门板或格子门窗闭合,空间私密性较强。致美堂之北就是八栋屋,由坐东朝西的两排独栋硬山建筑组成,每排四栋建筑,西侧还有倒座一排,建筑间以青石板铺就的横纵巷道相连。

致美堂中厅

刘继美所建大夫第,位于村中央偏西南,与致美

致美堂中厅藻井

致美堂后厅及天井

堂隔水相望，坐南朝北，共三开间两进院落，与致美堂格局相似，规模略小，前厅外立面为砖墙，当心间门楣横镌"大夫第"，前厅及两侧廊为二层，中厅前廊当心间做成门坊形式，后厅前廊当心间有拱形木雕。

村东南群落中央水塘南侧是坐南朝北的"世科甲第"宅，两进三开间硬山建筑，前厅前廊设卷棚天花，共六柱，模拟五开间，当心间不设额枋，外墙中央开方门洞，上挂"世科甲第"匾。前、中两厅间无侧廊，两厅山墙相连形成前院，中厅三柱，当心间无额枋，前后廊设卷棚天花，廊内设木板门围合室内。后院东西有侧廊，正方形天井，后厅较为开敞，仅在两次间端部做半间宽的小屋。

村中古民居大多在村子中央池塘的西北侧，几十栋连接成片，面向池塘还有三开间的文明坊一座，当心间柱子、额枋、牌匾等均以青石雕刻。

致美堂后厅二层栏杆细部

致美堂后厅厢房格子门细部

八栋屋巷道

文明坊

"世科甲第"宅

"世科甲第"宅中厅

"世科甲第"宅后天井

大夫第室内

"世科甲第"宅后厅

古民居

45 东山文塔

Dongshan Tower

基本信息	省级 / 免费参观
年　　代	明
地　　址	吉安市安福县城
交通信息	自驾 / 县城内步行，安福县城西侧武功山大道与江南路交汇处

东山文塔原名"东山禅寺塔"，相传为东吴鲁肃监修，后倒塌。宋宣和年间于原址重建并兴建东山禅寺，明正德年间倒塌，明嘉靖二十二年（1543）在坍塌后的三层基座上续建今塔，称为"东山文塔"以佑文风昌盛。

东山文塔塔高40米，是青砖砌筑的九层楼阁式仿木砖塔，平面呈八边形，塔身饰白灰，须弥座和檐部为青砖。底层圆径34.4米，自下而上逐层缓和收分。

东山文塔

东山文塔仰视

塔基座为须弥座，束腰部设有壶门。塔身用特制的大型青砖磨砖对缝，以桐油、糯米汁拌石灰浆砌成，做法独特，外观精致。每层转角设方形壁柱，柱上有砖雕斗栱，每面均有阑额形象，一层做两道，二至九层做一道，额枋中央坐一砖雕斗栱，额枋下设拱窗，明暗交替。层间为砖砌仿木腰檐，除顶层外均为重檐，做工精细。塔顶为单檐攒尖样式。上有生铁浇铸而成的塔刹，有覆钵、相轮和宝顶，塔刹四方分别铸有"国泰民安""皇图巩固""文运遐昌""风调雨顺"铭文，下层镌刻主修文塔人员名单。塔门位于西面，门额上是镶嵌的四块方型砖刻题额"东山文塔"残件，门头另做仿木檐椽，呈垂花门式样。首层墙厚3.8米，塔心室内有楼板和踏步可沿塔壁盘旋而上，共有十五层，明暗交替，第四层塔壁嵌有明嘉靖二十四年（1545）"东山文塔募缘疏"石碑一块。

整座塔造型挺拔优美，收分、出檐比例和谐，色彩素雅而不单调，装饰细致精巧，做法复杂。

东山文塔须弥座

东山文塔入口

东山文塔中段细部

46 安福孔庙
Anfu Temple of Confucius

基本信息	国家级 / 免费参观
年　　代	清
地　　址	吉安市安福县城
交通信息	自驾 / 县城内步行，安福县城文庙路北侧，东邻平都一小

清乾隆年间安福孔庙图

　　孔庙始建于北宋庆历年间，北宋元祐五年（1090）移建于城东，南宋绍兴十二年（1142）重建于今址，元代升为洲学，元末毁于兵火，明洪武二年（1369）完成重建并改为县学，后屡有增修，明末毁于兵火，仅存大成殿，清顺治十三年（1656）重修，清咸丰五年（1855）又毁，清同治二年（1863）重建，主体建筑仍保持明朝规制。现存总建筑面积3000平方米，约为清代时期规模的三分之一。

　　通过立有"文武百官于此落轿下马"石碑的棂星门，穿过泮池就是孔庙现存的大成门大成殿院落，主要建筑均坐北朝南。

　　大成门共有十一间，分为三段：中央五间为主，双层重檐，二层为歇山顶，南侧当心间柱子升高做歇山牌楼小顶，额枋下挂一竖匾，上书"大成门"，一层空间分心设木墙，当心间檐下红石柱镂刻龙凤，板门开敞，气宇轩昂。左右外侧的三开间为辅，硬山顶，前后设外廊与主题保持一致，廊内砖墙围合，南侧中央开小门。

安福孔庙鸟瞰

安福孔庙大成门

安福孔庙大成门盘龙柱

安福孔庙大成门门楼

安福孔庙大成殿

安福孔庙大成殿柱头细部

大成门后是一个由廊庑围绕的宽大院落，院落之北就是大成殿。大成殿为七开间重檐歇山顶建筑，坐落于近1米高的月台上，月台前凸，御路踏跺中央盘龙，整个月台占据近一半的院落空间。大成殿有明显的官式建筑风格，当心间较宽，约为次间两倍，额枋平直，上有斗栱形象装饰，二层檐下设方棱窗，窗外也有斗栱形装饰，建筑周设环廊，当心间檐柱也镂刻龙凤。翼角高翘，脊部中央饰葫芦形火珠，两端鱼吻镇脊。大成殿内部不设天花，抬梁穿斗结合，梁枋上均有彩画，室内较为明亮。

建筑整体规制颇高，加之所有建筑的檐柱均为红石柱，呈现出整齐庄重的空间效果。

安福孔庙大成殿御路石

安福孔庙大成殿翼角细部

安福孔庙大成殿前廊盘龙柱

47 武功山祭祀遗址

Site of Sacrificial Ceremony in Mount Wugong

基本信息	省级／购票参观，门票 90 元，索道往返 150 元
年　　代	三国—民国
地　　址	吉安市安福县钱山乡、泰山乡
交通信息	自驾，由安福县城经 S334 西行后转 S242，再转 X839，共需 65 公里

武功山祭祀遗址鸟瞰

　　武功山祭祀遗址地处武功山主峰之巅，从安福泰山乡武功山景区入口乘车半小时后到达索道站，乘索道后步行约 1 小时可至位于主峰金顶的葛仙坛、冲应坛、汪仙坛三座遗址。

　　魏晋时期道教兴胜，葛玄（葛仙翁）及其侄孙葛洪先后到访武功山，启道教之风，此后开设众多道场，武功山也因此而名声大振。葛仙翁从此成为武功山历代宗教信徒崇祀的主神。唐宋以降，儒道释三教融汇，形成多教派共存的局面，山上兴建了众多寺观祭坛。祭天祈福之风历代不衰，明代地方官吏率吏民上山祭祀仍不绝于史。清代中期，围绕主峰一带的宫观坛庵曾达百处之多。

　　武功山最高之处名为金顶，为高山草甸区域。金顶祭祀遗址及道教建筑群有观日亭遗址、白鹤峰山门、葛仙坛、冲应坛、汪仙坛等。葛仙坛始建于晋代，供奉的是道教天师葛玄和其侄孙葛洪，由山门、前院、坛室组成，占地面积约 100 平方米。院墙为花岗石垒砌，正中央设山门，高 1.8 米、宽 1 米。坛室属拱券结构，正方形平面，边长 4 米，高约 4 米，门外为观日台遗址。其他两台与其近似，冲应坛始建于元至元年间，供奉上清派魏华存、净明派许逊、葛玄与葛洪。汪仙坛始建于明末，供奉明代吉安知府汪可受、葛玄及葛洪。

汪仙坛远景

观音崖"白法寺"遗址位于金顶东南,由白云禅师创建于明代,现存观音堂、龙王庙、白云禅师墓塔等。三天门儒、释、道三教遗址群有道观图平庵、太极宫、广济宫,佛寺永镇庵,儒文昌阁,现均存有遗址,存有大量石质建筑构件,是武功山三教汇集的集中表现。

武功山祭祀遗址还包括九龙山"胜佛禅林"遗址、箕峰"玉皇殿"遗址、集云庵遗址、行台遗址、文家"暖水祠"遗址等,共8处。遗址多体现为石质结构,成为武功山祭祀建筑的一大特点。

葛仙坛及冲应坛

葛仙坛

冲应坛

吉安市其他文物保护单位列表

区县	名称	年代	级别	地址	简介
峡江县	宫门桥	宋—清	省级	吉安市峡江县福民乡王家村	属石砌单拱桥，始建于宋嘉定九年（1216），南北走向，长6.3米，宽4.85米，净跨3米，矢高2米。券拱底面券石上刻"嘉定九年丙子岁仲夏宫门鼎新建造"，现保存完好
峡江县	峡江会议旧址	民国	国家级	吉安市峡江县巴邱镇	又名怡顺堂，坐西朝东，五开间硬山建筑，共有两进院落，局部两层，室内装修雅致，占地面积585平方米。1930年10月17日，毛泽东率领红军主力来到峡江县，翌日傍晚在此召开"峡江会议"。1977年重新修复
泰和县	罗钦顺墓	明、清	省级	吉安市泰和县上模乡西岗村	罗钦顺（1465—1547）为明代哲学家，字允昇，官至南京吏部尚书，去世后敕葬于家乡。墓坐北朝南，砖石砌成，封土高3米，直径8米，墓前有飨堂和四对石像生
新干县	牛头城遗址	商、周	国家级	吉安市新干县太洋洲镇牛城村	遗址长约130米、宽50米，属商代晚期到西周早期的古城遗址。四周土城残存，城内地表散布陶片，已发掘出各类青铜器、陶器和石器
新干县	大洋洲程家遗址	商	省级	吉安市新干县太洋洲镇程家村	为墓葬或祭祀遗址，出土有大批青铜器、玉器、陶器等，证实当时制作工艺已达到高超水平，共出土器物1374件，包括青铜器475件、玉器754件（颗）、骨器6件、陶器139件，尤以青铜器数量众多
吉州区	西刘家巷8号毛泽东旧居、西肖家巷7号朱德旧居	民国	省级	吉安市吉州区人民广场东侧步行街	毛泽东旧居原为省立第六中学教师余益文私宅余进修堂，硬山建筑，坐西朝东，一厅六房，面积213平方米，前后有院，"八"字形院门。朱德旧居原为儒行书舍，硬山建筑、坐北朝南，一厅六房，面积144平方米。厅内以木板隔栅划分，中堂上端置简易冰凌花格窗。设前院，院侧开，"八"字形门楼。1930年10月4日，红军攻克吉安后，毛泽东、朱德分别率红一方面军总前委、总司令部驻于此
青原区	东固平民银行旧址	民国	省级	吉安市青原区东固畲族乡	东固镇中央老街南侧，二层楼房，坐东南朝西北，砖木结构，占地面积169.51平方米。前身为东固平民借贷所，1928年10月创办东固平民银行，筹集4000银元，成立了7人委员会，黄启绶任行长。1930年3月改为东固银行，1930年11月改为江西工农银行，由江西省苏维埃政府领导。1932年3月，与闽西工农银行合并组建为中华苏维埃国家银行。1934年10月银行随军长征。同设于此处的还有东固消费合作社旧址
井冈山市茨坪街道	小井红军医院旧址（含行洲红军标语）	民国	国家级	吉安市井冈山市茨坪乡小井	1928年5月，毛泽东、朱德两支部队在井冈山胜利会师后建立的后方医院。建院所需的经费和建材均由井冈山军民自愿捐献和采集。医院为两层木构，共32间，可容纳200名伤病员，取名"红光医院"。1929年1月，井冈山失守，该医院被国民党反动派烧毁。1967年，按历史原貌修复
井冈山市茨坪街道	大井朱德陈毅故居	民国	国家级	吉安市井冈山市茨坪乡大井	位于井冈山茨坪西7公里地的大井村，有1厅、3个天井、27间小房。大门右间为朱德住房，大门左间为陈毅住房，面积约698平方米。1928年5月，工农革命军第四军在井冈山奋市成立之后，直到1929年1月，朱德、陈毅每次来大井都住在此屋。同时，红四军军部也曾在此办公。1929年1月底，此屋被国民党反动派烧毁。1984年，政府按原貌重新修建
井冈山市茨坪街道	黄坳毛泽东旧居	民国	国家级	吉安市井冈山市茨萍乡黄坳村	本为一座名为"地母宫"的庙宇，坐北朝南，木框架泥土屋，面积410平方米。1928年2月毛泽东到黄坳时曾在此居住
井冈山市茅坪乡	湘赣边界第一次党代会旧址（谢氏慎公祠）	民国	国家级	吉安市井冈山市茅坪乡	本为谢氏慎公祠，硬山独栋建筑，内有一个大厅堂和一个后廊，建筑面积约95平方米，是湘赣边界第一次党代会所在。祠堂后为一个大院，院后为一座二层楼房，称为八角楼，是为毛泽东旧居。周围还有红四军二十八团团部旧址等革命遗址，茅坪东2公里为象山庵

11
赣州市
GANZHOU

赣州市文物建筑分布图
Historical Architectural Map of Ganzhou

1. 赣州文庙
2. 舍利塔
3. 赣州城墙
4. 广东会馆
5. 玉虹塔
6. 通天岩石窟
7. 夏府村宗祠群
8. 白鹭村古建筑群
9. 大宝光塔
10. 朱华塔
11. 土地革命干部训练班
12. 江西省第一次工农兵代表大会会址
13. 江西军区旧址（含红军检阅台）
14. 江西省苏维埃政府旧址
15. 中国工农红军总医院旧址
16. 中央兵工厂旧址群
17. 水头步蟾坊
18. 赣南省苏维埃政府旧址
19. 水口塔
20. 中国共产党江西省委员会旧址
21. 宁都江西省苏维埃政府旧址
22. 江西省军区司令部旧址
23. 中共苏区中央局旧址
24. 宁都会议旧址
25. 东龙古村
26. 杨村坊式亭
27. 永宁桥
28. 太平天国幼天王囚室
29. 宝福院塔
30. 宁都起义部队秋溪整编旧址
31. 瑞金革命遗址
32. 龙珠塔
33. 中共粤赣省委旧址
34. 粤赣省军区总指挥部旧址
35. 会寻安中心县委旧址
36. 羊角水堡
37. 周田村
38. 东生围
39. 无为寺塔
40. 永清岩观音楼
41. 永镇桥
42. 关西新围
43. 太平桥
44. 燕翼围
45. 雅溪围屋
46. 玉带桥
47. 大圣寺塔
48. 油山游击队交通站——上乐塔
49. 嘉祐寺塔

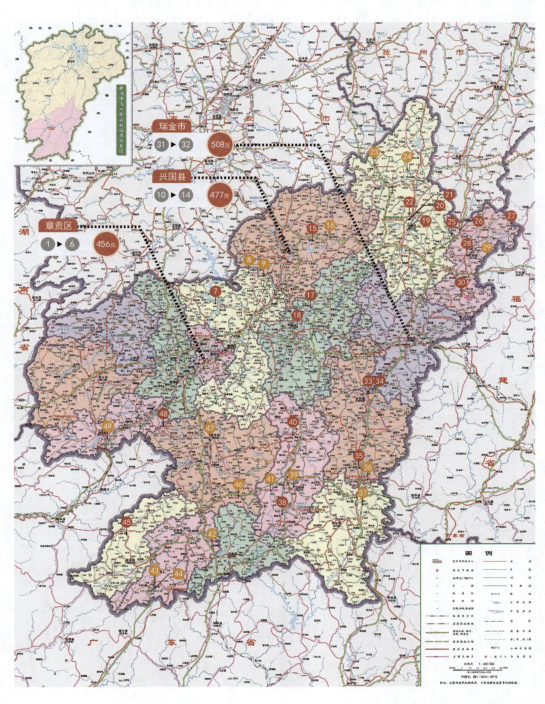

赣粤闽湘文化汇聚之地——赣州市古建筑概述

赣州，简称"虔"，别称"虔城"，亦称"赣南"。为江西省下辖地级市，位于江西南部，是江西省的南大门，面积最大，人口最多。赣州地处赣江上游，东接福建，南至广东，西靠湖南，是连接四省的交通要道，乃自古以来兵家必争之地。

赣州是著名的宋代历史名城，章贡区内现存的赣州城墙是我国少有的宋代城墙遗存。赣州为江南地区政治、经济、文化、军事重镇。

一、赣州市历史沿革

秦始皇统一六国，将十万六国戍卒贬至赣南，此批被称为"秦木客"的苦役是被史料记载下来的赣南地区最早的汉族先民。汉高祖六年（201），在此驻军并设县——赣县。晋太康末，因被洪水淹没而迁县至高姥城（今龙岗）。东晋永和五年（349），南康郡守在今章贡区古城区开始筑城造巷，赣州开始有了城市的雏形及概念。南朝昇明元年（477）设置南康国，隋开皇九年（589）改置虔州。唐贞观元年（627）分全国为十道，虔州隶属江南道。此后数个朝代建制几经变更，并逐渐扩大辖区。至南宋绍兴二十三年（1153）校书郎董德元以"虔"字为虎头，虔州号"虎头城"，非佳名，故奏请改名。诏改虔州为赣州，是取章、贡二水合流之义，且保留虔字的底部"文"，故称为"赣"，赣州名始于此，隶属于江南西路，至此形成了明确的政区设置。明清、民国至中华人民共和国成立初期，赣州地区辖区几经变革，1999 年 7 月，赣州地区正式挂牌称为地级赣州市。

赣州是客家文化的发源地，唐中后期以及五代十国时期因战乱造成的移民运动，是客家文化形成的主要原因。大量的汉民从中原、江淮、荆湖、两浙等北部地区向赣闽粤三角区涌入。利用当地天然的地势条件，结合土著文化等形成了独特的客家文化圈。

二、赣州地区古建筑类型及分布情况

（1）宗教建筑

赣州地区的宗教建筑主要有赣州文庙、佛塔等。赣州文庙严格按照地方文庙的规制进行规划和建设，是赣南地区规模最完善的文庙建筑。佛塔中"赣州

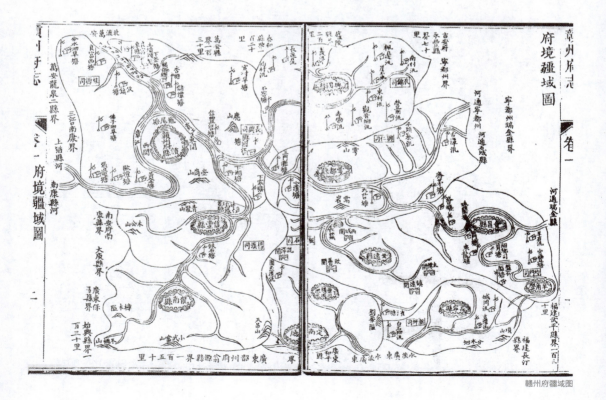

赣州府疆域图

(2) 古村落及古民居

作为徽商的故乡之地，徽州地区的古村落和古民居因为其有典型的客家文化特征，无聊是有着藩篱的天井院落还是其造型图画、浮雕围画都具有显著的客家风貌，它们所在的村落，多以围屋为中心进行分布的客家民居，在也都呈家族聚族的生活特征。

永清县境是徽州地区的唯一一座依旧连绵着唐代的客家祠堂，遇天井式的国重要多少保存着唐代建筑的古老建筑物像 359座，来代至民国的厢房追踪到 128户，因此被誉为"江南第一古县"。

佛教"、较为分散，有代徽州地区各州县（郡云洲）、以前是家庙院落，宏伯是正宗的大寺庙，信手皆是大家寺庙，大会旦尊书寺院，此外还有徽县古代的唐代国宫大寺。

(3) 红色旧址

徽州地区作为近代重要的革命根据地，拥有众多的革命旧址，尖国革命旧址是重要的红色旅游资源，红色旅游资源对以使徽州地区的徽州地区因而了了天革起至色旧址。

(4) 其他

徽州地区拥有丰富多样，作为红色旅游入口之一，在各村长游溪水上，劝右摇旦光于街，无聊是水上经，信手皆是港桥等。

徽州地区拥有丰富的客家水系以及民居的徽州的山脉，是延绵江以及北方的客家族源地，寒水与近水不江下北，是周多名国的民众之乡。徽州市具有着丰富多样的方水图各色的重要及湿地和且有浓郁风味化特色，是南方多各种很重要和且有浓郁风味化的古镇历史名镇。

1 赣州文庙

Ganzhou Temple of Confucius

基本信息	国家级 / 第六批 / 正在维修 / 部分重点
地 址	赣州市章贡区厚德路 42 号
年 代	清
交通信息	乘 5 路公交车至厚德路一中

文庙位于赣州市区厚德路 42 号，直线路约小岩西侧。

唐代为一座紫极观，后为紫极观，故佛寺，后为于北坛。宋真宗时期曾在此，扩建紫光观，改名为其后宫，并挑佛教的孔庙入。开宝元年，宋二宗皇祐二年（1050），赵令全在此址建重建孔庙，后宗挪称于明中，相距即为苏春，图像俱名。又参照孔庙旧所，所以又被称为文庙。

宋高宗绍兴二十年（1150）又重修于大成，宋光宗绍熙五年（1194），赵令全夫文墨重建。此后，宋宁宗庆元三年（1197），明太祖洪武年间（1368—1398），明成祖永乐年间（1403—1424），明其宗宣德年间（1426—1435），明代宗景泰年间（1450—1457），明宪宗成化四年（1468）至清乾隆元年（1736）分别请修，增建。

明洪武成化四年（1468）至清乾隆元年（1736）赣县知县公元此建十丛奉寺，在此紫极观，改建赣州卫生殿十间化寺，清乾隆元年（1736），将此佛诚建真卫至等门回紫极观旧址，并将孔庙按制且原地扩建后为新等，清乾隆二十五年（1760），清乾隆四十二年（1777）、清嘉庆九年（1804）、清道光十年（1860）分别修葺。

文庙坐北朝南，西侧为尤迅，东侧为直隶路小学，即今校址所在，建筑群占地面积约 7000 平方米，围有广场、棂星门、泮池，为尤光塔建，其后有棂星门内院，内院东西侧有东门、西庑南北侧为大成殿门、大成殿、二庑三座歇山殿山造，皆前下层跳歇山三出跳，为九踩异形斗栱，其南侧有名宦祠，乡贤祠，中间院落院为院面带为城门的方向。

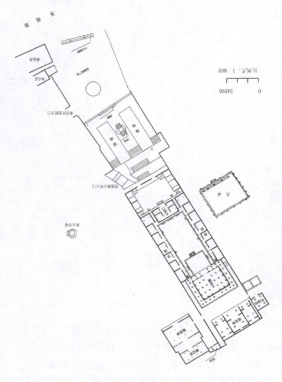

赣州文庙总平面图

现状卫星图

棂星门

外景

戟门

红石狮子

院落，两侧有廊庑，山墙用三段曲线。中间有甬道连接方形月台，后面即为文庙建筑群的核心建筑大成殿。

大成殿台基高1.5米，殿身七间六进，面阔31米，进深24米，平面副阶周匝，重檐歇山顶。正脊高15米，并配以彩瓷宝顶，屋顶用黄绿琉璃瓦，外檐柱用红石。下层明间斗栱出丁头栱两跳，次间三跳。上层明间斗栱出丁头栱三跳，次间出四跳。外廊檐下做藻井，明间藻井用如意斗栱承托。

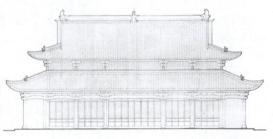

大成殿正立面图

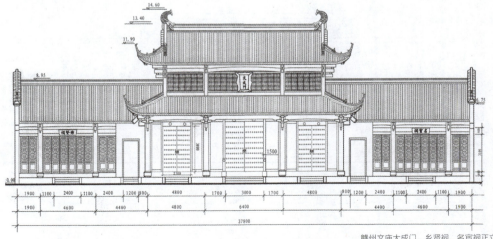

赣州文庙大成门、乡贤祠、名宦祠正立面图

大成殿及月台

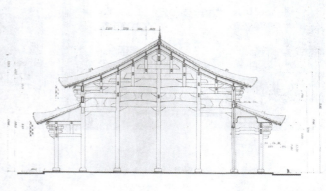
大成殿侧剖面图

崇圣祠位于大成殿后，西侧跨院为节孝祠，东侧跨院为魁星阁和尊经阁。三间四进，两侧有耳房，硬山屋顶，封火山墙。

1949年后，这里曾作为厚德路小学的校址和教职工的宿舍。1990年对大成殿进行过维修。1993年厚德路小学迁出文庙，搬到其东侧。2004年对文庙的崇圣祠、节孝祠、魁星阁、尊经阁、大成门、东庑、西庑、棂星门、泮池进行了维修，并对周边环境进行了整治、绿化。目前正在对文庙建筑群进行全面修葺。

2013年3月被列为全国重点文物保护单位。

崇圣祠

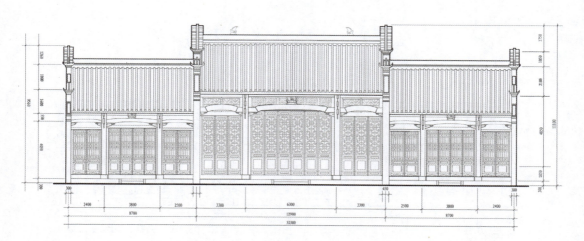
崇圣祠立面图

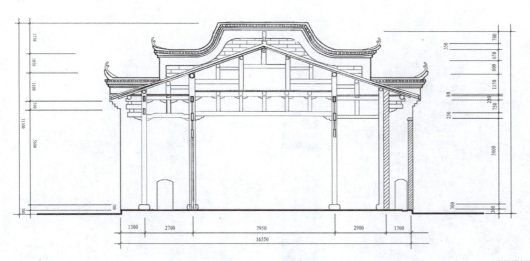

崇圣祠剖面图

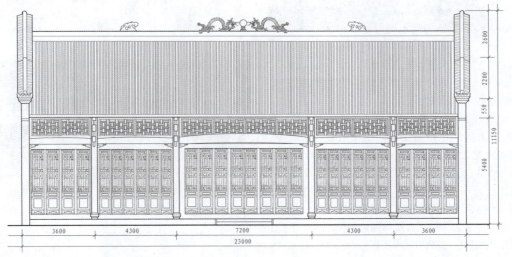

魁星阁正立面图

2 舍利塔

Stupa

基本信息	国家级 / 不开放
年　代	宋
地　址	赣州市章贡区厚德路小学内
交通信息	乘5路公交车至赣州一中

舍利塔及文庙

旧称瞻云塔，又称慈云塔，清代易名雁塔，原为慈云寺附属建筑。位于厚德路小学内，西侧为文庙。根据府志、县志记载，该塔始建于唐初，现存建筑经

全貌

塔顶及塔刹

鉴定建造于北宋天圣年间，清光绪三十二年（1906）檐廊毁于火灾，1973 年重修，2004 年赣州市政府对舍利塔进行了全面修复。

舍利塔为典型的宋代阁楼砖塔，塔高 49.9 米，由地宫、塔基、塔身及塔刹等组成。九级六面，塔心中空，塔基每面宽 7.9 米，高 1.2 米。首层双层檐廊，檐下施双杪五铺作，转角铺作耍头做昂形。二层及以上各层有平坐、门、转角做柱子，柱上承枋，枋上有斗栱。每面斗栱三朵，转角一朵。

1957 年被列为江西省文物保护单位。2006 年 5 月作为赣州佛塔之一被列为第六批全国重点文物保护单位。

底层入口

塔身

首层檐廊转角铺作

3 赣州城墙
City wall of Ganzhou

基本信息	国家级 / 免费开放 / 现为景点
年　代	宋
地　址	赣州市章贡区赣江
交通信息	乘 K2/K3 至八境路口站

　　赣州城墙位于章贡区古城区内，东起东河桥大桥头（原百胜门），沿贡江北上，经建春门、涌金门至八镜台后南转，沿章江至西津门止。现存长度约 3.6 公里，环绕古城东、北、西三面，南面城墙在城市发展过程中被拆除，仅存 52 米与拜将台相连。

　　古城墙建于北宋嘉祐年间，是江南现存规模最大的古城墙。城墙为土筑，因赣州三面临江，屡为洪水所毁。至北宋嘉祐四年（1059），知州孔宗翰改筑砖石城墙，"因贡水直趋东北隅，城屡冲决，甃石当其啮处，冶铁固基，上峙八镜台"，此后历代均有修葺。至明正德年间（1506—1521），城墙周长 6.5 公里，高三丈，宽丈余，有城门、警铺、雉堞等。清咸丰年间（1851—1861）在各城门外修建炮城，以加强防御性能。

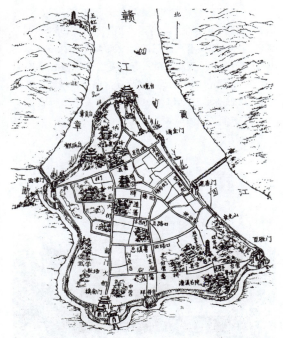

赣州城名胜图

北门

城墙 1

城墙 2

八镜台及城墙

1949年后经过实测,城墙全长6900米,厚6.5米,有镇南、西津、涌金、建春、百胜五门。1958年拆除百胜门经镇南门至西津门的南段城墙后,存3664米。1990年10月,新发现赣州养济院南侧的城墙墙基41米。同年,经赣州市博物馆调查,现存古城墙中有宋石墙25.25米、宋砖墙19.8米和养济院南宋砖墙基41米,基本上是原墙原貌。

现存城墙高度一般为5～7米,最低一段高约4米,在涌金门,最高在西北一带。沿城墙北段有八镜台、龟角尾公园、郁孤台及历史街区、宋街、军门楼、花园塘、蒋经国故居等风景区。

1996年11月,国务院将赣州古城墙列为全国重点文物保护单位。

郁孤台

四贤坊

军门楼

郁孤台历史街区规划效果图

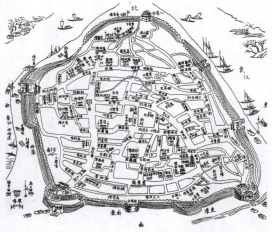

同治十一年(1872)城墙

4 广东会馆

Guangdong Guild Hall

基本信息	市级 / 暂不开放
年代	清
地址	赣州市章贡区西津路 28 号
交通信息	乘 9 路 /K3 路公交车至郁孤台

广东会馆位于章贡区西津路 28 号，临近郁孤台景区，属于郁孤台历史街区历史建筑之一。始建于清同治五年（1866），是广东省旅赣同乡会，具有岭南建筑风格。会馆背依郁孤台公园，坐北朝南，南北长 61.9 米，东西宽 19.8 米，砖木石混合结构。前后共三进，中间有天井，后进天井两侧有水池，左右分三路，以通道连接。建筑木石构件用料讲究，梁架为抬梁和穿斗相结合，加工精细，柱础、台基等石构件有精美的花草、人物、动物浮雕。屋脊灰塑装饰、琉璃盖瓦，为典型的岭南建筑装饰手法。镬耳山墙，墙头有人物、植物等图案的砖雕。

2012 年被列入郁孤台历史文化街区范围内，开始进行保护修缮。会馆也是革命旧址，1926 年 11 月，赣州工人第一次代表大会在这里召开。目前为赣州市文物保护单位。

屋顶平面

屋脊灰塑

入口

木雕

石雕

砖雕

5 玉虹塔

Yuhong Pagoda

基本信息	省级／免费开放
年　代	明
地　址	赣州市章贡区赣江公路大桥西
交通信息	乘18路/109路/118路公交车至水西镇政府

玉虹塔位于市区北部，紧邻赣江大桥西口。是为了襄压章贡两江的水患，以保佑赣州城的平安，赣州都御使谢杰于明代万历年间建造，是一座风水塔。因塔身外墙用白灰粉饰，又称白塔。

该塔为楼阁式砖塔，为壁内折上式结构。六角九级，高33米，塔基为红石须弥座，塔心中空，内墙各面有佛龛，外墙设壶门。塔砖上多处可见刻有"万历宝塔"字样的铭文，各层原有木结构回廊，后毁。

1992年5月，在玉虹塔的地宫内，出土一只重76.5千克的铁元宝，为玉虹塔的镇塔之宝，上铸"双流砥柱"四字，现保存在赣州历史文化与城市建设博物馆，为国家一级文物。

塔底入口已封，为江西省文物保护单位。

全貌

塔顶及塔刹

6 通天岩石窟

Grottoes on Tongtianyan Cliff

基本信息	国家级 / 免费开放 / 现为景点
年　代	宋—明
地　址	赣州市章贡区西北郊
交通信息	乘 18 路公交车至通天岩景区

通天岩石窟位于赣州市西北郊通天岩风景区，距城区约 10 公里。通天岩为成熟丹霞地貌，由通天岩、忘归岩、观心岩、龙虎岩、翠微岩以及其他自然和人文景观组成。通天岩石窟共有石龛 315 座、造像 348 尊、题刻 128 处。

通天岩佛龛均为浅龛，圆拱形制，造像题材有菩萨、罗汉、燃灯佛、毗卢遮那佛等。除翠微岩的几尊立佛是唐代的雕刻外，其余多是宋代作品，是中国南方石窟造像比较集中的一处。

1988 年 2 月被国务院列为全国重点文物保护单位。

通天岩

忘归岩

翠微岩

千佛洞

普同塔

赣县区

7 夏府村宗祠群
Ancestral Halls in Xiafu Village

基本信息	省级 / 免费开放
年　　代	清—民国
地　　址	赣州市赣县区湖江乡
交通信息	县际公交 / 自驾

夏府村宗祠群位于赣县区湖江乡夏府村。夏府原名"夏浒"，据1989年发现的夏浒古墓出土文物，其历史可追溯至南北朝时期。夏府村位于赣江"十八滩"的"天柱滩"和"黄泉路"两滩之间，是赣南地区重要的水上交通枢纽。旧时夏府村沿赣江开设戚氏码头、谢氏码头、李氏码头等七处私家码头，是客家人进入赣南的第一站，也是其聚居地之一。至清末民初，夏浒居民以戚、谢、欧、萧、李五个姓氏为主，其中戚、谢两家为世家望族。夏府村原祠堂众多，由于20世纪80年代修建万安水库，村址水位上升，全村迁移。如今的宗祠群中的戚氏宗祠、戚氏应元公祠以及谢氏宗祠为保存下来的传统建筑。

（1）戚氏宗祠

又称"追远堂"，始建于宋景定年间，后经明万历己亥年（1599）、清康熙壬子年（1672）、清乾隆庚子年（1780）、清光绪丙午年（1906）等九次重修，至今保存完好。"追远堂"占地面积约2000平方米，青砖"品"字马头墙，气势雄伟。

坊式门楼上横书"戚氏宗祠"，门额竖刻"世封侯爵"。黑云母花岗岩石门框，门前置石鼓，两侧有楹联。祠内原有许多名人字联，如朱熹所题的"忠孝廉节"，现已不存。祠堂分上、中、下三厅，用天井隔开。第一进为戏台，天井两边是游廊阁楼，为赏戏看台。祠内雕梁画栋，斗栱做木雕装饰。

上、中、下厅堂共有18根红纱岩石柱，上面刻有楹联以及"文革"时期的宣传标语。厅堂上方横

夏府村古建筑全景

夏府村现状图

戚氏宗祠

戚氏宗祠屋顶

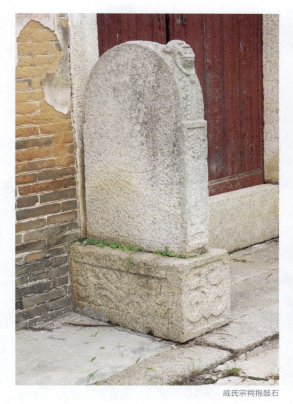
戚氏宗祠抱鼓石

戚氏宗祠门头

记功柱

戚氏宗祠内院

戚氏宗祠木结构

戚氏宗祠月梁

挂着6块匾额，每块匾额代表着各个时期戚家祖先的功绩。

（2）戚应元公祠

又称"聚顺堂"，是戚氏的分祠堂，现存建筑为1920年重修。

祠堂坐东朝西，面向象山。建筑风格与结构同追远堂相似，规模略小。坊式门楼正中横书"应运开元"，竖刻"戚应元公祠"，两侧耳门有"维武""经文"字样。门上泥塑题材为薛仁贵东征。祠堂中厅为镌刻孙中山撰写楹联的红岩石柱，阁楼上有"文革"时期的标语。

戚应元公祠

戚应元公祠山墙面

戚应元公祠屋顶

戚应元公祠门头

（3）谢氏宗祠

在聚顺堂东北处，又称"敦五堂"。建造年代不详，据记载曾于清宣统年间（1909—1911）进行过修复。

祠堂坐北朝南，南面为象山。上、下厅通过天井连接。封火山墙造型独特，下厅山墙为五行中之"土"，上厅山墙为五行中之"水"。门口一对抱鼓石，上刻狮头。坊式大门上横书"谢氏宗祠"，竖刻"理学名臣"，两侧平屋檐口有红色泥塑鲤鱼造型排水口。上厅用如意斗栱，栱头做龙形，天花上做八角形藻井，绘青龙图案。

2006年，夏府村祠堂群被公布为江西省文物保护单位。

谢氏宗祠

谢氏宗祠山墙面

谢氏宗祠屋顶

谢氏宗祠正厅

8 白鹭村古建筑群
Ancient Architectural Complex in Bailu Village

基本信息	省级 / 免费开放 / 现为景点
年　　代	明—民国
地　　址	赣州市赣县区白鹭乡
交通信息	县际公交 / 自驾

全村鸟瞰

白鹭村古建筑群位于赣县区最北端的白鹭乡白鹭村，毗邻兴国县和万安县，故有"一脚踏三县"之称。自宋绍兴六年（1136）钟舆迁居建村，这里至今仍保

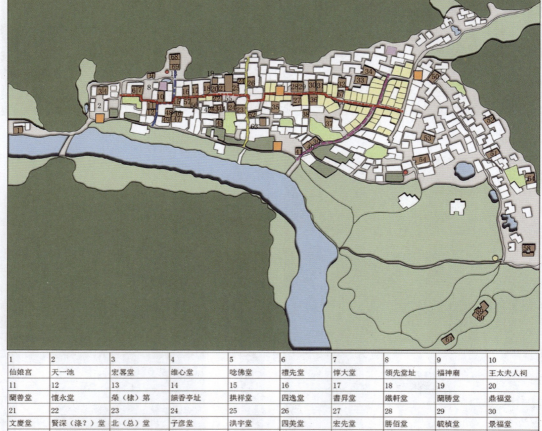

1	2	3	4	5	6	7	8	9	10
仙娘宫	天一池	宏晷堂	维心堂	唸佛堂	禮先堂	惇大堂	領先堂址	福神廟	王太夫人祠
11	12	13	14	15	16	17	18	19	20
蘭善堂	懷永堂	榮（棣）第	韻香亭址	拱祥堂	四逸堂	書昇堂	鐵軒堂	蘭勝堂	鼎福堂
21	22	23	24	25	26	27	28	29	30
文慶堂	賢深（涤？）堂	北（总）堂	子彦堂	洪宇堂	四美堂	宏先堂	勝佰堂	輗楨堂	景福堂
31	32	33	34	35	36	37	38	39	40
XX廟	少泉堂	茂先（光？）堂	佐廷堂址	體仁堂	聚萬堂	樹德堂	逸眙堂	致敬堂	佳音堂址
41	42	43	44	45	46	47	48	49	50
寶善堂	榮魁堂	陽昇堂	玉蘊堂	秉成堂	立本堂	興復堂	觀象堂	書葴堂	（謙）光堂
51	52	53	54	55	56	57	58	60	61
（廷）勝堂	間心山房	廣庇堂	堅（聖？）宣堂	榮慶堂址	雲崖堂	義方堂	族校	致敬義倉	普濟庵
62	63	64	65	66	67	59	68	69	
碩壽堂	定民堂	廣化善堂	七姑XX前	圩坪	五福第	三元宮	友益堂	葆中堂	

说明：因族谱所载地图中祠字名称都是繁体，且历经岁月字迹模糊，部分匾额已毁，无法考证，"（）"内为作者根据相关调研猜测的名称，"（）"内带有"？"则表示作者对前字的第二种可能性猜测，实在无法辨识的用"X"代替。

白鹭村主要古建筑分布图

留着大量完整的明清古建筑及明清时期的村落基址，以浓厚的客家文化和习俗著称。

明代中叶，白鹭村凭借白鹭溪可水运直入赣江的便捷优势而兴起，从背山面水的荒芜之地发展成为水运集中地。至明弘治元年（1488），白鹭村已经成为以氏族血缘为联系纽带的大村落。在经济条件充裕的情况下，秉持着"商而优则仕"的原则，钟氏一族着力于教育，兴办私塾，白鹭村一带仕人辈出，更有一门四代为官的案例。白鹭村大部分祠堂、庙宇、民居等也正是这样的背景下大规模地修建。

白鹭村属于客家文化圈，但与闽西及粤北地区不同，白鹭是由单一氏族建立的村落。因此村内没有围屋土楼等，商业带位于聚落的内部，且强调儒家思想多于佛道教等宗教思想，村中祠堂建筑多于宗教建筑。独特的村落布局形成了白鹭村的街坊景观：一池、二义仓、三元共、四逸堂、五福第、六角亭、七姑庙、八角井、九成堂、十字街等。

根据《钟氏八修族谱》记载，白鹭村曾有祠堂、庙宇、住宅60多处。经统计，白鹭村现存古建筑包括：世昌堂、洪宇堂、致敬堂、少泉堂、保善堂、兰善堂、兴复堂、四美堂、四逸堂、鼎福堂、佩玉堂、太守敬公祠、王太夫人祠等30余座祠堂、民居，族校2所，福神庙、仙娘阁神社2座，绣花楼1处。白鹭村于2006年入选"中国十大古村"，2008年被评为第四批中国历史文化名村。

（1）恢烈公祠

恢烈公祠位于白鹭村东北角，由钟氏后人钟愈昌建造于清乾隆年间，虽名为祠，实为一组大型住宅。由葆中堂、友益堂以及毁于清咸丰年间（1861—1871）的另外一栋建筑组成，通过天井连接。公祠坐东北朝西南，总平面呈南北向长方形，地势前低后高，葆中堂在前、友益堂在后，西侧跨院为附属用房，总

村中巷道

恢烈公祠屋顶平面

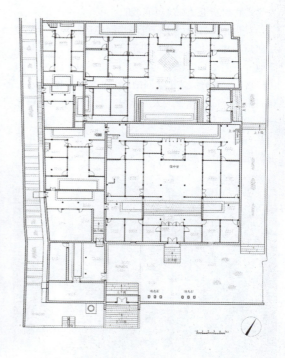

恢烈公祠平面图

占地面积约 3100 平方米。

葆中堂前有一个约 300 平方米的入口广场，南侧有 6 通功名石，大门两侧有抱鼓石。建筑七开间，中轴线前后厅为三开间，后厅为正厅，其后又有一狭长天井，天井北侧为分隔葆中堂和友益堂的影壁。

友益堂的主入口位于东侧，与葆中堂仅一墙之隔。共六开间，正厅三开间。恢烈公祠建筑梁架采用抬梁式、穿斗式两种。明间为抬梁穿斗相结合，次间、稍间为穿斗式，山墙承檩。根据《江西古建筑》一书中记载，友益堂中木结构的用料柱径不超过 240 毫米，大阑额断面高度不超过 340 毫米。建筑由青砖砌筑，采用顺砌法。

（2）绣花楼及戏台

绣花楼建于清朝乾隆年间，为葆中堂的偏房，位于恢烈公祠西南侧，是钟崇俨名下的女眷的主要活动场所，与东南侧的白鹭戏台隔水相望。在楼内可以凭栏远眺，观景观戏，是当时女眷们同外界沟通的一种方式。

绣花楼就势而建，为木结构悬阁式吊脚楼，装修精美。楼为三开间，隔扇为墙（现已不存），镶嵌云母片，南面花窗一字排开，视野开阔，北面有一栋书房（现为民居），中间有一座小花园，花园中央有一座四角亭（仅存台基与柱础），周边种有花草，女眷可在此观景看戏，绣花嬉玩，学习琴棋书画。钟家女孩的成人仪式和相亲也是在这里完成的。

戏台是由钟崇俨于清乾隆年间建造，位于绣花楼东南角，相当于恢烈公祠建筑群的南门。白鹭村是赣南地方"东河戏"的发祥地。"东河戏"始创于 1822 年，历经嘉庆、道光、咸丰、同治约 100 多年才趋于成熟，是一个拥有高、昆腔的大型剧种，是江西古老剧种之一。2014 年 9 月，被列为国家级非物质文化遗产。

古戏台在"文革"时期被毁，现在的戏台是由香港詹先生 2004 年捐建，按古戏台原貌原址重建。

葆中堂入口

葆中堂门前抱鼓石

绣花楼

葆中堂门前功名石

绣花楼内部

戏台

（3）王太夫人祠

王太夫人祠位于恢烈公祠东南侧，建造于清道光年间，为专祀型祠堂，是国内罕见的女性祠堂，也是白鹭村中仅有的女性祠堂。王太夫人（1750—1822），勤俭持家，乐善好施。其子嘉兴知府钟崇俨遵母遗嘱建"葆中义仓"。朝廷册封王太夫人为太恭人（明清时期朝廷册封的命妇的官职名称），诰赠太淑人，后人为其立祠纪念。

祠堂紧邻巷道，门楼南开略偏东，八字影壁仿木结构，并施麒麟、狮子、万字纹等题材的灰塑。平面两进，中间有庭院，后面有天井。天井可以通向作为义仓的二层。前厅及两侧厢房作为族中子弟学习之地。

（4）世昌堂

沿王太夫人祠前的巷道向东行200米可到达钟氏宗祠——世昌堂。它是专祀型祠堂，供奉钟氏祖先——钟舆之地，因其字世昌，故称"世昌堂"。始建于南宋末年，占地约400平方米，东西宽约6.5米，南北长约62米。上下厅通过天井连接，下厅前有前院。因多种原因屡遭破坏，记功柱、石狮、楹联等今已不见。现存为20世纪40年代末在原址重修，大部分结构均属重建，是白鹭村最重要的宗族文化活动场所。

王太夫人祠门楼

王太夫人祠正厅

世昌堂

世昌堂正厅

世昌堂影壁

白鹭村古建筑群位于青山之下，田野之畔，溪水之滨，是一组令人叹服的古建筑群。

2006年，白鹭村古建筑群被公布为江西省文物保护单位。

兴复堂

鼎福堂

书箴堂

文庆堂

洪宇堂

洪宇堂木构细节

门楼灰塑

9 大宝光塔

Dabaoguang Pagoda

基本信息	国家级 / 免费开放
年　　代	唐
地　　址	赣州市赣县区田村镇宝华村宝华寺大觉殿内
交通信息	县际公交 / 自驾

大宝光塔位于赣县区田村镇宝华村宝华寺，现存于寺庙最后一进西侧的大觉殿内。该塔为寺之住持僧人智藏禅师之墓塔，建于唐元和十二年（817）。唐武宗年间（814—846）塔毁，唐咸通十五年（864）在原址重建大宝光塔，虔州刺史唐技撰写铭文。年久塔倾废，于宋元丰二年（1079）由住持觉显重修。

大宝光塔通体用大理石雕刻砌筑而成，色偏红，石质光滑如玉，又称"玉石塔"。平面为正方形，塔基边长 2.96 米，塔高 4.5 米。塔基为三层须弥座，各层出方形线脚，束腰有吉祥动物及枝花雕刻。塔身有室，正面开光门，门两侧有护佛金刚及飞天浮雕。四角有八菱柱，有明显的侧脚和升起，莲花柱础，柱上施单杪单下昂五铺作斗栱，有补间铺作。塔身左侧铭文记录建塔年代及住持，右两侧有铭文记录唐大中七年（853）复建的情况，今已模糊不清。塔顶为四面坡，上承塔刹，四脊端有脊兽。塔刹由方座、束腰、八角形伞盖、宝珠等十一层组成。

大宝光塔是一座具有明显唐代建筑特征的墓塔，有确切的纪年，是研究唐代佛塔建筑不可多得的案例。1957 年被列为江西省文物保护单位。2006 年 5 月公布为全国重点文物保护单位。

大觉殿

立面图

全貌

护佛金刚

须弥座

塔刹

檐下斗栱

兴国县

兴国县古建筑分布图

- ⑩ 朱华塔
- ⑪ 土地革命干部训练班
- ⑫ 江西省第一次工农兵代表大会会址
- ⑬-1 江西军区旧址
- ⑬-2 红军检阅台
- ⑭ 江西省苏维埃政府旧址

10 朱华塔

Zhuhua Pagoda

基本信息	省级 / 免费开放
年　　代	明
地　　址	赣州市兴国县埠头乡程水村横石山岗
交通信息	自驾

该塔位于兴国县埠头乡枫林村横石山冈上，又名"横石塔"。因塔建于县城西南，"西南为朱，近太华之居方"，故名"朱华"。

明兴国知县卢宁《朱华塔记》云：因兴国"东北杰梁，西南伏洿。……（唐）大顺间，士人曾文请于西山，横石竖塔，补缺障空大光宫曜……元润塔夷于横石，明兴塔废于西"。元代塔毁，明嘉靖二十九年（1550）重建，清嘉庆八年（1803）修葺。

此塔为楼阁式砖塔，七级八面，塔高22.5米。红石条块基座，平面八角形，直径6.5米，底层每边长2.3米，顶层每边长1.9米，层高从下至上依次递减。各级均有碑刻及铭文砖，"大明嘉靖二十九年庚戌岁"字样清晰。立面首层设两门，六龛置佛像，二至七层每层设四窗四佛龛。塔外壁及塔心柱共置佛像34尊，其中15尊完好，为国内少见。

1969年11月公布为江西省文物保护单位。1983年冬，江西省文化厅拨款重修，1985年竣工。

朱华塔

入口

立面佛龛造像

碑刻

※ 兴国革命旧址

11 土地革命干部训练班

Cadre Training Site in the Agrarian Revolution

基本信息	
国家级 / 新批开放 / 现为景点	
年代	1929 年
地址	赣州市兴国县潋江镇文昌路横街小井头
交通信息	省内公交 / 自驾

土地革命干部训练班设在于兴国县文昌宫旁原来的文书院，走北朝南，其南侧即为著名的——横街。

根据同治版《兴国县志》记载，该文书院建于清雍正十七年（1718）被北楼风之难，清乾隆三年（1738）刘启徐又重建于原址，清乾隆三十八年（1773）、清嘉庆九年（1804）、清嘉庆十六年（1811）、

清同治十一年（1872）的潋江书院布局图

兴国革命旧址位于江西省兴国县。第二次国内革命战争时期由中央苏区的主要组成部分。主要革命旧址有毛泽东长冈乡调查旧址、土地革命干部训练班旧址、以及苏维埃第一次工农兵代表大会会址、江西省苏区反围剿及根据地广、中央兵工厂旧址等。2006年5月，兴国革命旧址作为全国重点文物保护单位。

中心柱体

铭文砖

清咸丰七年（1857）进行了重修和增建。民国十二年（1923）于北建立中山亭，民国十三年（1924）重修春。1929 年 1 月，时为中国工农红军领导者鸡化兼的毛主席在此传达中共六大会议精神并开展为期东乡的卦民调查。

该建筑占地面积 4903.08 平方米，建筑面积为 16892 平方米。所有建筑结构基本平衡的轴线由南向北布置。西侧建筑为主体建筑，轴线顺序由南向北有门楼、拱亭、拜亭、鹤香园、又昌堂、花院等居为纵向右排列，北侧为案祠堂。花园居中间，甬道名名两侧分别为纵向北石结构的敞亮。

(1) 门楼

整体式门楼，位于院落最东南角，朝东向东，取"紫气东来"之意。门头为歇山顶，前楣刻立于直样的装饰。中有横向装饰，门楣上有"源江书院"，红色墙字的横额。之栏图案装饰处，左名"梅兰"，右名"竹菊"。

(2) 拱亭

门楼后可容纳千余人的空中。拱楼高有 8 根。壁三 2 杯。

(3) 门廊

门廊为一座硬山顶二层雕楼，构有石阶 13 级。中贯北门，朝南为大门，额上有图篇，书"淡江以北"，四字。门房有楼柱一对。

(4) 拱亭

门廊后，拱亭即为拱亭。拱亭为三开间抬木结构，中间两侧用房，顶山式，侧楣面上题额以装饰。之柱之两侧楣处，有杜顶雕饰，前楣有装饰。中与左右设有门，左名挑门与外部相通，其宗东侧有许多大门。西侧为许多小门，横下木结构为木雕装饰，经烟花窗，色彩较为朴素。

门楼

门楼

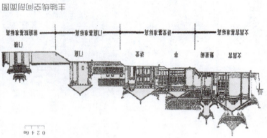
耒阳县苏维埃政府剖面图

源江书院室平面图

讲堂轩顶

魁星阁

（5）科厅

穿过讲堂是天井，上两级台阶为科厅。雕花绣朵，描龙绘凤。四角各一丹柱支撑硬山屋顶，四周系花格长窗，前开和合门，门槛过膝。

（6）拜亭

拜亭四角有柱支撑硬山屋顶，用木质隔扇花格长窗围合。两侧有厢房，厢房与拜亭之间设游廊。

（7）魁星阁

魁星阁位于拜亭之后，重檐歇山顶，木结构，是濂江书院的主要建筑之一，也是主要轴线上的制高点，统领主轴空间。屋脊装饰有"双龙戏珠"。南面顶层屋檐下有"魁星阁"三字的横匾悬挂。顶棚藻井中心有"鲤鱼跳龙门"浮雕。红条石阁基，两侧围以红石栏板，栏杆上有红石狮子。

魁星阁藻井

木结构装饰细节

（8）文昌宫

魁星阁后即是文昌宫，两者中间有一条人行道，旧时为"文昌帝君"供奉之处。文昌宫，三开间，二层砖木结构建筑，硬山顶，为主轴线上规模最大的建筑。中厅二层通高，顶棚有八角形藻井，凹面为浮雕"龙凤呈祥"，雕花斗栱，上下五层花板。六根红石柱，前廊柱上原镌刻传胪学士钟启峋以"兴国"为首字撰写的嵌字联："兴我小邦，示其文德；国之善士，简在帝心"。两侧有配房，上下两层，厢房前有软扇耳房。前部为轩顶檐廊，东西两端各有一耳门，直通屋外。

（9）崇圣祠

崇圣祠位于文昌宫左侧，中隔余坪，砖木结构，歇山屋顶，重檐翘角，红墙丹柱，双开花格大门，4根木柱支撑着顶棚，檐廊正中顶棚绘有"麒麟吐玉书"彩画。中厅正中顶棚为藻井，有"双狮滚球"浮雕，四周为山水画配诗。

崇圣祠前有两栋土木结构二层建筑，悬山屋顶，圆形拱门，为平川中学教室及教职工宿舍。楼房往南14米处，有四柱三间红石牌坊一座。

文昌宫藻井

潋江书院中建筑类型多样，通过建筑以及室外空间的组合，形成丰富的建筑空间。装饰手法包括石雕、木雕、彩画、拼贴等。同时选用大量当地建筑材料，是赣南地区典型的书院建筑。

2006年5月，潋江书院作为兴国革命旧址的一部分被公布为全国重点文物保护单位。

崇圣祠藻井

崇文祠及前面建筑

红石牌坊

12 江西省第一次工农兵代表大会会址

Site of the First Congress of Workers, Peasants and Soldiers of Jiangxi Province

基本信息	国家级 / 暂不开放
年　　代	1932 年
地　　址	赣州市兴国县潋江镇凤凰大道与红榔段交汇处
交通信息	县内公交 / 自驾

会址位于兴国县潋江镇凤凰大道与红榔段交汇处，红军桥桥头。原为陈姓宗祠——陈家祠，建造于清光绪二十七年（1901）。

建筑为砖木结构，封火山墙，硬山顶，坐西向东，占地面积 921 平方米。面阔三间，门框用红石。沿轴线分别为门楼、前厅、天井、正厅，轴线两侧有厢房。祠内 14 根红石大柱上仍留存有 30 余条苏区时的标语。

1930 年 3 月，兴国县工农兵代表大会于此召开。1932 年 5 月 1 日至 8 日，在此召开了江西省第一次工农兵代表大会。1978 年 12 月被列为江西省文物保护单位。2006 年 5 月作为兴国革命旧址的一部分，被列为全国重点文物保护单位。

鸟瞰

门楼

脊饰

13 江西军区旧址（含红军检阅台）

Former Site of Jiangxi Military Region (Including the Reviewing Platform)

基本信息	国家级 / 暂不开放
年　　代	1931—1933 年
地　　址	赣州市兴国县潋江镇筲箕村
交通信息	县内公交 / 自驾

旧址位于兴国县潋江镇筲箕村，原为黄姓住宅。砖木结构，两层民居建筑。共有房间 28 间，占地面积 688.82 平方米，建筑面积 1372.64 平方米。平面长方形，四周有回廊，中间有天井。建筑内部结构及装饰选用近代南方木结构，并装饰有八边形藻井。第一进首层外檐廊及二层连廊均为拱形。1932 年 2 月至 1933 年春，江西军区驻扎于此处。2016 年底作为中国工农红军江西军区陈列馆对外开放。

红军检阅台为一座土木结构单层建筑，位于旧址的北侧，周边为民居。悬山顶，坐西向东，占地面积16平方米。建筑高5.6米，面宽5.6米，进深2.85米。台前原为广场，现改建为民居。1933年6月1日，兴国模范师在此举行上前线誓师大会。

1987年12月被列为江西省文物保护单位。2006年5月作为兴国革命旧址的一部分，被列为全国重点文物保护单位。

正立面

背立面

首层外檐廊

天井

二层内连廊

屋脊装饰

藻井

红军检阅台

14 江西省苏维埃政府旧址
Former Site of the Soviet Government of Jiangxi Province

基本信息	省级 / 免费开放
年　代	1931—1933 年
地　址	赣州市兴国县凤岗村社门前
交通信息	县内公交 / 自驾

旧址位于兴国县凤岗村社门前，兴国县第五中学东侧。始建于 1920 年，1931 年 10 月至 1933 年 1 月，江西省苏维埃政府由吉安迁驻于此。

原为李氏宗祠，坐北朝南，砖木结构，硬山顶。主体建筑分上、下两厅，前厅施八边形藻井，后厅前檐设轩，中间设天井。红石砖柱子上刻有楹联，至今仍清晰可见。东西两边设横屋。面宽 18.7 米，进深 22 米，共有房间 32 间，占地面积为 1145.1 平方米。门框、门砧、山墙上均有砖雕及彩画。

2006 年 12 月公布为江西省文物保护单位。

门楼

天井

红石柱及其上楹联

藻井

横屋天井

东横屋入口

正门匾额及装饰

西横屋

正门门砧

15 中国工农红军总医院旧址

Former Site of the General Hospital of the Chinese Red Army of Workers and Peasants

基本信息	省级 / 免费开放
年　　代	1931—1934 年
地　　址	赣州市兴国县鼎龙乡茶岭村下村
交通信息	自驾

中国工农红军总医院旧址，即中国工农红军军医学校旧址，位于兴国县鼎龙乡茶岭村李氏宗祠。1931年，红一方面军在兴国县城冈创办红军医院，同年10月迁鼎龙乡茶岭村。1931—1934年，先后招收了三期共580余名学员，每期培训一年左右，结业后分赴红军部队和地方医院工作。1934年4月迁往瑞金。

该建筑占地面积约 420 平方米，坐北朝南，砖木结构，硬山顶。分上、下两厅，中间有天井，屋架采用穿斗式结构。

1999 年 2 月被列为县级文物保护单位。2000 年 7 月公布为江西省文物保护单位。

门楼

立面

天井

16 中央兵工厂旧址群

Sites of the Central Ordnance Factory

基本信息	国家级 / 免费开放 / 现为景点
年　　代	1931—1934 年
地　　址	赣州市兴国县兴莲乡官田村
交通信息	县际公交 / 自驾

中央兵工厂旧址群位于兴国县兴莲乡官田村。旧址群由总务科旧址（礼布民居）、弹药科旧址（文华公祠）、枪炮科旧址（陈氏宗祠）、利铁科旧址（民居）、护厂特务连旧址（民居）以及工人俱乐部旧址（万寿宫）组成。1931年10月，中共革命军事委员会决定在此建立中央兵工厂。1934年夏，迁至瑞金。旧址群修复工程于2011年10月11日竣工，并免费开放。该兵工厂为苏区时期中国共产党规模最大、设备最全、技术最先进、实力最雄厚的兵工厂，被誉为"人民军工发祥地"。

官田村鸟瞰1

官田村鸟瞰2

总平面图

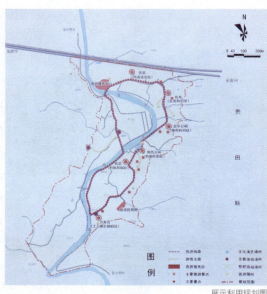

展示利用规划图

（1）护厂特务连旧址

位于官田村北部，原为民居。建筑坐北朝南，硬山屋顶。有前院及天井，东西有小天井，主要用木格门窗，主入口檐下出头梁做梅花鹿状。为典型赣南民居。

护厂特务连旧址屋顶

护厂特务连旧址

护厂特务连旧址室内门窗

总务科旧址

（2）总务科旧址

原为官田村礼布民居，位于护厂特务连旧址东南。建筑坐东向西，砖木结构，悬山两层楼房，占地面积772平方米。入口为门庭，中间有天井，后侧为主厅。左右有横屋，通过两侧小天井与主厅及门庭连接。门框为麻条石，上面有"梅香瑶圃""步武安详""玉树含辉"等匾额，左右有山水画装饰。天井四边檐下做两层上翘檐棚，有木雕装饰。前面为雕塑广场，可供官田村民日常活动、集会使用。

总务科旧址屋顶

总务科旧址正门

总务科旧址正厅及天井　　　　　　总务科旧址檐下斗拱

（3）弹药科旧址

原为文华公祠，位于总务科旧址南侧。建筑坐东南向西北，砖木结构，硬山顶，封火山墙，飞檐翘角，梁架结构用穿斗式，占地面积355平方米。前后有厅，中间有天井。天井四周檐下做单层上翘檐棚，有木雕装饰。

（4）枪炮科旧址

驻扎在陈氏宗祠，位于弹药科旧址西南。坐东南向西北，砖木结构，硬山屋顶，封火山墙，屋架采用抬梁结构，占地面积414平方米。两进院落，前后两个天井，室内柱础用红石并做雕刻。门前有檐柱、抱鼓石及石狮各一对，前檐做卷棚。建筑前有坪及水塘，是传统南方祠堂建筑中常见的形式。

（5）利铁科旧址

建筑坐北向南，在枪炮科西南侧。原为民居，土木结构，悬山顶。

弹药科旧址

弹药科旧址屋顶

枪炮科旧址

枪炮科旧址正厅及天井

弹药科旧址正厅及天井

枪炮科旧址屋顶

枪炮科旧址石狮

枪炮科旧址卷棚及月梁

工人俱乐部旧址

利铁科旧址

（6）职工宿舍与工人俱乐部旧址

旧址位于村南端，即万寿宫。建筑坐东南向西北，土木结构，硬山屋顶，占地面积628平方米。前一进为戏台，木结构，用木雕加以装饰；后一进为供奉之厅。建筑前有大片场地，现在沿用着万寿宫的功用，逢年过节村民依然会来此祭拜祈福。

中央兵工厂旧址群是由官田村中一系列建筑组成的建筑群，1987年12月被列为省级文物保护单位，2001年6月被列为全国第二批"百个爱国主义教育示范基地"。2006年5月作为兴国革命旧址之一被列为全国重点文物保护单位。2009年10月被国防科工委列为首批全国军工文化教育基地。官田村也被列为江西省第五批省级历史文化名镇名村。

工人俱乐部戏台

工人俱乐部跑马廊

于都县

17 水头步蟾坊
"Bu Chan Fang" Memorial Archway in Shuitou Township

基本信息	省级 / 免费开放
年　　代	明
地　　址	赣州市于都县岭背乡谢屋村
交通信息	县际公交 / 自驾

　　水头步蟾坊位于于都县岭背乡谢屋村，初建于明正统六年（1441），知县王琳等人为于都进士谢宁所建，有匾额题记。明成化二十一年（1485）、民国二十五年（1936）、1986年进行过三次重修。

　　牌坊坐南朝北，面宽11.21米，进深3.4米，高10.38米，是一座木结构三层牌坊。四柱三间四楼，歇山重檐。牌坊由四根立柱、八根戗柱支撑。牌坊分为顶楼、明楼、次楼，檐下均以斗栱出檐，檐角起翘。明间顶楼正脊饰"一瓶插三戟"，两端饰鳌

正面

侧面

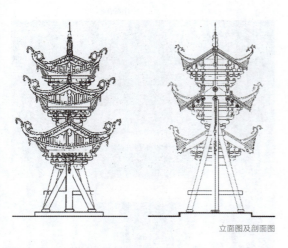

立面图及剖面图

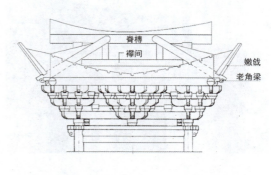

顶层斗栱正立面图

底层斗栱细节

鱼脊吻。顶楼檐下正中悬挂"恩荣"圣旨牌,明楼檐下正中置"步蟾坊"横匾,匾两侧附有题记和"正统六年冬月吉旦"落款。坊顶采用望板、筒瓦、瓦当等官式作法。

步蟾坊颇具宋代建筑遗风,构造古朴,工艺精巧,是宋向明过渡时期的重要实例,为研究中国古代南方木构建筑极为珍贵的实物资料,反映了明代标榜功名、倡导文风的习俗,是研究古代科举、建坊旌表制度的重要案例。1987年被列为江西省文物保护单位。

18 赣南省苏维埃政府旧址

Former Site of the Soviet Government of Gannan

基本信息	省级 / 免费开放
年代	清
地址	赣州市于都县贡江镇北门何屋
交通信息	县内公交 / 自驾

旧址位于于都县贡江镇"北门何屋",与中共赣南省委旧址、于都县人民医院呈三角状分布。

建筑由3栋紧密相连的房屋组成,坐北朝南,中间一栋为赣南省苏维埃政府旧址,其主要部门机关均在此办公。原为何姓私宅,故名何屋。建造于清宣统二年(1910),砖木结构,悬山顶,二层建筑,占地面积636平方米,前后有院落,中间及两侧有天井,房间共计30余间。

鸟瞰

这里也是长征前夕毛泽东的住所。1934年10月18日,毛泽东离开此处,随同中央军队渡过于都河,开始长征之路。1987年被列为江西省文物保护单位。

大门门头细节

偏厅天井

正厅

宁都县

19 水口塔
Shuikou Pagoda

基本信息	省级 / 免费开放
年　　代	清
地　　址	赣州市宁都县南永宁寺西北
交通信息	县内公交 / 自驾

水口塔位于宁都县城南郊 1 公里处的梅江之畔，永宁寺最北端，又名"风水塔"，因宁都素称"文乡诗国"，又称"文风塔"。该塔始建于明万历二十年（1592），由知县莫应奎兴建。清乾隆二十六年（1761）因飓风折顶，清乾隆四十三年（1778）修整。1996 年重修并立碑记录。

该塔为砖木结构，塔内铸有真武大帝神像，塔身八面重檐，清乾隆四十三年（1778）重修后为七层，高 39 米，塔身按方位标有八卦卦象，由外壁、外廊、塔心三部分组成，塔内有阶梯可上塔，塔身各层东南西北设门，塔心室内与外廊相通。二层以上设有塔门，虚实相通，从底层南向塔门沿级登上顶层再逐级而下，上下可不重路，可谓曲折回环，如入迷宫。

1959 年被列为江西省文物保护单位。

永宁寺全景

水口塔

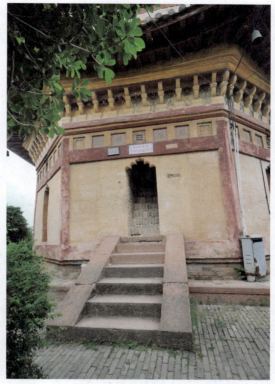

入口

塔顶结构

塔身

20 中国共产党江西省委员会旧址

Former Site of the CPC Committee of Jiangxi Province

基本信息	省级 / 免费开放 / 正在维修
年　　代	近代
地　　址	赣州市宁都县梅江镇七里村西南
交通信息	县际公交 / 自驾

旧址位于宁都县梅江镇七里村，原为"赖芳汉屋"，坐北朝南，与宁都江西省苏维埃政府旧址比邻。

砖木结构，三堂两横，前后有天井，两侧有厢房。牌坊式入口，有砖雕，窗框做曲线装饰。第一进为硬山顶，封火山墙，后两进为悬山顶。

1932年年底，中共江西省委机关由兴国迁入宁都，先驻县城耶稣堂，后迁于此处。1933年4月和9月，省委在此召开了工作总结会议和省第二次党代表大会。1959年被列为江西省文物保护单位，1987年12月重新公布。

位置关系图

屋顶

入口

21 宁都江西省苏维埃政府旧址

Former Site of the Soviet Government of Jiangxi Province in Ningdu County

基本信息	省级 / 免费开放 / 正在维修
年　　代	近代
地　　址	赣州市宁都县梅江镇七里村西南
交通信息	县际公交 / 自驾

旧址位于宁都县梅江镇七里村西南，原为"赖翠廷翁祠"，南临小塘，东、西、北均邻村民住宅，坐北朝南。与中国共产党江西省委员会旧址比邻。

砖木结构，青砖封火山墙，硬山顶。面阔三间，中间有天井，占地面积209平方米。双开木门，麻条石门框，上书"赖翠廷翁祠"。保存状况较差，正在维修。

1933年1月至1934年10月，江西省苏维埃机关驻此。2006年12月被列为江西省文物保护单位。

屋顶

山墙

鸟瞰

22 江西省军区司令部旧址
Former Site of the Command of Jiangxi Military Region

基本信息	省级 / 免费开放
年　代	近代
地　址	赣州市宁都县梅江镇李园村
交通信息	县际公交 / 自驾

旧址位于宁都县梅江镇李园村，坐西朝东，东侧有水塘，南北两侧为民居。砖木结构，面阔约20米，进深约18米，占地面积360平方米。三间两进，中间设天井。正门为牌楼门，檐下有石雕匾额，门上有"里绍秘书"四字，脊上有吻兽。立面有砖雕花窗，室内有木雕门窗，山墙有灰塑。

1933年1月下旬，江西军区司令部由兴国迁入宁

屋顶

都县城，然后迁到这里，直至1934年10月。1959年被列为江西省文物保护单位，1987年12月28日重新公布。

正立面

室内

23 中共苏区中央局旧址

Former Site of the CPC Central Bureau of the Soviet Area

基本信息	国家级 / 免费开放 / 现为民居
年　　代	1924 年
地　　址	赣州市宁都县小布镇赤坎村
交通信息	县际公交 / 自驾

旧址位于宁都县小布镇赤坎村。这是一栋江南典型民房，作为小布镇红色革命旧址中的一部分，建于 1924 年。因新建之初，家中经常出事，屋主深信此房风水不好，搬迁别处居住，此屋闲置不用，后成为中共苏区中央局机关驻地。

该建筑坐北朝南，屋前三面土石砌围墙，砖木结构，悬山顶，面阔三间约 16 米，进深 23 米。共有大小天井 5 个，前后有庭院。中间为主屋，两侧横屋，主屋各进房屋前檐施卷棚，檐下及出头梁均做木雕装饰。正厅屋顶有八角形藻井，并有彩画。室内有木质花窗和木隔扇门。后厅北墙之间用木板隔扇一间，后厅右厢房是毛泽东旧居，长 8.5 米，宽 3 米。

目前小布镇已经过整体的统一规划，形成布局科学合理、交通便利的红色旅游度假区。2013 年 3 月被列为全国重点文物保护单位。

鸟瞰

正立面

第一进前檐卷棚天花

室内

室内花窗

藻井

室内结构

24 宁都会议旧址
Former Site of the Ningdu Conference

基本信息	国家级 / 免费开放
年　　代	近代
地　　址	赣州市宁都县东山坝镇小源村
交通信息	县际公交 / 自驾

宁都会议旧址位于宁都县东山坝镇小源村，坐西向东，原为榜山翁祠，周围有3栋传统建筑与其组成组团。分别为南侧文彦翁祠孔怀居，以及东侧曾氏家庙。

1932年10月上旬，中共苏区中共局曾在此召开全体委员会议，即"宁都会议"。会议期间，此处为毛泽东、朱德等中共苏区领导人的办公及居住地。

榜山翁祠建于清康熙年间。砖木结构，青砖砌筑，青瓦硬山屋顶，屋脊装饰吻兽。该建筑东西长21米，南北宽13.5米，占地面积约146平方米，前檐宽2米，两根柱上装圆雕枋，石门框，木质大门，面阔三间，两进院落，中间有天井，长方形天井四角柱。

文彦翁祠平面亦为三间两进，中间有天井。后进房屋西侧墙壁有一用雕花木板隔扇做成的祖牌位龛，左右为屏风隔扇间。

2000年7月被列为江西省文物保护单位，2019年10月被列为全国重点文物保护单位。

建筑群鸟瞰

孔怀居（刘伯承、王稼祥旧居）　文彦翁祠（顾作霖、邓发旧居）

曾氏家庙（小源洛口县委、县苏维埃政府旧址）　榜山翁祠（宁都会议旧址）
建筑位置关系图

榜山翁祠

文彦翁祠

孔怀居

曾氏家庙

榜山翁祠天井

文彦翁祠排位龛

25 东龙古村
Donglong Ancient Village

基本信息	省级 / 免费开放
年　　代	清
地　　址	赣州市宁都县田埠乡
交通信息	自驾

东龙古村位于宁都县田埠乡与石城县小松乡交界处，青山环绕，是古时赣闽两省之间的交通要道。总面积约15平方公里，原名东屯，因其"东南有一脉群山，蜿蜒起伏，形如卧龙"，故更名"东龙村"。宋乾德五年（967），石城李翊来东龙打猎，看见这里山清水秀，风光迤逦，遂举家迁居于此，繁衍生息。东龙村历朝都兴建大批具有浓郁客家风格的豪宅民居，同时也涌现了不少名人志士，仅明清两代科举才子就达到400多名。

东龙村繁盛于明末清初，清末衰败。建村伊始，李氏先祖依据周围环境特点，选择东龙岭、南桥岭作为该村两大龙脉，依山就势，建造高低错落的屋场，并开凿上百个大小不一的池塘。从南北两侧的高山上各引清溪一条，绕村而流，造成"山环水绕"之势，形成"以人为本"的村落布局，反映了"天人合一"的建筑理念。

东龙村现存明清建筑160余栋，其中祠堂和民居占了大多数。李氏上祠、下祠为东龙村李氏家族的宗

古村鸟瞰

东龙村总平面图

李氏上祠

李氏下祠

祠，位于村西北处，现在是村中的出入口之一。李氏上祠在"兔形"山脚下，由李经禄、李经达修建于明洪武年间，清乾隆、道光、光绪年间均有重修。下祠位于上祠南50米处，由李思常及其子孙建造于明代，后世几经重修。建筑前有广场及李思常像，像正对一座巨大照壁。除上、下祠外，村中尚保存有28座祠堂，分布在各住宅之间。

现存众多明清民居中以"东里一望"体量最大，且保存最为完整，又称"仁方公祠"，当地人称"百间大屋"。位于村南，由三组建筑组成，共有100多个房间，占地面积4300平方米。该组建筑由李氏下祠二十七世孙李光恕建造。

"东里一望"坐南朝北，入口设置在东北，前有水塘。由主宅、东圃、西圃三组建筑组成。从建筑群入口进入后是连接三组建筑入口的院落，东圃入口在最南侧，主宅入口为一带有八字影壁的门楼，其北侧为西圃入口。东、西圃为附属用房，通过狭长的通道与主宅相隔。主宅共有天井6个，分三路，中间一路为三开间，有前后厅，目前仍然作为村中重要活动空间使用。檐口以上马头山墙部分使用空斗墙，建筑中梁架采用穿斗、抬梁混合式的形式。梁下及檐下木构件，从童柱、枋头到雀替藻井，多饰以精美的镂空、圆雕、浮雕及描金、彩绘装饰。建筑做工与用材比普通围屋讲究，由于与福建地区毗邻，在一定程度上受到闽广移民建筑的影响。

东龙村现存民间宗教建筑，主要包括位于"凤形"山下的玉皇宫，位于村北的胡公庙，位于村东北角的将军庙、七仙庙，位于村西的宝塔寺、三仙庙，位于村南糖蜜寨的永东寺。它们都是东龙村古建筑的重要组成。此外东龙村还留存有疏远、义仓等传统建筑类型。

因东龙村完整地保护、传承了深厚的文化底蕴和丰富多彩的客家民俗活动，被专家称为"江南第一宗祠村"，2009年被评为江西省历史文化名村，2011年被评为"中国景观村落"。

下祠正厅

"东里一望"宅鸟瞰

"东里一望"宅入口

"东里一望"宅西圃内天井

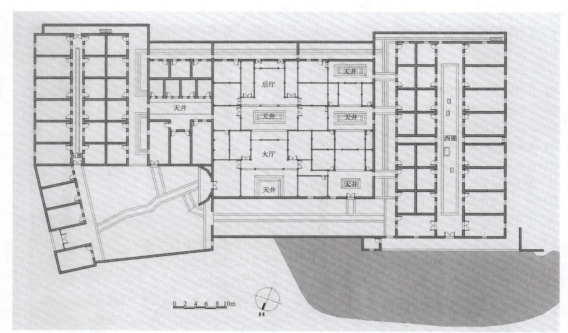

"东里一望"宅平面图

"东里一望"宅正厅影壁

砖雕

内巷

木雕

石城县

26 杨村坊式亭
Archway-style Pavilion in Yangcun Village

基本信息	省级 / 免费开放
年　　代	清
地　　址	赣州市石城县小松镇
交通信息	县际公交 / 自驾

杨村坊式亭

杨村坊式亭位于小松镇桐江村燕交坪，国道206边。清光绪元年（1875）为旌表桐江太学士许清涟之妻李氏而建，为一节孝牌坊。该牌坊同时兼具茶亭功能，被当地人称为"坊式亭""杨村亭""节孝亭"等。

亭身为麻条石砌筑，南北立造型相同的贞节牌坊为门，接栋成亭，坊亭合一。亭面宽4.8米，分三间，间距为1.2米、2.4米、1.2米。进深7.3米，高5.56米。坊内屋架为五架梁，硬山顶。整座坊亭石刻浮雕图案多样，工艺精巧别致。脊檩上刻"孙德政德敷德教德效曾孙彰忠孝建造"和"皇光绪元年岁次乙亥仲冬月谷旦"等字样。

1987年12月被列为省级文物保护单位。

内部梁架

坊上雕刻

27 永宁桥
Yongning Bridge

基本信息	省级 / 免费开放
年　　代	清
地　　址	赣州市石城县高田镇上柏村
交通信息	县际公交 / 自驾

永宁桥位于高田镇上柏村水口，横跨上柏溪，始建于清乾隆三年（1738），清同治五年（1866）于桥

永宁桥

上增建亭阁。该桥为单孔石拱桥，桥身由麻石砌成，桥长34米，宽5.2米，拱跨10.6米、拱高4.4米。桥上建廊，廊桥合一。以木柱承重，分为十二间。中部两间为二层亭阁，左右各五间为单层桥廊，廊与阁均为穿斗式梁架。柱以地栿、额枋做横向连接。廊由木板围护，以挡风遮雨，廊内设木凳靠栏，供人休息。桥中部亭阁为歇山顶，靠两边桥身处用青砖封砌，桥上建筑面积为176.85平方米。该桥为石城县仅存的廊桥。

2000年7月被列为省级文物保护单位。

入口

内部结构

28 太平天国幼天王囚室

Prison Mansion for Hong Tiangui of the Taiping Heavenly Kingdom

基本信息	省级 / 免费开放
年　　代	清
地　　址	赣州市石城县桂花巷
交通信息	县内公交 / 自驾

太平天国幼天王囚室位于石城县城桂花巷的桂花屋，院内原有金桂、银桂树各一株，每逢桂花盛开，花香满园，因而得名"桂花屋"。它为石城人黄性存建造，落成于清同治三年（1864），房屋墙壁上可见印有"黄性存砖"及"大盛性记"字样的砖。侧门"永怀"题额落款纪年为"咸丰辛亥年"，可知其建于清咸丰元年（1851）。

建筑坐北朝南，占地面积约1300平方米。其南侧原为旧衙署、典史署，北侧为深水塘，东为熊家祠，

屋顶

鸟瞰

正立面

西为黄氏宗祠,现已改建为民居及商业建筑。

此建筑采用砖木结构,三堂式民居,宽24.5米,进深59.95米。因为周围地理关系,桂花屋非轴线对称布局,而是尽可能利用所占基地。在东侧建造一排东厢房,在后院建倒座房,前、中、后均有天井。

桂花屋的主要墙体,内部分隔为板壁隔墙。抬梁

前进天井

正厅

中进天井

后进天井

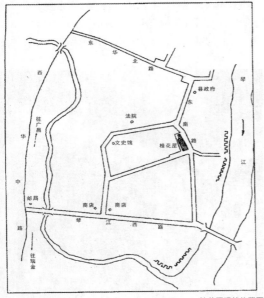

桂花屋现状位置图

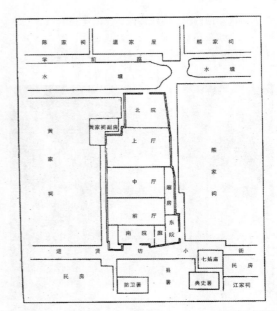

桂花屋旧位置图

与穿斗结构相结合，内部空间使用相对固定且易于分割。室内有雀替施木雕，立面有砖雕花窗。

清同治三年（1864），天京（南京）沦陷时，太平天国幼天王洪天贵福（洪秀全长子）曾被囚禁于桂花屋，因此该建筑又名太平天国幼天王囚室。现作为陈列馆对外开放，展示两个主题——石城县客家文化及太平天国与石城。

1987年12月被列为省级文物保护单位。

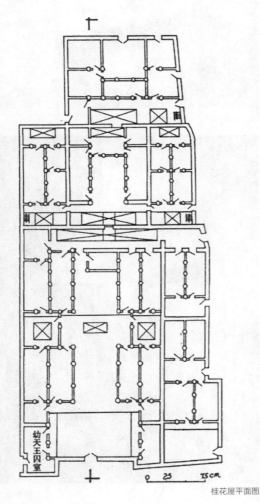

桂花屋平面图

桂花屋正立面图

桂花屋侧立面图

桂花屋纵剖面图

29 宝福院塔

Pagoda of Baofu Temple

基本信息	国家级 / 暂不开放
年　　代	宋
地　　址	赣州市石城县东城区宝福院内
交通信息	县内公交 / 自驾

宝福院塔位于石城县东城区的宝福院内，紧临琴江，始建于北宋崇宁元年（1102），落成于北宋大观四年（1110），是一座江南楼阁式佛塔。通高59米，七级六面，竹节钢鞭形，砖木结构，既保存盛唐遗风，又有典型的大宋风格。建筑面积1982.12平方米，底层对边直径为10米，对角直径为12米，内空直径为2.6米，墙厚3.7米，墙外边长5.6米。重心自然向北移呈15度夹角，结构严谨，每级有六扇门，三开三闭，绕平坐穿壁而上塔顶。第一层设副阶，四柱三开间阑额上承斗栱，每面有单杪双下昂六铺作七朵，塔身每面角端有八棱角柱。第二层及以上每面有三间，当心间设门或龛，左右设槏柱，角隅设角柱。柱上为额枋，枋上施斗栱。檐角悬挂铜铃，风吹铃动，"塔影江心"是著名的古代"琴江八景"之一。宝福院塔是县内珍贵的古建筑。

1988年2月被列为省级文物保护单位。2006年5月作为赣州佛塔之一被列为第六批全国重点文物保护单位。

宝福院塔

塔身

入口

塔刹

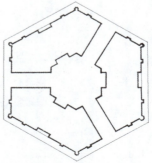

底层平面示意图

30 宁都起义部队秋溪整编旧址

Former Site for the Reorganization of the Ningdu Uprising Troops in Qiuxi Village

基本信息	省级 / 免费开放 / 正在维修
年　代	近代
地　址	赣州市石城县横江镇秋溪村背屋
交通信息	县内公交 / 自驾

旧址位于横江镇秋溪村背屋，由赖氏家庙（明烟堂）和孔良公祠（秩序堂）两座古建筑组成。1931年12月"宁都起义"期间曾于此整编军队部署作战。

该旧址坐南朝北，共有两进院落，中间有天井，前面有晒谷场及池塘，总占地面积741.86平方米。两座建筑前后相连、左右为邻，且中间有11.5米宽的空地将其左右分开。两座建筑均为硬山顶。

2006年12月被列为省级文物保护单位。

鸟瞰

屋顶

赖氏家庙正立面

赖氏家庙室内

瑞金市

31 瑞金革命遗址

Revolution Sites in Ruijin County

基本信息	国家级 / 需购票
年　　代	1931—1934 年
地　　址	赣州市瑞金市
交通信息	3 路公交车 / 旅游专线 / 自驾

瑞金革命遗址位于赣州市瑞金市市区内以及辖区内各乡镇，1931 年 11 月至 1934 年 7 月，以瑞金为中心，中国共产党创立了中央革命根据地和苏维埃政府，进行土地改革，发展壮大了工农红军，并以瑞金为起点，于 1934 年 10 月开始进行了红军二万五千里长征。

瑞金革命遗址主要集中在叶坪、沙洲坝、乌石垅、云石山等地，包括革命旧址以及纪念建筑物共 15 处。1961 年 3 月，瑞金革命遗址被国务院列为首批全国重点文物保护单位。2006 年全国重点文物保护单位合并项目，将中华苏维埃共和国粮食人民委员部旧址等 18 处归入到瑞金革命遗址中。

（1）叶坪革命旧址群

叶坪原为谢姓村庄，自 1931 年 9 月到 1933 年 4 月，此处一直是中央苏区和苏维埃共和国政治、军事活动的中心，以及最高领导机关所在地。包含 17 处国家重点文物保护单位。

交通：可乘坐 3 路公交车或旅游专线。

叶坪革命旧址群鸟瞰

1 第一次全国苏维埃代表大会会址（含中华苏维埃共和国临时中央政府旧址）
2 中央印刷厂旧址
3 国家银行旧址
4 总金库旧址
5 对外贸易局旧址
6 中央执行局旧址
7 红军无线电中队旧址
8 红色中华通讯社旧址
9 中央警卫营旧址
10 妇女生活改善委员会旧址
11 中央印刷厂石印部旧址
12 邮政局旧址
13 科普史陈列馆
14 苏区中央局机要科旧址
15 中央出版局印刷局旧址
16 中共苏区中央局旧址
17 国家政治保卫局旧址
18 临时中央政府电话总机室旧址

叶坪革命旧址群总平面

临时中央政府旧址

邮政局旧址

中央警卫营旧址

列宁台

（2）红井革命旧址群

旧址群位于沙洲坝镇沙洲坝村，1933年4月，中央机关从叶坪搬迁至沙洲坝。因为这里有毛泽东亲自为群众挖掘的水井——红井，所以被称为红井革命旧址群。包含8处国家重点文物保护单位。

交通：可乘坐3路公交车或旅游专线。

红井革命旧址群鸟瞰

1 红井
2 毛泽东旧居
3 中央审计委员会旧址
4 中央内务人民委员会旧址
5 最高法院旧址
6 中央粮食人民委员部旧址
7 中央工农检查委员部旧址
8 交通部旧址
9 中央土地人民委员部旧址
10 中央消费合作总社旧址
11 中央劳动人民委员部旧址
12 国家银行旧址
13 中央税务局旧址
14 红色中华新闻台旧址
15 山林水利局旧址
16 中央财政人民委员部旧址
17 中央教育人民委员部旧址

红井革命旧址群总平面

中央人民委员会旧址及中央执行委员会旧址

（3）大礼堂革命旧址群

旧址群位于沙洲坝镇沙洲坝村老茶亭。1933年4月，临时中央政府从叶坪迁驻沙洲坝后，为召开第二次全国苏维埃代表大会，决定建造大礼堂。因此处为第二次全国苏维埃代表大会的会址，亦被称为"二苏大"。包含2处全国重点文物保护单位。

交通：可乘坐3路公交车或旅游专线。

（4）乌石垅革命旧址群

位于沙洲坝乌石垅村，是中革军委和总司令部所在地。1931年11月25日，中华苏维埃共和国中央军事委员会宣告成立，驻扎叶坪乡洋溪村。1933年迁到乌石垅。

交通：可乘坐3路公交车或旅游专线。

临时中央政府大礼堂

1 临时中央政府大礼堂
2 中央革命博物馆
3 "二苏大"展馆
4 红歌山

大礼堂革命旧址群鸟瞰

中央革命博物馆

"二苏大"展馆

1 中央革命军事委员会旧址
2 军委印刷所
3 中革军委供给部旧址
4 中革军委总卫生部旧址
5 中革军委总兵站运输部旧址
6 中革军委化学研究室旧址
7 中革军委总司令部第五局旧址
8 中革军委总动员武装部旧址
9 陈发姑雕像
10 中革军委总司令部第二局旧址
11 中革军委总司令部第四局旧址
12 中央兵工厂旧址
13 中革军委总司令部第三局旧址

乌石垅革命旧址群总平面

乌石垅革命旧址群鸟瞰

中央革命军事委员会旧址

（5）云石山革命旧址

位于瑞金城西19公里处，曾是中华苏维埃共和国临时中央政府所在地，亦是红军一方面军主力和中央机关二万五千里长征的出发地，被称为"长征第一山"。1934年7月，在第五次反"围剿"斗争最为激烈的时刻，中央机关从沙洲坝迁移到此，分散在就近的各个村庄，中央政府的办公地点就设在山头的寺庙中。

交通：可乘坐云石山旅游专线。

瑞金革命遗址多为所在地的祠堂或民居，经历了抗战时期的硝烟，很多建筑已经被毁或者大面积残损。20世纪50年代中期，保存相对完整的一批建筑进行修复并对外开放。20世纪80年代早期，对一批建筑进行了修复以及抢救性异地重建。21世纪初，为配合完善革命历史整理线索以及主题性旅游开发，对一些革命旧址进行了原址原样或异地原样的修复。

中央兵工厂旧址

32 龙珠塔
Longzhu Pagoda

基本信息	省级 / 免费开放
年　　代	明
地　　址	赣州市瑞金市象湖镇烈士馆景区
交通信息	县内公交 / 自驾

烈士馆景区示意图

　　龙珠塔，俗称白塔，位于瑞金市象湖镇绵江河畔原犁庭公园内，现为瑞金烈士馆景区。始建于明万历三十年（1602），清道光十八年（1838）西关杨氏捐资重建，1934年冬曾修葺，2007年再次维修。

　　该塔属壁内折上的楼阁式砖塔，可沿阶梯至塔顶。九级六面，高41米，底层外围39.4米，内径2.85米，墙厚4.38米，塔身逐层内收，至塔顶墙厚为2.73米，内径1.75米。塔基六角处有抹角柱础，首层有三门可入塔内。二层及以上各层均铺有梁、板，设有门、壁龛各三，每级外层均有门、窗洞可供眺望。龙珠塔是瑞金市的水口塔，是瑞金城市的重要标志。

　　1987年12月被公布为江西省文物保护单位。

全貌

塔身

柱础

内部

会昌县

33 中共粤赣省委旧址
Former Site of the CPC Committee of Guangdong and Jiangxi Provinces

基本信息	省级 / 免费开放
年代	近代
地址	赣州市会昌县文武坝镇邹屋
交通信息	县内公交 / 自驾

旧址位于会昌县文武坝镇邹屋，与粤赣省苏维埃政府旧址、粤赣军委旧址、少共粤赣省委旧址、毛泽东故居及防空洞等组成文武坝粤赣省机关革命旧址。1933 年 8 月，中央决定成立粤赣省，省委机关设在文武坝镇的邹屋。

邹屋即邹氏祠堂，为清末建筑，砖木结构，硬山屋顶，上下两厅，中间设天井，连左右耳屋共 46 间。面阔 29.5 米，进深 28.5 米，占地面积 840 平方米。院子、围墙、门楼等基本完好。其东侧为粤赣省军区总指挥部旧址，西侧为毛泽东旧居。三栋建筑通过天井及横屋相连。

1987 年 12 月被列为江西省文物保护单位。

粤赣省苏维埃政府旧址
少共粤赣省委旧址
中共粤赣省委旧址
粤赣省军区总指挥部旧址

鸟瞰

粤赣省革命遗址群分布图

门楼

内院

外部环境

34 粤赣省军区总指挥部旧址

Former Site of the Command of the Guangdong-Jiangxi Military Region

基本信息	省级 / 免费开放
年　代	1933 年
地　址	赣州市会昌县文武坝镇邹屋
交通信息	县内公交 / 自驾

粤赣省军区总指挥部旧址位于会昌县文武坝镇邹屋。1933 年 4 月 24 日，粤赣军区总指挥部在筠门岭成立，总指挥部驻筠门岭芙蓉寨。1933 年 8 月，中共粤赣省委成立后，粤赣军区迁至文武坝村邹屋。该旧址紧邻中共粤赣省委，位于其东，系清末民居，砖木结构，硬山顶。面宽 19.4 米，进深 19.5 米，基本保存原貌。

1987 年 12 月被列为江西省文物保护单位。

屋顶

粤赣省军区总指挥部旧址

檐口细部

鸟瞰

35 会寻安中心县委旧址

Former Site of the CPC Central Committee of Huichang, Xunwu and Anyuan Counties

基本信息	省级 / 免费开放
年　　代	近代
地　　址	赣州市会昌县筠门岭圩坝笃下朱屋
交通信息	自驾

会寻安中心县委旧址位于会昌县、寻乌县、安远县三县中心位置的筠门岭镇沿江路，原为朱姓民居"朱屋"。全称为会昌、寻乌、安远中心县委，设立于1932年7月，邓小平任县委书记兼江西军区第三作战分区政委，领导会昌、寻乌、安远三县工作。1933年7月中心县委撤销。门岭县成立后，县委、县苏维埃机关设在这里。

该建筑为清代民居建筑，砖木结构，硬山屋顶。坐北朝南，面宽25.9米，进深27.67米，高8.3米，修复后建筑前设置活动广场，供民众日常集会、活动等使用。

建筑由门楼、前院、内院、前厅、后厅、左右偏厅及左横屋组成。正厅为十字大厅，中间设置天井，青砖铺地。左边横屋有房间二十余间，天井、台阶边沿用红麻石条。

1987年12月被列为江西省文物保护单位。

门楼

前院

鸟瞰

36 羊角水堡

Yangjiaoshui Fortress

基本信息	国家级 / 免费开放
年　　代	明—清
地　　址	赣州市会昌县筠门岭镇羊角村
交通信息	自驾

羊角水堡位于会昌县筠门岭镇东南的羊角村。为周氏族村，面积约71 000平方米，现有居民1100多人。堡内原居住有杨、郭、林、罗、古、董、彭等十几个姓氏，尤其是少数民族畲族的蓝氏。至清咸丰、同治年间，因周氏人口发展迅速，此后羊角水堡以周姓为主。

羊角水堡始建于明成化十九年（1483），因闽粤流寇对江西边民和过往商人的不断掠杀，官府决定在羊角水村设备所，以驻军防守。明嘉靖二十三年（1544）始建城墙，周长三百丈，高三十尺，城垛564个，有三道门，东门为"通湘门"，南门为"向阳门"，西门为"镇远门"。发生于清顺治五年（1648）十二

鸟瞰

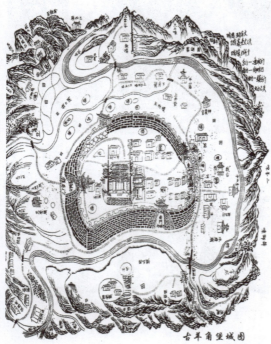

古羊角堡城图

东街

月的金王之变，致使水堡失守，遭受破坏。守备杜应元于清康熙四年（1665）重修水堡，并加高垛口，添设警铺铳阁，清康熙十年（1671）十月又进行修葺。清康熙四十年（1701）守备车载廷建仪门，清康熙五十年（1711）守备冯友玉修建大门。清雍正五年（1727）守备奚世杰修二堂。此后清朝、民国有毁有修。

除北部城墙拆毁外，尚有明代城墙861米及3座城门。东门保存最为完整，其门额上有"通湘门"三个大字及"嘉靖甲辰岁仲冬吉旦立"的年号铭文，城墙墙体上留有清康熙年间羊角河水浸城、水位记录的刻铭。堡内现存清代民居、祠堂达34处之多。其中被列为文物建筑的有湘南公祠、周氏宗祠、绍福公祠、芳业公祠、周九妹祠、世能公祠、蓝氏宗祠、瑞香公祠、康吉祠、凤吉祠、永敬公祠、寿眉公祠、周环江祠、节文公祠、彝公祠、烈振祠。被列为文物建筑的民居有周美泉民居、周龙一住宅、芳业公民居、周涛俗民居。此外还有城墙、向阳门、通湘门、镇远门、炮楼、蓝氏节孝坊等。在水堡中还有一处被民居覆盖的衙门遗址。

通湘门

城墙

周氏宗祠

（1）周氏宗祠

周氏宗祠位于水堡南侧，距离向阳门约150米。现存建筑为清代遗存，砖木结构，坐北朝南。进深29.8米，面宽17米，占地面积506.6米。门前有影壁，影壁两侧开门，前院长13米，宽21米，占地面积273平方米。建筑入口为坊式门楼，正中竖立双柱斗栱，两侧为五山式封火墙。内部装修有藻井、轩棚、倒板及镂雕精美的木栱、雀替等。

周氏宗祠天井

羊角水堡总平面图

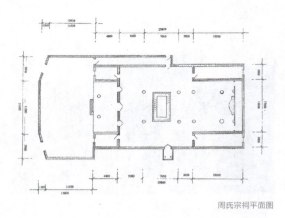
周氏宗祠平面图

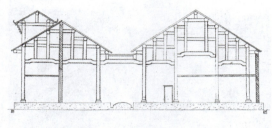
周氏宗祠剖面图

周氏宗祠室内结构

周氏宗祠木构雕饰

（2）城隍庙

城隍庙正对向阳门，硬山屋顶，高5.12米。南北长6.5米，东西宽3.8米，占地面积24.7平方米。双开木门，门宽1.2米，高2.6米，大门边有一对联，上书"能够正正当当做稳去，免得拉拉扯扯到此来"。大门外1.3米围木栅栏，两头与墙垂直立一对木柱钉栅栏。目前处于维修状态。

（3）周龙一住宅

周龙一住宅位于周氏宗祠东侧30米处，是建于清中期的砖木结构楼房，建筑面积551.6平方米。建筑由上、中、下三厅构成，左右有两层共24间厢房。厅堂进深18米，面宽12.2米，占地面积219.6平方米；左右厢房进深23米，宽5米，占地面积共计332平方米。所有门、窗、天井、墙角、阶沿、明沟等均为红石筑造。屋顶四面坡、硬山顶，是赣南民居建筑常采用的样式。目前处于维修状态。

（4）蓝氏节孝坊

蓝氏节孝坊是位于东街南侧的红石牌坊，建于清乾隆四年（1739），为表彰畲族蓝氏之女而立的节孝牌坊。该坊坐北朝南，四柱三檐，高6米，檐宽7.04米。

城隍庙

蓝氏节孝坊

周龙一住宅及绍福祠

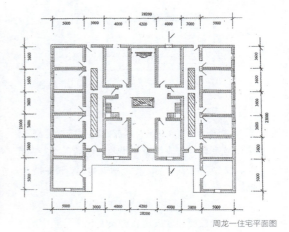

周龙一住宅平面图

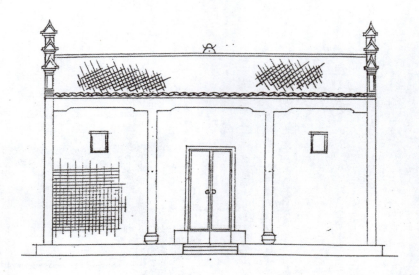

绍福祠南立面图

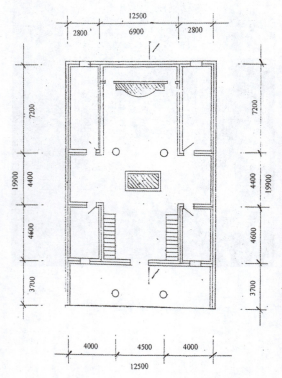

绍福祠平面图

贡元碑

中间门高 2.56 米，宽 1.9 米，左右门宽 1.13 米，高 2.2 米。中门额上刻"旌表儒童周道明之妻蓝氏坊"，其上有"圣旨""节孝"字样。檐下雕龙画凤，镂雕精美，部分已毁。

羊角水堡是江西省罕见的明代军民共成的军事城堡，是研究少数民族发展史、客家文化，乃至中国古建筑史、古代军事史、会昌地方史的重要实例。2004年5月被公布为县级文物保护单位。2006年12月被列为省级文物保护单位。2013年3月被列为全国重点文物保护单位。2014年8月被评为江西省历史文化名村。

寻乌县

37 周田村
Zhoutian Village

基本信息	国家级 / 免费开放
年　　代	清
地　　址	赣州市寻乌县澄江镇
交通信息	自驾

周田村地处江西省寻乌县澄江镇，东江源头上游，是江西省首批历史文化名村之一。周田一村通三省，与广东的平远县差干镇烽岭牌村、福建的武平县东留乡龙溪村一山之隔，一条穿村而过的古驿道将三省三村一脉相连。自明万历年间建村起，周田村历经了500多年的繁荣兴衰，培养了大批客家商人，前后建造了28座方形围屋、4座学堂、1间茶亭、4栋客栈、1间药栈、1处水车油坊、5座古寺庙等。但保留至今的古建筑仅有15处，且多数处于荒废或半荒废状态。

周田村现存古建筑从北至南分别为：老屋、新屋、松树下、上田塘、下田塘、老年活动中心、松山排、社光下、上社母、下社母等。

（1）老屋

老屋为周田村最早的围屋，是开村人王梯所建，始建于明万历年间。老屋傍山而建，二层，砖石土木砌筑，占地约1000平方米。东西向较长，略偏北，中间有天井，正门开在东南角。目前处于半荒废状态，仅有几户人家居住在建筑东侧厢房。

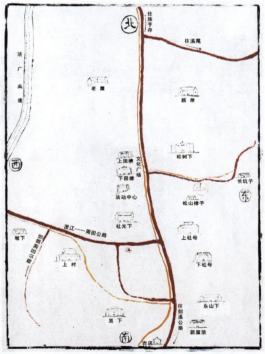
围屋位置图

老屋正门

老屋屋顶

（2）松树下

松树下为周田富商王周崧于清嘉庆元年（1796）建造，为堂横式民居，占地约2700平方米。坐东朝西，门楼位于西北面，建筑主体有上、中、下三厅，两侧有厢房，用天井连接。主入口上有以动物、植物、人物故事为主题的砖雕，门檐下有"崧祠鼎盛"匾额，旁边有"嘉庆元年岁次丙辰为恩近视王万椿宇周崧立"字样。室内屋架梁做月梁，雀替做精美木雕。正厅天花做长方形藻井。柱础为八角形，窗户为木格窗。

松山排屋顶

松山排入口

松山排檐下木结构及卷棚

松山排天井及正厅

松山排藻井

（3）上田塘

上田塘位于文化广场西侧，建造于清嘉庆十八年（1813），由王周崧的长子王巨楫所造。门楼上有"巨绍槐庭"四字，门匾两侧及下方有石雕，两侧有石雕漏窗。门梁及藻井有彩画装饰，天井上方亦有部分彩画。室内及檐下雀替均做精美木雕。

（4）下田塘

下田塘位于上田塘南侧，主体建筑建于清嘉庆十九年（1814），门楼建造于清嘉庆二十二年（1817），同样为王巨楫所建。建筑坐西向东，砖石木结构，硬山屋顶，门楼位于东北侧，占地面积约4000平方米。中间有厅堂四进，两侧有厢房，通过天井相连，建筑共有8厅12井，房间50个。室内木雕、砖石雕内容丰富，工艺精湛，可谓周田村古建筑之最。正门为坊式门楼，门楼上有石刻碑匾"世德钦承"，两侧有石雕。门楼两侧有红石雕刻漏窗，檐口形式与正门相似。目前作为周田村村史馆使用。

2003年7月，周田村被评为中国历史文化名村。

下田塘（左）及上田塘（右）

上田塘主入口

下田塘入口

上田塘檐下木结构

下田塘正立面

柱础

窗

安远县

38 东生围
Dongsheng Enclosed Residence

基本信息	省级 / 免费开放 / 现为景点
年　　代	清
地　　址	赣州市安远县镇岗乡老围村
交通信息	乘旅游专线 / 自驾

　　东生围位于江西省首批历史文化名村——赣州安远县镇岗乡老围村境内,由当地大财主陈上达建造。东生围始建于清道光二十二年(1842),初建时为五扇大门,三层楼房。清咸丰三年(1853)为避战乱,在围的东、南、北三面各扩建一幢,与西面围屋连成一体,形成外围,于清咸丰六年(1859)完工,大门增至七扇。清同治五年(1866)营造正厅,并在围的西北角增设四柱三间三楼牌坊式门楼为外大门,至清

同治七年（1868）竣工，历时26年。

米家围俗称"老围"，呈长方形，长约"回"字形，占地面积9270.24平方米，围墙有门5座，约2000平方米，东侧有炮楼，东北角有后门，即角式门楼，门上镌有"光善泰新"。四字。围墙由内而外侧有三面炮楼和西南角炮台式门楼，中间开井5口，中间北门悬匾"米家围"三字。为内屋，东、南、北三面各三层住房和西南角各式门顶。正面开井5口，中间北门悬匾"米家围"三字。为内屋，东、南、北三面各三层住房和西南角各式门顶，一至三层有九道小回门，外墙直1.3米，建有"老母楼"，北正西开围门，距西围之7米，围墙外有楼和炮楼各处，建北正边墙砌筑，并采用通山屋顶。围墙内面有宽2～3米，深约1.5米的防御防御沟，整座围屋错落有致，图案秀丽。

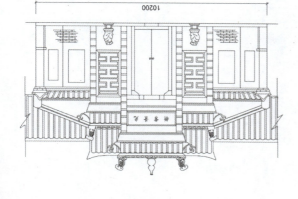

米家围南门立面及剖面图

米家围屋顶

内通廊

后侧

米家围村寨俯瞰

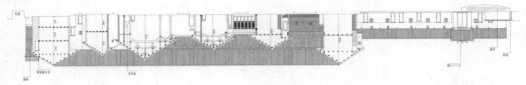

沧孝围剖面图

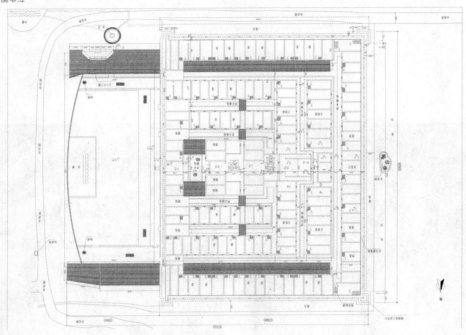

沧孝围二层平面图

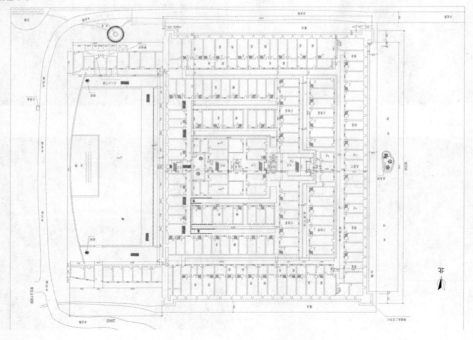

沧孝围首层平面图

花格门

中轴线建筑大门

花格窗

瓦当

炮楼

赣州市

东生围具有典型闽粤赣地区客家民居的建筑组织方式，沿中轴线上、中、下三厅与周围明三暗五两天井组合，以三栋大厅为中轴，组成"九井十八厅"的宏大建筑群体。其余狭长天井两侧设置房间，并在檐下设置走道。除中轴线上的建筑用料、做工考究外，其余建筑颇为简陋。上厅、正厅建造华丽，抬梁式屋架，其余为山墙承托檩条。天井和正面檐口等重点部位设置有花纹的滴水板瓦和瓦当，大厅门额上书"清辉朗润"四字。二层有土砖楼房199间。

围屋四角炮楼是赣南围屋中较为独特的做法，底部三层用土砖砌筑而成，顶层空间窄小，以提高炮楼的抗打击能力。"文革"期间，西面炮楼被拆。围屋外部的壕沟，至今保存完整，也为赣南围屋仅有。

东生围北侧为尉廷围，南距0.5公里处为磐安围。此三围是目前老围村形态上保存较为完整的围屋。尉廷围是一座土围，尚有老人居住，但已经破损不堪。磐安围保存尚好，有几户人家居住，内院一组一层房屋为20世纪50年代修建。2006年为配合三百山景区旅游线建设，进行了主题性旅游开发。在确保文物保护单位安全并合理有效利用的同时，也带动了当地经济的发展。

东生围是赣南现存围屋中最大的方形围屋之一。1993年1月被列为安远县县级文物保护单位。2000年7月被公布为江西省文物保护单位。

西立面

正厅

磐安围鸟瞰

39 无为寺塔

Pagoda of Wuwei Temple

基本信息	国家级 / 免费开放 / 正在维修 / 现为景点
年　代	宋
地　址	赣州市安远县无为公园
交通信息	县内公交 / 自驾

无为寺塔

　　无为寺塔位于安远县城西北角的无为公园内，宋绍圣四年（1097），由县人杜监主持建造。因位于"无为寺"后，故名无为寺塔，无为寺建于唐长庆四年（824），已毁。

　　该塔六面九级，塔心中空，属穿壁绕平坐楼阁式砖塔。高61.3米，塔刹七级高8米，有相轮宝盖。每层设飞檐、平坐和栏杆。二层及以上各明层有门、龛各三，相互间隔。暗层为通道，内壁亦为三门、三龛相互间隔。门或龛上为坊，坊上为斗栱，每面三朵，转角一朵。底层为大回廊，勾栏环绕而上可登塔顶。

　　1957年被列为江西省文物保护单位。1984年，全面维修，对外开放。2006年5月作为赣州佛塔之一，被列为全国重点文物保护单位。

首层檐下斗栱

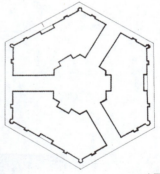

底层平面示意图

40 永清岩观音楼

Guanyin Tower at Yongqingyan Cliff

基本信息	省级 / 免费开放 / 现为景点
年　代	明
地　址	赣州市安远县龙布镇镜溪村西
交通信息	自驾

　　观音楼位于安远县龙布镇镜溪村西1000米处，即永清岩丹霞地貌风景区。观音楼建筑附着在永清岩上，被誉为"江南悬空寺"。原为永清岩禅庵的一部分，禅庵建于南宋开禧年间（1205—1207），明万历三十四年（1606）增建观音楼。清康熙二十四年（1685）及民国年间对该楼进行过修缮。"文革"期间禅庵被毁，仅剩三层观音楼悬于空中，1982年对观音楼进行了修复。

　　观音楼高15米，长2.7米，宽1.5米，占地面积4.05平方米。共三檐四楼，木制楼阁建筑，各层木结构均与崖壁相连，逐层架木梯而上。自下而上，依次为"文昌阁""华严阁""观音阁"。观音阁石壁有一天然岩洞，深2米、高1.8米、宽2米，洞内设龛供奉观音像。顶层藻井上有古代人物画45幅，题有古诗10首，现已斑驳，个别画面已无。各层檐梁绘有人物及动物，画师为"于都邑易炳玉"。

1983年被列为县级文物保护单位。2006年12月被列为江西省文物保护单位。

全貌

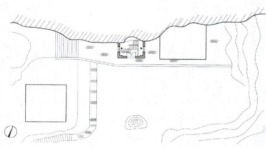
平面图

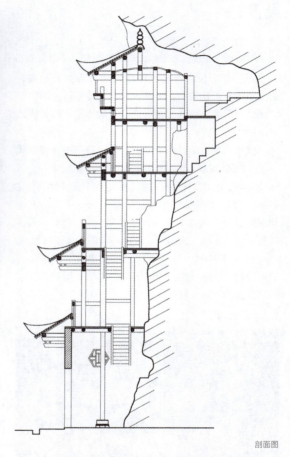
剖面图

屋檐起翘

顶层天花

41 永镇桥
Yongzhen Bridge

基本信息	国家级 / 免费开放
年　代	清
地　址	赣州市安远县城西新龙乡江头村甲江河上
交通信息	自驾

永镇桥位于安远县城西的新龙乡江头村甲江河上，由僧人欧阳融六于清顺治九年（1652）募化建造。后被洪水冲坏，清乾隆十四年（1749）邑人募石重修。清同治五年（1867）十月遇灾。1962年群众募捐对被灾损坏部分进行维修。

永镇桥为三孔木结构长廊式瓦桥，长38.5米，宽4.33米桥。南北桥头各建一座长宽约4米的连桥凉亭，桥亭与桥身有高差，通过九级台阶相连，亭门额书"永镇桥"。

桥基为二台二墩三孔。墩台用花岗岩条石、石灰砂浆砌筑而成。桥墩高5.6米，宽3.2米，迎水面为减小冲击砌成金刚分水尖形式。墩台上部以永杉木悬臂梁承托桥面，组成高约5米的三孔桥体。桥面上筑长廊，内部结构采用抬梁式，8组梁架将长廊分为9间，每架二内柱二檐柱，利用穿插梁、抱头梁伸出作排橼木。中开间高出1米，前设天窗，后设神龛，悬山屋面为二坡顶双重檐，屋脊正中设宝葫芦，两端作飞橼鸱尾。

永镇桥为江西省现存罕见的石墩木梁悬臂式廊桥。1983年被列为县级文物保护单位。1987年公布江西省文物保护单位。2000年对永镇桥进行全面维修。2013年3月被列为全国重点文物保护单位。

全貌

桥头

桥内梁架结构

屋廊结构

桥墩

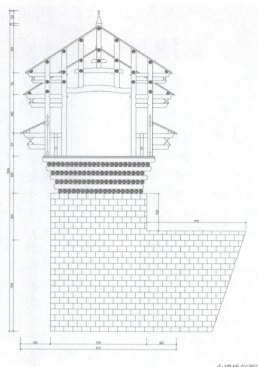

永镇桥剖面图

龙南县

42 关西新围
New Enclosed Residence in Guangxi Village

基本信息	国家级 / 需购票 / 现为景点
年　　代	清
地　　址	赣州市龙南县关西镇关西
交通信息	县际公交 / 自驾

关西新围位于龙南县关西镇关西村，紧邻407县道。其建造年代根据建围人徐名均生卒年代（1754—1832）推算，应在清嘉庆至道光年间。为了与东北侧的"老围"——西昌围区别，将此围称为"新围"。

关西新围坐西南朝东北，建筑群中轴线北偏东约60度。平面呈长方形，面阔83.54米，进深92.16米，占地面积7426平方米，建筑面积11 477平方米。西

关西村鸟瞰

关西新围屋顶

关西村游览平面示意图

关西新围东门

关西新围西侧院门

北面有园林,名为"小花洲",占地面积3800平方米,现已荒废。关西新围为"国"字形围,有东、西两个出口,东门为正门,门楣上有"关西新围"四字,两侧有楹联,出门为晒坪及水塘。西门为后门,与"小花洲"相连。

围屋为三层土木结构,每层有房间79间,是一栋有前后3进、5组并列、18个厅、14个大天井的豪华大宅。围内建筑以祠堂和起居功能为主,以祠堂为

小花洲

中心，两侧为卧室、书房等起居用房。外围高两层，二层悬挑外廊，以防御功能为主，兼具活动、储藏、起居等功能。前有戏台，后有土库，两侧有偏房。外墙高 7 米，5 米以下用石灰、沙石、黄泥三合土夯筑，5 米以上为青砖砌筑。围屋四角有炮楼 4 座，东面有 2 座二层炮楼，高 10.1 米。西面两座围三层，高 11.2 米，共有射击孔 17 个，梅花枪眼 23 个。

关西新围中房间众多，可分为三个等级，以祠堂为最高级，门前有石狮子一对，主要作为集会、祭祀等公共活动使用。采用抬梁和穿斗相结合的梁架形式，梁下木结构上做木雕装饰，柱础有精美石雕。其次为祠堂两侧厢房，是围屋主人或身份较高者的居室。最次为外围一周房间，为长工、家丁等的居住用房。

四角炮楼屋顶具有歇山顶特征，外围其他建筑均为双坡顶，围内建筑为硬山顶，戏台周围建筑为悬山

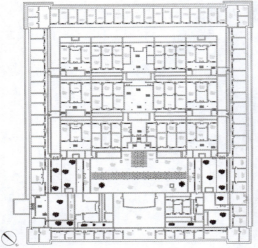

关西新围首层平面图

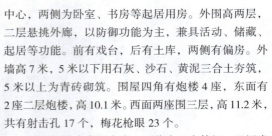

关西新围戏台

关西新围祠堂

关西新围祠堂正厅

关西新围土库

关西新围东侧围屋

关西新围梅花枪眼

关西新围石狮

关西新围花窗

关西新围木结构

顶,采用灰色筒瓦及半圆形瓦当。联系各院落的门,有圆形、方形、圆拱顶等多种样式,户门或者建筑内部的门多为双开或单开木板门,围内窗多为花格窗。此外,关西新围运用了木雕、石雕、彩绘、灰塑等多种装饰手法。

西昌围位于关西新围东南侧土坡之上,为徐老四父亲及其兄弟于明末清初建造,具体年代不详,占地面积约5257平方米。围屋以祖祠堂为中心,前后左右建造六栋厅堂和一栋观音堂。因各建筑建造时间不同,风格有所差异,且就地势建造,各不相连,自成一家,各具特色。

关西新围是全国目前发现的保存最为完好、规模最大、结构功能最为齐全的客家方形围屋。2001年7月被列为全国重点文物保护单位。

西昌围屋顶

西昌围入口

西昌围内院

43 太平桥
Taiping Bridge

基本信息	国家级 / 免费开放
年代	清
地址	赣州市龙南县杨村镇车田村
交通信息	自驾

全貌

太平桥位于龙南县杨村镇北,车田村太平江上。原太平桥建于明正德十二年(1517),名为"上桥"。清乾隆晚期,毁于山洪。清嘉庆元年(1796)于"上桥"下游约300米的现址处重新造桥,曰"下桥",又叫"太平桥"。"太平桥"三字镌刻在廊屋的东、西两面,由族长赖懋杰题写。清道光末年(1850)做了一次较

桥头

拱券

大的维修。

太平桥为两孔三墩、四拱双层重叠组合石拱桥，精磨花岗石为料。桥面为砖木结构，龟背状，中间铺纵向条石。全长 34.43 米，宽 3.99 米，面积 137.37 平方米。桥中间建有一座砖木结构的四通凉亭，长 12.2 米，侧面大拱跨度 8.38 米，高 6.16 米。凉亭用青砖砌成，上盖青瓦，亭顶两侧置防火山墙，左右对称 3 对飞檐。桥南为迎水面，桥墩做成尖状脊头，微微上翘。

太平桥造型奇特，用工精细。是研究中国南方桥梁的典型案例。2013 年 3 月被列为全国重点文物保护单位。

桥墩

44 燕翼围
Yanyi Enclosed Residence

基本信息	国家级 / 免费开放
年　　代	清
地　　址	赣州市龙南县杨村镇
交通信息	县际公交 / 自驾

燕翼围位于龙南县杨村镇，为赖氏家族赖福之建造。按《桃川赖氏八修族谱》记载，该围建于清顺治七年（1650），赖福之之子赖从林将其完成于清康熙十六年（1677）。

燕翼围俗称"高守围"，系客家民居围屋。建筑坐西南面东北，东南方向有水塘，东北方向为案山。平面呈长方形，面宽约 45 米，进深约 36 米，高 14.3 米，占地面积 1367.55 平方米，建筑面积 3741.12 平方米。围门朝东北开，仅一门共三道，第一道门为拱形门框，对开铁皮门，第二道门为活动闸门，第三道门为木便门，三道门进深为 2.25 米，第二道门顶设有漏斗水池，可防火攻，门外楣上阴刻"燕翼围"三字。以厅堂为中轴线，四层围屋，每层 34 间房，共 136 间房。首层为膳食处，正对大门一间为祖堂。二、三层用于居

燕翼围

鸟瞰

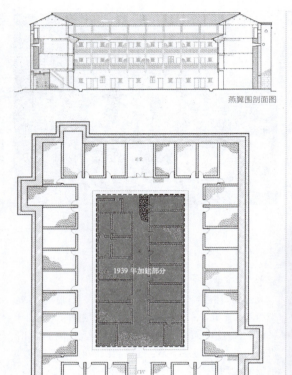

燕翼围剖面图

燕翼围首层平面图

住,有约1米宽的回廊。四层战备,平时闲置。围墙厚14.5米,以麻石条为基,上层外砌青砖,内用土坯,为"金包银"墙体。在四层对角设置炮楼,回廊在外墙,设有许多枪眼。1939年后,在围内建造两排单层房屋。燕翼围结构坚固,具有很强的防御性。围内有完备的排水系统,建筑功能齐全,集厅堂、居室、书房、城堡、跑马坪于一体。

燕翼围从设计到建造,体现了赣南客家人的聪明才智,是江西古建筑之杰作。1992年7月被列为县级文物保护单位,2000年7月被列为省级文物保护单位,2001年6月被列为全国重点文物保护单位。

顶层连廊

入口

内院

连廊

炮楼

枪口

排污口

全南县

45 雅溪围屋
Enclosed Residences in Yaxi Village

基本信息	省级 / 免费开放 / 现为景点
年　　代	清
地　　址	赣州市全南县龙源坝镇雅溪村
交通信息	县际公交 / 自驾

雅溪围屋位于全南县龙源坝镇雅溪村，距离全南县城25公里，为该村陈氏家族于清光绪年间建造，是全南县保存最为完好的围屋。围屋分为石围和土围两座，土围的建造时间早于石围，两栋围屋相距约25米，总占地面积约1010平方米。

土围又称"福星围"，建造者为陈氏后人陈受硕、陈受颖等叔侄四人，清咸丰六年至八年（1856—1858）修建。高3层，每层有17间房，最多可容纳51户人家。墙基由三合土与鹅卵石混合夯筑，平面呈长方形，面阔29.8米，进深20.2米，高10.4米，占

陈氏祠堂
石围
土围

雅溪村鸟瞰

土围

地约 600 平方米。大门设两层，有防火设备。围屋炮楼有两个，轴线由南至北为门坪、楼门、门厅、环廊、天井、厅堂。二层、三层有内环廊。

石围建造于清光绪十一年（1885）冬，占地面积约 410 平方米，建造者为陈受颖之子陈学士。建筑坐东朝西，最多可容纳 52 户人家，有良好的地下排水系统。平面呈正方形，边长 20.2 米，建筑高 12 米，共四层。大门用排石条砌成，有三层门，即铁皮门、闸门及木便门。围屋采用砖木结构，外墙用三合土与卵石夯筑而成，围墙及碉楼上设有枪眼和瞭望孔，天井中央有水井。每层有回廊，顶层回廊靠外墙设置。顶层屋檐正面砖砌叠涩明显，四角起翘十分轻盈，正如门上匾额所写的"鸟革翚飞"。底层大门对称位置为厅堂，其门有精美木雕图案。

2006 年 12 月，雅溪围屋被列为江西省文物保护单位。

土围入口

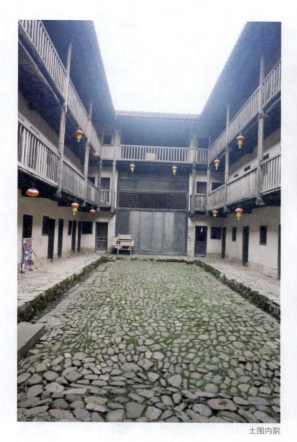

土围内院

石围

石围炮楼

石围入口

石围天井

赣州市

信丰县

46 玉带桥
Yudai Bridge

基本信息	国家级 / 免费开放
年　　代	清
地　　址	赣州市信丰县虎山乡中心村禾场排
交通信息	自驾

玉带桥位于信丰县虎山乡中心村隘高至龙洲的虎山河上，由当地富翁余凤歧募资建于清乾隆五年（1740），故又名"凤歧桥"。古代，玉带桥为信丰通往广东兴宁、和平县的交通要道，以结构奇特、气势雄伟而闻名于赣、粤、闽等地。分别于民国二十一年（1932）、1954年、1958年、2005年进行过保护修葺。

玉带桥平面呈"C"字形，南、北纵向横跨虎山河，为二墩三孔屋楼式拱桥，二墩立于急转直下的激流之中，高出水面5.7米。拱间距由南至北分别为15.1米、14.2米、12.6米。墩拱用青石砌筑，桥身呈弧形。桥面宽3.8米，用灰麻条石和大鹅卵石铺成龟背形。其上建廊屋，分为23间，正中一间为兼具神庙功能的凉亭，两端各建瓦房桥头堡。屋面为悬山式，陶瓦垫沟，青瓦覆顶。南、北堡亭门楣上均嵌石匾额，刻"玉带桥"三字。亭内东西上方各书"神泽汪洋""龙驾远波"八个字，左右两根石柱上分别刻有"功高德大固桥是赖圣与神，海阔江深登岸不须舟与楫"的对联。

玉带桥是赣南历史上私人建桥规模最大的石拱廊桥，气势宏伟，造型奇特，在建桥史上当有独特地位，为我们研究古代的建桥历史和建桥工艺提供了宝贵的实物资料。2013年3月被列为全国重点文物保护单位。

玉带桥

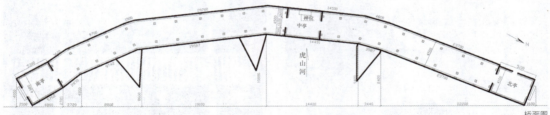
桥面图

东立面

南立面

北侧门亭剖面图

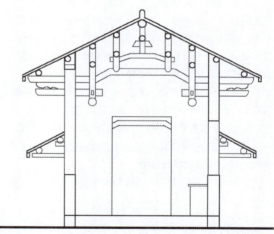

中部庙堂剖面图

内廊

屋架结构

47 大圣寺塔
Pagoda of Dasheng Temple

基本信息	国家级 / 需购票 / 现为景点
年　　代	清
地　　址	赣州市信丰县
交通信息	市内公交 / 自驾

大圣寺塔位于信丰县城内，始建年代不详。《江西通志》记载："砖石间有字可识，曰'杨贯重修'，又有赤乌年号。"《赣州府志》记载："相传吴大帝赤乌年造。"《信丰县志》记载："唐贞观年重修。"北宋治平六年（1064）重建，清同治十一年（1872）重修。

1984年至1990年，对塔进行了全面维修，复原了栏杆、飞檐、塔刹和副阶等。在维修过程中，在塔内发现各朝代的铜钱，包括开元、太平、淳化、咸平、景德、天禧、元丰等年号，于第七层北面假壶门左侧发现一铭文砖，刻有"治平元年正月初"（即1064年正月初）等字眼。

该塔系楼阁式砖塔，仿木结构，平面六角形，门三实三虚。六角九级，穿墙绕平坐可登塔顶，各层有平坐、暗层，腰檐均为华栱跳头施令栱以承橑檐枋，覆以筒瓦。第一层有副阶，檐下施双杪六铺作，转角铺作要头做昂形，基座用四铺作，华栱不出头。第二层及以上各层，为檐脊、平坐、门窗以至塔顶。重修后高66.45米，塔身用青砖砌筑，黄泥勾缝。底层边长5.9米，壁厚3.65米。各层斗栱、檐角、勾栏、门窗、神龛均以特制砖件拼装，其上有莲瓣、牡丹、双钱等装饰花纹，屋顶做彩画装饰。

2006年5月，大圣寺塔作为赣州佛塔之一被列为全国重点文物保护单位。

大圣寺塔

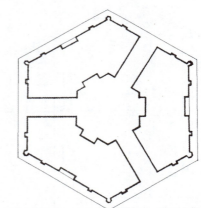

底层平面示意图

首层檐下斗栱

首层屋檐木结构

塔基斗栱

塔身细节

塔檐及檐下斗栱

塔内天井及彩画

48 油山游击队交通站——上乐塔

Communication Station Used by the Youshan Guerrilla---Shangle Pagoda

基本信息	省级 / 免费开放
年　　代	明
地　　址	赣州市信丰县油山镇红米塅村
交通信息	自驾

上乐塔位于信丰县油山镇红米塅村，塔身六面五层，砖砌仿木构。底层对角距离为3.16米，层高逐层递减。每层有六扇门，塔内有楼梯可登塔顶。每层有神龛，塔身略向东头倾斜。葫芦塔刹为近年新修。每层各面有仿木结构梁枋、斗栱、挑檐等。第一层每面三间，龛或门左右有柱，柱上承枋，枋上有驼峰接一斗三升，第二层及以上各层除上无驼峰外，皆为龛上设枋，枋上承托一斗三升。

该塔建造年代不详,据对塔内木结构化验的结果,推测塔为明代建造。1979年对塔进行了全面维修,恢复了原貌,但塔身仍略有倾斜。

三年游击战争时期,上乐塔作为交通站接头处。曾先后在塔内发现当年游击队转移时留藏在塔壁或埋在塔下的油印机滚筒、子弹、步枪等革命文物。

上乐塔已被公布为江西省文物保护单位。

上乐塔

首层

塔身

塔顶及塔刹

大余县

49 嘉祐寺塔
Pagoda of Jiayou Temple

基本信息	国家级 / 免费开放 / 需许可
年　　代	宋
地　　址	赣州市大余县县城东老南安板鸭厂内
交通信息	县内公交 / 自驾

嘉祐寺塔

　　大圣寺塔位于大余县城东狮岭山麓、章江河畔的老南安板鸭厂内，该塔建于北宋嘉祐年间，属于赣州佛塔之一。此处原为嘉祐寺，故得名嘉祐寺塔。嘉祐寺始建于隋开皇五年（585），唐景云年间（710—712）重修，更名大云寺，宋大中祥符元年（1008）更名清泉寺。北宋嘉祐元年（1056）重修后，又更名嘉祐寺，同时建塔。现寺院已毁，但塔依旧挺立。

　　该塔为楼阁式砖塔，平面呈六角形，未见明显塔基。五层，高19米（不含塔刹），塔身中空，塔檐出挑，可沿壁龛攀登至顶层。资料记载塔刹为葫芦状，已毁。每层各面有仿木结构券门、梁枋、斗栱、挑檐等。第一层每面三间，中间一间为龛，左右有柱，柱上用素枋，枋上有驼峰承斗栱，第二层及以上斗栱多已毁掉，就现状观察，除龛上无素枋及驼峰外，皆与首层同。

　　该塔与《滕王阁对客挥毫图》中所描绘的古代建筑风格相似，颇具唐代风格。

　　1957年被列为江西省文物保护单位。2006年5月作为赣州佛塔之一被列为全国重点文物保护单位。

塔身细节1

塔身细节2

赣州市其他文物保护单位列表

区县	名称	年代	级别	地址	简介
章贡区	七里镇窑遗址	唐—明	国家级	赣州市章贡区水东镇七里村	晚唐创始,至宋元达到鼎盛,明中期停止烧窑。已发掘目前全国最大的龙窑遗址,是研究唐宋龙窑砌筑技术的重要实物
定南县	巽塔	明	省级	赣州市定南县老城乡三台山	明崇祯十年(1937)知县钊大成提倡建造,风水塔,条石砌筑,空心筒式,平面八角形。七层,高约15米,首层西北向开门,刻"青云峰"三字
大余县	梅关和古驿站	明—唐	国家级	赣州市大余县	梅岭是赣粤两省分界,始建于秦,宋立关楼,已毁,关城高5.5米,宽6米,砖石结构。驿道开凿于唐,现为明代重修,包括两座古桥在内约长1875米,宽3.5米。详情参考《广东海南古建筑地图》第400页"南粤雄关与古道"
会昌县	会昌城墙	明—清	省级	赣州市会昌县文武坝镇	始建于宋,明清均有修复。"文革"期间炮楼、鼓楼、城垛皆遭拆毁,大部分墙基仍在。仅有部分留存,位于文武坝镇西街、南街、北街周边
宁都县	朗际节孝坊	清	省级	赣州市宁都县肖田乡郎际	清代乾隆年间为该村萧行三的妻子黄氏而立。正面书"旌表儒童萧行三之妻黄氏坊",上有"圣旨"二字,背面有"节孝"二字。四柱三间,花岗岩构筑,通高约7.7米,面阔约5.7米
宁都县	宁都起义指挥部旧址	1916年	国家级	赣州市宁都县梅江镇梅江北路4号	即宁都县博物馆,原为基督教耶稣堂。建筑坐西向东,两层砖木结构,建筑面积293.82平方米,庭院面积约为2040平方米,一、二层均有连续拱形外廊,正立面主入口门框上部做圆拱。
宁都县	红一方面军总前委"黄陂会议"会址	1930年	省级	赣州市宁都县黄陂镇排下村	原为民居,坐北朝南,背山面水。土木结构,四间两进,占地面积约200平方米。中厅有花池,后进为毛泽东旧居
于都县	中共赣南省委旧址	1934年	省级	赣州市于都县贡江镇环城东路18号9栋	原为于都县城天主堂,为美国传教士所建。修建于1934年8月至10月,砖木结构,硬山顶,坐北朝南,面阔9.9米,进深25.4米,占地面积251平方米
兴国县	长冈乡调查旧址	1933年	国家级	赣州市兴国县长冈乡长冈村	原为李春玉私宅,建筑坐北朝南,土木结构,两进,中间有天井,建筑面积242.12平方米。1977年在其东侧建长冈乡调查纪念馆
兴国县	中共江西省委旧址	1931年	省级	赣州市兴国县潋江镇背街二组53号	原为民居,1931年10月至1932年冬,中共江西省委驻扎于此。砖木结构,两层建筑,中间有天井,平面呈长"回"字形,首层连廊为连续券
兴国县	中共苏区中央局坝南军事会议旧址	1932年	省级	赣州市兴国县潋江镇坝南村	原为民居,始建于明末清初。土木结构,悬山顶,红石条墙基,坐西向东,占地面积238平方米。1932年8月,红一方面军总部在此召开军事会议。1973年按照原样修复

续表

区县	名称	年代	级别	地址	简介
寻乌县	潘任墓	宋—清	省级	赣州市寻乌县吉潭镇上车村	墓坐北朝南，占地约50平方米，墓碑由红砂岩条石砌筑，属二次葬，字迹模糊，仅显见"兵部"二字，该墓对研究潘氏家族迁徙史及清代墓葬形态具有重要的历史价值
寻乌县	寻乌调查旧址	1939年	国家级	赣州市寻乌县中山路187号	1972年按原貌修复。建筑坐北朝南，东西长25.1米，南北宽13.9米，高8.65米，建筑面积349平方米，有18个房间，南面有柱廊。现为寻乌县博物馆
寻乌县	罗塘谈判旧址	1914年	省级	赣州市寻乌县罗珊乡	原为天主教牧师住房，坐北朝南，用河石、三合土夯筑，石灰墙体两层瓦面洋楼，面宽14.6米，进深11.5米，高8米，基本保持原貌

参考文献（References）

古籍

[1] （清）沈恩华等修，庐鼎峋等纂. 南康府志, 清同治十一年刊本. 中国方志丛书华中地方 820[M]. 台北：成文出版社有限公司，1989.
[2] （清）达春布修，黄凤楼纂. 九江府志, 清同治十三年刊本. 九江府学文昌宫藏版[M]. 台北：成文出版社有限公司，1989.
[3] （民）江西省文献委员会编. 庐山续志稿. 民国三十六年铅印本. 中国方志丛书华中地方 964[M]. 台北：成文出版社有限公司，1989.
[4] （清）骆敏等修，萧玉铨等纂. 袁州县志. 清同治十三年刊本. 中国方志丛书华中地方 961[M]. 台北：成文出版社有限公司，1989.
[5] （清）余清选修，毛辉凤纂. 丰城县志. 清道光五年刊本. 中国方志丛书华中地方 963[M]. 台北：成文出版社有限公司，1989.
[6] （清）金弟，杜绍斌等纂修. 万载县志. 清同治十一年刊本. 中国方志丛书华中地方 969[M]. 台北：成文出版社有限公司，1989.
[7] （清）童范俨等修，陈庆龄等纂. 临川县志, 同治九年刊本. 中国方志丛书华中地方 949[M]. 台北：成文出版社有限公司，1989.
[8] （清）孔兴浙，（清）孔衍倬. 江西省兴国县志[M]. 台北：成文出版社有限公司，1989.
[9] （清）郭尧京，（清）邓斗光. 江西省石城县志[M]. 台北：成文出版社有限公司，1989.
[10] 曾田春. 江西省地方志丛书：会昌县志[M]. 北京：新华出版社，1993.
[11] （明）沈周绘，杨惠东. 历代山水画名作解析：明·沈周《庐山高图》[M]. 天津：天津人民美术出版社，2002.
[12] （清）蓝浦. 景德镇陶录图说[M]. 济南：山东画报出版社，2004.
[13] （清）连柱, 等. 广信府志. 清乾隆四十八年. 中国方志丛书华中地方 919[M]. 台北：成文出版社，1989.
[14] （清）陈兰森. 南昌府志. 清乾隆五十四年. 中国方志丛书华中地方 811[M]. 台北：成文出版社有限公司，1989.
[15] （清）陈纪麟. 南昌县志. 清同治九年. 中国方志丛书华中地方 816[M]. 台北：成文出版社有限公司，1989.
[16] （清）定祥，特克绅布修. 中国地方志集成 江西府县志辑 61 光绪吉安县志 2[M]. 南京：江苏古籍出版社，1996.
[17] （清）定祥，特克绅布修；（清）刘绎，周立瀛纂. 中国地方志集成 60-61 江西府县志辑 影印本 光绪吉安府志[M]. 南京：凤凰出版社，2013.

今人专著

[1] 保罗·谢瑞茨. 庐山忆旧[M]. 南昌：江西高校出版社，2015.
[2] 曹良海. 赣南客家古村白鹭[M]. 北京：方志出版社，2004.
[3] 曹先扬，任东红，少燕. 江西古桥[M]. 北京：人民交通出版社，2012.
[4] 陈小从. 庐山老相册：1895—1987[M]. 南昌：江西美术出版社，2006.
[5] 陈志华，李秋香. 中华遗产·乡土建筑·婺源[M]. 北京：清华大学出版社，2010.
[6] 程必定，汪建设. 徽州 5000 村：婺源县卷[M]. 黄山：黄山书社，2004.
[7] 崔乃夫. 中华人民共和国地名大词典（第 5 卷）[M]. 北京：商务印书馆，2002.
[8] 德兴县志编纂委员会办公室. 三清山志[M]. 上饶：江西省德兴县志编纂委员会，1990.
[9] 邓洪波，彭爱学. 中国书院揽胜[M]. 长沙：湖南大学出版社，2000.
[10] 浮梁县地方志编纂委员会. 浮梁县志[M]. 北京：方志出版社，2009.
[11] 赣南红色旅游编写组. 赣南红色旅游[M]. 北京：红旗出版社，2005.
[12] 龚志强. 渐进与跨越：明清以来庐山开发研究[M]. 北京：人民出版社，2013.
[13] 华夏地理杂志社. 江西：找回中国人的信仰世界[M]. 北京：生活·读书·新知三联书店，2014.
[14] 黄更昌. 流坑历史文化资料集萃[M]. 南昌：江西人民出版社，2014.
[15] 黄浩. 江西民居[M]. 北京：中国建筑工业出版社，2008.
[16] 侯洪德，侯肖琪. 图解《营造法原》做法[M]. 北京：中国建筑工业出版社，2014.
[17] 李梦星. 庐陵宗族与古村[M]. 南昌：江西人民出版社，2012.
[18] 黎明中. 江西古村古民居[M]. 南昌：江西人民出版社，2006.
[19] 李渡镇志编纂委员会. 李渡镇志[M]. 北京：方志出版社，2011.
[20] 李勤合，滑红彬. 庐山佛教史[M]. 江西：江西人民出版社，2014.
[21] 李秋香，陈志华. 流坑村[M]. 石家庄：河北教育出版社，2003.

[22] 刘华.中国祠堂的故事.济南：山东画报出版社，2015.
[23] 李天白.江西古桥四百座[M].南昌：江西人民出版社，2014.
[24] 李天白.江西山水志[M].南昌：江西人民出版社，2014.
[25] 龙虎山志编纂委员会.龙虎山志[M].南昌：江西科学技术出版社，2007.
[26] 罗建华.抚州古建筑[M].南昌：江西美术出版社，2011.
[27] 罗时叙.庐山别墅大观[M].北京：中国建筑工业出版社，2005.
[28] 慕德华，慕星.庐山拾遗[M].南昌：江西高校出版社．2015.
[29] 江立明.凝固的乐章：新余古建筑实录[M].南昌：江西科学技术出版社，2006.
[30] 江西省博物馆，南城县博物馆，新建县博物馆，等.江西明代藩王墓[M].北京：文物出版社，2010.
[31] 江西省吉安市人民政府编.吉安地区志[M].上海：复旦大学出版社，2011.
[32] 江西省进贤县县志编纂委员会.进贤县志[M].南昌：江西人民出版社，1989.
[33] 江西省波阳县志编纂委员会.波阳县志[M].南昌：江西人民出版社，1985.
[34] 江西省新建县志编纂委员会.新建县志[M].南昌：江西人民出版社，1991.
[35] 《江西省文化厅》.江西省第七批全国重点文物保护单位申报材料[R].南昌：江西省文化厅，2009.
[36] 江西省文物考古研究所.南昌铁柱万寿宫遗址考古发掘工作报告[R].2015.
[37] 江西省政协文史和学习委员会.风云庐山：名人别墅的故事[M].北京：中国文史出版社，2014.
[38] 景德镇市文化文物局.景德镇市文物志[R].2007.
[39] 南昌市地方志编纂委员会.南昌市志（1986—2004）：下卷[M].北京：方志出版社，2009.
[40] 欧阳怀龙.从桃花源到夏都：庐山近代建筑文化景观[M].上海：同济大学出版社，2012.
[41] 欧阳怀龙.庐山早期近代建筑考[G]//张复合.中国近代建筑研究与保护（五）.北京：清华大学出版社，2006：386-391.
[42] 《全国重点文物保护单位》编辑委员会.全国重点文物保护单位：第二卷[M].北京：文物出版社，2004.
[43] 《全国重点文物保护单位》编辑委员会.全国重点文物保护单位：第五卷[M].北京：文物出版社，2004.
[44] 孙刚.文化遗产在江西[M].南昌：江西教育出版社，2014.
[45] 陶勇清.庐山历代石刻[M].南昌：江西美术出版社，2010.
[46] 万幼楠.客家社会与文化研究(下)：赣南围屋研究[M].哈尔滨：黑龙江人民出版社，2006.
[47] 王成兵.辉煌的沧桑：金溪古村落群印象[M].南昌：江西人民出版社，2016.
[48] 文先国.求鼎斋文稿[M].北京：文物出版社，2013.
[49] 婺源县志编纂委员会.婺源县志[M].北京：档案出版社，1993.
[50] 吴宗慈.庐山古今游记丛钞[M].上海：上海古籍出版社，2016.
[51] 姚赟，蔡晴.江西古建筑[M].北京：中国建筑工业出版社，2015.
[52] 玉山县志编纂委员会.玉山县志[M].北京：方志出版社，2005.
[53] 袁晓宏.朱熹庐山史迹考[M].南昌：江西人民出版社，2014.
[54] 张国宏.庐山宗教史话[M].南昌：江西人民出版社，2012.
[55] 张贤忠.关西围[R].龙南县关西镇人民政府，2004.
[56] 张伊总.江西省志——江西省建筑业志[M].北京：方志出版社，1994.
[57] 政协乐平市委员会.乐平古戏台[M].南昌：江西人民出版社，2008.
[58] 中华人民共和国国家旅游局.中国旅游景区景点大辞典[M].北京：中国旅游出版社，2007.
[59] 江西省建筑业志编纂委员会.江西省建筑业志[M].北京：中共中央党校出版社，1994.

期刊、学位论文

[1] 李家和，杨日新，徐长青.江西省新干县牛头城遗址调查与试掘[J].东南文化.1989（1）：40-47.
[2] 余家栋，陈定荣.江西吉州窑遗址发掘简报[J].考古，1982（5）：481-489，566-568.
[3] 艾其斌.历史文化名城全面整体保护初探——以九江历史文化名城保护规划为例[J].中国名城，2009（9）：50-57.
[4] 代莹，曾克峰.庐山牯岭地区近代别墅建筑的成因及规划特征分析[J].现代城市研究，2006（1）：63-66.
[5] 丁国萍.九江的城市建设与名城保护[J].南方文物，2005（4）：136-138.
[6] 樊昌生，杨军.江西进贤县李渡烧酒作坊遗址的发掘[J].考古，2003（7）：618-625.

[7] 范霄鹏, 仲金玲. 赣东地区竹桥村古建田野调查 [J]. 遗产观察, 2017（1）：106-111.

[8] 冯铁宏. 庐山早期开发及相关建筑活动研究（1895-1935）[D]. 北京：清华大学建筑学院, 2004.

[9] 甘良华. 走进上晓起村 [J]. 农业考古, 2014（4）：341-342.

[10] 何和义. 唐宋元明清时期宜春县行政沿革考 [J]. 宜春：宜春学院学报, 2010（11）：76-78.

[11] 黄建安. 夏布业与棠阴村落变迁 [D]. 南昌：江西师范大学历史文化与旅游学院, 2004.

[12] 黄娜. 赣南古塔建筑文化艺术探析 [D]. 赣州：赣南师范学院美术学院, 2011.

[13] 黄跃昊. 江西婺源汪口村 [J]. 文物, 2017（1）：93-97.

[14] 胡岸. 九江开埠与九江城市近代化 [D]. 南昌：江西师范大学历史文化与旅游学院, 2016.

[15] 李才栋. 白鹿洞书院考略 [J]. 江西教育学院学刊, 1985（S1）：2-57.

[16] 李晨. 澂江书院的建筑与空间特色 [J]. 华中建筑, 2008（4）：32-36.

[17] 李辉. 江西吉水燕坊——仁和店古村落公共建筑及公共空间研究 [D]. 西安：西安建筑科技大学, 2011.

[18] 廖一珊. 赣南周田古村落建筑艺术研究 [D]. 赣州：赣南师范学院美术学院, 2013.

[19] 林景锋. 独特的景德镇陶瓷文化生态 [J]. 世界遗产, 2014（5）：27-29.

[20] 刘琛. 龙南关西新围的建筑设计研究 [D]. 赣州：赣南师范学院美术学院, 2012.

[21] 刘颖. 江西省泰和县槎滩陂水利工程的科学内涵探索 [J]. 江西水利科技, 2016（2）：44-47.

[22] 罗奇, 魏安洁, 罗悦平. 庐山牯岭镇早期开发建设历程探究 [J]. 城市发展研究, 2015（1）：19-22.

[23] 杨昌鸣, 赵真, 成帅. 基于文化景观感知的分散型红色文化景观保护规划——以江西原中共闽浙赣省委机关旧址为例 [J]. 中国园林, 2011（4）：21-25.

[24] 欧阳怀龙, 欧阳芊. 庐山的建筑文化 [J]. 南方建筑, 2003（4）：36-42.

[25] 彭开福. 庐山牯岭地区初期规划及别墅建筑 [J]. 华中建筑, 1988（3）：57-63.

[26] 阮仪三. 江西铅山县石塘古镇——国家历史文化名城研究中心历史街区调研 [J]. 城市规划, 2011（7）：101-102.

[27] 童佩. 抚源水乡——驿前古镇形态及建筑特征研究 [D]. 武汉：武汉理工大学土木工程与建筑学院, 2014.

[28] 万幼楠. 赣南风水塔与风水信仰初探 [J]. 历史文献研究, 2011（30）：23-37.

[29] 万幼楠. 赣南古塔研究 [J]. 南方文物, 1993（1）：71-77.

[30] 万幼楠. 桂花屋与幼天王蒙难调查 [J]. 南方文物, 2004（4）：7-12.

[31] 吴珂. 傩祭与中国传统建筑 [D]. 泉州：华侨大学, 2006.

[32] 吴庆洲, 李海根. 中国城市建设史的活教材——历史文化名城赣州 [J]. 古建园林技术, 1995（2）：53-60.

[33] 徐长青. 江西泰和白口汉城勘察记 [J]. 南方文物, 2003（1）：2-4.

[34] 徐长青, 翁松龄, 李家和. 江西广丰社山头遗址发掘 [J]. 东南文化, 1983（8）：9-35.

[35] 徐长青, 吴海生, 翁志强. 南岩禅寺与南岩石窟 [J]. 南方文物, 2005（6）：8-12.

[36] 许朝阳. 江南第一宗祠村——宁都县东龙村 [J]. 现代青年, 2016（8）：6-9.

[37] 姚赣, 蔡晴. 斯山斯水斯居——江西地方传统建筑简析 [J]. 南方建筑, 2016（2）：16-23.

[38] 俞倩. 宜春禅宗旅游文化资源的开发 [J]. 品牌, 2015（7）：14.

[39] 张波, 倪斌. 国家历史文化名城研究中心历史街区调研——江西吉安钓源古村 [J]. 城市规划, 2006, 30（7）：97-98.

[40] 赵松. 夏浒古村落保护与更新研究 [D]. 赣州：江西理工大学建筑与土木工程学院, 2011.

[41] 袁翠. 明清吉安地区宗族祠堂建筑形制研究 [D]. 武汉：华中科技大学建筑与城市规划学院, 2013.

[42] 朱茹. 宋代江西孔庙研究 [D]. 南昌：江西师范大学文学院, 2008.

[43] 梁峥. 牌坊探究——以皖、赣、鄂地区为例 [D]. 武汉：华中科技大学建筑与城市规划学院, 2007.

图片来源（Illustrations）

1 南昌市

图片位置		图片名称	图片来源
豫章故郡，红色新府——南昌古建筑概述		南昌地图（陈纪麟《南昌县志》清同治九年）	（清）陈兰森《南昌府志》
		南昌地图（陈兰森《南昌府志》清乾隆五十四年）	（清）陈纪麟《南昌县志》
1	铁柱万寿宫遗址	全部图片	《南昌铁柱万寿宫遗址考古发掘工作报告》（江西省文物考古研究所）
5	青云谱	青云谱平面示意图	八大山人纪念馆提供
14	艾溪陈家村古建筑群	羽琴山馆平面图	《江西古建筑》
		羽琴山馆鸟瞰/云亭别墅鸟瞰	孙蕾/摄
16	李渡烧酒作坊遗址	遗址平面图	樊昌生，杨军.江西进贤县李渡烧酒作坊遗址的发掘.考古，2003（7）：46.
17	紫金城遗址	海昏侯墓园与紫金城遗址关系图	翻拍自江西省博物馆展板
18	铁河古墓群之海昏侯墓园	海昏侯墓园航拍图/海昏侯墓园平面图	翻拍自江西省博物馆展板
19	汪山土库	汪山土库实景平面图/汪山土库鸟瞰	孙蕾/摄
		汪山土库平面图	《江西古建筑》
26	余庆堂民宅	水南余庆堂鸟瞰	孙蕾/摄
27	孙虑城遗址	孙虑城遗址轮廓	谷歌卫星影像图

本章其余图片均为张剑文摄。

2 景德镇市

图片位置		图片名称	图片来源
陶风瓷语话晚茶——景德镇古建筑概述		景德镇地图	《景德镇陶录图说》
1	严台村古建筑群	严台村航拍平面图	张剑文/摄、绘
2	沧溪村古建筑群	沧溪村航拍平面图	张剑文/摄、绘
3	瑶里镇古建筑群	瑶里实景平面图	张剑文/摄、绘
		程氏宗祠平面图及立面图	《江西古建筑》
4	高岭瓷工矿遗址	东埠码头/矿山入口/东埠古街	《全国重点文物保护单位（第二卷）》
6	浮梁红塔	全部图片	《江西古建筑》
8	祥集弄民宅	祥集弄3号民宅平面图/祥集弄3号民宅剖面图	《江西古建筑》
9	景德镇老城区建筑群	景德镇老城区卫星影像图	景德镇老城办提供
10	湖田窑遗址	湖田窑遗迹分布图	《湖田窑遗址保护规划方案》
12	明间	五股宗祠外观/五股宗祠内部	《江西古建筑》
14	镇窑	镇窑一层平面图/镇窑剖面图	张剑文根据《江西省第七批全国重点文物保护单位申报材料——镇窑》（2009年12月）相关图纸改绘
17	车溪敦本堂	车溪敦本堂平面图	张剑文根据《江西省第七批全国重点文物保护单位申报材料——车溪敦本堂》（2009年12月）相关图纸改绘
19	浒崦名分堂戏台	浒崦名分堂平面图/浒崦名分堂剖面图/浒崦名分堂戏台（晴台）远景	《江西古建筑》

图片位置		图片名称	图片来源
20	坑口万年台	全部图片	许飞进/摄
21	韩家万年台	全部图片	许飞进/摄

本章其余图片均为张剑文摄。

3 上饶市

图片位置		图片名称	图片来源
一江穿流沃徽饶——上饶古建筑概述		《广信府志》中的上饶地图	连柱《广信府志》
1	理坑村古建筑群	理坑村实景平面图	张剑文/摄绘
4	凤山查氏宗祠	查氏宗祠平面图	《江西省第七批全国重点文物保护单位申报材料——凤山查氏宗祠》（2009年12月）江西省文化厅
		查氏宗祠客馆	《江西古建筑》
9	新源俞氏宗祠	新源俞氏宗祠平面图	张剑文根据《江西省第七批全国重点文物保护单位申报材料——新源俞氏宗祠》（2009年12月）相关图纸改绘
11	思溪村古建筑群	思溪村鸟瞰	张剑文/摄绘
12	延村古建筑群	全部图片	张剑文/摄绘
15	篁岭村古建筑群	篁岭村实景平面图	张剑文/绘
16	汪口村古建筑群	汪口村实景平面图	张剑文/摄绘
		平渡堰全景	江西省第七批全国重点文物保护单位申报材料——平渡堰》（2009年12月）江西省文化厅
22	三清山古建筑群	三清宫平面图	《江西古建筑》
23	玉山鸿园	玉山鸿园总平面图	《江西古建筑》
24	玉山考棚	玉山考棚平面图	《江西古建筑》
28	龙溪村古建筑群	龙溪村古建筑群鸟瞰	张剑文/绘
		文昌阁平面图/文昌阁剖面图/祝氏宗祠平面图、剖面图	《江西古建筑》
33	信江书院	大堂、讲堂平面图/近思堂、乐育堂平面图	《江西省第七批全国重点文物保护单位申报材料——信江书院》（2009年12月）江西省文化厅
35	龚氏宗祠	玭公祠平面图/叙千祠平面图	张剑文 根据《江西省第七批全国重点文物保护单位申报材料——龚氏宗祠两牌楼及浣纱记石雕》（2009年12月）相关图纸改绘
36	鹅湖书院	鹅湖书院平面图	《江西古建筑》
38	石塘镇古建筑群	石塘镇实景平面图	张剑文/摄绘
39	河口镇古建筑群	河口镇实景平面图	张剑文/绘
44	南岩石窟	南岩石窟正视图	徐长青,吴海生,翁志强.南岩禅寺与南岩石窟.南方文物,2005（2）：10.
46	寿元桥	全部图片	德兴市档案馆黄鹤提供
47	鄱阳文庙大成殿	全部图片	鄱阳县博物馆吴森林提供
48	永福寺塔	全部图片	鄱阳县博物馆吴森林提供

本章其余图片均为张剑文摄。

4 鹰潭市

图片位置	图片名称	图片来源
2	三清宫水墨图、剖面图	《江西古建筑》

本章其余图片均为张奥文摄。

5 九江市

图片位置	图片名称	图片来源
1 江西山水城市视觉廊——九江名城实例图	清末画同治《九江府志》中的九江府图	《江西分县地名志》
1 白鹿洞书院	白鹿洞书院航拍鸟瞰图	杨奕婕、楼佳
2 浔阳楼	明代画家仇英《三顾浔阳图》中的浔阳楼	《江西古桥》
3 庐山别墅建筑群	鸟瞰图片	黄磊、楼佳
6 庐山踏勘路线	鸟瞰图片	杨奕婕、张奥文、楼佳
7 秀峰摩崖石刻	鸟瞰图片	张奥文、楼佳
8 永修寺	永修寺鸟瞰鸟瞰图	杨奕婕、楼佳
9 西林寺塔	西林寺塔及正立面图 西林寺塔立面图	包括彩图，资料来源于《江西省第七批省级文物保护单位文物申报材料》(2009年12月)、江西省文化厅 江西省文化厅大文物保护中心档案
10 荣阳楼	荣阳楼水墨图、荣阳楼正立面图	杨奕婕、楼佳
11 观音桥护栏	观音桥护栏与桥本基正立面图	包括彩图，资料来源于《江西省第七批省级文物保护单位文物申报材料》(2009年12月)、江西省文化厅
12 大胜塔	鸟瞰图片/一层、二层平面图/大胜塔正立面图	包括彩图，资料来源于《江西省第七批省级文物保护单位文物申报材料》(2009年12月)、江西省文化厅
13 锁江楼塔	锁江楼塔顶与基础大样、锁江楼塔顶与基础小样细部图、锁江楼塔顶内 部内楼梯 锁江楼塔一层平面图/锁江楼塔正立面图	张奥文、楼佳 包括彩图，资料来源于《江西省第七批省级文物保护单位文物申报材料》(2009年12月)、江西省文化厅
14 朝水岩石刻群	朝水岩石刻群及立面图/朝水岩立面图/朝水岩石水墨图、立面剖面图	图/朝水岩、立面图、剖面图面图
15 烟水亭	鸟瞰图片	楼佳
16 九江海关关联旧址	九江海关关联旧址/九江海关大楼/九江海关关联文/海关内 部结构细部剖面图/九江海关关联文、九江海关旧址	引自旅游博客
20 琵琶亭水榭	大雄宝殿、水	引自报道BBS
21 多数藏书阁与作家藏书瓦和藏书	多数藏书阁与作家藏书瓦和藏书	引自报道BBS
22 石钟山各种建筑及外观	鸟瞰图片	杨奕婕、张奥文、楼佳
23 皇城贵家客栈	鸟瞰图片	楼佳
24 真如寺丛林	真如寺丛林、真如寺禅房内景细部/真如寺禅房面部细部/真如寺禅堂内景细部／真如寺禅房／宗	楼佳、张奥文
25 修水祠	修水祠之修建被分布图	资料来源于《江西省第七批省级重点文物保护单位文物申报材料》(2009年12月)、江西省文化厅
26 南昌路、陈三立故居	鸟瞰图片	楼佳、杨奕婕、张奥文

6 首善和中

本章未含图片均为编者绘制。

图片位置	图片名称	图片来源
27 诗画楠	诗画楠枝杆根部原貌照	《江苏古建筑》
28 紫薇古树	紫薇枝苍劲虬曲的枝干上	编者摄/摄
29 莫延寺观音井及井名考	多视图片	编者摄/摄
30 上皇及塔大屋（中关部院部楠檐等及、各承掷橙拔排旧照）	上皇及塔大屋正立面	引自邮政陈香裳
31 山华塔照片	多视图片	编者摄/摄
32 搁石会念搭出旧照（工艺美会会搭一堆搭一堆搭一堆搭一堆）	工艺美会会搭一堆搭一堆搭一堆楠／工艺美会会搭的焕楠老门	引自邮政陈香裳
33 锅庙锅吗、搭拉起	锅庙锅吗、搭拉起	《江苏古建筑》
34 干腌搭	干腌搭名考者 / 干腌搭榴枝考察	引自邮政陈香裳
	干腌搭与名城	引自邮政布图
	民国时期照片中的干腌搭 / 20 世纪七八十年代的干腌搭	《江苏古建筑》

江南佛寺之冠，女物昌邸之祠——苏州名利建筑概览

图片位置	图片名称	图片来源
1	苏州碑塔及苏州天文池照 / 苏州碑塔平立面图	《江苏古建筑》
3	猪化寺	多视图片	编者摄/摄
4	仰山藏经楼	多视图片	编者摄/摄
6	零山石塔的照片、横纹石梯的特写	零山石塔的照片（多置长宗照）、拓印破坏样	《全国重点文物保护单位（第二卷）》
13	零家石片藏起照	零家石片藏起图	《江苏古建筑》
17	七星塔石梯地石、汉白玉路	七星塔石梯地石、汉白玉路	《全国重点文物保护单位（第二卷）》
18	相林梯佛作再造图	多视图片	编者摄/摄
19	零家祠（中美工会会发金收合及板据设出照）	零家祠/视	引自邮政陈香裳及其传阅图片
20	筹水书院（中美工会会发第一期图片揭、格揭）	筹水书院正立图	《江苏古建筑》
21	筹尚西家大屋	筹尚西家大屋文章	
	筹尚西家大屋立面图	筹尚西家大屋／榻
	筹尚西家大屋内照	《江苏古建筑》
	筹尚西家大屋梯门图	梯家大屋楠《江苏古建筑》中相关测绘图点
22	排海方家寺（工艺美会会发第一期图片揭相阅图出照）	万春名分阁 / 放名	《全国重点文物保护单位（第二卷）》
23	锅庙起家周（毛择水年代旧照）	多视图片	《全国重点文物保护单位（第二卷）》
24	毛择米起及毛择米站（排掷各水组撤砖片压倒区老方后旧照）	多视图片	引自邮政陈香裳及其传阅图片

图片位置		图片名称	图片来源
25	万载仙源乡民居古建筑群（湘鄂赣革命根据地旧址，含中央军政五分校、红十六军军部遗址）	全部图片	《全国重点文物保护单位（第二卷）》
26	万载城隍庙	全部图片	《江西古建筑》
27	万载南大路98号商铺	全部图片	《江西古建筑》
28	筑卫城遗址	遗址远景	《全国重点文物保护单位（第二卷）》
29	太平观碑	太平观碑立面	资料来源于《江西省第七批全国重点文物保护单位申报材料》（2009年12月）江西省文化厅
30	临江大观楼	临江大观楼立面图	《江西古建筑》
31	吴城遗址	吴城遗址全景	《全国重点文物保护单位（第二卷）》
32	樊城堆遗址	遗址全景	《全国重点文物保护单位（第二卷）》
33	鸣水桥	鸣水桥南立面	《江西古桥》
34	清标彤管坊	南侧正立面	引自樟树旅游宣传网站
35	济美石坊	济美石坊平面图 / 济美石坊立面图	《江西古建筑》
36	马祖塔亭	全部图片	资料来源于《江西省第七批全国重点文物保护单位申报材料》（2009年12月）江西省文化厅
38	李洲坳东周墓葬	李洲坳东周墓葬墓室俯视	引自《中华遗产》2009年第2期
39	洪州窑遗址	全部图片	《全国重点文物保护单位（第二卷）》
40	丰城北屏禅林	室内屋架	《江西古建筑》

12 黄檗山墓塔群、37 靖安花桥全部图片由萧志强摄。本章其余图片均为杨安琪摄。

7 新余市

图片位置		图片名称	图片来源
新余市古建筑概述		尚睦邓家围屋	高兵/摄
2	昼锦堂	昼锦堂入口牌坊 / 昼锦堂外围墙 / 昼锦堂恩荣匾 / 昼锦堂前厅 / 昼锦堂前厅前廊 / 昼锦堂石狮 / 昼锦堂前天井及中厅 / 昼锦堂半天井及牌坊墙 / 昼锦堂后天井 / 昼锦堂后天井雕刻细部 / 昼锦堂前天井	高兵/摄
3	尚睦邓家围垅屋	邓家围屋前院全景 / 邓家围屋祠堂中厅 / 邓家围屋祠堂后天井 / 邓家围屋祠堂楼梯井 / 邓家围屋祠堂龙厅 / 邓家围屋祠堂龙厅二层 / 邓家围屋民居过廊1 / 邓家围屋民居过廊2	高兵/摄
4	介桥村	介桥村竹坡公祠 / 介桥村竹坡公祠后天井	高兵/摄

本章其余图片均为傅娜摄。

8 萍乡市

图片位置		图片名称	图片来源
萍乡市古建筑概述		萍乡孔庙 / 小枧傩庙	辛惠园/摄
1	乘广禅师塔、甄叔禅师塔（及文廷式墓）	杨岐寺 / 乘广禅师塔 / 乘广禅师塔身细部 / 乘广禅师塔须弥座细部 / 了道禅师塔 / 甄叔禅师塔	辛惠园/摄
2	小枧傩庙	小枧傩庙主殿纵剖面图 / 小枧傩庙总平面图	《傩祭与中国传统建筑》
		其他图片	辛惠园/摄

图片位置		图片名称	图片来源
3	石洞口傩庙	石洞口傩庙一层平面图 / 石洞口傩庙纵剖面图	《傩祭与中国传统建筑》
		其他图片	辛惠园 / 摄
4	萍乡孔庙	全部图片	辛惠园 / 摄
5	仰山文塔	仰山文塔塔刹	辛惠园 / 摄
6	路口镇湖塘村	湖塘村鸟瞰	辛惠园 / 摄，高兵 / 绘
		其他图片	辛惠园 / 摄
7	宾兴馆毛泽东故居	宾兴馆毛泽东故居平面图	高兵 / 绘
		宾兴馆毛泽东故居侧立面	辛惠园 / 摄
8	贺录姑贞孝坊	贺录姑贞孝坊	《牌坊探究》

本章其余图片均为傅娜摄。

9 抚州市

图片位置		图片名称	图片来源
华夏梦都，临川才子之乡——抚州古建筑概述		抚州府疆域图	（清）《抚州府志》（清康熙二十七年）
2	玉隆万寿宫	玉隆万寿宫鸟瞰图 / 玉隆万寿宫屋顶现状	孙蕾 / 摄
		玉隆万寿宫平面图	《抚州古建筑》
		保护规划效果图	展示板翻拍
4	王氏宗祠	王氏宗祠鸟瞰	辛惠园 / 摄
		明代上池村原貌图	展示板翻拍
		上池村局部鸟瞰 / 上池村巷道 / 竹轩公祠 / 王氏宗祠正立面 / 王氏宗祠天井 / 王氏宗祠正厅梁架结构 / 王氏宗祠柱础 / 总门里建筑群 / 总门里室内梁架结构 / 总门里后院	孙蕾、辛惠园 / 摄
7	黄坊村	黄坊村鸟瞰 1 / 黄坊村鸟瞰 2	辛惠园 / 摄
		黄坊村传统建筑分布	展示板翻拍
		青石板路 / 巷道 / 车大宗祠 / 车大宗祠木结构 / "南平世家"宅	孙蕾 / 摄
8	浒湾镇	浒湾镇局部鸟瞰	辛惠园 / 摄
		《金溪县志》中清道光六年（1826）的浒湾镇	《金溪县志》（清道光六年）
		新书铺街牌楼 / 恒门 / "藻丽琅嬛"石拱门 / 由义、迎燕门 / 巷道	孙蕾 / 摄
		重要建筑分布及游览路线图	展示板翻拍
9	游垫村	游垫村鸟瞰	辛惠园 / 摄
		游垫村总平面图	孙蕾 / 绘
		大夫巷门楼 / 胡氏祠堂门头 / 胡氏祠堂 / 进士巷 / 侍郎坊门楼 / 总宪第门头 / 总宪第室内	孙蕾 / 摄
11	竹桥村	竹桥村局部鸟瞰 1 / 竹桥村局部鸟瞰 2	孙蕾 / 摄
		竹桥村总平面图	《江西金溪县竹桥古村落 国家历史文化名城研究中心历史街区调研》
		巷道 / 八家弄、十家弄 / 总门楼 / 上门楼"谏草传芳" / 中门"石库门" / 古井 / "芝兰启秀"及文隆公祠 / 步云公祠 / 步云公祠室内梁架 / 苍岚山房内院	孙蕾 / 摄
12	仰山书院	仰山书院屋顶 / 仰山书院入口 / 庭院 / 亭式天井 / 小天井	辛惠园 / 摄
		清道光六年（1826）《金溪县志》中的仰山书院	《金溪县志》（清道光六年）

图片位置	图片名称	图片来源
13	各殿图片	《杭州古建筑》
17	万年桥和藏香阁	补绘
	藏香阁工程施工图	《万年桥》
	藏香阁立面图、藏香阁顶层屋顶结构	补绘
	藏香阁平面图	《万年桥——一江苏省苏州市文物保护单位万年桥及文物修缮规划方案》
20	清名桥与京杭大运河	补绘
	清名桥及周边建筑分布图、"清名桥"碑、清名桥圆雕、"清名桥"字刻	补绘
	"清名桥源"老外滩	补绘
21	清名桥和京杭大运河	石栏桥平面图、石栏杆分布图	《清名桥——一江苏省无锡市文物保护单位清名桥及文物修缮规划方案》
	石栏及夹杆	补绘
24	桥梁石柱、桥梁石栏	《清名桥》一江苏省无锡市文物保护单位清名桥及文物修缮规划方案》
	桥栏、桥梁石柱	补绘
25	清名桥及周边建筑	清名桥周边平面图、主要建筑分布图 "清名桥桥基"、清名桥侧面图、"花岗岩基"、水泥板及河岸、水泥石桥顶部、由西南望北望清名桥、完整的水泥石桥顶、水泥石桥、水泥板水泥梁	《清名桥》
	风景区鸟瞰	补绘、专题图片
29	朝圣寺	总平面图	《朝圣寺大殿的保护及数据维护》
	专题图 2、专题图	补绘
30	朝圣寺殿	朝圣寺殿建筑、老建筑	《菜市口老建筑》
	入口/老建筑入口/老建筑内部/老建筑大殿/老建筑入口大殿/老建筑大殿内部/木构建筑	补绘

1 万碛砖, 28 相当于原书彩图片由于篇图片缺, 未来未注图片均为由版, 未获图检。

10 汝窑片

图片位置	图片名称	图片来源
3	测测片	测测片与天然测测片、测测片与天然测测片的测试图、测测片与天然测测片的区别、天然测测片	补绘
7	指南针(万年表)	指南针一万年表岁差分、指南针一万年表指南针、分类出指南针	《文源之光红外》
8	打字人源	各朝图片	补绘
10	鹿苑寺片	鹿苑寺光意图	鹿苑寺座谈图
12	三国名家各窑	含未各种器物供应各系藏各窑	《文源之光红外》
13	各源片片	各源片水图图	张源 / 摄
	各源片片图片宗测部测图、各源片图片宗测模侧面图	薯源、摄
	各源片片与摄、源名右、各源片图片宗测部源及中片、各源片宗测图片 2、各源片片摄像	摄影 / 摄

561

11 赣州市

赣南围屋文化记忆之地——赣州市乡村振兴模范。本卷书图片均为自摄。

图片位置	图片名称	图片来源
赣南围屋文化记忆之地——赣州市乡村振兴模范	赣州府题解图	《赣州府志》清道光二十八年(1848)
1 赣州古城	赣州府城图、赣州府城图之北门、赣州府城图之东门、赣州府城图之南门、赣州府城图之西门、赣州古城墙与章贡两江相拥图	《赣州古城——江西省第七批全国重点文物保护单位申报材料》
	建春门、镇南门、红石城墙手绘	王东洋/摄
	水窗、大炮眼及旧石、紫金城	《江西古建筑》

19 梯田科技水鏡图

图片位置	图片名称	图片来源
19	梯田科技水鏡图	网络/免
20 梯下村	梯下村全景图	网络
	梯下村与竹林、梯下村与二梁石医院碑牌局部、梯下村临街、梯下村排水系统	网上/摄
	新江乡里石村梯田之、立面图	《江西古村落名镇及建筑特色研究》
21 梯田景观和星田	星田村古村图	《江西古村落名镇及建筑特色研究》
	星田村民之家、民家与竹林、星田村王家与竹林、星田村鹅卵石铺地、星田村鹅卵石铺地之门庭、星田村鹅卵石铺地之门庭及铺地、星田村鹅卵石铺地之1、星田村鹅卵石2	网上/摄
23 永和塘和寺永和塔	寺塔建筑群之章图	《江西古村落名镇及建筑特色研究》
	永化图片	专著图/摄
25 积申塔（明崇祯）	积申塔全景、积申塔远景与门内景	网上/摄
27 白口城址	白口城址水面光意图	专著图/摄
29 梯滩陂	梯滩陂、梯滩陂水所筑陂、梯滩陂与水筑草	《江西省和梯滩陂水工程的科学内涵探索》
	梯滩陂水筑与色陂、梯滩陂水所筑陂、梯滩陂水筑草	专著图/摄
33 万安水林寺塔	水林寺塔图	万安县文物局
40 龙源口桥（开上是黎区域楷所历）	全部图片	永嘉县文物局
41 梯滩桥和梯氏旧祠、传统时祠居	梯滩桥签于旧区（中国工人艺术里梯滩桥签于旧民出版排链）	永嘉县文物局
	梯滩桥签于其中片门、梯滩桥签于屋出现片区及梯上门及其头天井	专著图/摄
42 梯斎	梯斎、梯斎梁秋勒	专著图/摄
	梯斎屋章	网络/摄
44 梯家村	梯家村、梯家梁家村片、梯家梁家中片子梯梁、蓝梁家儿子二层红屋楼排、梯家梁家村及横宽、"排梁田桥"、"排梁由桥"、梯由梁、名已片、名长尾	专著图/摄
	课校腾牛日国实梯几屋图	《宋代江西孔几屋研究》
46 实梯几屋	实梯几屋的梁、实梯几屋大成门、实梯几屋大成门下、实梯几屋大成门入、实梯几屋在楼、实梯几屋大成的楼片	专著图/摄
47 武功山祭祖和遗址	祭仙虎及祖庙虎、盘古虎、海朝虎	网络/摄

24 水意寺塔和城隍庙、26 杨上寺塔、28 大江寺、30 浮图寺、31 万安雄雉、32 天心山梯岳、34 博文大德围居、35 梯家家寺、36 德川县工艺东阳性田庄（万寿村）、37 正觉寺、38 梨家梁念、39 孔江书院、43 孔氏老梯三十一图梯出现住民（并部源毛梯系祖居）、45 米山大雄宝殿图片的为专著图摄，未标注图片均为自摄。

	图片位置	图片名称	图片来源
3	赣州城墙	赣州城名胜图 / 同治十一年（1872）城墙	《中国城市建设史的活教材——历史文化名城赣州》
		郁孤台历史街区规划效果图	宣传展板翻拍
7	夏府村宗祠群	夏府村现状图	《夏浒古村落保护与更新研究》
		戚氏宗祠 / 戚氏宗祠屋顶 / 戚氏宗祠抱鼓石 / 戚氏宗祠门头 / 记功柱 / 戚氏宗祠内院 / 戚氏宗祠木结构 / 戚氏宗祠月梁 / 戚应元公祠 / 戚应元公祠山墙面 / 戚应元公祠屋顶 / 戚应元公祠门头 / 谢氏宗祠 / 谢氏宗祠屋顶 / 谢氏宗祠山墙面 / 谢氏宗祠正厅	孙蕾、王安琪 / 摄
8	白鹭村古建筑群	白鹭村主要古建筑分布图	《赣南乡村聚落外部空间的衍变——以赣县白鹭村为例》
		恢烈公祠平面图	《江西古建筑》
		葆中堂入口 / 葆中堂门前抱鼓石 / 葆中堂门前功名石 / 绣花楼 / 绣花楼内部 / 戏台 / 王太夫人祠门楼 / 王太夫人祠正厅 / 世昌堂 / 世昌堂正厅 / 世昌堂影壁 / 鼎福堂 / 洪宇堂 / 书篯堂 / 文庆堂 / 兴复堂 / 洪宇堂木构细节 / 门楼灰塑	孙蕾、王安琪 / 摄
9	大宝光塔	立面图	《江西古建筑》
11	土地革命干部训练班	濂江书院平面图 / 清同治十一年（1872）的濂江书院布局图 / 主轴线空间剖面图	《濂江书院的建筑与空间特色》
		门楼 / 门庭 / 讲堂轩顶 / 魁星阁 / 魁星阁藻井 / 木结构装饰细节 / 文昌宫藻井 / 崇文祠及前面建筑 / 崇圣祠藻井 / 红石牌坊	孙蕾、王安琪 / 摄
16	中央兵工厂旧址群	总平面图 / 展示利用规划图	《兴国县官田传统村落保护发展规划（2015—2030）》
		护厂特务连旧址屋顶 / 护厂特务连旧址 / 护厂特务连旧址室内门窗 / 总务科旧址屋顶 / 总务科旧址 / 总务科旧址正门 / 总务科旧址正厅及天井 / 总务科旧址檐下斗栱 / 弹药科旧址 / 弹药科旧址屋顶 / 弹药科旧址正厅及天井 / 枪炮科旧址屋顶 / 枪炮科旧址 / 枪炮科旧址正厅及天井 / 枪炮科旧址卷棚及月梁 / 枪炮科旧址石狮 / 工人俱乐部旧址 / 工人俱乐部戏台 / 工人俱乐部跑马廊 / 利铁科旧址	孙蕾、王安琪 / 摄
17	水头步蟾坊	正面 / 侧面 / 底层斗栱细节	王安琪 / 摄
		立面图及剖面图 / 顶层斗栱正立面图	《水头步蟾坊——江西省第七批全国重点文物保护单位申报材料》
25	东龙古村	古村鸟瞰	孙蕾 / 摄
		东龙村总平面图 / "东里一望"宅平面图	《江西古建筑》
		李氏上祠 / 李氏下祠 / 下祠正厅 / "东里一望"宅鸟瞰 / "东里一望"宅入口 / "东里一望"宅西圃内天井 / "东里一望"宅正厅影壁	孙蕾、辛惠园 / 摄
27	永宁桥	全部图片	黄洋 / 摄
28	太平天国幼天王囚室	鸟瞰 / 屋顶 / 正立面 / 前进天井 / 正厅 / 中进天井 / 后进天井	孙蕾、辛惠园 / 摄
		桂花屋现状位置图 / 桂花屋旧位置图 / 桂花屋平面图 / 桂花屋正立面图 / 桂花屋侧立面图 / 桂花屋纵剖面图	《桂花屋与幼天王蒙难调查》
29	宝福院塔	宝福院塔 / 入口 / 塔身 / 塔刹	孙蕾、辛惠园 / 摄
		底层平面示意图	孙蕾 / 绘
32	龙珠塔	烈士馆景区示意图	展示板翻拍
		全貌 / 柱础 / 内部 / 塔身	孙蕾、王安琪 / 摄
33	中共粤赣省委旧址	全部图片	孙蕾、王安琪 / 摄、绘
34	粤赣省军区总指挥部旧址	全部图片	孙蕾、王安琪 / 摄、绘
36	羊角水堡	古羊角堡城图	《周氏族谱》
		通湘门 / 东街 / 城墙 / 周氏宗祠	王安琪 / 摄
		羊角水堡总平面图 / 周氏宗祠平面图 / 周氏宗祠剖面图 / 周龙一住宅平面图 / 绍福祠南立面图 / 绍福祠平面图	《羊角水堡——江西省第七批全国重点文物保护单位申报材料》
		周氏宗祠天井 / 周氏宗祠室内结构 / 周氏宗祠木构雕饰 / 城隍庙 / 蓝氏节孝坊 / 周龙一住宅及绍福祠	孙蕾、王安琪 / 摄

图片位置		图片名称	图片来源
38	东生围	东生围总门楼立面图 / 东生围首层平面图 / 东生围二层平面图 / 东生围剖面图	《东生围——江西省第七批全国重点文物保护单位申报材料》
		西立面 / 内通道 / 磐安围鸟瞰 / 老围村鸟瞰 / 炮楼	孙蕾、王安琪 / 摄
		中轴线建筑大门 / 正厅 / 花格门 / 花格窗 / 瓦当	王安琪 / 摄
39	无为寺塔	无为寺塔	《江西古建筑》
		首层檐下斗栱	王安琪 / 摄
		底层平面示意图	孙蕾 / 绘
40	永清岩观音楼	平面图 / 剖面图	《江西古建筑》
		屋檐起翘 / 顶层天花	王安琪 / 摄
41	永镇桥	全貌 / 桥头 / 屋廊结构 / 桥内梁架结构 / 桥墩	孙蕾、王安琪 / 摄
		永镇桥剖面图	《永镇桥——江西省第七批全国重点文物保护单位申报材料》
42	关西新围	关西村游览平面示意图	展示板翻拍
		关西新围屋顶 / 关西新围东门 / 关西新围西侧院门 / 小花洲 / 关西新围祠堂 / 关西新围祠堂正厅 / 关西新围戏台 / 关西新围土库 / 关西新围东侧围屋 / 关西新围梅花枪眼 / 关西新围石狮 / 关西新围木结构 / 关西新围花窗	孙蕾、王安琪 / 摄
		关西新围首层平面图	《江西古建筑》
44	燕翼围	燕翼围首层平面图 / 燕翼围剖面图	《江西古建筑》
		入口 / 内院 / 连廊 / 顶层连廊 / 炮楼 / 枪口 / 排污口	孙蕾、王安琪 / 摄
46	玉带桥	玉带桥 / 内廊 / 屋架结构	王安琪 / 摄
		桥面图 / 北侧门亭剖面图 / 中部庙堂剖面图	《玉带桥——江西省第七批全国重点文物保护单位申报材料》
47	大圣寺塔	大圣寺塔	王安琪 / 摄
		底层平面示意图	孙蕾 / 绘
		首层檐下斗栱 / 首层屋檐木结构 / 塔基斗栱 / 塔身细节 / 塔檐及檐下斗栱 / 塔内天井及彩画	孙蕾、王安琪 / 摄

2舍利塔、4广东会馆、10朱华塔、13江西军区旧址（含红军检阅台）、14江西省苏维埃政府旧址、15中国工农红军总医院旧址、31瑞金革命遗址、35会寻安中心县委旧址、37周田村、45雅溪围屋、48油山游击队交通站——上乐塔全部图片由孙蕾、王安琪摄。19水口塔、20中国共产党江西省委员会旧址、21宁都江西省苏维埃政府旧址、22江西军区司令部旧址、23中共苏区中央局旧址、24宁都会议旧址、30宁都起义部队秋溪整编旧址全部图片由孙蕾、辛惠园摄。5玉虹塔、12江西省第一次工农兵代表大会会址、18赣南省苏维埃政府旧址、49嘉佑寺塔全部图片由王安琪摄。

本章其余图片均为孙蕾摄。

后记

本册编写组中，由辛惠园负责总体统筹。江西省南昌市、上饶市、鹰潭市、景德镇市的调研和写作主要由张剑文承担，九江市、宜春市的调研和写作主要由杨安琪承担，萍乡市、新余市、吉安市的调研和写作主要由傅娜承担，抚州市、赣州市的调研和写作主要由孙蕾承担。

本书在编写过程中还得到了以下很多单位和爱心人士的支持，在此一并致谢！

感谢南昌工程学院的许飞进老师，牺牲休息时间陪同我们去调研，为本书的写作提供了很多宝贵的建议与珍贵的照片资料。

感谢江西农业大学的钟乐博士与李婵老师。

感谢庐山图书馆的副研究员陈崟老师，以及图书馆的专业摄影师黄健先生。

感谢九江庐山海伦别墅的掌柜陈海明先生及其夫人，给本书的撰写提供了很多人文历史素材。

感谢九江同文中学的副校长肖光华先生，以及同文中学校史馆的诸位工作人员。他们悉心的讲解让我们对清末同文中学和儒励女中的历史有了系统而深入的了解。

感谢中建集团的陈楷师弟。

感谢热心网友萧志强先生提供的照片及游记参考。

感谢九江新闻网记者、九江市作协会员龚爱珍女士，帮助本书拍摄了一些偏远古迹的照片，并为作者讲述了有关修水的历史人文信息。

感谢高兵、王安琪，协助新余、吉安、抚州、赣州多地调研并提供照片。

感谢萍乡市博物馆，提供武功山文保资料。

感谢吉安市永新县文物局，提供县内文保单位的相关资料。

感谢棠阴古镇邹炳跃书记提供了关于宜黄县棠阴镇现存古建筑名录及调查表。

感谢南城县博物馆金会林馆长赠送我们《抚州古建筑》一书，为我们的写作提供了重要的参考。

感谢兴国县潋江书院保管员李师傅，牺牲休息时间，陪同我们一起寻找兴国县的各处文保单位。

感谢各地文物单位管理处的业内同仁给予的帮助和支持。

感谢友善的当地人和关心古建筑与遗产保护事业的众多民间人士——婺源篁村的一位好心的大姐、安坑村的龚国西大哥、三里雷家村的一位老先生、九江市美孚洋行旧址（现中船九江船舶工业公司）的程先生、全坊村村长。

为保证书中信息的准确性和及时性，本册编写组在目前条件下，尽可能对书中介绍的古建筑进行了实地踏勘和拍摄，一些实在无法亲临的古建筑，我们采用了一些参考文献中的文字和图片。因时间有限，难免会有一些纰漏，欢迎大家多提宝贵意见。